역사와 고정관념

History and Stereotype

HISTORY AND STEREOTYPE

역사와 고정관념

초판 1쇄 발행 2021년 3월 8일

지은이 | 박재영
펴낸이 | 윤관백
펴낸곳 | 도서출판선인

등 록 | 제5-77호(1998.11.4)
주 소 | 서울시 마포구 마포대로 4다길 4, 곳마루빌딩 1층
전 화 | 02)718-6252 / 6257
팩 스 | 02)718-6253
E-mail | sunin72@chol.com
Homepage | www.suninbook.com

정 가 37,000원

ISBN 979-11-6068-463-6 93900

· 잘못된 책은 바꿔 드립니다.

이 저서는 2016년 대한민국 교육부와 한국연구재단의 지원을 받아 수행된
연구임(NRF-2016S1A6A4A01017789).

HISTORY AND STEREOTYPE

역사와 고정관념

박 재 영 지음

도서출판 선인

| 차 례 |

3부 / 구한말 한국을 바라본 독일인의 시선

4부 / 동·서독 역사교과서에 나타난 남·북한 이미지

5부 / 동·서독 외교관의 남·북한에 대한 표상

제2장 ◆ 냉전시대 주북한 동독대사 한스 마레츠키(H. Maretzki)의 북한 이미지

◆프롤로그◆
역사인식의 작용기제

'오류자'는 사물을 그 본질과 현상을 다르게 보게 만드는 안경을 인간에게 씌운다.
나중에 내가 보니, 이 안경은 '선입견이라는 유리(Glas des Vorurteils)'로 만들어졌고,
그 유리를 감싼 안경테는 '관습'이라는 뿔로 만들어졌다.

Das Labyrinth der Welt und das Paradies des Herzens
Jan Amos Komensky

인간은 대상을 어떻게 인식하는가? 대상을 인식하는데 있어서 영향을
미치는 작용기제에는 어떤 것들이 있는가? 객관적 실체로서의 '대상'과
인식의 결과물로서 우리 머릿속에 재구성 된 '대상'은 같은 것인가 다른
것인가, 다르다면 무엇이 어떻게 다른가?

위와 같은 질문은 먼 옛날부터 철학의 한 분야인 인식론에서 다루어지
기 시작했으며, 20세기에 접어들어서는 언어철학과 인지심리학의 연구
대상으로 관심을 받기 시작했다. '〈대상〉 또는 〈타자〉에 대한 인식'으로
서의 스테레오타입(Stereotype, 固定觀念)을 사회학적 의미에서 사용하기
시작한 이는 미국의 언론인 리프만(Walter Lippmann)이다. 그는 1922년
출간한 *Public Opinion*이라는 책에서 처음으로 스테레오타입을 '우리 머
릿속의 이미지(pictures in our head)'라 정의하였다. 리프만에 있어서 스테
레오타입이란 특정한 문화라는 기제에 의하여 미리 유형화되고 사회적으

로 공유된 어떠한 대상에 대한 고정적인 관념이나 이미지를 의미한다. 그와 관련하여 스테레오타입은 몇 가지 특징을 보이는데, 첫째, 대상을 너무 단순화 시키고 있다는 점, 둘째, 불확실한 정보나 지식에 의하여 과장되거나 왜곡된 채 일반화되거나 범주화된다는 점, 셋째, 호불호(好不好), 선악(善惡)과 미추(美醜), 우열(優劣) 등의 감정적인 요소들을 수반하고 있다는 점 등이다. 1922년 출판된 리프만의 저서는 그 후 42년이 지난 1964년 뮌헨에서 독일어 번역본이 선을 보이게 되었다. 독일 인문학계에서의 스테레오타입연구는 이에 자극을 받아 점차 정치적 이데올로기(Ideologie), 인종적·민족적 편견이나 선입견(Vorurteil), 타자에 대한 이미지(Imagologie) 등의 연구가 활기를 띠게 되었다.

그렇다면 역사학에서 스테레오타입은 어떤 의미를 가지고 있는가? 종종 스테레오타입은 인간의 지식과 경험, 이성과 감정이 포괄적으로 작용하여 대상에 대한 주관적이고, 편향된 일반화의 형태로 나타나 사회집단 간의 대립과 충동을 야기하기도 한다. 이를테면, 인종적 편견, 민족적 적대감, 종교적 대립, 성차별 등이 그것인데 결국 사회학의 연구대상들에 시간이라는 요소가 개입되면서 스테레오타입은 역사학의 연구대상으로서 중요한 의미를 가지게 된 것이다.

역사학의 관심대상으로 스테레오타입에 대한 본격적인 연구가 이루어진 것은 최근의 일이다. 독일의 경우 역사적 스테레오타입연구에 주목할 만한 연구 성과를 내고 있는 곳으로 니더작센 주(Land Niedersachsen) 소재 올덴부르크 대학 사학과가 중심이 된 역사적 스테레오타입 연구회(Die Arbeitsstelle 'Historische Stereotypenforschung' 〈AHS〉 am Institut für Geschichte der Carl von Ossietzky Universität Oldenburg)를 들 수 있다. 왜냐하면 동 연구회는 설립 이후 지금까지 역사적 스테레오타입 연구방법론의 정립을 위한 모색과 구체적인 사례연구들을 꾸준히 발표하고 있기 때문이다. 한(H. H. Hahn) 교수가 중심이 된 연구회의 활동은 독일 내에서도 독일 및 독일과 인접한 중·동유럽의 역사적 스테레오타입연구(Die historische Forschung zur Geschichte der Stereotypen im mittleren und östlichen Europa)에 있어서 독보적인 위치를 점하고 있다. 위 연구회는 지금까지 폴란드, 체코, 슬로바키아의 연구자들과 여러 차례 역사적 스테레오타입에 관한 학술회의를 개최하였으며, 그 연구 성과물들을 계속해서 출간하고 있다.

스테레오타입에 대한 국내 역사학계에서의 소개와 논의도 최근에 와서야 시작되었다고 볼 수 있다. 한국에서의 역사적 스테레오타입에 대한 연구는 아직 맹아기에 속하지만 역사학의 각 분야에 걸쳐 연구자들의 관심을 자극할 만한 많은 이슈들이 있으며, 구체적이고 다양한 주제의 사례연구가 이루어질 수 있는 연구 인력과 학문적 토양 역시 마련되어 있다고 사료된다. 학제간의 공동연구를 전제할 때, 역사적 스테레오타입의 연구 분야도 매우 다양하다고 볼 수 있다.

필자는 지난 2016년 한국연구재단의 저술출판 지원사업에 선정되어 3년 동안 〈역사와 고정관념〉이라는 주제의 연구를 진행해 왔다. 이번에 출간되는 『역사와 고정관념』은 그 결과물이라 하겠다. 이 책의 내용은 이론과 사례연구로 구분할 수 있겠는데, 좀 더 구체적으로 이 책이 다루고 있는 주제에 대하여 살펴보자. 이 책은 총 4부로 구성되었으며, 기 발표 논문 3편과 새롭게 작성한 논문 7편을 합하여 총 10편의 논문으로 구성되어 있다.

제1부 고정관념에 대한 역사적 접근과 연구방법론 카테고리의 첫 번째 글 '역사적 스테레오타입연구란 무엇인가'는 지난 2008년 『역사학보』

제198집에 게재되었던 논문을 일부 수정한 것이다. 역사적 스테레오타입은 역사적 사실 보다는 사실에 대하여 사람들이 가지고 있는 고정관념이나 편견을 연구대상으로 한다. 즉, 역사적 스테레오타입 연구에는 일차적으로 역사적 사실에 대한 연구가 선행되어야 하지만 그러한 토대위에 형성되고 시간의 흐름에 따라 변화되고, 개인과 집단에 영향을 미치는 고정관념을 분석하는 작업이다. 이 글에서는 스테레오타입의 정의와 역사적 스테레오타입 연구의 특징 및 방법론, 국내외에서의 역사적 스테레오타입 연구 현황과 전망 등을 제시하였다. 두 번째 글에서는 역사교과서 분석의 새로운 대안으로서 스테레오타입 인덱스(stereotype index)를 활용한 교과서 분석방법을 제시하였다. 기존의 교과서 분석방법은 역사적 사실관계의 규명, 서술내용 및 분량, 내용의 편향성, 특정 주제와 용어의 서술빈도 등을 파악하여, 연구범위가 제한된 특정 테마를 다룬다거나(질적 분석), 교과서의 장, 절, 목, 쪽수, 용어 등을 고려하여 파악하고자 하는 내용의 서술량을 분석하고, 교과서의 외형적 요소들인 판형, 활자, 인쇄 등을 비교·검토(양적 분석)하는데 적합하다. 하지만 교과서 질적 분석은 분석하는 사람의 주관적 편향성을 담보할 수 없으며, 논쟁적인 주제들에 대한 양적 분석은 이 방법의 강점인 객관성을 유지하기 어려운 점이 있다. 이러한 문제들을 해결하기 위해 파악하고자 하는 주제에 대한 양적 분석과 질적 분석을 병행하기도 하지만, 이 경우는 분석목적과 대상에 따라 융통성 있게 시도되어야지, 모든 분석에 적용될 수 있는 통일된 방법론이라고 할 수는 없다. 교과서 국제비교연구 역시 교과서 분석 방법론을 과학화 하고자 하는 시도는 많이 있었지만, 보편적이고 과학적인 방법론이 확고하게 정립되어 있지 못한 형편이다. 그리고 기존의 교과서 분석방법은 보다 민감하고 복잡한 문제들, 예를 들면 교과서상의 해석의 차이, 사실의 왜곡이나 은폐, 편견과 고정관념 등의 문제에 대한 보다 깊이 있고 많은 시간을 요하는 작업에 얼마나 기여할 수 있는가 하는 점에 의문의 여지가 있다. 교과서 분석에 있어서 사실에 대한 해석의 차이는 편견, 선입견, 고정관념, 또는 정치적·이데올로기적 편향성, 그리고 자민족중심주의, 인종주의, 민족주의 때문에 발생하는 경우가 많기 때문이다. 바로 그러한 점들을 보완할 수 있는 대안으로서, 필자는 고정관념지수를 객관적으로 수치화 할 수 있는 스테레오타입 인덱스(Stereo-type Index)를 적용한 새로운 역사교과서 분석틀을 제시하고자 하였다.

제2부에서는 '영화와 역사 그리고 고정관념'이라는 주제로 두 편의 영화〈300〉, 〈La Haine〉에 나타난 스테레오타입 문제를 비판적으로 분석하였다. 먼저 '영화〈300〉에 나타난 서구중심주의(『역사문화연구』 제36집)'라는 글에서 필자는 역사적 스테레오타입 분석방법을 적용시켜 영화〈300〉이 단순히 역사를 왜곡하고 있다는 차원을 넘어, 영화라는 매체를 통해서 관객들에게 전하고자 하는 원작자와 감독의 메시지는 무엇인가, 그리고 그러한 의도에서 만들어진 영화가 관객들에게 심어줄 수 있는 이미지와 스테레오타입은 무엇인가에 대해 논증하였다. 역사적 스테레오타입 연구에서 중요한 것은 영화 그 자체 보다는 영화를 보고 느끼는 관객들의 의식세계이기 때문에 이러한 연구는 역사를 소재로 하는 영화를 이해하는데 있어서 새로운 담론의 장을 열어 줄 수 있을 것이다. 두 번째 글은 '영화 〈La Haine(증오)〉에 나타난 프랑스 다문화사회의 문제점'이다. 이 글의 분석 대상인 영화 〈La Haine〉(France, 1995) - 이 영화는 1997년 11월 한국에서도 개봉되었으며, 작품성을 인정받아 마띠유 카소비츠 감독은 제48회 깐느 영화제 감독상을 수상하기도 했음 - 역시 방리유(파리 외각 이주민 거주지역)에서 벌어진 소요사태와 주인공인 3명의 이주

민 2,3세(유태계 프라아스인 빈쯔, 아랍계 소년 사이드, 흑인 위베르)들이 처한 사회적 소외와 차별, 그리고 프랑스 사회에 대한 증오를 밀도 있게 묘사하고 있다. 필자는 영화 〈La Haine〉을 분석 대상으로 하여 프랑스 다문화사회의 이주민 노동자 2,3세들이 가지고 있는 프랑스 사회에 대한 스테레오타입을 파악하고자 하였다. 한국 사회 역시 지난 2007년 국내 거주 외국인 숫자가 100만 명을 돌파하면서 급격하게 다문화사회로 이행하고 있다. 특히, 오늘날 한국의 다문화 상황에 있어서 국제결혼 가정과 그 2세들에 대한 관심과 지원, 그리고 국가적 차원에서의 장기적인 사회통합 전략이 어느 때 보다 절실하다는 점에서도 이 영화에 대한 분석은 시의성이 있을 것이다.

제3부에서는 '구한말 한국을 바라 본 독일인의 시선'이라는 제목으로 독일인 의사와 신문기자 두 명의 눈에 비친 한국에 대한 이미지를 분석하고 있다. 필자는 먼저 구한말 고종의 시의(侍醫)로 조선에 왔던 리하르트 분쉬(R. Wunsch; 한국명 富彦士, 1869-1911)의 *Fremde Heimat Korea: deutscher Artz erlebt die letzten Tage des alten Korea, 1901-1905*를 기본 사료(편지, 일기 등)로 하여 분쉬 박사의 조선에 대한 이미지를 분석하였다. 분쉬의 조선에 대한 이미지는 구체적으로 고종 황제에 대한 이미지, 조선 정부에 대한 이미지, 조선 민중에 대한 이미지로 나누어 구분하였다. 분쉬는 서구 근대사회의 일원이자 근대 의학의 집행자로서 서구 근대성의 상징이었으며, 그런 그가 처해 있던 상황은 역사적으로 제국주의 시대에 식민지화되어 가고 있던 시기였고, 조선이라는 공간은 무기력과 야만, 미신과 무지의 표상이었다. 그러나 그는 백인이 우월하다는 인종주의에 매몰된 사람은 아니었다. 분쉬를 비롯하여 구한말 서양인들이 남긴 조선에 대한 기록들을 편견의 산물이라거나 '장님 코끼리 만지기'로

치부할 수도 있겠지만, 실제적으로 그 당시 서양인들에 의해 형성된 한국에 대한 부정적 스테레오타입은 오늘날에 이르기까지 여전히 무시할 수 없을 정도로 영향을 끼치고 있다. 다음으로 소개하는 글은 구한말 독일인 신문기자 겐테(Siegfried Genthe)의 눈에 비친 조선 이미지이다. 사료로서의 여행기는 이미 오래전부터 그 중요성이 인식되어 왔으며, 겐테의 *Korea: Reiseschilderungen*(Berlin, 1905) 또한 조선에서의 체험을 기록한 여행기로써 19세기 후반 조선의 사회상을 알려주는 귀중한 사료로 평가받고 있다. 겐테는 독일 쾰른 신문의 통신기자로 1901년 조선에 입국하여 서울에서 제주도 한라산까지 전국을 여행하며 자신의 견문을 쾰른 신문에 연재하였다. 그는 말레이시아 여행 중에 강도를 만나 살해당했지만, 평소 그를 아꼈던 쾰른신문 사장 Georg Egener는 겐테의 유고를 정리하여 1905년 한 권의 책으로 간행하였다. 여기에서는 겐테의 조선기행문을 분석 대상으로 그의 조선에 대한 이미지를 파악하고자 하였다.

제4부는 냉전시대 동·서독 역사교과서에 나타난 한국 이미지를 분석한 두 편의 글로 구성되어 있다. 지금까지 냉전시대 대표적 분단국가였던 독일과 한국의 비교연구에 대해서는 정치학, 경제학, 문학, 사회학 등 제 분야에서 이미 많은 연구 성과가 있었다. 그렇지만 문헌 사료로써 1950년대부터 1990년대까지 동·서독에서 출판된 역사교과서의 한국 관련 내용을 각 시대별로 분류하여 서술내용의 변화를 분석하려는 연구는 필자의 시도가 처음이 아닌가 한다. 냉전 이데올로기의 영향으로 구동독 역사교과서의 한국 관련 내용 역시 구서독의 역사교과서와는 상반되는 역사적 해석을 하고 있는데, 그 대표적인 경우가 바로 한국전쟁(6·25)에 대한 서술이다. 여기에서는 방법론적 측면에 있어서 특히 한국전쟁에 대한 동·서독 역사교과서의 서술내용이 냉전부터 최근까지 시대별로 어떻

게 변화되어 왔는가, 이를 통하여 냉전 이데올로기라는 프리즘이 역사적 사실의 해석과 교과서 서술에 어떠한 영향을 미쳤는가를 논증하였다.

제5부에서는 냉전시대 주한 독일대사 위르겐 클라이너(Jürgen Kleiner)의 한국 이미지와 주북한 동독대사 한스 마레츠키(Hans Maretzki)의 북한 이미지는 어떻게 다른지를 소개하고 있다. 위르겐 클라이너는 1970-80년대에 걸쳐 주한 독일대사로 근무하며 한국의 험난한 정치 상황을 겪었던 독일의 외교관이었다. 그는 자신의 한국에서의 경험을 토대로 하면서도 19세기 마지막 사반세기 이래 한국의 역사·정치·경제에 초점을 맞추어 최근 100여 년 동안의 한국에 대한 이야기를 *Korea: auf steinigem Pfad*(Vistas, 1992)라는 단행본으로 엮어내었다. 이 책은 한국 근·현대사를 보는 독일 외교관의 시각과 한국에 대한 이미지를 파악할 수 있다는 점에서, 외국인이 보는 한국에 대한 인식 및 한독관계사 연구에도 귀중한 자료로 평가된다. 이 책에 서술된 클라이너의 한국 역사에 대한 인식, 남한사회에 대한 경험과 평가 등을 통하여 한국에 대한 스테레오타입을 파악해 보고자 하였다. 한편, 마레츠키는 구동독 정권이 붕괴되는 1989년까지 주 북한 마지막 동독대사를 역임했던 외교관이다. 그는 1990년 독일이 통일된 이후 *Kim-ismus in Nordkorea: Analyse des letzten DDR-Botschaftrs in Pjöngjang*(Anita Tykve Verlag, 1991)라는 단행본을 펴냈다. 일반적으로 냉전시대 동독인들의 북한에 대한 이미지는 시종일관 사회주의 형제국으로서 우호적이며, 북한의 사회체제와 북한 주민의 생활을 긍정적으로 묘사하고 있다. 그럼에도 불구하고 동구권의 몰락과 1990년 독일의 통일 이후, 독일의 북한에 대한 이미지는 이데올로기의 프리즘에서 벗어나 점차 객관성을 띠기 시작했다. 이는 1980년대 전 동독 북한 대사였던 마레츠키의 저서에도 잘 나타나 있다. 독일의 통일 이

후 출판된 마레츠키의 저서는 북한의 체제와 사회에 대한 매우 비판적인 시각을 드러내고 있다. 필자는 마레츠키의 저서를 분석 대상으로 삼고, 독일 통일 이전과 이후 그의 북한에 대한 태도 변화와 이미지를 1980년대 북한 노동신문에 나타난 그의 활동과 비교하여 분석하였다.

위와 같이 이 책에서는 이론 및 연구 방법론적 측면에서 독일의 역사적 스테레오타입 연구의 현황과 전망을 시작으로 스테레오타입 인덱스를 활용한 텍스트분석의 사례를 통하여 고정관념도 수치화하여 상호 비교분석이 가능함을 논증하였다. 아울러 영화, 여행기, 교과서, 자서전 등 다양한 자료를 분석함으로써 역사적·사회적으로 형성된 '타자'에 대한 고정관념이 역사인식에 어떠한 영향을 미치고 있는가를 사례연구로 제시하였다. 이 책은 역사와 고정관념의 관계를 다루고 있지만, 아직 가야 할 길은 멀고 험하다. 모쪼록 이 책이 한국에서의 역사와 고정관념의 상관관계 연구에 조금이나마 기여할 수 있고, 보다 다양한 관점과 열린 마음으로 역사지식이 생산되고 소비되는 메커니즘을 파악하는데 자극제가 될 수 있기를 기대한다. 최근 출판업계의 불황에도 불구하고 출판에 응해주신 도서출판 선인 윤관백 대표님과 이 책이 출간되기까지 수고를 아끼지 않으신 박애리 실장님과 김민정 선생님께 진심으로 감사의 마음을 전한다.

2021년 3월 8일

박 재 영

1부

고정관념에 대한
역사적 접근과 연구방법론

제1장 ─────────
역사적 스테레오타입연구란 무엇인가

1. 역사와 고정관념의 상관관계

19세기 유럽의 민족주의에서 20세기 전반에 걸친 제국주의와 전체주의, 그리고 20세기 후반 냉전 이데올로기 시대로의 역사적 흐름에는 몇 가지 공통된 특징이 있다. 그것은 타자(他者)에 대한 배타성과 적대성, 편협함과 일방성에 근거한 우월주의, 이데올로기의 절대화 등으로 요약할 수 있다. 이러한 요소들은 민족적·인종적·종교적·문화적 대립과 충돌을 야기하며 인류사회에 1,2차 세계대전이라는 미증유의 참화와 재난을 가져다주었다. 이는 인간의 역사가 이성과 합리주의, 과학적 사고에 의해서 인류의 행복과 번영을 목표로 전개되리라는 기대가 헛된 꿈이었다는 사실을 반증한다. 1989년에 시작된 동구 공산권의 붕괴와 이후 냉전 이데올로기를 대치할 새로운 희망적인 대안이 제시될 것이라는 예측도 있었다.[1] 그렇지만 이데올로기를 대치한 것은 결국 민족주의의 부활로 야

---

[1] Fransis Fukuyama 저/이상훈 역, 『역사의 종말』(서울, 한마음사, 1992): Fransis Fukuyama, *The End of History and the last man*(New York, 1992), 158-173쪽.

기된 집단 간의 대립과 정치·군사적 분쟁, 인종청소[2], 이슬람과 기독교 세계의 종교적 갈등에 기반하고 있는 테러리즘의 확산, 소수민족들의 독립을 향한 저항과 억압 등으로 나타나고 있다.[3] 인류의 역사가 온갖 고난과 역경을 헤치고 바야흐로 21세기에 접어들었음에도 불구하고 지구촌 사회에 갈등과 대립이 계속되고 있는 배경에는 역사적으로 형성된 뿌리 깊은 상호 불신과 적대감, 타자에 대한 정형화되고 부정적인 고정관념이 인간 심성의 기저에 작용하고 있기 때문이다.[4]

---

2) Richard Dawkins 저/이한음 역, 『만들어진 신』(김영사, 2007): Richard Dawkins, *The God Delusion*(Transworld, 2006), 38-39, 401-403쪽.

3) 이러한 문제들을 해결하기 위하여 유네스코(UNESCO)를 비롯한 국제사회는 다문화주의와 문화적 상대주의를 통한 상호이해와 교류협력 사업을 활발하게 추진해 오고 있다. 하지만 코소보 독립과 중국 티벳, 쿠르드족, 체첸의 독립운동 및 팔레스타인 난민문제 등은 국제사회에서 민족적·인종적·종교적 이유에서 테러리즘의 확산이라는 문제가 야기되고 있다.

4) 국제이해와 협력에서 중요한 측면은 역사적으로 형성된 민족적·종교적 편견의 배제이다. 1950년 브뤼셀에서 개최된 '국제 역사교과서 학술대회'에 참가한 회교문화권의 일부 참가자들은 유럽과 미국의 학교에서 사용되고 있는 역사교과서가 강한 종교적 차별성을 띠고 있다고 비판하였다. 또한 서구 제국의 교과서들은 회교문화권의 생활상과 고유한 사상 등에 관해서는 거의 언급하지 않고 있기 때문에 이러한 교육에 익숙한 서양 학생들의 사고에 회교도들은 포악하고 호전적이라는 고정관념을 굳히게 하는 개연성이 농후하다는 지적도 있었다. 한편, 동 학술대회에서 제기된 또 다른 편견의 사례는 '동·서간의 부조화'의 문제였다. 이는 기독교 세계와 회교 세계의 관계에 대한 왜곡을 의미한다. 주지하다시피 서구문명에 대한 이슬람 문명권의 공헌은 지대하다. 그러나 이러한 역사적 사실은 거의 언급되지 않거나 무시되었다는 것이다. 오히려 회교도와 기독교도 사이의 관계에 있어서 가장 부각되는 것은 전쟁이었고, 십자군은 야만인들과 싸우는 정의로운 사도였다는 식의 논리가 강조되었다는 점도 지적되었다. 왜곡된 종교적 관용성, 인종적 우월성에 기초하여 쓰여진 역사교재와 교육의 결과로 다수의 서구 학생들은 회교도들이 아직도 호전적이고 위험한 사람이라는 인식을 가질 수 있게 한다는 비판도 의미심장하다. 마찬가지의 이유로, 오늘날 우리의 역사학습 내용이 타민족이나 타문화에 대한 편견과 왜곡을 극복하여 세계의 평화와 질서를 유지하는데 유익하고 적절한 것인지, 아니면 그와는 정반대로 과도한 민족주의 역사관을 자라나는 2세들에게 주입시키며 자문화 중심주의적 사고를 조장하고 있는지를 좀 더 진지하게 생각해 볼 필요가 있다. J. A. 로우워즈 저/유네스코 한국위원회 역, 『역사교육과 국제이해』, 1964; 한명희·김현덕·강환국 외, 『국제사회와 국제이해교육』(정민사, 1996); 유네스코 한국위원회 편, 『학교에서의

이와 같이 장구한 시간의 흐름 속에서 인간의 심성에 각인된 역사적 경험과 학습에 의한 타자에 대한 고정관념은 기본적으로 이성과 감정이 복합적으로 표출된다는 특징이 있다. 이는 인간의 역사가 합리적으로 설명할 수 없는 비과학적이고 정서적인 요인에 의해서도 강한 영향을 받는다는 의미로 받아들여진다.[5]

이렇게 형성된 "정형화된 타자(stereotyped Other)"는 역사적 스테레오타입연구(Historische Stereotypenforschung)에서 "헤테로-스테레오타입(Hetero-stereotyp)"이라는 범주에서 다루어지고 있는데, '오리엔탈리즘(Orientalism)'도 서구인들이 가지고 있는 동양에 대한 하나의 고정화 된 이미지, 즉 스테레오타입과 유사한 개념이라 할 수 있다.[6] 1978년 사이드(Edward W. Said)가 저술한 『오리엔탈리즘』은 인문학을 연구하는 학자들에게 근본적으로 역사를 보는 새로운 해석의 실마리를 제공하고 있다. 사이드에 의

국제이해교육』(오름, 1996); 이효영, 「글로벌 시대의 역사인식과 세계사」, 『역사교육』 100집(2006.12), 336-339쪽; Otto-Ernst Schüddekopf/김승렬 역, 『20년간의 서유럽 역사교과서 개선활동: 1945-1965』(한국교육개발원, 2002): Otto-Ernst Schüddekopf ed., *Zwanzig Jahre Westeuropäischer Schulgeschichtsbuchrevision 1945-1965*(Braunschweig, Albert Limbach Verlag, 1966), pp.96-103.

5) 우리는 주어진 정보에 따라 특정 대상에 대한 이미지(Image)를 만들어낸다. 그러한 개인의 이미지들이 공동체의 암묵적 합의하에 대상 - 특정 종교, 민족, 인종, 젠더(性), 이데올로기 등 - 에 대한 스테레오타입(Steretype)을 형성한다. 그렇게 해서 생성된 스테레오타입은 대상을 단순화시키고 일반화(Verallgemeinisierung)를 통하여 집단 내에 고정관념으로 자리 잡는다. 여기에서 문제는 인간의 생각(Logos)과 감정(Emotion), 그리고 호불호(好不好)의 의지가 개입된 고정관념이 대상을 가치중립적이고 객관적으로 있는 그대로를 설명하기 보다는, 대상을 왜곡하고 굴절시킨다는 사실이다. 이러한 고정관념의 메커니즘은 공동체 내부의 결속을 강화하거나 공동체 내부의 이질적인 요소들에 대한 거부감, 또는 다른 공동체에 대한 적대감(Feindlichkeit)으로 나타난다. H. H. Hahn, "Stereotypen in der Geschichte und Geschichte in Stereotyp", H. H. Hahn, ed., *Historische Stereotypenforschung. Methodische Überlegungen und empirische Befunde*(Oldenburg, 1995), pp.190-204.

6) Edward W. Said 저/박홍규 역, 『오리엔탈리즘』(교보문고, 2000): Edward W. Said, *Orientalism*(Random House, 1979), 17-21쪽.

하면 '오리엔트'라는 개념은 유럽의 학자들이 유럽의 문화가 비유럽 지역에 비해 우월하다는 이미지를 부각시켜 제국주의에 입각한 식민통치를 정당화하고자 하는 의도에서 고안된 것이었다. 즉, 유럽인들이 생산해 낸 지식들은 유럽에 의해 형성된 세계체제 안에서 그들이 가지고 있는 권력과 밀접한 관련이 있다는 것이다. 아울러 그러한 지식들은 가치중립적이고 객관적인 것이 아니라 비유럽지역에 대한 백인의 지배를 목표로 하고 있으며, 그것은 언제나 '우리'를 '타자'와 구분해 주는 역할을 한다. 즉 유럽의 자기동일성은 비유럽 지역을 타자로 규정함으로 완성되고, 규정과 배제에 입각한 가치체계는 우월함과 열등함, 합리와 불합리, 서구인과 비서구인, 문명과 야만, 과학과 미신 등으로 등치되는 것이다. 이렇게 사이드가 『오리엔탈리즘』에서 보여 준 동양과 동양 문화에 대한 서양의 지식에 대한 해석은 학계에 새로운 도전과 자극을 가했을 뿐만 아니라, 사이드의 학문에 대한 새로운 접근방법은 지금도 우리에게 타문화와 역사의 이해를 위한 보다 진지하고 다양한 해석의 가능성을 제공하고 있다.

또한 국내 학문의 제 분야에 뿌리깊이 내재되어 있는 서구중심주의(西歐中心主義, Eurocentrism, West-centrism) 역시 서구의 문화를 보편적이고, 우월하고, 과학적이며, 가치 있고, 우리가 추구해야 할 하나의 모델로 인식되고 있다.[7] 여기에는 심지어 우리가 우리 스스로를 서구인의 시각에서 타자화 하고, 열등한 존재로 인식하는 자기 부정적이고 자기 비

---

7) 서구중심주의적 시각에 의하면 유럽은 고대로부터 지금까지 세계의 중심이고, 모든 합리적이고 진보적이고 과학적인 것은 유럽과 미국의 산물이다. 반면 아시아나 아프리카는 고대로부터 문화가 정체되어 온 후진적인 지역으로 근대성과는 거리가 멀다. 따라서 근대에 들어와 서양 국가들이 비서양 지역을 식민 지배한 것이나 오늘날의 불평등한 세계질서는 힘의 우열에 따른 당연한 결과로서 정당화될 수밖에 없다. 강철구, 『역사와 이데올로기: 서양 역사학의 유럽중심주의에 대한 비판적 검토』(용의 숲, 2004), 143-145쪽.

하적인 의식이 잠재되어 있다.[8] 국내 역사학에서도 그와 유사한 현상이 나타났을 뿐만 아니라 서양 사람들의 유럽중심주의적인 관점을 서양인들보다 더 옹호하는 경우도 있었다.[9] 이는 서양의 역사학을 선진 학문으로 생각하여 무비판적으로 수용한 것에 대한 부정적 결과다. 최근에는 그러한 인식이 실제 역사적 사실에 부합하지 않는다고 보는 일단의 연구자들에 의해 한국 사회와 학계에 만연해 있는 서구중심주의 이데올로기를 극복하려는 진지한 탐색이 이루어지고 있다.[10]

위에서 필자는 간략하나마 최근 한국 서양사학계에서 활발히 논의되고 있는 '오리엔탈리즘'과 '서구중심주의'에 대한 담론이 역사적 스테레오타입 연구에서 "정형화된 타자"라는 개념과 밀접한 관련이 있음을 지적하였다. 이는 앞으로 필자가 본고에서 논의를 이끌어 갈 주제에 대한 하나의 문제 제기이며, 필자는 본고의 구체적인 내용을 다음과 같이 구성하였다. 도입부에 이은 제2절에서는 먼저 '스테레오타입(Stereotype)'의 정의를 일상 언어적 측면, 사회(심리)학적 측면, 언어(철학)적 측면에서 살펴보았다. 제3절에서는 본격적으로 역사적 스테레오타입의 개념과 특징, 연구방법, 그리고 독일을 중심으로 한 유럽의 역사적 스테레오타입의 연구 현황과 구체적 사례연구에는 어떤 것들이 있는지를 분석하였다. 끝으로 국내에서의 스테레

---

8) 강정인에 따르면 서구중심주의란 서구인의 입장에서든 비서구인의 입장에서든, 근대에 들어와 전 세계의 패권 문명으로 등장하게 된 서구 문명이 신봉하는 세계관, 가치 및 제도를 보편적이고 우월한 것으로 받아들이는 태도를 지칭한다. 예를 들면, 국내 특정 건설회사의 TV광고는 고상하고 우아하고 쾌적한 유럽풍의 주거공간을 이상화하고 있는데, 이러한 광고 역시 그 이면에는 우리의 의식 속에 무비판적으로 수용한 서구 문화에 대한 동경이 자리 잡고 있다. 강정인, 『서구중심주의를 넘어서』(서울, 아카넷, 2004), 46-47쪽.

9) 강철구, 앞의 책, 249-250쪽.

10) 강철구, 「한국에서 서양사를 어떻게 보아야 하나 - 유럽중심주의의 극복을 위한 제언」, 『서양사론』 제92호(2007.03), 327-352쪽.

오타입 연구가 어떠한 분야에서 어느 정도 진척되고 있으며 연구전망은 어떠한지, 그리고 학제 간 공동연구의 필요성 및 역사적 스테레오타입의 연구대상으로 적합한 분야들에 대하여 언급하였다.

2. 스테레오타입(Stereotype)이란 무엇인가

오늘날 스테레오타입이라는 용어는 언어(철)학·문학·사회심리학·문화학(Kulturwissenschaft)·역사학 등 다양한 분야에서 사용되고 있다. 여기에서 한 가지 주목할 점은 특정 용어에 대한 정의는 학자와 전문분야에 따라 그 의미가 유사하거나 전혀 다른 개념으로 사용되기도 하지만, 기퍼(H. Gipper)가 지적한 것처럼 스테레오타입은 용어의 성격상 다의적(Vieldeutig)이라기보다는 다해석적(vieldeutbar)이라는 특징을 보인다는 사실이다.[11] 이와 관련하여 본 절에서는 역사적 스테레오타입의 이해를 위하여 먼저 스테레오타입의 정의를 일상적으로 사용되고 있는 사전적 의미와 사회(심리)학적, 언어(철학)적 의미로 구분하여 살펴보고자 한다.

첫째, 본래 '고정된 주형(鑄型)을 사용하여 인쇄할 때 분리되는 연판(鉛版)'을 뜻하던 스테레오타입은 사전에서 형용사나 부사로 사용될 때는 '판

---

11) 스테레오타입의 다해석성은 특히 언어학과 사회학 분야에서 두드러지는데, 예를 들자면, "타자에 대하여 가장 단순하게 판단하는 경향"(R. König), "범주를 동반하는 고정된 표상"(G. Allport), "타당한 이유나 과학적으로 뒷받침되지 않은 추상적 개념"(K. Young), "어떠한 사회집단 혹은 그 집단의 구성원 개개인에게 대한 신념"(U. Quasthoff), "어떤 집단을 이루고 있는 구성원에 대한 특징(characteristic), 속성(attribute) 및 행위(behavior)에 대한 확신(belief)" 등을 들 수 있다. U. Quasthoff, *Soziales Vorurteil und Kommunikation - Eine sprachwissenschaftliche Analyse des Stereotyps*(Frankfurt a. M., 1973), pp.17-19; H. Gipper, "Der Inhalt des Wortes und die Gliederung des Wortschatzes", *Duden: Grammatik der deutschen Sprache*, Bd. 4(Mannheim/Wien/Zürich, 1984), p.517; J. L. Hilton, W. von Hippel, "Stereotypes", *Annual Review of Psychology*, Vol. 47, pp.237-271.

에 박힌', '항상 똑같은', '상투적으로 반복되는', '고정된', '진부한', '흔히 있는' 등으로[12], 그리고 명사로 사용될 때는 '연판(鉛版)', '판에 박힌 고정관념'이라는 의미로 해석된다.[13] 여기에서 우리는 스테레오타입이라는 용어의 개념에는 인간의 의사표현이나 행동양식과 관련하여 '고정되고, 틀에 박히고, 반복되는' 공통된 요소들이 있음을 유추할 수 있다.[14]

둘째, 스테레오타입이 사회학적 개념으로 사용되기 시작한 것은 미국의 언론인 리프만(Walter Lippmann)에 의해서였다.[15] 리프만은 1922년 그의 저서 *Public Opinion*에서 처음으로 스테레오타입을 '우리 머릿속의 이미지(pictures in our head)'[16]라는 사회학적 개념으로 정의하였다.[17] 리프

---

12) "(meist von menschlichen Aussage-, Verhaftensweisen *o.d.*) immer wieder in der gleichen Form (auftretend), in derselben Weise ständig, formelhaft, klischeehaft wiederkehrend" Dudenverlag ed., *Duden: Deutsches Universalwörterbuch,*(Mannheim, Leipzig, Wien, Zürich, 1983), p.1212; "feststehend, ständig, abgedroschen, langweilig" Brockhaus ed., *Brockhaus - Enzyklopädie*, Bd. 18(Wiesbaden, Brockhaus, 1973), p.93.

13) 민중서림 편집부 편, 『엣센스 국어사전』(서울, 민중서림, 1991), p.1530.

14) 예를 들어, 우리가 일상에서 접하고 있는 TV 광고나 드라마에 나타나는 남자와 여자, 즉 性(gender)에 대한 스테레오타입을 보면, 남자는 능력 있고, 가족에게 헌신적이고, 가정과 사회를 이끌어 가는 주도적인 존재로 그려진다. 이와 반대로 여자는 상냥하고, 순종적이며, 가족을 위해 희생하는 어머니이자 남편의 사랑 속에서 행복을 느끼는 존재로 묘사된다. 이를 통하여 시청자들은 은연중에 남녀의 고정된 성 역할을 학습하기도 하고, 전형적인 남녀의 성적 표상과 이상적 이미지에 자신을 동일화시키기도 한다.

15) U. Quasthoff, *op. cit.*, p.17 참조.

16) 'Picture'라는 용어는 원래 '사물의 모습을 그려낸 것'이라는 사전적인 의미를 가지는데 실제로 사용될 때는 그림, 사진, 영상, 풍경 등의 뜻으로 해석된다. 김춘식은 그의 논문에서 'picture'를 '표상'으로 해석했으나 필자는 리프만이 의도한 원래의 의미는 '이미지'에 더 가깝다고 해석된다, 김춘식, 「독일의 역사적 스테레오타입 연구」, 『서양사론』 제91호(2006.12), 315쪽.

17) 1922년 출판된 리프만의 저서는 그 후 42년이 지난 1964년 뮌헨에서 독일어 번역본이 선을 보이게 되었다. 독일 인문학계에서의 스테레오타입연구는 이에 자극을 받아 점차 정치적 이데올로기(Ideologie), 인종적·민족적 편견이나 선입견(Vorurteil), 타자에 대한 이미지(Imagologie) 등의 연구가 활기를 띠게 되었다. Walter

만에 의하면 우리가 어떤 대상을 인식할 때, 그것은 대상에 대한 객관적이고 가치중립적인 경험과 지식에 기초한 사고가 아니라, 대상에 대하여 가지고 있는 개인의 주관적인 표상을 통해 걸러진 인식을 말한다. 따라서 동일한 대상에 대한 인간의 인식은 개인에 따라 주관적일 뿐만 아니라 대상을 완전하게 재구성하거나 설명할 수 없다. 결국 리프만에게 있어서 스테레오타입이란 특정한 문화라는 기제에 의하여 미리 유형화되고 사회적으로 공유된 어떠한 대상에 대한 고정화된 관념이나 이미지를 의미한다. 그와 관련하여 스테레오타입은 몇 가지 특징을 보이는데, 첫째, 대상을 너무 단순화 시키고 있다는 점, 둘째, 불확실한 정보나 지식에 의하여 과장되거나 왜곡된 채 일반화되거나 범주화된다는 점, 셋째, 호불호(好不好), 선악(善惡)과 미추(美醜), 우열(優劣) 등의 감정적인 요소들을 수반하고 있다는 점 등이다.[18] 따라서 스테레오타입을 통해 인식에 혼란을 주는 요소들은 반사회적이고 비윤리적인 것으로 간주되며, 사람들은 묵시적으로 그들이 속한 공동체가 형성한 스테레오타입에 대한 규범적인 순응과 동조를 보이게 된다.

스테레오타입에 대한 리프만의 견해는 교육과 학습을 통해 형성된 문화적으로 인식된 표상이 외부로부터 새롭게 받아들이게 되는 새로운 지식과 경험에 대한 가치판단의 기저를 이룬다는 점에서 '인지적 요소(Kognitive Komponente)가 강조된다.[19] 또한 독일의 저명한 백과사전 Brockhaus—Enzyklopädie 1973년 판에도 '스테레오타입'의 개념은 '한

Lippmann, Public Opinion(New York, 1922); Walter Lippmann, *Die öffentliche Meinung*(München, 1964).

18) Walter Lippmann, *op. cit.*(München, 1964), p.79.

19) *Ibid.*, p.293.

집단이 자기 자신이나 다른 집단에 대하여 묘사하고자 하는 사회적 견해나 태도(Soziale Einstellung)'로 정의되어 있는데 여기에도 다분히 인지적 요소가 강조되어 있다.[20] 그러나 스테레오타입에 대한 리프만 이후의 연구는 문화적 배경에 의한 인지적 요소 외에도 '감정적 요소(Affektive Komponente)'에 의해 사회현상과 기능을 파악하려는 경향을 보이게 되었다.[21] 스테레오타입 형성에 영향을 주는 감정적인 요소는 주관적이고 부정확하기 쉽고, 긍정적 또는 부정적 가치판단과 밀접하게 연관되어 있기 때문에 스테레오타입에 대한 개념정의는 사회심리학적·언어(철)학적 연구가 성과를 보이면서 이전보다 한층 더 포괄적이고 복잡한 성격을 띠게 되었다. 그럼에도 불구하고 "묵시적으로 통용되는 일반화되고 정형화 된 이미지"[22]라는 스테레오타입의 추상적인 정의에는 관련 연구자들이 잠정적인 동의를 보이고 있다.[23] 따라서 사회학적 측면에서 스테레오타입 연구는 '자아(자기 자신)나 타자를 대상으로 하는 인지적·감정적 요소를 포함하는 묵시적이고 일반화된 고정관념, 또는 정형화된 이미지에 대한 연구'라고도 명명할 수 있을 것이다.[24]

---

20) H. H. Hahn, "Strereotypen in der Geschichte und Geschichte im Stereotyp," H. H. Hahn, ed., *op. cit*, p.190.

21) Adam Schaff, *Stereotypen und das menschliche Handeln*(Wien, 1997), pp.30-35.

22) Klaus Roh, "Bilder in den Köpfen-Stereotypen, Mythen, Identitäten aus ethnologischer Sicht," Valeria Heuberger, ed., *Das Bild vom Anderen: Identitäten, Mentalitäten, Mythen und Stereotypen in multiethnischen europäischen Regionen*(Frankfurt a.M., 1998), pp.22-23.

23) Johannes Hoffmann ed., *Stereotypen Vorurteile Völkerbilder in Ost und West - in Wissenschaft und Unterricht(Eine Bibliographie)*,(Otto Harrassowitz·Wiesbaden, 1986).

24) 스테레오타입은 사회적으로 축적된 지식과 경험의 결과로 형성된 것으로 그것이 인종이나 민족, 종교 또는 특정 집단의 구성원들에 관한 판단 자료로 사용된다면 그것은 우리의 인식 능력을 확장시킬 수 있지만, 그것이 부정확하고 빈약한 데이터베

셋째, 그러면 인간의 사회적 관계에서 발생하는 다양한 현상들을 심리학적으로 분석하는 사회심리학자들은 스테레오타입에 대하여 어떻게 정의하고 있는가를 살펴보자. 대인지각과 관련된 타자에 대한 이미지, 편견, 고정관념의 형성과정을 추적하는 작업은 사회심리학에서도 중요하게 다루어지고 있다. 스트뢰베(W. Stroebe)와 인스코(C. A. Insko)는 스테레오타입을 단순하면서 정형화되고 동시에 편향되어 있는 부정확한 일반화라고 규정한다.[25] 이러한 개념규정은 대개의 경우 스테레오타입이 확

이스에 기인한다면 대상에 대한 편견을 조장할 수 있는 부정적인 인식을 야기할 수 있다. 사회학에서 특정 집단에 대한 주된 스테레오타입 연구주제는 인종과 젠더에 관한 스테레오타입이다. 우선 인종적 스테레오타입과 관련하여 프린스턴대학교 학생들을 대상으로 국가나 민족, 그리고 유대인에 대한 고정관념을 분석한 연구(W. Strobe & C. A. Insko, *Stereotype, prejudice and discrimination: Changing conceptions in theory and research, stereotyping and prejudice.* New York: Spring-Verlag, 1989), 육체노동이나 스포츠 등 주로 육체적 활동을 하는 흑인들에 대한 스테레오타입 분석(L. Harrison, Jr., "Understanding the influence of stereotypes: Implications for the African American in sport and physical activity", *Quest,* Vol. 53, 2001, pp.97-114), 백인, 흑인, 히스패닉, 아시아인 등 다양한 인종이 포함된 고등학생들을 대상으로 한 인종간의 스테레오타입 분석(G. Kao, "Group images and possible selves among adolescents: Linking stereotypes to expectations by race and ethnicity", *Sociological Forum* Vol. 15, 2000, pp.407-430) 등이 있다. 다음으로는 젠더(性) 스테레오타입과 관련된 연구들이다. 먼저 문헌 분석을 통한 남성과 여성의 스테레오타입 연구결과(R. D. Ashmore & F. K. Del Boca, "Gender stereotype", R. D. Ashmore & F. K. Del Boca ed., *The social psychology of female-male relations: A critical analysis of central concepts,* Orlando: Academic Press, 1986, pp.69-119)에 의하면, 특정한 대상에 대한 스테레오타입은 다양하게 나타날 수 있으며 연구자와 연구시기에 따라서도 달라질 수 있음을 밝혔다. 인종과 젠더, 인종과 직업에 관한 스테레오타입이 동시에 존재할 수 있음을 규명한 연구(Louis Harrison, *op. cit.,* pp.97-114), 그리고 특정한 대상에 대한 스테레오타입들이 대상 자체를 정확하게 묘사하고 있지는 않다는 주장(A. Clabaugh & B. Morling, "Stereotype accuracy of ballet and modern dancer", *The Journal of Social Psychology,* Vol. 144, 2004, pp.31-48.) 등, 스테레오타입은 사람들이 가지고 있는 정형화된 이미지를 의미하지만 그것이 특정 집단 내에서 늘 일치하는 것은 아니며 주어진 상황에 따라 달라질 수 있는 개연성을 가지고 있다.

25) W. Stroebe & C. A. Insko, *op. cit.,* p.4.

실한 근거가 없거나 감정적인 판단에 기초하고 있으며, 상황에 따라 현실을 왜곡시키기도 하기 때문이다. 하지만 그러한 현상은 비정상적이라기보다는 사람이 어떠한 특정 대상을 접했을 때 나타나는 자연스러운 인지반응이기도 하다. 미국의 흑백문제, 유대인문제 등 편견의 원인을 사회심리학적 측면에서 분석한 올포트(G. W. Allport)에 따르면 스테레오타입은 호불호(好不好)를 떠나 대상에 대해 가지고 있는 과장된 확신이며, 이러한 확신은 사람의 행위를 정당화하는 기능을 한다.[26] 올포트에 의하면, 스테레오타입은 대상 자체를 그 이상 일반화 할 수 없는 가장 보편적이고 기본적인 개념과 동일한 것이 아니라, 그러한 개념, 즉 대상에 대한 범주와 관련된 일정한 표상(Representation)이다. 예를 들면, "흑인"이라는 범주는 '피부가 검은 인종'에 대한 가치중립적이고 일반적인 개념이다. 이 범주에 흑인이 '게으르고, 더럽고, 폭력적'이라는 이미지와 선입견이 작용한다면, 이것이 바로 흑인에 대한 스테레오타입인 것이다. 이때 스테레오타입은 그것 자체로는 범주가 아니지만 일정한 정도로 범주에 표식을 하면서 개념에 대한 사고의 분화를 막는 한편, 사람의 지각과 사고의 단순성을 유지하도록 작용한다. 이러한 기능을 하는 스테레오타입은 어떤 대상에 대한 이해를 돕는 데 도움이 될 수도 있지만 반대로 대상을 왜곡하기도 한다.[27]

---

26) 올포트는 자신의 편견연구에서 "Allport 척도(Allport-Skala)"를 통해 편견은 비방(Verleumdung) - 회피(Vermeidung) - 차별(Diskriminierung) - 신체적 폭력(Körperliche Gewaltanwendung) - 파기(Vernichtung)의 순서로 진행되는 경향을 갖는다고 보았다. G. W. Allport 저/이원영 편역, 『편견의 심리』(성원사. 1993): G. W. Allport, *The nature of prejudice*(New York, Addison-Wesley, 1954).

27) C. McGarty & V. Y. Yzerbyt & R. Spears, "Social, cultural and cognitive factors in stereotype formation", C. McGarty, ed., *Stereotypes as explanations: The formating of meaningful beliefs about social groups*(London, Cambridge, 2002), pp.1-15.

한편, 타이펠(H. Tajfel)에 의하면 스테레오타입은 하나의 범주화 과정의 사례이며, 범주화는 대상의 차이점과 유사성을 인지할 수 있는 인식의 과정이다.[28] 아울러 스테레오타입은 어떤 대상의 특징을 설명하는 데 도움을 주며, 스테레오타입에 불가피하게 나타나는 편견과 과장은 사람의 인식능력의 한계 때문이라고 보았다. 타이펠은 스테레오타입이 수행하는 인지적·사회적 기능을 다음과 같이 구분하고 있다. 첫째, 스테레오타입은 대상에 대한 지각의 단순화를 통해 복잡한 사회적 현상을 인지하는데 있어서 "우리"와 "타자"의 경계를 설정한다. 둘째, 스테레오타입은 "타자"로 규정된 개인이나 집단에 대한 우월성 및 자신이 속한 집단의 긍정적인 요소들을 강화한다. 셋째, 스테레오타입은 "타자"에 대한 우호적이거나 적대적인 이미지에 관계없이 "타자"를 대하는 "나"와 "우리"의 행위를 정당화한다. 넷째, 스테레오타입은 "타자"를 적대적으로 묘사함으로써 "우리" 내부의 가치체계들을 강화하는 경향을 보이며, 거기에는 긍정적 혹은 부정적 가치판단이 수반된다.[29]

세계를 이해하고 설명하는 장치로 왜 스테레오타입이 중요한지에 대한 사회심리학의 가장 공통적인 대답은 스테레오타입이 대상을 지각하는데 들어가는 시간과 노력을 절약시켜준다는 점이다. 여기에는 일종의 효율성의 원칙이 작용한다. 너무나 복잡하고 다양한 현실 상황을 단순화시키는 인식의 기제로써 사람들은 종종 스테레오타입에 의존하게 된다. 아울러 인간의 이성과 감성을 통하여 여과된 어떠한 사물과 사실에 대한 인식은 그러한 여과 과정을 거쳐서 불가피하게 '스테레오타입화(Stereo-

---

28) W. Strobe & C. A. Insko, *op. cit.*, p.5.

29) S. R. Pitchford, "Image-making movements: Welsh nationalism and stereotype transformation", *Sociological Perspectives*, 44(2001), pp.45-65.

32 역사와 고정관념(History and Stereotype)

typisierung)'되는 경향을 보이기 때문에 오늘날 스테레오타입이 결여된 인간의 사고는 불가능할 정도로 스테레오타입은 우리 인식의 저변을 지배하고 있다.[30]

넷째, 언어(철)학적 관점에서 스테레오타입의 개념정의를 살펴보자. 오늘날 언어학자들은 언어학의 분야를 음성학·통사론·의미론으로 분류하여 연구하고 있는데, 음성학과 통사론에서 이루어진 연구 성과와 비교해볼 때, 의미론 분야에서는 아직까지 별다른 성과를 보이지 못하고 있는 실정이다. 의미론은 논쟁의 여지가 많은 분야로 언어를 사용하는 상황과는 관계없이 언어 자체의 구조만을 연구하는 해석의미론, 언어의 의사전달 능력을 강조하면서 문장의 의미와 그 문장의 용법이 갖는 기능을 연구하는 생성의미론으로 구분된다. 또한 일단의 학자들은 의미론의 새로운 발전을 가져오기 위해서는 사람들이 어떻게 개념을 획득하는가, 그리고 이 개념들이 낱말의 의미와 어떤 관련이 있는가 하는 문제까지 고려해야 한다는 입장을 취한다. 의미론(semantics)은 특히 언어철학(philosophy of language)에서 다루고 있는 기호학, 상징이론과 더불어 중요한 연구 분야의 하나로 주목받고 있다.[31] 현대 의미론은 언어 자체에서 사회

---

30) Allport에 의하면 사회적 편견은 사회계층·생활수준·생활양식 등이 집단 간에 현저한 차이를 보일 때 강화된다. "타자"에 대한 무지와 의사소통의 장벽 역시 다른 집단의 성격과 특성을 파악하는데 장애로 작용하여 "타자"에 대한 부정적인 편견을 만들어 낸다. 그리고 이러한 편견은 "우리"와 이질적인 요소를 가지고 있는 다른 집단에 대한 사회적 차별로 발전할 수 있다. G. W. Allport/이원영 편역, 앞의 책, 39-44쪽.

31) 최근 언어철학에서는 언어와 사상, 언어와 사물 등의 의미 문제가 중요하게 다루어지고 있다. 포스트모던 회의주의 철학자들, 데리다, 비트겐슈타인은 언어와 실재의 관계에 대해 의문을 가졌던 사람들이었고, 이들은 언어가 실재를 정확히 드러내지 않는다고 생각했다. 그들은 완벽하게 객관적인 메타언어, 우리가 진리를 발견하기 위해 구성할 수 있는 그런 언어는 없다고 보았다. 김병규, 「자연법과 메타언어」, 『동아법학』Vol.25(부산, 동아대 법학연구소, 1999), 3-7쪽.

적·문화적인 형상을 찾고자 하는 언어철학적 개념으로서의 '프로토타입 의미론(Prototypensemantik)'과 개념의 사회적인 측면이 강조되고 있는 '스테레오타입 의미론(Stereotypensemantik)'으로 대별될 수 있다. 의미론에서 이 두 가지 개념은 하나의 개념 하에 대상을 분류하고 있다는 점과 순수한 언어적 의미모델을 비판하고 있다는 점에서 공통적이기 때문에 독일어권에서는 자주 동일시되거나 혼용되고 있다.

의미론과 관련하여 심리학자인 로쉬(E. Rosch)[32]와 철학자 퍼트남(H. Putnam)[33]은 상이한 전제와 연구방식, 논증으로 매우 유사한 결과에 도달하고 있다. 로쉬에 의하면 프로토타입은 보통 어떤 한 범주로써 연상되는 가장 훌륭한 표본으로 간주된다. 의미론의 사회학적 측면을 강조한 퍼트남에 의하면 스테레오타입은 프로토타입을 정의하는 특성의 집합이며, 일정한 낱말과 결부되어 있는 스테레오타입은 그 낱말에 해당되는 대상에 대한 가정이다.[34] 즉 퍼트남에게 있어서 낱말은 그것이 나타내는 것, 즉 외부의 대상에 대한 기호(Symbol)가 아니라 우리 머릿속에 있는 개념에 대한 기호이다. 따라서 낱말은 사물 자체를 대표하지 않고 우리 지각이 대상에 제기하는 질서를 대표한다는 것이다.[35] 또한 폴란드 출신의 언어철학자 샤프(A. Schaff)는 스테레오타입 의미론에 주목할 만한 업

---

32) E. Rosch, "Human Categorization", *Studies in Cross-Cultural Psychology* (1977), pp.3-49.

33) H. Putnam, "Meaning, Reference and Stereotypes", *Meaning and Translation* (1978), pp.61-81.

34) H. Putnam, *Die Bedeutung von Bedeutung* (Frankfrut am Main, Klostermann, 1990), pp.67-69.

35) 쉬바르체(Ch. Schwarze)는 스테레오타입적인 지식과 프로토타입적인 지식을 의미개념으로 통합하기 위해 의미 단일화를 시도한다. 즉 프로토타입은 전형적인 지시체인 반면에 스테레오타입은 프로토타입을 정의하는 속성의 집합이다. Ch. Schwarze, "Stereotyp und lexikalische Bedeutung", *Studium Linguistik,* Vol. 13(1982), p.5.

적을 남겼다. 그는 언어가 인간의 행위에 미치는 영향을 분석하였는데,
인간의 행동양식은 사고를 일정한 방향으로 이끌어 감정의 동요와 의지
력 등을 유발시키는 사유적 자극을 통해서 한정된다는 명제를 이끌어냈
다. 그는 감각적 인식과 사고는 개별적 대상들로부터 시작되며, 인간은
적합한 낱말의 의미를 체득하지 못하고서는 개별적인 것을 사고할 수 없
다고 보았다. 여기에서 중요한 점은 낱말의 내용은 그 낱말이 지칭하는
실재를 완전히 반영하지는 않는다는 사실이다. 샤프에 따르면 스테레오
타입은 감정적 요소가 핵심적으로 내재되어 있는 대상에 대한 인식과정
의 결과물이다. 스테레오타입에 내재되어 있는 인지적·감정적 요소들은
사회화의 과정을 거쳐서 개인과 그 개인이 속한 사회에 지속적인 영향을
끼치며, '나'와 '우리'가 아닌 '타자'에 대한 긍정적, 혹은 부정적 이미지를
형성하게 되는 것이다.[36] 그럼 다음으로 역사학에서 스테레오타입의 개
념과 연구방법, 그리고 구체적인 연구사례들에 대하여 살펴보자.

3. 역사적 스테레오타입 연구 현황: 독일을 중심으로

위에서 필자는 스테레오타입의 정의를 사전적·사회(심리)학적·언어(철
학)적 영역으로 구분하여 살펴보았다. 스테레오타입은 그 자체가 가지고
있는 용어의 다해석성 때문에 의미상 다양한 스펙트럼을 가진다. 그럼에
도 공통적으로 나타나는 특징은 스테레오타입이 대상에 대한 객관적이고
가치중립적인 표상이라기보다는, 인간의 머릿속에서 재구성된 대상에
대한 정형화된 표상, 이미지, 신념, 확신이라는 점이다. 그렇다면 역사학

---

36) A. Schaff, *Sprache und Erkenntnis und Essays über die Philosophie der
Sprache*(Hamburg, 1974), p.254-255.

에서 스테레오타입은 어떻게 정의되고 있는가? 종종 스테레오타입은 인간의 지식과 경험, 이성과 감정이 포괄적으로 작용하여 대상에 대한 주관적이고 편향된 일반화의 형태로 나타나 사회집단간의 대립과 충동을 야기하기도 한다. 이를테면, 인종적 편견, 민족적 적대감, 종교적 대립, 성차별 등이 그것인데 결국 사회학의 연구대상들에 시간이라는 요소가 개입되면서 스테레오타입은 역사학의 연구대상으로서 중요한 의미를 가지게 된 것이다.

스테레오타입연구는 1922년 이래로 비교적 짧은 역사를 가지고 있지만 역사학의 관심대상으로 본격적인 연구가 이루어진 것은 최근의 일이다.[37] 독일의 경우 역사적 스테레오타입연구에 주목할 만한 연구 성과를 내고 있는 곳은 니더작센 주(Land Niedersachsen) 소재 올덴부르크 대학 사학과가 중심이 된 역사적 스테레오타입 연구회(Die Arbeitsstelle 'Historische Stereotypenforschung' ⟨AHS⟩ am Institut für Geschichte der Carl von Ossietzky Universität Oldenburg)를 들 수 있다. 왜냐하면 동 연구회는 설립 이후 지금까지 역사적 스테레오타입 연구방법론의 정립을 위한 모색과 구체적인 사례연구들을 꾸준히 발표하고 있기 때문이다.[38] 한(H. H. Hahn) 교수가 중심이 된 연구회의 활동은 독일 내에서도 독일 및 독일과

---

37) 호프만은 1950년대부터 1986년까지 유럽과 미국에서의 편견, 이미지, 스테레오타입에 관련된 연구 자료들을 수집·정리해 주제별로 다음과 같이 크게 두 가지로 분류하고 있다. 첫째는 냉전 이데올로기하의 동서진영의 평화와 분쟁에 관련된 주제이며, 둘째로는 독일, 유럽, 아프리카, 아메리카, 아시아, 오세아니아에 대한 스테레오타입, 편견, 민족(국가)이미지 - 여기에서 호프만은 민족과 국가의 구분을 확실하게 하지 않고 있다 - 에 관련된 연구이다. 필자는 여기에서 독일어 "폴크(Volk)"를 문맥상 가장 적합한 "민족"이라는 의미로, "빌트(Bild)"를 "이미지"로 해석하고자 한다. Johannes Hoffmann ed., *op. cit.*, pp.1-102.

38) 'Die Arbeitsstelle 'Historische Stereotypenforschung''에 대한 보다 상세한 내용은 아래 홈페이지 http://www.bohemistik.de/hs.html, 참조.

인접한 중·동유럽의 역사적 스테레오타입연구(Die historische Forschung zur Geschichte der Stereotypen im mittleren und östlichen Europa)에 있어서 독보적인 위치를 점하고 있다. 위 연구회는 지금까지 폴란드, 체코, 슬로바키아의 연구자들과 여러 차례 역사적 스테레오타입에 관한 학술회의를 개최하였으며[39] 그 연구 성과물들을 계속해서 출간하고 있다.[40]

그렇다면 독일의 역사학자들이 역사적 스테레오타입연구에 관심을 가지게 된 이유는 무엇이었을까? 그것은 나치 독일의 전쟁책임과 홀로코스

---

39) 독일에서의 역사적 스테레오타입연구는 1985년 슈트트가르트에서 열렸던 "제16차 세계역사학대회"의 분과토의에서 주요 의제로 선정되면서 활기를 띠기 시작했다. 이 대회에서는 주로 스테레오타입의 개념에 대한 관심이 표명되었지만, 연구의 이론적 접근이나 방법론적 고려, 그리고 구체적 사례들에 대한 논의까지는 이루어지지 않았다. 그러나 이 대회 이후로 몇 편의 선구적인 연구결과들이 도출되기 시작했다. Hans Göpfert ed., *Ausländerfeindlichkeit durch Unterricht: Konzeptionen und Alternativen für die Schulpraxis der Fächer Geschichte, Sozialkunde und Religion*(Düsseldorf, Pädagogischer Verlag Schwann-Bagel, 1985); Rudolf Jaworski, "Osteuropa als Gegenstand historischer Stereotypenforschung", *Geschichte und Gesellschaft*, no. 13(1987), pp.63-76.

40) Kazimierz Wadja, "Die Zusammenarbeit der Thorner und Oldenburger Historiker," Stanislaw Chwirot and Hans Henning Hahn, ed., *Stellung und Verantwortung der Hochschulen in einem politisch offenen Europa: Beiträge des Symposiums anläßlich der 15jährigen Kooperation zwischen der Nikolaus Kopernikus Universität Thorn/Torun und der Carl von Ossietzky Universität Oldenburg*(Oldenburg, 1997), pp.53-56; Hans Henning Hahn, ed., *Berichte und Forschungen: Jahrbuch des Bundesinstituts für Ostdeutsche Kultur und Geschichte Körperschaft* (München u. Oldenburg, 1994). 1995년부터 최근에 이르기까지 'Die Arbeitsstelle 'Historische Stereotypenforschung'의 역사적 스테레오타입 연구 성과에 대해서는 아래의 글들을 참조할 것. H. H. Hahn, ed., *Historische Stereotypenforschung. Methodische Überlegungen und empirische Befunde* (Oldenburg, 1995); Berit Pleitner, *Die 'vernünftige' Nation: Zur Funktion von Stereotypen über Polen und Franzosen im deutschen nationalen Diskurs 1850 bis 1871*(Frankfurt am Main, Berlin, Bern, Bruxelles, New York, Oxford und Wien, 2001); H. H. Hahn, ed., *Stereotyp, Identität und Geschichte*(Frankfurt/M u.a., 2002); H. H. Hahn, Elena Mannová, ed., *Nationale Wahrnehmungen und ihre Stereotypisierung: Beiträge zur Historischen Stereotipenforschung*(Frankfurt am Main, Berlin, Bern, Bruxelles, New York, Oxford und Wien, 2007).

트(Holocaust)로 인한 인접국들의 독일에 대한 부정적인 이미지, 즉 독일이 극복해야 할 기억(Erinnerung)과 과거(Vergangenheit)에 기인한 바 크다. 제2차 세계대전 이후 유럽 세계는 더 이상 끔찍한 전쟁과 살육, 증오와 파괴를 막기 위하여 유네스코(UNESCO)를 중심으로 각국의 역사교과서에 나타난 민족과 인종에 대한 부정적 서술의 수정을 진지하게 논의하기 시작했다. 왜냐하면 각국의 교과서가 상대국에 대해 편견과 선입견 등 온갖 부정적인 이미지를 각인시켜 국제사회에서 외교적 긴장과 전쟁이라는 참화를 초래하였다는 공동의 인식 때문이었다. 특히, 독일은 2차 대전 이후 불편했던 이웃 국가들과의 관계개선과 게오르그 에케르트(Georg Eckert)에 의해 창설된 국제교과서연구소(Internales Schulbuchin-stitut)의 헌신적인 교과서 협의활동을 통하여 프랑스, 폴란드, 이스라엘 및 기타 국가들과 교과서 '공동 권고안'을 마련하는 등 나치 청산과 홀로코스트에 대한 반성과 사죄, 국제이해를 위한 역사교육에 있어서 주목할 만한 성과를 거두었다.[41] 2차 대전 이후 독일의 역사교육이 이웃 국가들과의 역사교과서 협의를 통한 타자에 대한 부정적이고 적대적인 서술의 지양에서 출발했던 것처럼, 독일 역사학계의 역사적 스테레오타입 연구 역시 '적대적 타자에 대한 표상'이나 '민족적 편견(nationale Vorurteilung)' 연구에서 시작되었다고 보는 것이 타당하다.[42]

---

41) 박재영, 「유럽의 교과서 협의와 국제교과서연구소의 활동」, 『세계의 역사교과서 협의 - 유럽과 동아시아를 중심으로』(서울, 백산자료원, 2008), 265-266쪽.

42) Lutz Hoffmann, Herbert Even, *Soziologie der Ausländerfeindlichkeit, Zwischen Identität und multikultureller Gesellschaft*(Weinheim, Beltz, 1984); H. H. Hahn, "Nationale Stereotypen und kulturelle Identität, Internationale Tagung in Bad Homburg(Tagungsnericht)", *Internationale Schulbuchforschung*, 2(1984), pp.209-212; L. Schumugge, "Nationale Vorurteilr im Mittelalter", *Deutsches Archiv für Erforschung des Mittelalters*, Vol.38(1982), pp.439-459.

그렇다면 실제적으로 역사적 스테레오타입 연구를 위한 활동은 어떻게 진행되었을까? 먼저 1987년 독일 올덴부르크 대학과 폴란드 토룬대학의 역사학자들이 공동으로 개최한 학술회의는 사회학과 사회심리학에서의 스테레오타입 연구 성과를 토대로 사회사적 측면에서 역사적 스테레오타입을 규명하고자 하는 본격적인 시도라는 점에서 의의를 찾을 수 있다.[43] 또한 1989년 양국 학자들은 공동으로 〈독일의 제국시기에서 나치 독일까지 폴란드 토룬에서의 폴란드인·독일인·유대인〉이라는 주제로 학술회의를 개최하여 역사적 스테레오타입 공동연구의 든든한 기반을 조성할 수 있게 되었다. 특히 한(H. H. Hahn)교수의 역사적 스테레오타입의 연구방법에 대한 소개와 함께 구체적인 사례연구들이 발표되었으며,[44] 이후 이론적인 부분들이 보다 체계화되면서 독일과 폴란드 역사학계의 주목을 받게 되었다. 독일 올덴부르크 소재 '연방 동부독일 역사문화연구소(Bundesinstitut für Kultur und Geschichte der Deutschen im östlichen Europa)'의 협력과 지원으로 1994년 2월에 개최되었던 독일과 폴란드 양측의 공동학술회의는 〈독일과 폴란드의 민족적 스테레오타입의 형성〉이라는 주제로 그 동안의 연구성과들이 발표되었다. 1994년 공동학술회의에서는 독일 측 발표자인 스튀벤(Jens Stüben)의 '독일의 폴란드 이미지: 문학에 있어서 이미지와 스테레오타입"[45], 그리고 폴란드 측 발표

---

43) Wolfgang Günther, ed., *Gesellschaftliche Bewegungen in Nordwestdeutschland und Nordpolen: Beiträge zur Geschichte der Arbeiterbewegung*(Oldenburg, 1987).

44) Hans Henning Hahn, ed., *Berichte und Forschungen: Jahrbuch des Bundesinstituts für Ostdeutsche Kultur und Geschichte Körperschaft*(München and Oldenburg, 1994).

45) Jens Stüben, "Deutscher Polen-Bilder: Aspekte ethnischer Imagotyp und Stereotyp in der Literatur", pp.41-74, Hans Henning Hahn, ed., *Historische Stereotypenforschung. - Methodische Überlegungen und empirische Befunde* (Oldenburg, 1995).

자인 바이다(Kazimierz Wajda) 교수의 '폴란드 신문(저널리즘)에 반영된 독일인들 1871-1914'[46]과 같이 '민족적 스테레오타입연구(Nationale Stereotypenforschung)'에 있어서 독일과 폴란드의 '타자상(Heterostereotyp)'의 상호 비교가 시도되었다는 점이 특이할만하다.[47]

이듬해인 1995년 폴란드 토룬에서 개최된 심포지엄은 〈17세기에서 20세기까지 중·동유럽에서 형성된 스테레오타입〉이라는 주제로 독일과 폴란드의 러시아와 러시아인들에 대한 이미지가 집중적으로 논의되었다.[48] 위의 두 차례에 걸친 학술회의를 통하여 인종적·민족적 스테레오타입연구는 과거에 있었던 역사적 사실만을 대상으로 하는 것이 아니라, 현재에 까지 영향을 끼치고 있는 과거에 형성된 타자에 대한 편견이나 부정적 이미지를 바로잡는데도 일정정도 기여할 수 있는 역사학의 중요한 연구 분야라는 기대를 가지게 되었다.[49]

46) Kazimierz Wajda, "Die Deutschen im Spiegel der polnischen Publizistik 1871-1914", pp.130-138, Hans Henning Hahn, ed., *Historische Stereotypenforschung*(Oldenburg. 1995), pp.130-138.
47) 한(Hahn)은 '역사속의 스테레오타입, 스테레오타입속의 역사'라는 제목의 학술회의 발표논문에서 세계에 대한 사람들의 인식은 세계 그 자체와 동일한 것이 아니라, 지각자의 인식과 감정이라는 필터를 거쳐 일반화된 표상으로 나타나며, 거기에는 긍정이나 부정의 가치판단이 내재되어 있다는 점을 강조한다. 따라서 한(Hahn)에 의하면 그러한 고정관념의 형성원인과 변화과정을 추적하고, 그것이 '공동으로 경험한 과거의 역사인식'으로서 사회에 어떠한 영향을 끼쳤는지를 규명하는 것이 역사적 스테레오타입연구의 과제인 것이다. Hans Henning Hahn, "Strereotypen in der Geschichte und Geschichte im Stereotyp", Hans Henning Hahn, ed., *op. cit.* pp.190-204.
48) Kazimierz Wadja, "Die Zusammenarbeit der Thorner und Oldenburger Historiker", Stanislaw Chwirot and Hans Henning Hahn, ed., *Stellung und Verantwortung der Hochschulen in einem politisch offenen Europa: Beiträge des Symposiums anläßlich der 15jährigen Kooperation zwischen der Nikolaus Kopernikus Universität Thorn/Torun und der Carl von Ossietzky Universität Oldenburg*(Oldenburg, 1997), pp.53-55.
49) H. H. Hahn, "Einleitung", *Historische Stereotypenforschung: Methodische Überlegungen und empirische Befunde*(Oldenburg, 1995), pp.7-13.

아울러 이러한 논의에 기초하여 연구 참여자들은 스테레오타입연구에
는 역사학뿐만 아니라 언어학, 문학, 사회학, 교육학 등 학제 간 공동연
구가 필요하다는 결론에 이르렀고, 이는 1997년 올덴부르크에서 열렸던
심포지엄에서 현실화되었다. 당시 스테레오타입을 주제로 한 심포지엄
에서는 올덴부르크대학 사학과, 올덴부르크 소재 '연방 동부유럽 역사·
문화연구소', 폴란드 '토룬대학 역사연구소' 및 '슬로바키아 학술원 산하
역사연구소(Das Historische Institut der Slowakischen Akademie der Wis-
senschaften in Bratislava)'가 참여하여 언어학[50], 문화사[51], 민속학[52], 역사
학[53], 역사교육[54], 문학[55], 정치학[56] 및 자아상과 타자상에 관련된 스테레오
타입 연구논문[57] 등 실로 다양한 학문 영역에서 연구성과를 발표하고 토의

50) Magda Telus, "Gruppenspezifisches Stereotyp: Ein Textlinguistisches Modell",
pp.87-124, Hans Henning Hahn, ed., Stereotyp, Identität und Geschichte(Frankfurt
am Main, Berlin, Bern, Bruxelles, New York, Oxford und Wien, 2002).
51) Detlef Hoffmann, "Visuelle Stereotypn", Ibid., pp.73-86,
52) Heike Müns, "Arbeitsfelder und Methoden volkskundlicher Stereotypenfor-
schung", Ibid., pp.125-154.
53) Hans Henning Hahn/ Eva Hahn, "Nationale Stereotypen - Plädoyer für eine his-
torische Stereotypenforschung", Ibid., pp.17-56; Michael Imhof, "Stereotypen und
Diskursanalyse - Anregungen zu einem Forschungskonzept kulturwissenschaftli-
cher Stereotypenforschung", Ibid., pp.57-72.
54) Bernd Mütter, "Stereotypen und historisches Lernen", Ibid., pp.155-174.
55) Heinlich Olschowky, "Die Literatur und das nationale Stereotyp - Tadeusz Ró e-
wicz und die Deutschen", Ibid., pp.415-436.
56) Edmund Dmitrów, "Struktur und Funktion des Russenbildes in der nationalsozial-
istischen Propaganda(1933-1945)", Ibid., pp.337-348.
57) Berit Pleitner, "Von Wölfen, Kunst und Leidenschaft - Zur Funktion polnischer
und französischer Heterostereotypen im deutschen nationalen Diskurs 1849-
1872", Ibid., pp.273-292; Marek Chamot, "Die Krakauer Konservativen und die
Debatte um das polnische Autostereotyp 1867-1910", Ibid., pp.293-304; Ivan
Kamenec, "Unterdrückung - Abwehr - plebejische Gleichheit - Autostereotypen
der slowakischen Geschichte", Ibid., pp.313-322; David Čaněk, "Tschechische
Auto- und Heterostereotypen im Text und in der Praxis", Ibid., pp.323-336.

하였다. 이와 같은 역사적 스테레오타입에 대한 학제 간 연구는 2001년 슬로바키아의 브라티슬라바에서 개최된 학술회의에서 더욱 심화된 형태로 나타났다. 동 회의에서는 역사적 스테레오타입의 방법론적 탐색[58] 외에도 '일상과 사회적 표현'으로서의 스테레오타입연구[59], 유대인에 대한 이미지[60], '역사상(Geschichtsbilder)과 세계상(Weltbilder)'의 분석[61], 정치학에서의 스테레오타입 연구의 방법론과 사례[62], 그리고 슬로바키아인과 독일인의

---

58) Hans Henning Hahn, "12 Thesen zur historischen Stereotypenforschung", Hans Henning Hahn, Elena Mannová, ed., *Nationale Wahrnehmungen und ihre Stereotypisierung: Beiträge zur Historischen Stereotipenforschung*(Frankfurt am Main, Berlin, Bern, Bruxelles, New York, Oxford und Wien, 2007), pp.15-24; L'ubor Králik, "Überlegungen zum Zusammenhang zwischen dem übertragenen Gebrauch von Ethnika im Slowakischen und der Existenz ethnischer Stereotypen", *Ibid.*, pp.25-38.

59) Elena Mannova, "Stereotypen auf dem Teller - Eine Analyse der Speisenamen in slowakischen Kochbüchern im 20. Jahrhundert", *Ibid.*, pp.39-58; Ol'ga Danglová, "Stereotypes of bourgeois ideals - Using the example of textile wall hangings with embroidered inscriptions", *Ibid.*, pp.59-80; Gabriela Dudeková, "Der 'barmherzige Wohltäter'und der 'bedürftige Arme'- Stereotypen der Armut und Wohltätigkeit im 19. und am Anfang des 20. Jahrhunderts", *Ibid.*, pp.81-108; Heike Müns, "<Frisia non cantat> versus <Kennst du das Land, wo die Zitronen blühn>? - Musikalische Außen- und Innenansichten von Nord und Süd", *Ibid.*, pp.109-148; Dana Bořutová, "Stereotypes and National(-istic) Symbols in the Archtecture of the 19th and 20th Century", *Ibid.*, pp.149-168.

60) Birgit Bruns, "Wie aufgeklärt waren die Aufklärer gegenüber den Juden? - Judenstereotypen in enzyklopädischen Wissenssammlungen des 18. Jahrhunderts", *Ibid.*, pp.169-190; Tobias Weger, "Das jüdische Krakau und das jüdische Prag in deutschsprachchigen Reiseführern", *Ibid.*, pp.191-214.

61) Jens Breder, "An der <ideologischen Front> - Die Konstruktion von 'Ost'und 'West'in den Arbeiten des deutschen Althistorikers Ernst Kornemann(1868-1946) und seines sowjetischen Kollege Vladimir S. Dergeev(1883-1941)", *Ibid.*, pp.215-262; Rudolf Holbach, "Stereotypen in der Hansegeschichtsschreibung", *Ibid.*, pp.293-318; Stephan Scholz, "Vater oder Feind der Deutschen? - Der Bonifatiusmythos als Medium konfessionell bestimmter Nationsbildung im 19. Jahrhundert", *Ibid.*, pp.263-292.

62) Katarína popelková, "Das Spiel um die Grenze - Die Rolle von Stereotypen in den

'자의식과 타의식(Eigen- und Fremdwahrnehmungen)'과 관련된 연구논문 [63]이 발표되었다.

동 학술회의에서 주목해야 할 점은 「역사적 스테레오타입에 대한 12가지 테제」라는 논문을 통하여 한(Hahn) 교수가 제시한 스테레오타입 연구의 특징과 방법론적 고찰이다. 먼저 그가 지적한 역사적 스테레오타입의 특징을 몇 가지로 요약하여 살펴보자.

첫째, 한(Hahn)에 의하면 역사적 스테레오타입연구는 심성사(Mentalitätengeschichte)에 해당하는 특별한 연구 분야로 일반적인 역사연구와는 달리 먼저 사료 선택의 문제에 봉착한다.[64] 왜냐하면 기록된 사료를 토대로 복잡한 역사적 실재(Realitäten) - 인종, 민족, 종교, 젠더(性) 등 - 를 찾아내고 거기에 영향을 끼친 인지적 요소뿐만 아니라 감정적 요소(Emotionen)까지 포함된 인간의 생각(Ideen)을 역사적으로 재구성하고 분석해야 하기 때문이다. 역사적 스테레오타입은 역사적 사실보다는 역사적 사실에 대하여 사람들이 가지고 있는 편견이나 고정관념을 연구대상으로 한다. 즉, 역사적 스테레오타입연구는 일차적으로 역사적 사실에

politischen Repräsentationen der Realität", *Ibid.*, pp.373-400; Eva Hahn, "Das völkische stereotyp 'Osteuropa'im Kalten Krieg - Eugen Lembergs 'Erkenntnisse'über Osteuropa aus der Sicht der historischen Stereotypenforschung", *Ibid.*, pp.401-442; Hans Henning Hahn, "Stereotypen auf der Wandeschaft - Amerikaner und Nazis in der Propaganda des Kalten Krieges", *Ibid.*, pp.443-474.

63) Eva Krekovi ová, "Autostereotypen und politische Eliten(Am Beispiel der Slowakei)", *Ibid.*, pp.475-492; Dušan Škvarna, "Genese und Geharrung von Stereotypen in der slowakischen Kultur", *Ibid.*, pp.493-502; Magdaléna Paríková, "Zwischen Autopsie und Konstruktion - Wechselseitige Stereotypen von Slowaken und Deutschen in der Slowakei", *Ibid.*, pp.503-514; Hans Henning Hahn, "Comprendre c'est pardonner - Eine Skizze über die Stereotypen 'der Slowaken'in der deutschsprachigen Literatur", *Ibid.*, pp.515-132.

64) Hans Henning Hahn, "Strereotypen in der Geschichte und Geschichte im Stereotyp", Hahn, ed., *Historische Stereotypenforschung*(Oldenburg, 1996), p.191.

대한 연구가 선행되어야 하며, 그러한 토대위에 형성되고, 시간의 흐름에 따라 변화되고, 개인과 집단에 영향을 끼치는 고정관념을 분석하는 작업이다.[65]

둘째, 스테레오타입이 역사학자들의 관심의 대상이 되었다는 것은 현실적으로 세계 자체와 그 세계에 대한 인간의 인식이 일치하지 않는다는 사실에 기인한다. 역사학에서 스테레오타입이 과거로 소급되어 적용된다 하더라도 스테레오타입은 현재를 해석하는데 있어서 중요한 단서를 제공한다. 스테레오타입은 단어(낱말)과 표상(Bilder)으로 이루어진 일반화된 세계에 대한 인식(Wahrnehmung)이며, 현실과 특정 대상이 가지고 있는 복잡성의 부정과 왜곡이 특정한 방향으로 유도되는 정향기능(Orientierungs-funktion)이 있다. 여기에서 주목할 점은 스테레오타입이 일반화의 한 유형이기는 하지만 모든 일반화가 스테레오타입은 아니라는 사실이다.[66]

셋째, 스테레오타입은 꼭 언어적인 텍스트가 아니더라도 서로 다른 형태의 텍스트 형식에서도 접할 수 있다. 기호학적으로 스테레오타입은 그룹에 대한 표식으로 파악되지만, 그것은 특정 대상에 대한 집합적인 의미의 명칭이라는 점에 주의를 요한다. 대상에 대한 기호학적 표식은 인간의 '지각, 가치표현, 감정적 의미부여'라는 세 가지 요소들로 구성되어 있으며, 이러한 요소들은 기호체계를 이루는 부분들로서 독자적으로 존재하지 않으며 하나의 연결고리로 묶여져 있다.[67] 한(H. H. Hahn)은 스테

65) Jens Stüben, "Deutscher Polen-Bilder: Aspekte ethnischer Imagotyp und Stereo-typ in der Literatur," Hahn, ed., *Historische Stereotypenforschung*(Oldenburg, 1996), pp.48-49.

66) Hans Henning Hahn, "12 Thesen zur historischen Stereotypenforschung", Hans Henning Hahn, Elena Mannová, ed., *op. cit.*, p.15.

67) *Ibid.*, pp.16-17.

레오타입화(Stereotypisierung)된 인지의 중재자로서 언론매체(Medien)뿐만 아니라 속담, 격언, 문학적 텍스트, 역사서, 요리책, 행정관청의 지령, 출판물, 백과사전, 여행서, 건축, 풍자삽화 등 다양한 형태의 분석 대상들을 소개하고 있다.

넷째, 스테레오타입이라는 개념이 과도하게 사용될수록 그것의 개념적인 명확성과 기능은 희석될 수 있다. 따라서 스테레오타입이란 개념은 스테레오타입과 비슷하거나 의미가 유사한 개념과 차별을 두어야 한다. 예를 들면, 신화나 신화학은 스테레오타입을 포함하고 있으나 그것 자체가 스테레오타입은 아니라는 것이다. 표상(Bilder) 역시 개념상으로 보았을 때, 특정한 표상 – 이태리 여성의 상(像) – 과 그 특정한 표상에 대한 일반화 – 전형적인 이태리 여성상 – 는 의미가 축소되거나 감정적인 부분이 절충된 것은 아니다. 후자의 경우는 스테레오타입과 관련이 있다고 할 수 있다. 최근에는 역사가들에 의해서 "적대적 표상(Feindbild)"이 언급되고 있는데, 이것은 한편으로 타자에 대한 적대적 이미지를 다루고 있지만, 다른 한편으로는 전반적으로 보았을 때 자아상(Autostereotypen)이 제외된 형태의 타자에 대한 이미지라 할 수 있다. 스테레오타입과 비슷한 개념으로 메타포(Metapher), 아이러니(Ironie) 등이 있으나 스테레오타입과 일치하는 개념은 아니다. 스테레오타입과 유사한 개념으로서 고정관념이나 편견이라는 의미의 '크리쉬(Klischee)', '스텐실 인쇄를 위한 형판', '새로운 것이 없는 고정된 형태'을 뜻하는 '샤블로네(Schablone)', '이미지(Image)' 등이 있지만 이들 용어 역시 스테레오타입처럼 20세기에 들어와서야 현대적으로 전용된 의미로 사용되기 시작했다.[68]

---

68) *Ibid.*, p.17.

다섯째, 역사가들은 스테레오타입이 어떻게 생성되는가에 관심을 기울이는 경향이 있는데 이것은 스테레오타입이 중첩된 생성기원을 가지고 있기 때문이다. 먼저는 사회적 생성기원이다. 스테레오타입은 일상에서 일어나는 사회화와 교육, 가정, 학교, 대중매체, 광고나 선전 등을 통하여 생성되고 파급된다. 이러한 경우 '기호체계(Zeichensystem)'로서의 스테레오타입이 사회 전반에 파급되는가, 아니면 특정 계급이나 계층처럼 부분적으로 파급되는가에 대한 탐색이 필요하다. 그 다음은 역사적 생성기원으로, 스테레오타입은 역사적인 과정 속에서 그 내용과 형태가 언어적인 형식 또는 표상화(bildlich)된 형식으로 생성되며 생명력이 길어서 한 세대에서 다음 세대로 전달된다.

여섯째, 스테레오타입은 부정적 혹은 긍정적인 가치판단(Werturteil)을 포함하고 이것은 집단 구성원들의 강한 승인(Überzeugung)에 의해 수용된다. 스테레오타입은 종종 설득력 있게 시민적 가치라고 간주되는 공유개념을 전달하기도 하지만, 그러한 가치는 일반적으로 스테레오타입화된 집단이나 개인에 대한 화자(話者)의 감정이 개입된 정보를 제공한다. 스테레오타입은 대상의 복잡성을 감소시키고 명확한 일반화의 과정을 거쳐서 특정한 방향 - 왜곡, 편견, 적대감 등을 불러일으키는 - 으로 향하게 하는 '정향기능(Orientierungsfunktion)'이라는 속성을 가지고 있다.

일곱째, 스테레오타입은 한번 형성되면 집단 내에서 쉽게 변화되지 않기 때문에 놀라울 정도로 오랜 생명력을 지니고 있으며, 적응력이 뛰어나고 세대에서 세대로 전달되지만 스테레오타입의 내성과 오랜 지구력에도 불구하고 비교적 장구한 사간의 흐름 속에서 새롭게 재구성되어지고 그것의 의미내용이 변화되기도 한다. 바로 이러한 스테레오타입의 속성

이 역사가들의 주된 관심의 대상이다.[69]

여덟째, 스테레오타입의 사회적·심리적 기능은 스테레오타입의 대상 (Objekt)과의 맥락에서 이해된다. 한 집단의 구성원들은 동일한 스테레오 타입을 공유하고 있으며, 이를 통하여 '우리라는 감정(Wir-Gefühl)'이 파 생된다. 즉 특정 사회집단의 스테레오타입은 공동체내에서 일치하는 경 향이 있으며, 그러한 스테레오타입은 동일한 감정, 동일한 내용을 정보 로서 공유하는 것이다. 그와 동시에 스테레오타입은 "우리(Wir)"와 "그들 (sie)" 사이의 차별화된 경계를 강조하고 고정화한다.[70] 그러한 "우리"와 "그들"의 구분은 특히 민족적 스테레오타입연구(Nationale Stereotypen- forschung)에 있어서 중요한 모티브를 제공하기도 한다.[71]

아홉째, 민족적 스테레오타입의 자아상(Autostereotyp)과 타자상(Het- erostereotyp)의 양면은 일정한 관계에 놓여져 있다.[72] 자아상은 타자상에 의해서 구분되어지고, 타자상은 자아상의 대칭점에 서 있다. 종종 타자

---

69) 영국의 산업혁명은 19세기 초반 독일에게 있어서는 성공적인 산업혁명의 모델이었 다. 당시 독일이 수출하는 공산품은 영국에서는 값싸고 질이 좋지 않은 상품의 대명 사였다. 그러나 19세기 후반에 들어서면 독일은 동유럽 국가들에게는 후발 산업국 가의 모델로 등장하였으며, 독일의 공산품 역시 유럽에서는 질 좋은 상품의 대명사 가 된다. Hans Henning Hahn & Eva Hahn, "Nationale Stereotypen," Hahn, ed., *Stereotyp, Idendität und Geschichte,* pp.54-55.

70) Hans Henning Hahn, "12 Thesen zur historischen Stereotypenforschung", Hans Henning Hahn, Elena Mannová, ed., *op. cit.,* pp.21-22.

71) 한번 형성된 민족적 스테레오타입은 '과거(Vergangenheit)'를 스테레오타입화 된 인식의 세계로 끌어들여 현실에서 역사성을 획득한다. 특히 민족 집단이 공동으로 경험한 과거의 역사는 스테레오타입화의 과정을 겪으면서 사회의 내적 통합과 타 자와의 구별짓기에 정당성을 부여한다. Hans Henning Hahn/ Eva Hahn, "Natio- nale Stereotypen," Hahn, ed., *op. cit.,* pp.53-54.

72) Eveline Enderlein, "Wie Fremdbilder sich verändern: Überlegungen am Beispiel von Rußland und Deutschland," Erwin Ambos, ed., *Interkulturelle Dimension der Fremdsprachenkompetenz*(Bochum, 1996), pp.197-209.

상안에 이미 자아상이 포함되어 있기도 하다. 예를 들면, 독일에서 프랑스인은 종종 가볍고, 겉치레식이고, 비도덕적인 스테레오타입이 강조되어진다. 즉 이것은 다시 말하면 "우리 독일인은 진지하고 속이 깊고, 도덕적"이라는 말과 같다. 같은 맥락으로 슬라브인들이 느끼는 독일인의 공격적인 성향에 대한 강조는 종종 슬라브적인 온화함이라는 자아상이 그 안에 내포되어 있는 것이다. 이와 마찬가지로 서로 다른 집단에 적용된 타자상에도 유사점이 나타난다. 말하자면, 독일인들이 보는 프랑스인의 스테레오타입과 폴란드인의 스테레오타입 사이에는 그들이 "천박하고 게으르고 위선적이며 권력지향적"이라는 커다란 유사점이 있다. 이것은 실재에 있어서 독일인들의 프랑스인과 폴란드인에 대한 부정적 이미지를 드러내는 것뿐만 아니라, 독일인 자신은 프랑스인이나 폴란드인과는 달리 스스로를 "정직하고, 속이지 못하고, 늘 변함없고, 선하고, 희생적이고, 부지런하다"는 인식을 하고 있다는 사실을 반증하는 것이다.[73] 즉, 타자에 대한 부정적 스테레오타입은 그 자체가 바로 자아에 대한 긍정적인 스테레오타입과 일치하는 경향을 보인다는 사실이다.

그럼 다음으로 역사적 스테레오타입의 연구방법론에 대하여 알아보자. 역사적 스테레오타입은 그 개념 자체가 가지는 복잡성과 특징들 때문에 아직까지 명확한 연구방법론이 확립되어 있는 것은 아니며, 보다 구체적인 사례연구를 병행해 가면서 탐색해 나가자는데 연구자들이 대체적으로 동의를 보이고 있다. 그리고 최근의 연구 성과를 보면 다음과 같은 접근 방법들이 적용되고 있다.

첫째, 역사적 스테레오타입은 현실세계의 투영이 아니라 개인 및 집단

---

73) Hans Henning Hahn, "12 Thesen zur historischen Stereotypenforschung", Hans Henning Hahn, Elena Mannová, ed., *op. cit.*, pp.22-23.

의 의식(意識), 그리고 집단 내, 집단 간에 형성된 정형화된 표상들을 시간의 흐름에 따라 분석하는 작업이다. 때문에 역사적 스테레오타입 연구는 현재 나타나고 있는 왜곡되거나 변형된 과거가 형성되기 이전에 실재했던 사실에 대한 스테레오타입의 기원과 배경, 변화요인을 파악하는 것을 목적으로 일차 사료로 선택된 텍스트의 분석과 아울러 인터뷰, 설문 및 통계자료 분석 등의 사회조사방법을 이용한다.[74]

둘째, 역사적 스테레오타입연구의 대상(Gegenstand)은, ① 인종적·국가적·지역적·사회적·종교적 집단 및 성별과 직업에 따른 집단, ② 집단의 구성원으로서 각 개개인, ③ 2차적으로 규정된 인간의 행동 형태와 관련된 개념들, 즉 혁명이나 계급투쟁, 그리고 국가기구나 제도 등을 들 수 있다. 그렇지만 스테레오타입은 실제적으로 순전히 인종적이거나 순전히 정치적 혹은 사회적 스테레오타입으로 나타나기 보다는 자주 혼합된 형태 (Mischformen)로 나타난다. 즉, 스테레오타입은 다분히 인종적 스테레오타입으로만 나타나기는 드물고, 대부분 맥락에 따라서 사회적 스테레오타입, 혹은 다른 스테레오타입의 의미 내용을 담고서 나타난다. 예를 들면, "집시(Zigeuner)"의 스테레오타입은 인종적 내용을 의미하는 것일 뿐만 아니라 동시에 사회적·문화적 스테레오타입을 의미하기 때문이다.[75]

셋째, 스테레오타입 연구에 있어서 객관성과 신뢰성을 담보하기 위해서는 자기 자신이나 자신이 속한 공동체를 분석 대상으로 하는 자아(自我)에 대한 스테레오타입연구와 타자(他者)에 대한 스테레오타입연구의 두 가지 방법

---

74) Berit Pleitner, *Die 'vernünftige' Nation: Zur Funktion von Stereotypen über Polen und Franzosen im deutschen nationalen Diskurs 1850 bis 1871*(Frankfurt am Main, Berlin, Bern, Bruxelles, New York, Oxford und Wien, 2001), pp.87-88.
75) *Ibid.*, pp.17-18.

이 모두 적용되는 것이 바람직하다.[76] 그럼에도 스테레오타입은 자아상과 타자상을 규명하는 과정에서 대상에 대한 왜곡된 인식을 드러내기도 한다.

넷째, 스테레오타입은 자아와 타자에 대한 지각이 객관적으로 있는 그대로의 실체 자체와 동일한 것이라기보다는 대상을 인식하는 주체의 인지적·감정적 요소에 의한 고정관념이나 편견이라는 필터를 거친 결과물이기 때문에 역사적 스테레오타입을 연구하는데 있어서 무엇을 분석 대상, 즉 사료로 선택해야 하는가의 문제에 봉착하게 된다. 역사적 스테레오타입연구의 분석 대상은 통상적인 사료의 영역 외에도 여행기[77], 교과서, 신문기사, 각종 사전, 문학작품, 그림, 사진, 삽화 등 다양한 언어적 텍스트와 시각화된 자료로까지 확대된다.[78] 이렇게 확대된 대상들을 분석함으로써 현재까지 사회의 저변에 지속적으로 영향을 주는 표상, 고정관념의 실체를 규명할 수 있다.

4. 역사적 스테레오타입연구 지평의 확대를 위하여

앞에서 필자는 스테레오타입의 언어(철)학적·사회(심리)학적 정의와 특징, 그리고 유럽의 경우 독일을 중심으로 한 역사적 스테레오타입연구의

---

76) H. H. Hahn, "Nationale Strereotypen", H. H. Hahn, ed., *Stereotyp, Idendität und Geschichte,* p.191.

77) 오늘날 세계화는 역사상 유례가 없을 정도로 대규모로, 다층적으로 지구적 통합을 이루어내고 있다. 지난 역사 속에서도 한 국가의 범주를 벗어난 광범위한 지역 사이의 활발한 교류가 종종 이루어져 왔던 것이 주지의 사실이며, 역사적 사료로서 여행기는 이미 오래전부터 그 중요성이 인식되어 왔다. 이를테면 마르코 폴로(Marco Polo)의 『동방견문록』, 이븐 바투타(Ibn Batutah)의 『여행기』, 현장(玄奘)의 『대당서역기』, 혜초(慧超)의 『왕오천축국전』 등은 귀중한 사료로 평가받고 있다.

78) H. H. Hahn, "Stereotypen in der Geschichte," H. H. Hahn, ed., *Historische Stereotypenforschung. Methodische Überlegungen und empirische Befunde*(Oldenburg, 1995), p.191.

현황에 대하여 살펴보았다. 그렇다면 끝으로 국내에서의 스테레오타입 연구는 어떻게 진행되고 있는지, 역사적 스테레오타입에 근접한 연구 분야에는 어떤 것들이 있는지, 그리고 국내 역사적 스테레오타입 연구의 현황과 함께 앞으로의 전망을 살펴보자.

첫째, 국내에서의 스테레오타입연구는 최근에 와서야 언어학[79], 문학[80], 사진학[81], 교육학[82], 경영학[83], 영화[84], 광고[85] 등의 분야에서 사례연구와 이

---

79) 권영수, 「언어적 관철전략과 성별 스테레오타입」, 『언어과학연구』 제30집(2004. 09), 1-18쪽; 권영수, 「프로토타입 의미론의 효용」, 『독일어문학』, 4집 (1996), 771-797쪽; 권영수, 「프로토타입 의미론과 스테레오타입 의미론」, 『현대문법연구』 20호 (2000. 06), 157-178쪽; 김은옥, 「문말에 나타나는 스테레오타입 표현: 문말 언어형식을 중심으로」 『일본연구』 제27호(2006. 03), 263-282쪽; 하유리, 「독일어 스테레오타입의 다해석성」(한국외국어대학교 대학원 석사학위논문, 2004. 08).

80) 김은옥, 「잡지에 나타나는 젠더 스테레오타입 표현: 논노 잡지 분석을 중심으로」, 『일어일문학연구』 제59집 1권(2006. 11), 121-137쪽; 박기선, 「여성잡지에 나타난 여성의 이미지에 대한 연구」(한양대학교 대학원 신문방송학과 석사학위논문, 1990).

81) 김성민, 「스테레오타입의 대항 매체로서의 다큐멘터리 사진: 1970년대 이후의 경향을 중심으로」, 『경주대학교 논문집』 13권(2000. 02), 723-755쪽.

82) 민향기, 「Stereotype und Deutschlernen in Korea」『독어교육』, 19집(2000), 7-34쪽; 민향기, 「Stereotype und Landeskundevermittlung」『외국어로써의 독일어』, 6집(2000), 63-80쪽; 윤혜진, 「한국 고등학생들의 일본문화 스테레오타입의 실태조사에 관한 연구」(부산외국어대학교 교육대학원 석사학위논문, 2006); 황주희, 「한국어 학습자의 스테레오타입연구: 중국인 학습자를 대상으로」(연세대학교 교육대학원 석사학위논문, 2007. 02).

83) 김도일·이승희·김성환, 「서비스 제공자의 성에 대한 스테레오타입 및 동성선호가 서비스 품질지각에 미치는 영향: Fischer et al.(1997) 연구의 실증」『마케팅관리연구』 제10권 3호(2005. 09), 1-20쪽; 안희경·하영원, 「기업브랜드 스테레오타입에 일치하지 않는 정보가 스테레오타입의 변화에 미치는 영향」, 『마케팅연구』 제16권 1호(2001. 03), 109-134쪽; 박찬희, 전찬권, 「군대복무 경험과 스테레오타입간의 관계에 관한 연구: 조직유형별 비교분석을 중심으로」『경영학논집』 제30권 2호(2004. 02), 53-78쪽.

84) 강주현, 「한국영화에 나타난 장애인의 스테레오타입에 관한 연구: 1991년-2003년 한국영화를 중심으로」(부산대학교 대학원 석사학위논문, 2005).

85) 김광옥·하주용, 「지상파 텔레비전 광고에 나타난 여성의 이미지: 고정관념지수(Stereotype Index)를 이용한 성별 스테레오타입 분석」, 『한국언론학보』 제51권 2호(2007. 04), 453-478쪽; 김선영, 「고령화 사회의 노인이미지 분석: 4개의 텔레비전 광고 텍스트 분

론적인 부분들이 소개되면서 점차 활기를 띠기 시작했다. 그런데 스테레오타입 관련 연구논문들을 분류하면서 나타난 가장 두드러진 특징은 첫째, 젠더(性) 스테레오타입, 즉 TV, 잡지, 광고 등에 나타난 여성에 대한 이미지의 분석이 다른 주제들에 비해 큰 비중을 차지하고 있다는 점이었다. 이는 전통을 강조하는 보수적인 한국 사회에서 여성의 지위 상승과 법적 평등의 실현에 장애가 되는 여성에 대한 비하 내지는 여성을 상품화하는 사회적 분위기에 대한 문제제기로 이해되지만, 향후 스테레오타입연구는 보다 다양한 주제에 대한 논의가 필요하다. 아울러 언어학, 교육학, 경영학에 관련된 일부 논문에서만 각 분야별 스테레오타입의 이론과 방법론이 간략하게 언급되어 있을 뿐, 대부분의 논문이 빈약한 이론적 배경을 근거로 사례연구에 치중하는 경향을 보이고 있다는 점이다. 앞으로의 연구는 학문 분야별로 스테레오타입 연구의 특징과 방법론에 대한 보다 진지한 탐색이 요구된다. 아쉽게도 아직까지 스테레오타입과 관련된 연구 성과는 매우 미미한 형편이며, 이는 각주에 제시된 바와 같이 석사학위논문이 차지하는 비중이 높은 것을 보면 알 수 있다. 하지만 이러한 상황은 국내에서의 스테레오타입연구 분야가 아직까지 미개척지로 남아있으며, 장차 무한한 발전가능성이 잠재되어 있음을 반증하는 것이기도 하다.

둘째, 역사적 스테레오타입의 분석 대상은 위에서도 언급했던 것처럼 다양하지만, 최근 들어 일단의 독일 미술사가들에 의해 종래의 시각화된 자료 분석의 심화를 통하여 미술사학의 경계를 극복하려는 '이미지학

석을 중심으로」, 『가족과 문화』 제19집 2호(2007. 여름), 139-169쪽; 문영숙, 「텔레비전 광고의 젠더묘사에 대한 비교문화연구: 한국과 홍콩 광고물 분석」, 『광고학 연구』 제13권 3호(2002, 09), 7-23쪽; 이현진, 「TV광고에 나타난 여성 스테레오타입 이미지의 변화: '의미화'를 중심으로」(서강대학교 대학원 석사학위논문, 2007. 02).

(Bildwissenschaft)'이 진지하게 논의되고 있다.[86] 여기에 일부 역사가들도 관심을 가지면서 이른바 '역사적 이미지연구(Historische Bildforschung)'[87] 의 전통을 계승한 이른바 예술사(Kunst-Geschichte)의 한 분야로 분류되는 '역사 이미지학(Historische Bildwissenschaft)'의 정립을 위한 노력도 진행 중이다.[88] 뿐만 아니라 시각적인 이미지에 대한 종래의 협소한 개념을 탈피하여 사회사적 측면에서 이미지를 보다 포괄적인 개념으로 파악하고, 그러한 광의의 이미지들이 지니는 문화사적인 가치를 파악하려는 시도도 주목할 만하다.[89] 그 이유는 첫째, 시각적 이미지를 역사학의 분석 대상으로 삼는다는 것은 단순히 사료의 범위가 확장되는 것이 아니라 텍스트 분석을 기본으로 하는 종래의 역사연구에 대한 재검토를 의미하기 때문이다. 둘째, 도상학의 한계를 넘어서 이미지의 정형화가 어떻게 현실을 왜곡하고 사회에 영향을 미치는지를 문화사적 측면에서 파악하려고 하기 때문이다. 이러한 연구경향들은 역사적 스테레오타입연구에 있어서 시각적 이미지 분석을 통해 '타자상(Hetero-Stereotyp)'을 밝히려는 시도와 유사한 부분이 있다.

---

86) Klaus Sachs-Hombach, *Bildwissenschaft. Disziplinen, Themen, Methoden*(Frankfurt a. M., 2005).

87) 이러한 용어 외에도 '역사적 이미지연구'는 독일에서 'Historische Bildwissenschaft', 'Historische Bildkunde'등으로 불리우고 있다(http://edoc.hu-berlin.de/e_histfor/5).

88) Matthas Bruhn, "Historiografie der Bilder. Eine Einführung", *Sichtbarkeit der Geschichte. Beiträge zu einer historiografie der Bilder*, Historisches Forum 5(2005).

89) 버크는 자신의 저서 *Eyewittnessing* 제7장에서 시각적 자료에 나타난 타자에 대한 정형화된 이미지를 다루고 있다. 버크에 의하면 괴인들에 대한 이미지, 도시민들이 본 농민의 표상, 오리엔탈리즘 등에 나타나는 타자에 대한 이미지는 정형화되며, 문화적 충돌에 의하여 자신과 동일시되든가, 아니면 대립물로 파악되는 경향을 보인다. Peter Burke/ 박광식 역, 『이미지의 문화사: 역사는 미술과 어떻게 만나는가』(심산, 2005): Peter Burke, *Eyewittnessing: The Uses of Images as Historical Evidence*(Cornell University Press, 2001).

그렇다면 국내 역사적 스테레오타입연구는 어떠한 상황에 있는가? 역사적 스테레오타입에 대한 국내 역사학계에서의 소개와 논의도 가장 최근에 와서야 시작되었다고 볼 수 있다.[90] 또한 지금까지 역사적 스테레오타입 연구에 근접한 국내 연구논문은 여러 편 있지만 주로 텍스트에 대한 내용 분석에 치중하였지 연구방법론에 대한 진지한 탐색이 소홀했던 것은 사실이다.[91] 이는 결국 역사적 스테레오타입 연구가 유럽의 역사학계에서 비교적 최근에 와서야 논의된 때문이기도 하지만, 국내 학계에서의 스테레오타입 연구에 대한 관심과 이해의 부족에도 그 원인을 찾을 수 있을 것이다.

그럼에도 지금까지 역사적 스테레오타입의 연구방법을 도입해서 구체적 사례를 연구한 몇 편의 논저가 있다. 우선 9개 특정 민족에 대한 한국

---

90) 김춘식은 2006년에 발표된 「독일의 역사적 스테레오타입 연구」라는 비평논문을 통하여 한국 서양사학계에 처음으로 역사적 스테레오타입의 개념과 특징, 그리고 독일에서의 연구경향과 앞으로의 전망 등을 소개하였다. 그는 자신의 논문에서 '역사적 스테레오타입' 연구의 이론 및 방법론이 오리엔탈리즘, 문화제국주의, 그리고 탈식민주의 연구 연구에도 적용될 수 있는 다양한 스펙트럼을 가지고 있음도 강조하고 있다. 김춘식, 앞 논문, 313-336쪽; 나인호, 「한국적 독일사 연구의 대차대조표」, 『역사학보』 195집(2007.09), 264-265쪽.

91) 한설아·박진숙, 「중세 말 근대 초 유럽의 마녀사냥에 대한 여성사적 접근」, 『연구논집』 25(이화여자대학교 대학원 논문집, 1993); 김연진, 「아시아계 미국인과 대중매체: 스테레오타입과 이미지」, 『사회정책논총』, 14집, 1권(2002), 357-383쪽; 나인호, 「미국과 미국적인 것에 대한 독일인들의 인식」, 『미국사연구』, 16집(2002), 301-329쪽; 신복룡, 「서세동점기의 서구인과 한국인의 상호인식」, 『한국사연구』, 27집(2004), 65-96쪽; 김상민, 「할리우드영화에 나타난 한국」, 『미국사연구』, 18집(2003), 241-268쪽; 이배용, 「서양인이 본 한국 근대사회」, 『이화사학연구』, 28집(2001), 106-125쪽; 오인영, 「개화기 주한 서양인들의 생활상」, 『동양학』, 35집(2004), 263-279쪽; 김현주, 「스테레오타입: 재현된 아시아 여성과 아시아계 미국 여성의 재현」, 『서양미술사학회논문집』 제24집(2005.12.30), 153-174쪽; 최석희, 「독일인의 한국여행기에 나타난 한국상」, 『독일어문학』 26집(2004), 181-204쪽; 고유경, 「한독관계 초기 독일인의 한국인식에 나타난 근대의 시선」, 『호서사학』 40집(2005), 277-310쪽.

인의 스테레오타입과 호감도를 연구한 정환철의 논문[92], 그리고 한국인
과 독일인의 상호 이미지를 통해서 간문화적 의사소통의 전망을 연구한
울리히 한(Ulrich Hann)의 저서[93], 독일의 저널리스트들이 일제 강점기 한
국을 방문 후 기술한 여행기를 통한 독일의 한국에 대한 표상을 연구한
김춘식의 논문[94], 지난 70여 년 동안 미국 대중 영화에 나타난 동아시아
인의 이미지가 영화가 제작되었던 당시의 사회·정치적 배경과 어떤 연관
관계를 가졌는가에 대한 이동후의 연구[95], 역사·지리교과서, 여행기, 신
문기사의 분석을 통하여 냉전시대 대표적 분단국가인 동·서독과 남·북
한의 상호 이미지를 비교·연구한 필자의 논문[96] 등이다. 그러나 한 가지
아쉬운 점은 위의 논저들이 외국어로 작성되었고 아직 한국어로 번역되
어 있지 않아 역사학계 일반에 소개되어 있지 않다는 점이다. 그렇지만
위의 논저들은 역사적 스테레오타입연구에 있어서 주목할 만한 성과물이
라 하겠다. 아울러 한독관계사 연구의 일환에서 필자는 개항을 전후한

---

92) Hoan-Tschel, Chung, *Urteile über Völker in Korea: Zur Erhebung von Stereotypen und Sympathie-Urteilen von Koreanern gegenüber neun bestimmten Völkern*(Univ. of Tübingen, 1970).

93) Ulrich Hann, *Aspekte interkultureller Kommunikation: eine Studie zum Deutschenbild der Koreaner und Koreanerbild der Deutschen in Suedkorea auf der Grundlage phaenomenologischer Alltagsbeobachtungen und empirisch ermittelter national Stereotypen* (München, 1985).

94) 김춘식은 1930,40년대 일본 제국주의의 식민지였던 조선을 여행한 독일인들의 여행기를 분석하면서, 그들의 한국인에 대한 스테레오타입이 그들 자신의 한국에 대한 인식뿐만 아니라 일본의 한국에 대한 시각(Japanische Brille)에도 일정정도 영향을 받았다는 사실을 논증하고 있다. Chun-Shik Kim, *Ostasien zwischen Angst und Bewunderung*(Univ. of Hamburg, 2001).

95) Dong-Hoo Lee, *East Asian Images in selected American popular films from 1930 to 1993*(New York, Univ. of New York, 1996).

96) Jae-Young Park, *Kommunismus-Kapitalismus als Ursache nationaler Teilung: Das Bild des geteilten Koreas in der deutschen und des geteilten Deutschlands in der koreanischen Literatur seit den 50er Jahren*(Univ. of Oldenburg, 2005).

시기 독일인의 조선에 대한 역사적 스테레오타입을 총체적으로 파악하기
위한 구체적 사례연구를 추진하고 있으며,[97] 또한 역사교과서의 분석에
있어서 스테레오타입의 이론과 방법론을 적용하기 위한 시도도 병행하고
있다.[98]

한국에서의 역사적 스테레오타입에 대한 연구는 아직 맹아기에 속하
지만 역사학의 각 분야에 걸쳐 연구자들의 관심을 자극할 만한 많은 이
슈들이 있으며, 구체적이고 다양한 주제의 사례연구가 이루어질 수 있는
연구 인력과 학문적 토양 역시 충분히 마련되어 있다고 사료된다. 학제
간 공동연구를 전제할 때, 역사적 스테레오타입의 연구 분야도 매우 다
양하다고 볼 수 있다. 예를 들어, 이론적인 부분으로 문화적 제국주의,
오리엔탈리즘 연구에 대한 스테레오타입 방법론의 적용, 구체적 사례연
구로 서양사 각 연구 분과에 있어서 특정 민족이나 인종에 대한 스테레
오타입의 연구, 양국 간의 상호 이미지의 비교연구(이미지의 형성과 영향),
한·중·일 3국의 〈역사전쟁〉과 스테레오타입의 관련성 연구, 민족의식의
형성과 타민족에 대한 스테레오타입연구, 또한 스테레오타입의 자아상

---

97) 이를 위해서는 분쉬 한 사람만이 아닌 남연군의 묘를 도굴한 독일 상인 오페르트
(Ernst Jacob Oppert), 고종 황제의 외교고문이었던 묄렌도르프 및 당시 주한 독일
외교사절들, 비록 나치독일 침략정책의 학문적 근거로 이용되었지만 독일 지정학
(Geopolitik)의 정립에 공헌한 라첼(Friedrich Ratzel), 독일에서 한국학의 기초를 놓
았던 라우텐자흐(Hermann Lautensach)의 조선에 대한 정형화 된 이미지, 즉 근·현
대 한독관계사와 관련된 역사적 스테레오타입에 대한 총체적인 연구가 필요하다.
박재영, 「구한말 독일인 묄렌도르프의 조선인식」, 『동학연구』, 21집(2006. 09), 65-
100쪽; 박재영, 「역사적 스테레오타입 사례연구: 서세동점기 독일인 오페르트의 조
선이미지」, 『동학연구』, 21집(2007. 03), 181-206쪽; 박재영, 「역사적 스테레오타입
사례연구: 구한말 독일인 의사 분쉬(R. Wunsch)의 조선이미지」, 『서양사론』, 93호
(2007. 06), 129-157쪽.
98) 박재영, 「북한 "조선력사" 교과서에 나타난 서세동점기 서구 제국주의에 대한 이미
지 분석」, 『백산학보』, 77호(2007. 04), 265-290쪽.

과 타자상의 이론적 방법을 응용하여 문명 —서양문명, 이슬람문명, 동양문명 — 간의 대립과 충돌의 원인과 해법을 찾는 작업 등에도 적용될 수 있다. 끝으로 필자는 역사적 스테레오타입연구의 활성화를 통하여 첫째, 본격적으로 인문·사회과학의 학제 간 공동연구의 장이 마련되고, 둘째, 민족적·인종적·종교적 스테레오타입의 형성과 변화, 사회적 영향력 등을 분석함으로써 거기에서 파생하는 집단(민족, 국가)간의 대립과 갈등, 적대감을 해소하는데 기여함으로 역사학의 학문적 효용에 대한 하나의 해답을 제시하고, 셋째, 침체되어 있는 대중과 역사학의 소통이 이전보다 더욱 원활하게 되기를 기대한다.

제2장
역사교과서 분석의 새로운 대안

1. 역사교과서의 의미

역사교과서는 역사교육의 가장 기본이 되는 교재이다. 역사교과서가 교실수업에서 얼마만큼 사용되어지는가는 현장 교사의 재량에 의해 좌우되기 쉽지만, 학생들의 지식습득의 많은 부분이 학교 교육을 통해서 이루어진다. 따라서 학교 교육에서 교과서는 아직도 중요한 위치를 차지하고 있고 또 가까운 장래에도 계속 그럴 것이다. 이것은 학생들이 학교에서 배우는 다른 나라와 문화에 대해 갖게 되는 지식, 이미지, 관점에 아직도 교과서가 중요한 영향을 미친다는 것을 의미한다. 그러한 이유로 교과서 개선을 위한 노력은 국내뿐 아니라 전 세계적으로 이루어지고 있는 것이다.

특히, 동아시아 지역 국가들의 경우, 학교 교육에서 교과서가 차지하는 비중은 유럽이나 미국에 비해 훨씬 큰 것으로 알려져 있다. 이것은 다시 말해서, 다른 나라, 다른 문화에 대한 학생들의 이미지나 태도 형성에 교과서가 구미 제국의 경우보다 더욱 큰 영향을 준다는 것을 의미한다. 게다가 동아시아 국가들에서 교과서는 가치판단의 준거대상이 되는 문헌으로서의 권위를 가지는 경향이 있는데, 이는 학교 교육을 받고 사회에 진출한 일반인들이 갖는 타국, 타문화에 대한 이미지에도 영향을 끼칠 수 있음을 의미한다.

특히 역사교과서는 자라나는 2세들에게 그들이 속한 민족이나 국가에 대한 정체성과 국가관, 세계관을 형성하는데 영향을 끼치는 공교육에 있어서 매우 중요한 매개체라 할 수 있다. 그러나 역사적으로 볼 때, 역사교과서는 민족이나 국가 간의 불화와 대립, 적개심을 불러일으키고, 국제적 분쟁을 조장하는데 일정한 역할을 해왔음도 주지의 사실이다.[1] 인류의 역사가 온갖 고난과 역경을 헤치고 바야흐로 21세기에 접어들었음에도 불구하고 지구촌 사회에서 갈등과 대립이 계속되고 있는 배경에는 역사적으로 형성된 뿌리 깊은 상호 불신과 적대감, 타자에 대한 정형화되고 부정적인 고정관념이 인간 심성의 기저에 작용하고 있기 때문이다.[2] 이와 같이 장구한 시간의 흐름 속에서 인간의 심성에 각인된 역사적 경험과 학습에 의한 타자에 대한 고정관념은 기본적으로 이성과 감성이

---

1) 유럽의 경우 독일과 이웃 국가들 간의 교과서협의는 주로 역사교과서의 내용에 초점이 맞추어졌는데, 이는 지난 1, 2차 세계대전이 유럽의 국가들의 상호 불신과 적대감을 조장하는 역사교육에 기인하는 바가 많았다는 점을 절감했기 때문이었다. 또한 한·중·일간에 "역사전쟁"이라고 불릴 만큼 심각한 상호간의 역사인식의 차이도 역사의 왜곡이나 역사적 패권주의에 연유한다고 볼 수 있다.(Höpken, Wolfgang, 「교과서개선 - 경험, 성과, 과제」,『국가간 상호이해 증진을 위한 교과서 개선』, 한국교육개발원 국제학술회의 발표논문집, 2002, 1-9쪽; 박재영, 「한·중·일 3국의 역사교과서 협의의 제문제 - 유럽의 교과서 협의와 비교하여」,『백산학보』 75호, 2006, 407-446쪽).

2) Otto-Ernst Schüddekopf/김승렬 역, 『20년간의 서유럽 역사교과서 개선활동: 1945-1965』(한국교육개발원, 2002): Otto-Ernst Schüddekopf ed., *Zwanzig Jahre Westeuropäischer Schulgeschichtsbuchrevision 1945-1965*(Braunschweig, Albert Limbach Verlag, 1966), pp.96-103; 유네스코 한국위원회 편,『학교에서의 국제이해교육』(오름, 1996); J. A. 로우워즈 저/유네스코 한국위원회 역,『역사교육과 국제이해』, 1964; 한명희, 김현덕, 강환국 외,『국제사회와 국제이해교육』(정민사, 1996); 이효영, 「글로벌 시대의 역사인식과 세계사」,『역사교육』 100집(2006.12), 336-339쪽.

복합적으로 표출된다는 특징이 있다. 이는 인간의 역사가 합리적으로 설명할 수 없는 비과학적이고 정서적인 요인에 의해서도 강한 영향을 받는다는 것을 의미한다.[3]

여기에서는 위와 같은 문제의식을 바탕으로 하여 국내에서는 아직까지 시도되지 않았던 역사적 스테레오타입 연구방법을 적용한 역사교과서 분석틀을 제시하고 그 가능성을 가늠해 보고자 한다. 도입에 이은 제2절에서는 기존의 역사교과서 분석방법을 양적 분석, 질적 분석(해석학적 분석), 역사교과서 국제비교분석 등으로 나누어 살펴보았다. 제3절에서는 역사적 스테레오타입 연구방법을 적용시킨 교과서 분석틀을 제시하면서 스테레오타입 인덱스(stereotype index)를 활용한 교과서 분석의 필요와 유용성을 제시하였다. 제4절에서는 역사적 스테레오타입 연구방법을 적용시킨 교과서 분석은 교과서에 서술된 과거에 있었던 역사적 사실만을 분석 대상으로 하는 것이 아니라, 교육당국, 교과서 집필자, 교사, 피교육자(학생) 모두가 해당되며 이에 대한 단계적 분석이 가능함을 제시하였다.

---

3) 현대 심리학에서 편견은 어떤 집단 구성원에 대한 비합리적인 부정적 평가로 정의되며, 객관적 사실보다는 집단 소속감에 근거하여 발생한다고 보고 있다. 이와 유사한 개념인 고정관념은 어떤 집단이나 구성원의 특징에 관한 인지적 신념이라는 점에서 평가적 감정을 의미하는 편견과 구별된다. 예를 들어, 중국인은 게으르다는 생각은 고정관념이며, 그래서 중국인이 싫다는 감정은 편견이다. 현성용 외, 『현대 심리학의 이해』, 학지사, 2003, 436-437쪽; Hahn, "Stereotypen in der Geschichte und Geschichte in Stereotyp", H. H. Hahn, ed., *Historische Stereotypenforschung. Methodische Über-legungen und empirische Befunde* (Oldenburg, 1995), pp.190-204.

2. 역사교과서 분석방법

교과서 연구는 교과서의 내용과 편집뿐만 아니라, 국정, 검인정, 자유발행 등의 교과서 발행제도, 보조 교재의 사용 여부, 수업방식에 대한 재량권을 가진 교사에 의한 수업에서의 교과서의 역할, 교과서 분석, 학생들의 교과서 내용의 이해 정도 파악 등 교과서와 관련된 모든 사항을 분석 대상으로 하지만, 교과서 연구의 핵심영역은 교과서 그 자체에 대한 분석이라 할 수 있다.[4] 학교 현장에서의 역사수업에는 다양한 교재(敎材)와 교구(敎具)들이 사용되고 있지만, 그 가운데에서 가장 기본적이고 중요한 역할을 하고 있는 것이 역사교과서이다. 이렇게 역사교과서가 역사교육의 핵심적인 교재로 자리 잡게 된 것에는 몇 가지 이유가 있다. 먼저 교과서가 가지는 교육적 기능이다. 교과서는 교육목표와 교육과정 등을 신중하게 검토하여 제작되기 때문에 교사들의 수업계획과 학습지도안을 작성하는 기본 지침을 제공해 준다. 아울러 교과서의 내용이 체계적이어서 역사의 흐름을 개괄적으로 파악할 수 있으며, 학생들의 연령별 학습능력을 고려하여 제작되기 때문에 교사들이 학생들의 수준에 맞는 수업 내용을 선정하는데 기준이 되기도 한다. 다음은 교과서의 학문적 기능으로 역사교과서는 오늘날 역사학이 이룩한 연구 결과와 학문적 경향을 토대로 내용이 구성된다는 점이다. 따라서 역사교과서는 넓은 의미에서 역사서술이자 역사서라 할 수 있다. 또한 역사교과서는 기존 사회가 가지고 있는 기본 전제들, 가치관, 규범들을 자라나는 청소년들에게 전달하려는 정치·사회적 기능도 수행하고 있기 때문에 교과서는 한 국가나 사회를 지

---

4) 이민호, 김승렬, 『국제이해를 위한 교과서 개선활동에 관한 연구』, 한국교육개발원 연구보고서, 2002, 54쪽.

배하는 윤리적 가치에 부합해야 하고, 그 국가나 사회가 정한 헌법과 법령에 위배되지 않아야 한다. 따라서 국정 교과서나 검인정 교과서는 그러한 법적 요건에 의해 만들어진 대표적인 형태라고 할 수 있다. 이러한 점에서 역사교과서는 한 국가나 사회의 '규범적 대변자' 또는 '시대정신의 대변자'라 하겠다.[5] 여기에서는 위와 같은 사실에 유념하여 기존의 교과서 분석방법들(양적 분석, 질적 분석, 교과서 국제비교 분석)을 소개하고, 스테레오타입 연구방법을 통한 교과서 분석에 대하여 논의하고자 한다.[6]

교과서 분석의 종류는 분석 대상의 다소에 따라 단수분석과 복수분석으로 나눌 수 있다.

단수분석은 단일한 한 권의 교과서를 분석하는 것이고, 복수분석은 여러 권의 교과서를 분석하는 것을 말한다. 여기에는 횡적 복수분석(동일한 시기에 사용되고 있는 여러 종류의 역사교과서를 분석하는 경우), 종적 복수분석(시간의 흐름에 따라서 지금까지 사용되었던 역사교과서를 대상으로 서술 내용상의 변천 과정을 살피고자 할 경우)이 있다. 그리고 모든 역사교과서 분석에는 객관적 평가기준이 요구된다. 특히, 복수 분석의 경우에는 분석 대상이 다수인 까닭에 신뢰할 만한 연구결과를 얻기 위해서는 모든 연구대상에 동일한 평가 방식이 적용되어야 한다. 복수분석도 여러 종류의 교과서를 동시에 고찰한다는 점에서 교과서 간의 비교분석이라 할 수 있다. 비교분석은 시기별·국가별로 상이한 역사교과서를 비교 분석하는 것을 뜻한

---

5) 마석한, 「역사교과서와 교과서분석」, 『실학사상연구』 9, 1997, 233-241쪽.
6) 논문에서는 역사교과서 분석방법에 초점이 맞추어져 있기 때문에 역사교과서의 분석 목적을 구체적으로 언급하지는 않았지만, 마석한은 기존의 교과서 분석을 그 연구 목적에 따라 국제간 이해 증진, 시대정신 연구, 역사교과서의 정치적 성격, 이데올로기 비판, 학문적 분석, 교육적 분석, 교과서의 영향 분석 등 7가지로 나누어 제시하고 있다. 또한 역사교과서의 양적, 질적 분석에 대한 내용은 마석한의 논문「역사교과서와 교과서분석」을 따랐음을 밝힌다. 같은 논문, 233-241쪽 참조.

다. 한·일 간 또는 남북한 역사교과서 비교 등이 대표적인 경우이다. 비교분석에는 복수분석과 동일한 평가기준이 적용되어야 하지만, 역사의식과 가치관을 달리하는 사회에서 사용하는 교과서의 비교에서 어느 한쪽의 교과서가 더 좋다거나 나쁘다는 또는 더 옳거나 그르다는 식의 판단이 어느 정도 타당할 수 있는가에 대한 본질적인 문제가 제기될 수 있다. 특히, 자본주의와 공산주의 등 체제를 달리하는 사회에서 사용되고 있는 교과서를 비교분석할 경우에 문제는 더 복잡해 질 수 있다.[7]

1) 양적 분석

교과서의 양적 분석은 특정 주제와 시대에 할당된 교과서의 분량을 측정하여 비교하는 것을 말한다. 이러한 분석은 서술의 분량과 그 내용의 중요성이 비례한다는 가정을 전제로 하고 있는데, 서술의 양이 많을수록 그와 관련된 내용의 중요도가 더 높으며, 양적으로 적게 다루어진 주제는 그 의미가 적다는 것으로 간주한다.[8]

이러한 양적 분석에서 중요한 것은 연구에 적절한 측정단위를 제시하는 일이다. 분석 대상의 서술량이 많을 경우 '쪽수'를 측정 단위로 선택할 수 있지만, 서술량이 적을 경우 보다 구체적인 측정단위를 선택해야 한

---

7) 같은 논문, 243-244쪽.
8) 1950년대 의사소통 연구방법론을 연구한 B. Berelson에 의하면, "내용분석(Content Analysis)"이란 표명된 의사소통 내용을 객관적이고 체계적이며 양적으로 묘사하는 데 사용되는 조사기술을 의미한다. 사회학에서는 이 방법을 "양적 분석방법"으로 발전시켰으며, Ernst Uhe에 의해서 처음으로 역사교과서 분석방법으로 활용되었다. 따라서 이러한 분석 방법을 "내용에 대한 양적 분석방법"이라 칭한다. Ernst Uhe, *Der Nationalismus in deutschen Schulbüchern. Eine vergleichende Inhaltsanalyse von deutschen Schulbüchern aus der Bundesrepublik Deutschland und der Deutschen Demokratischen Republik*, Bern et al. 1972.

다. 그래야만 산술적 측정의 결과가 정확할 수 있기 때문이다.

교과서 양적 분석의 구체적인 연구방법은 연구자에 따라 상이할 수 있지만, 양적 분석의 대표적인 방법들은 다음과 같다. 첫째, 시대별 정량측정을 들 수 있다. 역사교과서는 통사를 시대 구분하여 서술하고 있으므로 전체 서술에서 각 시대가 어느 정도의 비율로 지면이 할당되어 있는가를 측정하는 방식이다. 둘째, 분야별 정량측정 방식으로 정치·경제·사회·문화 등 교과서에 분류되어 있는 해당 주제와 전체 서술량을 비교하여 계산한다. 셋째, 학습 자료별 정량측정으로 역사교과서는 본문 서술 외에도 그림·지도·도표·사진 및 사료 등 자료별 양적 비율을 계산하여 교과서 구성상의 특징을 파악하기 위한 방법이다.

교과서의 양적 분석과 관련하여 최근에는 객관적 분석을 위한 사회학적 연구방법을 활용하는 사례가 점차 늘고 있다.[9] 이러한 분석방법의 대표적인 것으로는 빈도분석과 존재분석을 들 수 있는데, 빈도분석이란 특정사건·개념·용어 등이 교과서 서술에 어느 정도의 빈도로 등장하는가를 파악하여 빈도수의 의미를 추론하여 평가하는 방식이다. 그리고 존재분석이란 특정 역사 사실과 관련해서 특징적 설명이 교과서에 담겨있는가를 파악하는 방법이다. 특히, 이는 어떤 사건의 배경과 인과관계를 설명하는 과정에서 특정 내용의 유무를 파악하는데 유용하다.

2) 질적 분석(해석학적 분석)

교과서의 질적 분석은 역사교과서에 서술된 특정 주제가 어떤 인과관

---

9) 역사교과서 분석에 사회학적 연구방법을 최초로 적용한 사례로는 1970년 미국인 웨인(J. Wayne)으로 "미국 역사교과서의 독일 이미지(The image of Hermany in U.S. History Textbooks)"를 들 수 있다.

계, 서술관점, 설명의 논거 및 평가태도를 취하고 있는지를 파악하는 방법이다. 이러한 분석에서는 다음과 같은 기본적인 문제제기가 요구된다. 첫째, 교과서의 서술내용이 역사학 연구 성과에 부합하는가, 둘째, 내용구성과 관련하여 서술내용이 다차원적, 다시각성에 비롯된 것인가, 셋째, 교과서에 반영된 이데올로기적 요소에 주목하여 교과서의 내용전개가 세계사적 관점에 입각했는가, 아니면 민족주의적 입장을 취하고 있는가, 넷째, 교과서의 교육적 성격으로서의 교과서인가 탐구서로서의 교과서인가, 사료의 선택 기준은 무엇이며 어떠한 사료가 제시되어있으며, 그 기능은 무엇인가 하는 점들이다.

교과서의 질적 분석에서 전형적인 방식은 '해석학적 분석'이다. 해석학이란 헬레니즘 시대에 성립된 텍스트 해석에서 비롯되는데, 그리스어 동사 'hermeneuein'(진술의 의미를 설명하다, 이해 가능토록 하다)'에서 비롯된 해석학은 인간의 삶에 대한 기록들의 의미를 탐구하는 것을 말한다. 이후 해석학적 방법론은 딜타이에 의해서 역사학의 주요한 사료 이해 방법으로 체계화되었다. 따라서 해석학적 교과서 분석이란 교과서를 하나의 사료로 취급하여 역사학에서 사료를 다루듯이 교과서를 분석하는 방법이라 할 수 있다.[10] 하지만 이해는 서로 상이한 수준을 보여주며, 이해의 수준은 연구자의 관심에 의하여 제약을 받는다. 즉, 동일한 텍스트라도 이를 해석하는 사람에 따라 여러 가지로 상이하게 파악되고 이해될 수 있기 때문에, 해석학적 교과서 분석 결과에 대한 검증 가능성이 문제로 대두될 수 있다. 따라서 분석결과의 타당성을 제고하기 위해서 연구자는 무엇보다 자신이 내린 판단의 배경 및 동기에 대해 명확히 밝혀야

---

10) 마석한, 앞의 논문, 246-248쪽.

하며, 자신의 분석과정도 투명하게 공개하는 것이 요구된다. 교과서 단수분석의 경우에는 연구 결과를 검증하는 작업이 비교적 용이하지만, 복수분석의 경우 검증가능성의 제고를 위해 많은 경우 통계적 방법을 통해 어느 정도 간주관성(間主觀性)이 보장되도록 하고 있다. 이는 특정한 주제 또는 시대에 할당된 교과서서의 분량을 측정하여, 그 분량을 통하여 연구자가 그 주제 및 시대에 부여하는 의미를 추론해 보려는 노력의 일환이라 할 수 있다.

이 밖에도 혼합 분석 방식이 있는데, 이는 양적 분석과 질적 분석을 합하여 두 방식의 단점을 서로 보충함으로써 분석의 질을 높이려는 것이다. 혼합 분석 방식은 양적 분석과 질적 분석을 상호 보완하는 성격을 가지고 있으며, 여기에는 어느 한 분석을 먼저 실시한 후 다른 방식으로 하는 경우도 있고, 두 방식을 동시에 실시할 수도 있다. 예를 들어, 일회적이며 예외적인 서술이지만 전체 맥락에서 볼 때 매우 중요한 서술에 대한 평가, 서술되어야 할 내용임에도 서술되지 않은 부분에 대한 평가를 양적 분석을 보충하는 질적 분석의 내용으로 예시하는 경우 등이 여기에 해당한다.[11]

3) 역사교과서 국제 비교분석

국가 간의 상호 이해증진을 목적으로 하는 교과서 분석은 국가 간·민족 간의 갈등과 대립의 원인이 될 수 있는 교과서 서술 내용을 찾아, 그

---

11) Siegfried Kracauer, "The Challenge of Qualitative Content Analysis", *Public Opinion Quarterly*, Vol.16, Nr.4, 1959, pp.631-641; Alexander L, George, "Quantitative and Qualitative Approaches to Content Analysis", thiel de Sola Pool(ed.), *Trends in Content Analysis*, Habana, 1959, pp.7-32.

내용을 상호 비교·검토하고 합의점을 도출해 내기 위한 의도에서 실시되는 역사교과서 분석이라 할 수 있다.[12] 이러한 역사교과서 분석은 국가 간의 서로 대립되는 역사적 사실에 대한 해석 및 평가를 분석 대상으로 하기 때문에 객관적이고 타당한 분석 기준이 필요하다. 이와 관련하여 유네스코는 이미 1949년 '정확성·공정성·중요도·타당성과 조화된 기술, 인류애와 국제간의 협력(accuracy, fairness, worth, comprehensiveness and balance, world-mindedness and international cooperation)' 등을 교과서 국제 비교분석의 기본 원칙으로 제시하고 있다. 교과서 국제 비교 연구를 위한 원칙에서 가장 유의해야 할 점은 바로 공정성의 문제이다. 교과서 내에서 한 국민국가 내의 소수 집단, 타민족, 타인종 등이 공정하게 다루어져야 한다. 개별 국가에 적용되는 정의, 도덕, 윤리체계 등은 이전이나 현재의 적대 국가들에도 동일하게 적용되어야 한다. 자국에 불리한 사실들이나 행위들이 무시되어서는 안 되며, 화해 증진이라는 전망 속에서 적절히 서술되어야 한다. 아울러 편견이나 오해, 갈등을 야기할 소지가 있는 개념이나 표현들은 되도록 피해야 하며, 논쟁적인 문제들도 객관적으로 서술되어야 한다. 만약 교과서 협의에 참여한 학자들 간에 특정 주제에 대한 합의점을 찾지 못한다면, 최소한 양자 또는 다자간의 입장이 교과서에 나란히 소개되어야만 최소한의 공정성을 확보할 수 있다.[13]

유네스코의 Model Plan은 역사교과서 뿐만 아니라 지리, 공민 등도

---

12) "교과서와 학습 자료의 장단점을 찾아내어 수정 및 보완이 필요한 경우 참고하도록 한다. 교과서 저자나 편집자가 새로운 교과서를 준비하는 과정에서 참고할 수 있는 기원 원칙을 확립하고, 내용 선정의 기준을 제공해 준다." UNESCO, *A Model Plan for the Analysis and Improvement of Textbooks and Teaching Materials as Aids to International Understanding*, UNESCO, Paris, 1949, p.73.

13) 이민호, 김승렬, 앞의 글, 59-60쪽.

함께 고려 대상이며, 여기에는 분석 목적의 설정, 분석 대상 교과서의 선정, 분석 주제 혹은 요목의 선정, 분석 원칙과 기준의 선정, 실제 내용 분석 작업, 분석결과에 대한 평가의 순서로 방법론을 소개하고 있다. 분석 원칙과 기준은 교과서의 질적 분석에 적용되는 것인데, Model Plan은 이러한 질적 분석 이외에 양적 분석도 소개하고 있다.[14]

국가 간의 이해 증진이라는 목표 하에서 진행된 역사교과서 비교 분석은 특히 유럽에서 상당한 성과를 거두었는데, 그 중심에는 독일 브라운슈바이크 소재 "게오르그-에케르트 국제교과서연구소(Georg-Eckert Institut für internationale schulbuchforschung)"가 있다. 특히, 독일-프랑스[15], 그리고 독일-폴란드[16] 간의 역사교과서 협의는 쌍무적 교과서 협의에 바탕을 두고 양국의 역사교과서를 상호 비교·분석함으로써 〈공동권고안〉을 마련하는 등 가시적인 성과를 보여주었다는 점에서 좋은 본보기가 되고 있다. 아울러 게오르그-에케르트 국제교과서연구소는 유네스코의 후원 아래《중등과정 역사, 지리, 사회 교과서에 대한 다자간 비교분석 프로젝트 1971-1974(The Project for Multilateral Consultation on Secondary School History, Geography and Social Studies Textbooks)》을 실시하기도 하였다. 이 프로젝트는 국제이해 교육의 증진을 위해서 각국의 중등 교과서의 정확성, 객관성, 균형 있는 서술 여부를 검토하고 개선하며, 유네스

---

14) 유네스코가 제시한 "국제 이해를 위한 교과서 및 보조교재 분석과 개선을 위한 모델 플랜"의 보다 구체적인 내용은 이민호, 김승렬의 『국제이해를 위한 교과서 개선 활동에 관한 연구』, 56-62쪽 참조.

15) Rainer Riemenschneider, "Verständigung und Verstehen; Ein halbes Jahrhundert deutsch-französischer Schulbuchgespräche", Hans-Jürgen Pandel(ed.), *Verständigung und Verstehen. Jahrbuch für Geschichtsdidaktik, 2. Pfaffenweller*, 1990, pp.137-148.

16) Enno Meyer, "Die deutsch-polnischen Schulbuchgespräche von 1987/8, *Internationale Schulbuchforschung*, Vol. 10, Braunschweig, 1988, pp.403-418.

코 회원국가들 간의 국제교과서 비교연구 및 협의 활동을 증진하기 위해서 고안된 것이다.[17] 그러나 국제이해 증진을 위해 그동안 진행되었던 연구 활동에서의 한계점이 지적되기도 하였다. '역사적 합의' 또는 '조화로운 서술'이라는 취지에서 추진된 교과서 협의라 할지라도 당사자 간의 합의점을 이끌어 내지 못할 경우 교과서에서 관련 내용을 생략하거나 역사적 해석과 평가를 빼고 단순한 사실을 간략하게 언급하는 경우가 종종 발생하였다. 따라서 국가 간 상호 이해라는 목적에서 실시된 국제교과서 협의 활동을 '교과서 외교'라고 그 의미를 격하시키는 비난의 목소리도 대두되었다.

그럼에도 불구하고 지난 2006년 7월 약 3년간의 편찬 작업으로 완성된 『독일-프랑스 공동 역사교과서』는 오랜 유럽의 역사 속에서 숙적의 관계로 일컬어졌던 독일과 프랑스가 일궈낸 세계 최초의 공동 역사교과서 편찬이라는 성과로서 매우 주목할 사건이다.[18] 이는 양국 간 정식 공동 역사 교과서의 편찬 합의가 이루어져 양국어로 번역·출판되는 데 까지 성공한 유일한 사례이기 때문이다.[19] 공동 역사교과서는 정부 차원의

---

17) 이 프로젝트는 서독, 프랑스, 영국, 인도, 일존, 케냐, 베네슈엘라 등 7개국의 중등 교과서(각 국가별로 10종)를 분석대상으로 하였으며, 각 참여국들의 학자, 교과서 집필자, 출판업자 등이 참여하였다. Philip K. Boden(ed.), *Promoting International Understanding through School Textbooks. A Case Study*, Braunschweig, 1977.

18) 아시아 평화와 역사교육연대, 『역사대화의 경험공유와 동아시아 협력모델 찾기』(동아시아 역사인식 공유를 위한 국제심포지엄 III), 2006; 피터 가이스, 기욤 르 캉트렉 외 저, 김승렬 외 역, 『독일-프랑스 공동 역사교과서 1945년 이후 유럽과 세계』, 휴머니스트, 2008.

19) 1995년 출간된 유럽의 공동 역사 부교재 『새 유럽의 역사』는 선사시대부터 1990년대까지의 유럽의 역사에 대해 프랑스, 영국, 이탈리아, 독일, 그리스 등 유럽 12개국의 역사학자들 12명이 모여 4년 동안 공동 기획하여 집필되었다. 이러한 노력은 각국의 민족사에서 벗어나 유럽사를 보편적 가치의 입장에서 바라보고 상호 이해의 증진을 높이자는 노력하에 이루어진 결실로 평가된다.

제안이 아닌 양국 대학생들의 아이디어에서 시작되었다. 독일-프랑스 청소년 의회는 양국의 화해협력 조약인 엘리제 조약 체결 40주년이었던 지난 2003년 공동 역사교과서의 필요성을 정식으로 제안하였고, 당시 독일 총리 슈뢰더와 프랑스 대통령 자크 시라크가 이 제안을 받아들여 양국의 역사학자들이 본격적인 협의를 진행하였다.[20] 독일-프랑스 공동 역사교과서는 총 3권으로 계획되었는데, 양국 관계 초기부터 1815년까지의 역사 내용을 다룰 예정인 제1권, 1815년부터 1945년까지의 내용을 담을 제2권, 그리고 1945년부터 2006년까지의 내용을 다룬 제3권이다. 그리고 제3권의 내용 구성은 다음과 같다.

제1장: 제2차 세계대전과 1945-1949년
제2장: 1049-1989년 미국과 소련 사이의 유럽
제3장: 1989년부터 현재까지 세계 속의 유럽
제4장: 1945년 이후의 기술적·경제적·사회적·문화적 변화
제5장: 1945년 이후 프랑스인과 독일인에 관한 내용

양국 관계자들은 공동 역사교과서를 통해 독일 학생들에게는 프랑스 공화국의 역사와 프랑스령 식민지 독립과정을, 프랑스 학생들에게는 독일의 나치 청산과정과 동독의 일상, 그리고 독일의 분단역사에 대해 배

---

20) "프랑스 일간 <르몽드>는 (중략) 지난 10일 베를린에서 두 나라가 공동 집필하는 역사교과서를 만들자는데 합의했다고 11일 보도했다. 신문은 교과서는 두 나라 관계가 아닌 두 나라가 공유하는 역사를 소개하기 위해 만드는 것이며, 이후 다른 유럽 나라들이 역사교과서를 만드는 본보기로 쓸 수 있을 것이라고 밝혔다. 이는 프랑스와 독일의 관계를 기술하지 않고 공유 역사속의 공동관계를 소개할 예정이라는 의미이다." 윤진, 「독-불 역사교과서 공동 집필 사용하기로」, 『한겨레신문』(한겨레신문사, 2005.3.11.).

울 수 있는 기회를 제공할 것이며, 상대국 문화와 언어에 대한 관심을 높일 수 있을 것으로 기대했다.

그러나 공동 역사교과서의 편찬 과정은 결코 순조롭지만은 않았다. 특히 16개 연방 주로 구성된 지방분권 체제인 독일의 경우 각 주의 의견을 수렴하는 데 많은 논의를 거쳐야 했다. 기초 자연과학 분야에서 조차 공동 교과서가 없는 양국이 구태여 다양한 해석과 시각을 통합하여 만드는 공동 역사교과서를 편찬하는 데 심혈을 기울여야 하는가에 대해 회의적이었기 때문이다. 양국의 각기 다른 학교 제도도 공동 역사교과서 편찬 과정에 있어 하나의 도전이었다. 그러나 그러한 장애물에도 불구하고 결국 2006년 독일과 프랑스의 공동 역사교과서 최종본의 출간을 보게 된 것은 70년이 넘게 진행되어 온 양국 간의 꾸준한 노력의 결실이었다.[21]

독일-프랑스 공동 역사교과서 편찬이 갖는 의의를 살펴보면, 첫째, 세계사 속의 수많은 전쟁의 주요 원인이라 할 수 있는 배타적·패권적 민족주의를 넘어 유럽공동체의 시민으로서 공존과 번영을 향한 발걸음을 내딛었다는 점이다. 둘째, 그동안 꾸준하게 진행되어 온 양국 교과서 협의 활동이 추구했던 역사 인식에 있어서의 평화주의와 교차적 접근, 다자적 시각이 공동 역사교과서 편찬 작업에도 계승되고 있다는 점이다. 교과서 대화의 시작은 우선 가능한 것부터 접점을 찾아보자는 자세를 갖는 것이 필요하며, 역사인식에 있어서 상호 대립되는 의견은 나란히 병기하자는 '두 가지 시각' 이론은 역사교과서 분석의 새로운 방법을 제시했다는 점에서 그 의미를 찾을 수 있다. 셋째, 역사 속의 피해자와 가해자의 위치에 놓여 있는 한국과 일본을 비롯하여 중국을 포함한 동아시아

---

21) 아시아 평화와 역사교육연대, 앞의 책, 105-191쪽.

의 역사 분쟁에 있어 교훈적이고 모범적인 사례라는 점이다. 2001년 일본 후쇼샤의 『새로운 역사교과서』, 2002년 중국의 동북공정, 한국 역사교육에서 민족주의의 과잉 등 역사를 둘러 싼 3국간의 갈등은 단순한 해석의 차원에 머무르는 것이 아니라 영토 문제와 아울러 외교적 분쟁의 빌미가 될 위험을 안고 있다. 동아시아 3국간의 공통된 역사적 이해가 우선적으로 뒷받침되어야만 미래의 동아시아의 우호협력과 공동번영이 현실이 될 수 있는 것은 자명하다. 이에 대하여 현재의 세대는 진지하게 고민하고 그 해결점을 찾아보려는 노력을 마땅히 견지해야 할 것이다. 인류 공동의 가치를 실현하는데 도움을 주고 평화와 인권, 민주주의 같은 보편적 가치를 담아낼 수 있는 역사교과서의 개발은 21세기 아시아-태평양 시대의 우호협력과 공동번영의 시대로 넘어가는 징검다리이기 때문이다.[22]

3. 스테레오타입 인덱스(stereotype index)를 활용한 교과서분석

기존의 교과서 분석방법은 역사적 사실관계의 규명, 서술내용 및 분량, 내용의 편향성, 특정 주제와 용어의 서술빈도 등을 파악하여, 연구범위가 제한된 특정 테마를 다룬다거나(질적 분석), 교과서의 장, 절, 목, 쪽수, 용어 등을 고려하여 파악하고자 하는 내용의 서술량을 분석하고, 교과서의 외형적 요소들인 판형, 활자, 인쇄 등을 비교·검토(양적 분석)하는 데 적합하다. 하지만 교과서 질적 분석은 분석하는 사람의 주관적 편향성을 담보할 수 없으며, 논쟁적인 주제들에 대한 양적 분석은 이 방법의 강점인 객관성을 유지하기 어려운 점이 있다. 이러한 문제들을 해결하기

---

22) 김기봉, 『역사를 통한 동아시아 공동체 만들기』, 푸른 역사, 2006.

위해 파악하고자 하는 주제에 대한 양적 분석과 질적 분석을 병행하기도 하지만, 이 경우는 분석목적과 대상에 따라 융통성 있게 시도되어야지, 모든 분석에 적용될 수 있는 통일된 방법론이라고 할 수는 없다.[23] 교과서 국제비교연구 역시 교과서 분석 방법론을 과학화 하고자 하는 시도는 많이 있었지만, 보편적이고 과학적인 방법론이 확고하게 정립되어 있지 못한 형편이다.[24]

그리고 기존의 교과서 분석방법은 보다 민감하고 복잡한 문제들, 예를 들면 교과서상의 해석의 차이, 사실의 왜곡이나 은폐, 편견과 고정관념 등의 문제에 대한 보다 깊이 있고 많은 시간을 요하는 작업에 얼마나 기여할 수 있는가 하는 점에 의문의 여지가 있다.[25] 교과서 분석에 있어서 사실에 대한 해석의 차이는 편견, 선입견, 고정관념, 또는 정치적·이데올로기적 편향성, 그리고 자민족 중심주의, 인종주의, 민족주의 때문에 발생하는 경우가 많기 때문이다.[26] 바로 그러한 점들을 보완할 수 있는 대안으로서, 필자는 역사적 스테레오타입 연구방법을 적용한 역사교과서 분석틀을 제시하고자 한다. 역사적 스테레오타입 연구방법을 적용한 교과서 분석은 다음과 같은 형태로 구분할 수 있다.

---

23) 독일의 역사교육자 Meyers는 독일의 전통적인 역사교과서 분석 방법을 서술-분석적, 해석학적 방법(deskriptiv-analytische hermeneutische Methode), 내용 분석적 방법(inhaltsanalytische Methode), 교육학적 입장에서의 방법(Meyers, Peter, "Zur Problematik der Analyse Shulgeschichtsbüern von Didaktische orientierte Analyse", *Geschichte in Wissenschaft und Unterricht(GWU)*, 24, 1973)로 구분하고 있다.

24) 이민호·김승렬, 앞의 책, 56쪽.

25) 따라서 교과서 분석은 국제적인 교과서협의에서 사용되고 있는 분석원칙(1949년 유네스코가 정한 "*Model Plan*") 등을 참고하여 교과서 분석 작업에 보다 국제적인 가치를 부여하는 것이 바람직할 것이다. *A Model Plan for the Analysis and Improvement of Textbooks and Teaching Materials as Aids to International Understanding*, UNESCO, Paris, 1949.

26) 이민호·김승렬, 앞의 책, 77쪽.

첫째, 양적 분석과 질적 분석을 병행하여 교과서 서술 내용상에 나타나는 스테레오타입을 분석하는 방법이다. 예를 들면, 국사교과서에 사용된 "민족"이라는 용어의 사용 빈도(일제강점기 민족해방운동)의 분석을 통한 민족주의 교육의 과잉문제 파악이라든가, 교과서에 제시된 지도, 삽화, 사진, 그림 등이 민족주의 교육에서 의도하고자 하는 바는 무엇인가를 분석하는 경우다. 이러한 방법에는 책의 표지, 편집, 삽화, 그림, 도표, 지도, 사료 제시 등에 나타난 다음과 같은 교과서 내용상의 문제점에 대한 검토가 요구된다. 즉, 교과서의 개별적인 서술 부분들이 알아보기 쉽고 명확하게 구성될 수 있는 편집 방침을 보여주고 있는가? 독자의 이해를 도와줄 수 있는 목차, 표제, 주요 개념과 인명, 지명 등을 포함하고 있는가? 그림이나 사진 자료는 전체 서술의 흐름 속에서 어떤 역할을 하고 있는가? 삽화에 대한 설명과 사료의 제시는 서술 내용에 적절한 것인가?

둘째, 역사교과서가 우호적인 국제관계 또는 갈등관계에 있는 국가들에 대한 학생들의 인식과 이미지에 실제로 어떠한 영향을 주고 있는지를 파악하는 데에도 적용할 수 있다. 여기에는 설문지 조사방법을 포함한 현지연구가 필요하며 재정 부담이 많이 들기 때문에 대개의 경우 회피되고 있지만, 현지인들과의 연계를 통해 이러한 문제를 해결할 수 있다.[27] 이를 통하여 국가(민족)간 우호협력과 상호번영을 지향하는 국제이해를 위한 역사분석이 자기중심적으로 분쟁의 원인·과정·결과를 서술하는 것을 비판하고, 상대방의 입장에서 그것들을 얼마나 고려했는가를 분석 및 평가하는데 있어서 역사교육학적 정당성을 강화시켜 줄 수 있을 것이다.

---

27) 이영규, 「한국 고교생의 중세 한일관계사 이해」, 『역사교과서 속의 한국과 일본』, 혜안, 2000, 147쪽; 다나카 도시다스, 「일본의 역사교육 사례: 19세기 후반 일본인의 아시아관」, 『역사교과서 속의 한국과 일본』, 혜안, 2000, 305-316쪽.

셋째, 역사교과서를 분석하는 연구자의 의식 속에 내재되어 있는 스테레오타입 분석에 초점을 맞추어야 한다. 이는 교과서를 분석하는 사람의 역사인식이나 관점이 중립적이지 않다는 점에 기인한다. 따라서 이러한 연구에서 분석 대상은 교과서 내용 자체가 아닌 교과서를 분석하는 연구자의 연구결과물(논문, 단행본, 칼럼, 보고서 등)이 된다. 일반적인 사료 비판에서와 같이 역사교과서의 분석에 있어서도 분석자의 인간관, 역사관, 정치적·종교적 성향 그리고 연구자의 관심에 따라 교과서 해석과 그에 기초한 연구 결과가 달라질 수 있다는 것이다.

넷째, 교과서 국제비교연구에 있어서도 역사적 스테레오타입 연구방법의 적용이 가능하다. 여기에서는 다른 나라 교과서의 한국 관련 내용의 왜곡이나 편견, 고정관념은 지적하면서, 우리나라 교과서는 과연 거기에서 자유로운가에 대한 검토가 필요하다.[28] 이는 특정 국가의 한국 관련 교과서 서술만의 분석이 아니라 해당 국가에 대한 자국 교과서의 서술 부분도 병행하여 분석하여 비교·검토하는 아우토 스테레오타입(Auto-stereotype)과 헤테로 스테레오타입(Hetero-stereotype) 두 가지 방법의 병행이 요구된다. 이러한 교과서 비교분석은 스테레오타입연구에 있어서 이미 하나의 방법론으로 정착되어 있다.[29] 특히, 교과서 국제 비교연구에 있어서 연구자가 검토해야 할 구체적인 과제는 다음과 같다.[30] 서술 내용은 얼마나 정확한가? 소수 집단, 타인종, 타민족, 타종교 등에 대해 공정하게

---

28) 이옥순 외, 『오류와 편견으로 가득한 세계사 교과서 바로잡기』, 삼인, 2007.

29) H. H. Hahn, "Nationale Strereotypen", H. H. Hahn, ed., *Stereotyp, Idendität und Geschichte.*, p.191; 조용환 외, 『외국 교과서 한국 관련 내용 연구의 종합적 검토』(한국교육개발원 연구보고 RR 90-23), 1990.

30) UNESCO, *A Handbook for the improvement of textbook and teaching matetials. As aids to international understanding,* UNESCO, Paris, 1949, p.73.

서술하고 있는가? 학문성, 정당성, 그리고 도덕성이라는 동일한 잣대가 타민족과 집단에도 적용되고 있는가? 논쟁점이 되고 있는 내용을 객관적으로 제시하고 있는가? 선입견과 오해 내지는 알력을 불러 올 수 있는 용어나 문장의 사용을 자제하고 있는가? 국가 간의 평화적인 관계를 발전시키려고 노력하고 있는가? 역사교과서는 인종적·문화적·역사적 편견이나 선입견에서 벗어나 타민족의 역사와 문화를 있는 그대로 받아들이고 그 자체를 존중해 주는 서술을 지향해야 하기 때문이다.

다섯째, 특정한 시기를 선택하여 -예를 들면, 해방 이후부터 오늘날까지 냉전이 역사교육에 끼친 영향- 그 시기의 역사교과서의 내용이 시사하는 바와 역사교육을 통하여 사회에 끼친 이데올로기적 영향을 파악하는 방법이 가능하다. 이는 특정 시대를 지배하는 역사의식과 역사교육을 통한 고정관념의 형성을 밝히는 데 유용하며, 이러한 경우 역사교과서는 적절한 분석 대상이 된다. 여기에는 정확성(accuracy), 민감성(sensitivity), 적절성(adequacy) 등의 분석 원칙이 필요하다. 그 이유는 첫째, 서술된 사실들이 의도적이거나 비의도적인 왜곡 없이 엄밀한 역사적인 전망 속에서 다루어져야 하기 때문이고, 둘째, 자기중심적으로 다른 국가나 민족의 역사와 문화를 서술함으로써 다른 국민과 문화에 대한 불공정하고 폄하하는 이미지를 심어주는 것을 지양해야 하며, 셋째, 교과서에서 다루고 있는 주제의 선정과 서술이 인류사 전체를 포괄하는 큰 틀에서 차지하는 상대적인 중요성에 비추어 적절해야 하기 때문이다.[31]

그리고 교과서 서술상의 스테레오타입을 찾아 낼 수 있는 요소들은 다음과 같다. 첫째, 역사교과서 서술에서 감정적 수식어의 지나친 사용에

---

31) 이민호·김승렬, 앞의 책, 70쪽.

서도 내용상의 스테레오타입을 유추해 낼 수 있다. 그러한 서술은 공정한 역사적 평가를 방해하는 요소이기 때문이다. 둘째, 사건, 인물, 그리고 장소 등을 부적절하게 축소하거나, 지나치게 강조하여 표현하는 경우도 해당된다. 셋째, 본질적이고 기초적인 역사적 사실을 생략하는 경우이다. 넷째, 사실만 제시되어 있고 사실들 사이의 연관성이나 사건의 원인에 대한 설명이 생략된 경우도 해당된다. 이는 교과서 서술에서 저자의 선입관이나 편견, 고정관념이 작용한 것으로 볼 수 있는데, 여기에는 저자 자신의 의도에 의한 것과 저자가 속해 있는 문화적 맥락에 기인하는 경우로 분류할 수 있다.

다음으로 교과서 서술에 나타난 스테레오타입을 구체적으로 계량화할 수 있는 방법에 대하여 살펴보자. 기존의 교과서 내용 분석은 양적 분석보다는 텍스트에 대한 질적(해석학적) 분석 방법에 치중되어 있는데, 이러한 연구방법은 연구자의 주관적 편향성이 개입되어 있는 경우가 많기 때문에 연구의 객관성을 유지하기가 어렵다는 한계를 가지고 있다. 따라서 양적 분석방법의 하나로 스테레오타입 인덱스(Stereotype Index: 고정관념지수)[32]를 활용한다면 교과서 내용 자체에 나타난 스테레오타입을 수치화 할 수 있다는 점에서 이점이 있다. 스테레오타입 인덱스는 분석하고자 하는 항목에 대하여 스테레오타입한 표현을 사용한 정도를 수치화한 것이다. 스테레오타입화한 표현여부를 측정하기 위하여 사용된 값은+1, 0, -1로 해당 항목에 대하여 긍정적인 방식으로 표현되면 +1의 값을 부여하고, 부정적인 방식으로 표현되면 -1, 중립적으로 표현되면 0의 값

---

32) Kim, K., *Developing a Stereotype Index of gender role stereotypes in television advertising(Doctoral Dissertation, Southern Illonois University Carbondale)*, UMI No. 3204658, 2005.

을 부여한다. 이러한 측정방법은 스테레오타입의 분석 유목(類目)이 가지는 유목 간 배타성을 탈피하여 스테레오타입한 이미지의 정도를 분석할 수 있을 뿐만 아니라, 분석에 사용된 세부 항목 간 고정관념지수의 비교를 통하여 어떤 항목에서 더 스테레오타입한 묘사를 사용하고 있는지를 비교할 수 있는 장점이 있다. 위와 같은 점에 착안하여 고정관념지수를 도출하기 위해서는 다음과 같은 순서로 연구를 진행할 수 있을 것이다.[33]

첫째, 연구 주제를 선정한다.

둘째, 연구 결과에 대한 예측, 즉 가설을 세운다.

셋째, 분석 대상 교과서를 선택한다.

넷째, 연구 주제와 관련된 분석 대상(교과서 서술내용, 용어, 그림, 삽화, 사진, 지도, 도표 등)을 확정한다.

---

33) 1975년 맥아더와 레스코(McArthur & Resco)는 텔레비전 광고에 나타난 여성의 성 역할 묘사에 대한 내용 분석(L. Z. McArthur & B. G. Resco, "The portrayals of men and women in American television advertisement", *Journal of Social Psychology*, 97, 1975, pp.209-220)을 실시하여 텔레비전 광고에서 나타난 여성과 남성에 대한 묘사가 전통적인 스테레오타입에 기초하고 있다는 것을 보여주었다. 이후 광고 스테레오타입 연구들은 대부분 맥아더와 레스코가 사용했던 방법을 차용해서 명목 척도로 측정된 데이터를 분석해 왔다. 그러나 기존의 연구 방법은 특정 광고가 여성을 어떻게 묘사하는지 밝힐 수는 있어도 여러 광고들 간에 어느 것이, 또는 어떤 표현 항목에서 더 스테레오타입을 묘사하고 있는지를 비교할 수는 없었다. 따라서 기존의 내용 분석이 가진 통계분석의 한계를 극복하기 위하여 서열척도를 기반으로 한 고정관념 지수를 이용한 분석(Kim, K., *Developing a Stereotype Index of gender role stereotypes in television advertising*(Doctoral Dissertation, Southern Illonois University Carbondale, UMI No. 3204658, 2005)이 시도되었다. 이러한 서열척도를 이용하여 김광옥과 하주용은 한국 텔레비전 광고에 나타난 여성의 이미지를 8가지 항목(모델의 나이, 메시지 제시형식, 광고의 배경, 역할, 설득방법, 화자의 신뢰도, 제품의 종류, 성적 표현)으로 나누어 고정관념 지수를 분석(김광옥, 하주용, 앞의 논문, 453-526쪽)하였다. 이와 같이 광고학에서 사용하고 있는 스테레오타입 인덱스는 역사교과서 분석, 특히 고등학교 세계사 교과서나 중학교 (공통)사회 교과서 분석에도 적용할 수 있을 것이다.

다섯째, 분석 결과를 스테레오타입 인덱스로 수치화한다.

여섯째, 분석 결과와 가설을 상호 비교한다.

일곱째, 최종적으로 연구결과를 도출한다.

이러한 교과서 연구 방법을 이용하여 분석 가능한 연구는 다양하게 나타날 수 있겠지만, 여기에서는 두 가지 경우를 제시하고자 한다. 첫째, 한국의 역사교육이 민족주의의 과잉이라는 일부 국내외적인 비판이 있는데, 실제로 스테레오타입 인덱스를 활용하여 국사교과서에 나타난 민족주의적 역사서술의 정도를 수치화 할 수 있다. 둘째, 세계사 교과서 및 공통사회 교과서에 나타난 국가별 스테레오타입을 분석하여 스테레오타입 인덱스(대륙별·국가별 서술 빈도, 서술 내용의 총량, 부정적 서술, 긍정적 서술, 긍정과 부정이 혼재된 서술 내용 및 서술 내용의 다소 등)로 나타낼 수 있을 것이다.[34]

4. 스테레오타입 분석 대상의 확대: 텍스트 · 교과서 집필자 · 교사 · 학생

역사적 스테레오타입 연구방법을 적용시킨 교과서 분석(이하 스테레오타입 교과서분석)은 교과서에 서술된 과거에 있었던 역사적 사실만을 분석 대상으로 하는 것이 아니라, 교육당국의 역사교육 목표와 정책, 교과서 집필자, 학교 현장에서 교육의 주체로서의 교사, 피교육자(학생) 모두가 해당되며, 다음과 같이 단계적인 분석이 가능하다.

---

34) 서인원, 「스테레오타입 역사 이론과 '민족' 논의 - 고등학교 국사 교과서 근현대사 부분을 중심으로 -」, 『역사와 교육』10집, 2010, 47-80쪽; 박선미·우선영, 「사회과 교과서에 나타난 국가별 스테레오타입 - 제7차 고등학교 사회교과서 중 일반사회 영역을 중심으로 -」, 『사회과 교육』48권 4호, 2009, 19-34쪽.

첫째, 연구주제와 목표를 설정한다.

둘째, 분석 대상이 되는 주제의 학문적 성과를 파악한다.

셋째, 텍스트(교과서 서술내용)를 분석한다. 분석 대상으로, 먼저 교육이념, 교육목적, 교육방법에 기초하여 교과서를 분석한다. 다음으로 텍스트 분석에는 분석 대상 교과서가 사용되는 국가의 교과서 발행제도(국정, 검인정, 대안교과서), 교육당국이 설정한 역사교육의 목표와 역사교육의 서술지침(예컨대, 일본의 학습지도요령이나 한국의 교사용지도서 등), 그리고 교과서의 구성과 내용을 미리 규정하는 교과서 집필자의 서술원칙 등이 고려되어야 한다. 아울러 텍스트 분석에는 역사용어와 보조자료(지도, 그림, 사진, 연표, 사료, 삽화 등) 등도 분석 대상에 포함된다.

넷째, 교과서 집필자(국가, 개인)에 대한 인터뷰를 실시한다. 인터뷰 실시의 목적은 교과서 서술의도를 파악(예: 중국의 동북공정 추진 목적, 일본의 역사교과서 왜곡 이유 등)하기 위한 것이며, 이는 교과서 집필자의 인간관, 역사관, 그리고 연구관심에 따라 교과서 서술과 그에 따른 역사 재구성이 달라질 수 있기 때문이다.

다섯째, 인터뷰를 통해 얻은 사실이 교과서 서술내용과 부합하는지 분석한다. 역사적 사실에 대한 교과서 집필자의 해석에서 모순이나 상이점이 발견된다면, 이는 정치적·이데올로기적 편향성, 그리고 무엇보다 중요한 것은 자민족 중심주의(ethnocentrism), 인종주의(racism), 민족주의(nationalism) 등에 영향을 받은 교과서 집필자의 주관(편견, 선입견, 고정관념 등) −그것이 의도적인 것이든, 저자가 속해있는 사회의 문화적 맥락에서 연원하는 것이든− 이 개입되어 있음을 의미한다.

여섯째, 학생들을 대상으로 면담, 인터뷰, 설문조사 등을 실시한다. 이는 교과서 학습 내용이 얼마나 어떤 방식으로 학생들에게 영향을 미치는지를 파악하기 위한 것이다.

일곱째, 지금까지 거의 단편적으로만 실시되어 온, 교과서 내용분석, 교과서 집필자에 대한 인터뷰, 학생들의 역사인식에 대한 설문조사 등을 활용하여 보다 구체적인 분석결과를 도출한다.

여덟째, 위와 같은 분석 작업을 통해 파악된 대상(역사적 사실, 인물, 사건 등)에 대한 편견, 부정적 또는 긍정적 이미지, 고정관념 등이 생성된 배경과 변화요인을 파악하기 위하여 다양한 측정도구 —사회조사 통계분석, 스테레오타입 인덱스, IAT((Implicit association test), 'Bona Fide Pipeline' 검사, MRS(Modern racism Scale) 등— 를 적용한다. 이것은 분석결과의 객관성을 담보하는데 매우 유용한 방법이라 하겠다.

이러한 분석방법은 역사교과서의 서술내용이 과거 사실에 대한 기록이라는 인식의 한계를 극복하고 텍스트와 교과서 집필자, 교사, 학생(피교육자) 가운데 내재되어 있는 역사의 현재적 의미를 해석하는데 중요한 도구가 될 수 있다. 아울러 스테레오타입 교과서분석은 스테레오타입이 어떻게 생성되었는가에 대한 기원을 추적하는 사회적 생성기원과 역사적 생성기원을 포괄적으로 파악할 수 있는 장점을 가지고 있다. 즉, 역사적 과정 속에서 언어적 형식이나 표상화 된 형식으로 생성된 스테레오타입은 한 세대에서 다음 세대로 전달되는 지속성을 가지고 있는데, 이는 일상생활에서 일어나는 사회화 – 특히, 학교에서의 교과서 학습을 통해서 – 에 의해 재생되고 파급되는 것이다.

그리고 스테레오타입 교과서분석은 특정 세대에 출판된 교과서분석으로 한정되는 것이 아니라 역사 속에서 교과서가 처음으로 출간된 때로부터 현재에 이르기까지 연속성을 가지기 때문에 시대별, 단계별 비교분석이 가능하다(예: 해방기 교과서와 현행 교과서).

이러한 분석방법은 역사교과서 서술이 지향하는 내용의 객관성과 공정성, 정확성을 일정 정도 향상시키는 데에도 기여할 것이다. 그러나 보다 더 정확하고 학문적으로 더 확고한 스테레오타입 교과서 분석은 선험적으로 구성될 수 있는 것이 아니라, 연구를 수행하면서 지속적으로 체계화된 교과서 분석방법으로 검증하려는 노력이 뒤따라야 할 것이다.[35]

---

35) 필자는 개항을 전후한 시기 독일인의 조선에 대한 역사적 스테레오타입을 총체적으로 파악하기 위한 구체적 사례연구를 추진하고 있으며, 또한 역사교과서의 분석에 있어서 스테레오타입의 이론과 방법론을 적용하기 위한 시도도 병행하고 있다. 박재영, 「구한말 독일인 묄렌도르프의 조선인식」『동학연구』, 21집(2006. 09), 65-100쪽; 박재영, 「역사적 스테레오타입 사례연구: 서세동점기 독일인 오페르트의 조선이미지」『동학연구』, 21집(2007. 03), 181-206쪽; 박재영, 「역사적 스테레오타입 사례연구: 구한말 독일인 의사 분쉬(R. Wunsch)의 조선이미지」『서양사론』, 93호(2007. 06), 129-157쪽; 박재영, 「북한 "조선력사" 교과서에 나타난 서세동점기 서구 제국주의에 대한 이미지 분석」『백산학보』, 77호(2007. 04), 265-290쪽.

2부

영화와 역사
그리고 고정관념

제1장

영화 <300>에 나타난 서구중심주의

: 왜곡된 역사적 사실의 스테레오타입화(Stereotypisierung)

1. 영화 〈300〉, 무엇이 문제인가

지난 2007년 3월 13일, 미국의 박스오피스 2주 연속을 기록했던 영화 〈300〉이 한국에서도 개봉되었다. 프랭크 밀러의 만화 『300』을 원작으로 제작된 이 영화는 이미 〈새벽의 저주〉를 통해 시각적이고 스피디한 영상미를 증명한 잭 스나이더가 감독을 맡았다. 화려한 CG효과 및 다이내믹한 영상으로 한국에서도 개봉 첫 주 만에 100만을 넘으면서 한국 박스오피스에서도 1위를 기록했다.[1] 뿐만 아니라 2007년 1월 18일 폐막한 베를린 영화제 비공식 영화제에 초청되었으며, 가장 주목받는 영화로 손꼽혔다. 또한 미국의 권위 있는 시상식인 새턴 어워즈에서 10개 부문에 노미네이트되기도 하였다.

하지만 흥행과 동시에 〈300〉은 스파르타식 관객 동원력만큼이나 커

---

[1] 서대원, 「<300> 사고치고, <쏜다> 사고 못 치다.」, 『무비스트』(무비스트, 2007. 3. 19.), 뉴스종합면, http://www.movist.com/article/read.asp?type=13&id=13676.

다란 논란을 일으켰다. 논란의 근원은 동양 문화에 대한 몰염치인가, 영화라는 창작적 허구에 대한 몰이해인가의 대립 구도에서 비롯되었다. 특히 페르시아 계승의식이 강한 이란에서는 할리우드 배우와 영화관계자들이 이란을 방문하자 〈300〉과 더불어 〈더 레슬러〉에 대해서 공개 사과하라고 요구하는 일도 있었다.[2] 매체와 전문평자의 비평과 칼럼, 그리고 일반 관객들의 커뮤니티를 통해 형성되던 논란이 국가적 분쟁으로까지 확대된 것이다.

역사적 사건이나 인물을 소재로 제작된 영화는 많다. 다른 역사장르 영화와 같이 〈300〉 또한 역사장르의 영화인데 이렇게까지 논란이 확대된 데는 이유가 있다. 영화 〈300〉과 〈더 레슬러〉에 대하여, 특히 이란 사회에서 크게 반발하는 원인을 살펴보면 〈300〉의 이면에 스며들어있는 동양에 대한 서구인의 인식이 이번 논쟁의 근본 원인임을 알 수 있다.[3] 이란 사회에서의 거부감에서 알 수 있듯이 그리스의 스파르타와 당대 최대의 세력을 가졌던 페르시아간의 전투인 '테르모필레 전투'를 소재로 한

---

2) 이란이 문제 삼고 있는 영화 중 '더 레슬러'에는 극중 프로레슬러인 미키 루크가 아랍권의 캐릭터로 설정된 상대를 거꾸러뜨리는 장면이 등장한다. 늙고 병든 퇴물 레슬러인 미키 루크는 전성기를 함께 누렸던 왕년의 라이벌 '아톨라야'와 수십 년 만의 재대결을 하게 되는데, 그가 바로 이란인으로 설정된 레슬러다. 링 위에서 아톨라야는 무지막지한 아랍인을 연기하며 미키 루크를 깔아뭉개고 심지어 이란 국기를 흔든다. 미키 루크는 전세를 역전시킨 뒤 그로부터 이란 국기를 빼앗아 깃대를 부러뜨리고 관객을 향해 던져버린다. 이형석, 「이란은 왜 '러 레슬러'에 분노하는가」, 『해럴드경제』(해럴드미디어, 2009. 3. 4).

3) 그러한 현상은 한국의 TV 드라마(사극)에서도 예외가 아니다. 한 때 인기리에 방영되었던 정조의 일대기를 다룬 "이산"이나, 고구려의 시조 주몽을 주인공으로 한 역사드라마는 높은 관심만큼이나, 그 내용이 사실이냐 아니냐를 두고 논쟁이 끊이지 않았다. 누군가는 드라마일 뿐이라 하였고, 또 누군가는 그래도 역사적 사실을 바탕으로 한 만큼 사실에 기초해야 한다고 말한다. 지금도 여전히 계속해서 만들어지고 있는 역사적 사실을 기초로 한 드라마나 영화는 우리가 살아 보지 않은 먼 과거에 대한 판타지를 불러일으키기에 충분히 매력적인 소재이지만, 앞서 언급한 것처럼 겪어보지 않은 과거에 이야기기에 자칫 잘못하면 왜곡되기도 쉬운 것이 사실이다.

영화 〈300〉에는 서구중심주의적인 인식이 가득 담겨 있다. 분명 영화는 '보여주기'를 위해 허구적이고 과장된 묘사가 많을 수밖에 없다. 그러나 이 영화는 역사적 사실을 바탕으로 했고, 사람들에게 잘못되고 왜곡된 역사관을 가지게 할 수 있기에 문제가 제기 되는 것이다.

그러나 사실의 왜곡여부 보다 더 중요한 것은 그 속에 숨어있는 이데올로기의 전파이다. 즉, 역사적 사실을 잘못 알고 있다는 것보다 더 무서운 것은 그로 인한 잘못된 이미지의 형성인 것이다. 이러한 이미지의 형성은 무의식적으로 우리의 잠재의식 속에 내재해 있다가 일상 속에서 행동으로 표출되기 때문에 영화나 드라마처럼 우리가 흔히 접하게 되는 대중매체가 갖는 파급효과는 그만큼 크며, 매체와 예술 안에 함의된 이데올로기는 특정 가치를 일상의 자연스럽고 당연한 측면인 양 보이게끔 한다.[4] 특히, 엄청난 자본과 첨단 영화기법을 무기로 한 미국 할리우드 블록버스터 영화는 전 세계의 영화 시장을 석권하고 있는 까닭에 서구 중심적이고 미국식 자본주의 이데올로기를 전파하는 첨병의 역할을 하고 있다.[5] 일반적으로 서구중심주의에는 '서구에는 특별한 무언가가 있다',

---

4) 마리타 스터르큰 등은 영화 속에 존재하는 이미지들의 의미는 이미지가 그 사회적 권력과 이데올로기의 역동성 속에서 생산된다는 사실을 인식해야한다고 했다. 그리고 이 이데올로기는 우리가 관여하는 평범한 일상 곳곳에 존재하는 것이다. 그들은 1994년을 떠들석하게 만든 O. J. 심슨 사건 중 타임지가 심슨의 상반신 사진을 맨 앞에 싣고 그 피부색을 더욱 진한 흑색으로 편집한 것을 예로 들면서 이러한 이미지가 인종차별적인 사회적 관념과 결합하여 사회적인 파장을 일으킨 것에 주목하고 이미지 안에 내포된 이데올로기적인 요소를 강조하였다. 마리타 스터르큰·리사 카트라이트 공저/윤태진·허현주·문경원 공역, 『영상문화의 이해』(서울, 2006, 커뮤니케이션북스), 11-15쪽.

5) 일부학자들은 '서구중심주의'라는 용어를 표현할 때 '웨스트센트리즘'(Westcentrism)을 사용하지만 영어권 지역에서는 '유러센트리즘'(Euro-centrism)이라는 단어의 사용이 압도적이다. 사전을 참조하면 '유러포센트릭'(Europocentric)이라는 형용사는 "유럽을 그 중심으로 두거나 간주하는; 세계문화 등에서 유럽 또는 유럽인의 최고 우월성을 상징하는"으로 정의되며, '유러포센트리즘'(Europocentrism)은 "유럽

또는 '서구는 예외적으로 우월하다'는 의미가 내포되어 있다.[6] 거기에는 서구를 세계의 중심에, 근대 서구 문명을 인류 역사 발전 단계에 있어 최고 단계에 놓고 이러한 발전단계는 서양뿐만 아니라 동양을 포함한 전 인류사에 보편적으로 타당한 것이며, 역사 발전의 저급한 단계에 머물러 있는 비서구 사회는 문명화 또는 근대화를 통해 오직 서구 문명을 모방·수용함으로써만 발전할 수 있다는 의미가 내포되어 있다.[7]

이 글에서는 영화 〈300〉에 나타난 구체적인 장면을 통해 시각화된 '서구중심주의' 문화코드의 문제점과 그것이 일반 관객에게 주는 왜곡된 역사적 사실의 스테레오타입화(Stereotypisierung)를 중심으로 논지를 전개

을 자신의 세계관의 중심에 두는 생각이나 실천"으로 정의된다. 따라서 유러센트리즘은 유럽(Europe)과 자민족중심주의(ethnocentrism)의 합성어로 판단된다. 여기서의 유럽은 유럽 문명의 확대판인 미국, 캐나다, 오스트레일리아 등을 포함하는 '서구'또는 '서양'문명 전체를 지칭하지 않고, 적어도 자구상으로는 '유럽'만을 지칭하는 것으로 보인다. 이는 이른바 18세기 이후 전 세계에 걸쳐 군림하게 된 '근대'문명이 영국, 프랑스 등 서유럽을 중심으로 발원하였기 때문이라는 발생사적 차원의 표현이고, 현재적 관점에서는 서구문명의 보편적 군림현상을 통칭하기 위해서는 '서구중심주의'라는 용어가 더 적절한 번역어라고 생각된다. 강정인, 「서구중심주의의 이해 - 용어 및 개념 분석을 중심으로」,『국제정치논총』43(서울, 한국국제정치학회, 2003. 9.), 31쪽.

6) 이희승의『국어사전』(서울, 민중서림, 1988, 1062쪽)에서 서구(西歐)를 ①구주(歐洲)와 미주(美洲)의 통칭, ②구라파의 서부 제국(諸國) 또는 서유럽으로 정의한다.

7) 한편 서구중심주의와 일맥상통하는 또 다른 개념으로는 서구(유럽)예외주의와 오리엔탈리즘이 있다. 서구(유럽)예외주의는 근대 초에 유럽인들이 유럽 문명을 구성한 것으로, 서구인들이 그들 스스로 특권과 우월성을 확인하는 재작업 과정이라 말할 수 있다. 대표적으로 19세기 유럽인들은 그들의 역사를 고대 그리스·로마 문명의 정통적 상속자로 규정하고, 그리스의 고대사를 서술하는데 있어서 이집트 기원을 부정하고 아리안 기원설을 정립하였다. 이는 유럽 문명, 즉 서구에는 모종의 독특한 역사적 우월함이 있을 뿐만 아니라 인종·문화·환경·마음·정신 등 모든 면에 걸쳐 뛰어난 속성이 있다고 보는 것이다. 한마디로 서구에는 무언가 특별한 것이 있다는 주장이다. 이로 인해 유럽은 영구적으로 전진·진보·근대화하는 반면, 세계의 여타 지역은 천천히 전진하거나 정체되어 있다는 것인데, 이는 본래의 동양의 모습이 아닌 부정확한 정보와 왜곡된 편견에서 비롯된 서구인의 시각에서 바라본 허상일 뿐이다. 강정인,『서구중심주의를 넘어서』(서울, 아카넷, 2004), 51쪽.

하고자 한다. 도입부에 이은 제2절에서는 페르시아 전쟁, 특히 테르모필레 전투의 객관적 사실과 해석에 대하여 살펴보았으며, 제3절에서는 영화 〈300〉이 왜곡하고 있는 역사적 사실은 무엇인가를 분석하였다. 제4절에서는 영화 〈300〉에 대한 국내 네티즌들의 인터넷 댓글을 통하여 그리스-페르시아 전쟁의 왜곡된 역사적 사실이 스테레오타입화 되는 과정을, 그리고 마지막으로 영화 〈300〉이 전달하는 정치적 이데올로기의 현재적 의미와 역사영화의 분석에 있어서 역사적 스테레오타입(Historische Stereotypenforschung) 연구방법론의 적용가능성을 제시하고자 한다.

2. 페르시아 전쟁(Greco-Persian Wars)의 역사적 고찰

영화 〈300〉은 그리스 연합군과 페르시아 제국 사이에서 벌어진 페르시아 전쟁 중 테르모필레 전투를 배경으로 스파르타[8] 전사들의 무용담을 주요 내용으로 하고 있다. 그럼 먼저 영화의 배경이 되는 테르모필레 전투에 대해 알아보고, 다음으로 전쟁에 대한 고대 그리스인들의 인식을

---

8) 스파르타는 암흑시대에서부터 이어 내려온 오랜 정부 형태를 유지하고 있었다. 왕은 한 명이 아니라 유력한 가문을 대표하는 두 명이 있었다. 스파르타의 왕들은 권력이 거의 없었고, 그 권력이라는 것도 주로 군사, 사제적 성격을 지닌 것이었다. 정부의 두 번째 기관은 두 명의 왕과 28명의 귀족(60세 이상)으로 구성된 원로회였다. 원로회는 행정부의 활동을 감독하고, 민회에 제출될 법안을 마련했으며, 형사 재판의 최고법정으로서의 역할을 했다. 세 번째 정부 기관인 민회는 모든 성인 남자 시민으로 구성되었는데, 민회는 원로회가 제출한 법안을 승인 또는 거부했으며, 왕을 제외한 모든 공직자의 선출권을 가졌다. 그러나 스파르타의 정치체제에서 최고 권력은 5명으로 구성된 감독관위원회 Ephorate에 있었다. 감독관 Ephoros들은 사실상 정부의 역할을 했다. 그들은 원로회와 민회를 주재했고, 교육 제도와 재산 분배를 통제했으며, 시민 생활을 감독했고, 모든 이법에 대한 거부권을 행사했다. 그들은 또한 갓 태어난 아기들의 생사 여부를 결정했으며, 원로회에 기소할 권리를 가졌고, 종교적 징조가 불길할 경우에는 왕마저도 폐위시킬 수 있는 권한을 지녔다. 그러므로 감독관들에 의해 지배된 스파르타 정부는 사실상 과두정이었다. E. M. 번즈·R. 러너·S. 미첨 공저/박상익 역, 「서양문명의 역사 1」(서울, 소나무, 1994), 138쪽.

살펴보자.

페르시아 제국이 마라톤 전투에서 패한 후 10년이 지난 기원전 480년, 페르시아의 크세르크세스 왕은 아테네와 스파르타에 복수하기 위해 그리스에 대한 3차 침공을 개시한다. 이 때 크세르크세스 지휘하의 페르시아군의 병력은 기록에 따라 10만 명에서 260만 명까지 커다란 편차를 보이는데[9] 헤로도토스의 기록에 의하면 페르시아 군은 보병 170만, 기병 8만의 규모였다고 한다. 게다가 왕 자신이 군대를 이끌고 직접 원정에 나섰다. 이 군대 앞에서 이미 정복당한 그리스 국가들은 '흙과 물'을 제공했고, 페르시아군의 진격로 상에 있던 그리스의 유력한 도시국가들이 항복했다.[10] 영화 속에도 등장하는 이 사건을 헤로도토스는 다음과 같이 기록하고 있다.

> 한편 '흙과 물'을 요구하기 위해 그리스 각지로 파견됐던 사자들이 귀환했는데, 순조롭게 '흙과 물'을 약속받은 자가 있는가 하면 빈손으로 온 자도 있었다. '흙과 물'을 페르시아 왕에게 바친 민족을 열거하면, 테살리아인, 돌로페스인, 에니아네스인, 페라이비아인, 로크리스인, 마그네시아인, 말리스인, 프티오티스의 아카이아인, 테베인, 그리고 테스피아이와 플라타이아의 두 도시를 제외한 전 보이오티아인 등이었다. (······) 크세르크세스가 아테네와 스파르타에는 '흙과 물'을 요구하는 사자를 보내지 않았던 이유는 이러했다. 전에 다리우스 1세가 같은 목적에서 사자를 파견했을 때, 아테네인은 '흙과 물'을 요구하러 온 사자를 처형 갱에 집어넣고 스파르타인은 우물 속에 밀어 넣은 후 그곳에서 '흙과 물'을 취하여 대왕에게로 가져가라고 말했기 때문이었다[11]

---

9) 볼프강 베홀드 저/안성찬 역, 『승리와 패배: 역사를 바꾼 세기의 전쟁 50』(서울, 해냄, 2003), 33쪽.
10) 김창성 편, 『세계사 산책』(서울, 솔, 2003), 143쪽.
11) 헤로도토스 저/박광순 역, 『역사』(서울, 범우사, 2001), 228~229쪽.

당시 페르시아의 대군 앞에서 아테네와 스파르타를 중심으로 한 동맹군은 협곡이 방어전에 유리했기 때문에 북쪽에서 남하해 오는 이 막강한 적군을 테살리아의 템페 계곡에서 저지할 계획을 세웠다. 그러나 크세르크세스가 그리스 진영을 우회하여 후위에서 공격하려 한다는 정보를 입수한 그리스 중장보병 부대는 즉시 그곳에서 철군한다.[12]

그리스 연합군 사령부는 남쪽에 새로운 전선을 만들 것을 결의하고, 스파르타의 왕 레오니다스의 지휘 하에 300명의 스파르타 전사들과 약 7천 명의 그리스 연합군 병력이 좁은 협곡을 막아섰다. 부근에 온천이 있어 테르모필레 −그리스어로 '테르모'가 '덥다'라는 뜻이고, '필라이'는 '물'이라는 뜻으로 이 지역은 실제로 숲이 우거진 온천 지역− 라는 이름이 붙여진 이 협로는 북쪽으로는 바다, 남쪽으로는 산맥에 접해 있었다. 이와 동시에 그리스 함선들도 부근의 해안에 집결하여 그리스 방어군을 우회하려는 페르시아군의 시도에 철통같이 대비하고 있었다.[13]

기원전 480년 8월 첫째 주 마지막 날, 넓은 대형을 이루고 있는 페르시아군은 테르모필레 입구까지 그리스군을 추적하다가 레오니다스가 쌓아놓은 방벽 앞에 마주서게 되었다. 페르시아군은 진군을 멈추고 이곳에 거대한 진영을 구축하였다.[14] 드디어 8월 18일 페르시아군의 전면 공격이 시작되었고 그리스군은 밀집 대형을 이루어 방어전을 펼쳤다. 처음에는 페르시아군의 일부인 메디아군 병력이 투입되었고, 마지막에는 페르시아의 정예 부대인 '이모탈(불사대)'가 공격을 감행했으나 스파르타의 중장보병에 의해 격퇴되었다. 다음날인 8월 19일 페르시아의 두 번째 공격

12) 볼프강 베홀드 저, 앞의 책, 30쪽.
13) 같은 책, 29쪽.
14) 같은 책, 33쪽.

이 시작된다. 제2선에 특별히 선발된 페르시아 정예병들을 포진시켜 일선의 공격병들이 후퇴하지 못하도록 했지만 이 공격도 실패하고 만다. 이에 크세르크세스는 정면 공격이 아닌 다른 방안을 찾아내는데, 이는 페르시아에게 뒷길을 알려준 배신자 '에피알테스'(현대 그리스어로 '악몽'이라는 뜻) 때문에 가능했다. 그러나 이 배신자는 가공의 인물일 뿐이며 실제로는 레오니다스의 전략적 실수가 있었던 것으로 평가되고 있다. 즉, 이 우회로를 알고 있었으면서도 레오니다스가 충분히 방비하지 않았다는 것이다.[15]

마침내 페르시아의 정예병들이 테르모필레를 우회하여 그리스군의 후위를 공격한다. 레오니다스는 300명의 스파르타 전사와 함께 테르모필레를 사수하기로 결정하고, 페르시아 대군과 맞서 치열한 전투를 벌이지만 결국 전멸한다. 비록 레오니다스 왕과 300명의 스파르타 전사들은 이 전투에서 패배하였지만, 그들의 용맹성은 전사한 자들의 묘비명에 새겨져 다음과 같이 후세에 전해지고 있다.

> 일찍이 이 땅에서 300만 명의 군대와 맞서 싸운
> 펠로폰네소스 4천의 병사.
> 여행자여, 가서 스파르타인에게 전하라,
> 우리가 그들의 명을 수행하고 여기에 누워 있다고.[16]

위에서 테르모필레 전투의 개략적인 사실을 소개하였지만, 페르시아 전쟁에 대한 고대 그리스인들의 인식이 어떠하였는가를 살펴보는 것은 오늘날 영화 〈300〉을 통해 드러난 서구중심주의의 역사적 연원을 이해하

---

15) 같은 책, 33쪽.
16) 헤로도토스 저/박광순 역, 앞의 책, 285쪽.

는데 도움이 될 것이다. 페르시아 전쟁을 보다 장기적인 관점에서 보았을 때, 전쟁이 그리스 측의 승리로 끝났다는 설명은 논의의 여지가 있지만, 여기에서는 그보다 고대 그리스인들의 전쟁에 대한 이해를 아이스킬로스의 비극『페르시아인들』과 헤로도토스의『역사』를 근거로 접근해 보자.

먼저『페르시아인들』이라는 작품은 다리우스 1세의 아들인 페르시아 왕 크세르크세스가 아시아의 거대한 군대를 일으켜 그리스 세계를 침공하려다가 실패한 내용을 그린 것으로 현재까지 전해지는 33편의 그리스 비극 중 유일하게 역사적 사실을 소재로 만든 것이다. 이 작품은 당시 페르시아 전쟁과 그 전쟁에 참가한 페르시아인들에 대한 그리스인들의 생각을 잘 보여주는 작품이다.

아이스킬로스는 이 작품에서 인간의 '오만(Hybris)' 좀 더 구체적으로 얘기하자면 크세르크세스 왕의 '오만함'이 신들의 징벌(Nemesis)을 불렀고 그 징벌의 표현이 전쟁의 패배라는 것을 보여주고 있다. 작품 곳곳에 페르시아와 크세르크세스의 자신감과 오만[17], 그리고 그로 인해 빚어지는 페르시아의 패배와 비탄[18]이 담겨있다. 특히 아버지 다리우스 1세의 혼백이 비통에 차서 말하는 부분은 아들 크세르크세스의 부정적인 면모와 페르시아가 왜 패배할 수밖에 없었는가에 대한 당시 그리스인들의 생각을 잘 드러내주고 있다.[19] 영화 〈300〉에서도 크세르크세스는 매우 자신만만한 모습을 보이며 레오니다스 왕에게 자신은 곧 신이요, 그러니어서 항복하라고 종용을 하는 모습을 보이는데 이 장면은 아이스킬로스의 작품에 나타난 모습의 변용이라 할 수 있다.

---

17) 같은 책, 202-205쪽.
18) 같은 책, 220-242쪽.
19) 같은 책, 228-229쪽.

그리고 『페르시아인들』에는 페르시아를 비하하는 요소가 크게 드러나지는 않으나 상대적으로 그리스적 요소가 매우 우월한 것으로 나타나고 있다. 우선 그리스인들은 페르시아와의 전쟁을 매우 숭고한 의무처럼 생각하는 것으로 묘사하고 있다. "오오, 헬라스인들의 아들들이여, 진격하라! 우리의 조국을 해방하라! 우리의 자식들과, 아내들과, 조국의 신들의 처소들과, 조상들의 무덤을 해방하라! 우리는 지금 모든 것을 걸고 싸우는 것이다"[20]라는 한 이름 모를 그리스 병사의 함성은 그리스인들에게 이 전쟁은 자유 수호의 전쟁이요 방어를 위한 전쟁이라는 것을 말해주고 있다.

아이스킬로스의 『페르시아인들』에 나타난 고대 그리스인의 페르시아에 대한 인식은 공연예술 뿐만 아니라 '역사쓰기'에서도 드러난다. 그 예가 바로 페르시아 전쟁의 중요 사료라고 할 수 있는 헤로도토스의 『역사』이다. 『역사』에서도 앞서 『페르시아인들』에서 본 시각이 그대로 녹아들어간 부분이 많다. 헤로도토스 역시 『역사』에서 아이스킬로스처럼 페르시아가 전쟁에 패배한 원인을 비합리적이고 우둔한 크세르크세스와 그의 오만방자함 때문이라고 지적하고 있다. 크세르크세스에 대한 묘사도 『페르시아인들』의 그것과 별반 차이가 없다. 크세르크세스는 훌륭하지 못한 조언자들과 어울리고[21] 환영에 이끌려 부나비처럼 원정을 감행한다.[22] 또한 풍랑에 다리가 부서졌다는 이유로 바다에 족쇄를 던지고 채찍질을 하는 상식 밖의 행동을 벌이기도 하며[23], 그리스 최고의 군사강국인 스파르타를 무시하는 듯한 행동을 보이며 오만함을 드러내기도 한다.[24] 그리스

20) 같은 책, 215쪽.
21) 헤로도토스 저 / 박광순 역, 앞의 책, 477-478쪽.
22) 같은 책, 478-481쪽.
23) 같은 책, 482-486쪽.
24) 같은 책, 491쪽.

세계 역시 신탁에서 받은 내용과 더불어 승리의 공적을 신들에게 돌리며 이 승리가 '신과 반신들이 신을 두려워하지 않는 극악무도한 인간이 아시아와 유럽에 군림하는 것을 달갑게 여기지 않아 그렇게 된 것'이라고 말하며 크세르크세스 왕의 오만을 강조하고 있다.[25]

전제적이고 사악한 페르시아에 맞서 자유인들로 구성된 그리스 측이 승리했다는 생각은 이 전쟁의 승자를 명백히 그리스 세계로 규정짓는 모습을 더욱 분명하게 드러낸다. 이 논리를 다른 말로 설명하자면 그리스인은 이성을 지닌 합리적인 인간이고 아시아인들은 노예근성을 지닌 비이성적이고 비합리적이라는 이분법적 논리라고 할 수 있다. 근대 이후 서구의 역사가들은 이 부분을 강조하며 그리스 세계의 독자성과 합리성 그리고 문명의 진보를 설명하는 데에 이용하였다. 이렇듯 영화 〈300〉에서 드러나는 서구중심주의 코드는 그 연원이 그들의 선조라고 지칭하는 고대 그리스인들로부터 시작한 것임을 알 수 있으며, 그 모습과 이론의 전개는 약 2,500년이라는 시간이 흐른 오늘날에 있어서도 서구인들의 자기중심적 우월주의가 계속되고 있음을 확인할 수 있다.[26]

3. 영화 〈300〉에 나타난 역사왜곡

앞에서 테르모필레 전투의 역사적 사실과 페르시아 전쟁에 대한 고대 그리스인의 인식을 살펴보았는데, 이제 본격적으로 영화 〈300〉의 주요 장면에 대한 비판적 분석을 시도해 보도록 하자.[27]

---

25) 같은 책, 602쪽, 614쪽.
26) 한국서양사학회 편, 『유럽중심주의 세계사를 넘어 세계사들로』(서울, 푸른역사, 2009), 102쪽; 민석홍, 『서양사개론』(서울, 삼영사, 1984), 75쪽.
27) 영화는 일명 "아고게'라는 스파르타식 교육을 받는 어린 시절 레오니다스왕이 늑대와 싸우는 모습이 등장하고, 이어서 그리스 원정을 단행한 페르시아의 왕 크세르크

[자료 1] 영화 〈300〉 포스터

영화 〈300〉은 고대 그리스와 페르시아가 겨뤘던 페르시아 전쟁 중에 테르모필레 전투를 배경으로 하고 있다. BC 480년, 크세르크세스 왕이 이끄는 페르시아 대군이 그리스를 침공한다. 영화는 그리스군의 연합이 지연되자 스파르타의 왕 레오니다스는 300명의 스파르타 전사들을 이끌고 '테르모필레 협곡'을 지키는 모습을 그려내고 있다.

앞서 언급한대로, 테르모필레 전투에 대한 기록은 헤로도토스[28]의 『역사』[29]에서 찾아볼 수 있는데, 기본적인 전투

세스의 사신이 스파르타를 찾아와 '흙과 물'을 요구하는데서 테르모필레 전투의 서막이 오른다. 영화는 여기에서 나레이션을 들려주는데 이는 다음과 같다. "나레이션 : 노예로 구성된 페르시아의 군대가 이성과 정의를 중시하는 작은 그리스를 치려는 것이다." 이는 페르시아의 군대가 약탈로 끌어들인 노예들로 이루어진 군대라고 비하하고, 그리스의 도시국가인 스파르타 군대는 정의를 중시하는 군대로 칭함으로써 스파르타의 군대가 더 인간적이라는 점을 내포하고 있다. 관객들은 영화를 보며 스파르타의 정의로운 모습에 빠져들게 되고 페르시아는 야만적이고 비(非)인간적이라는 인식이 머릿속에 자리 잡게 되는 것이다.

28) 역사학자로서 헤로도토스는 공정하고 실증적인 입장을 취하려고 노력했다. 그가 비록 분명히 소아시아의 그리스인이었지만 『페르시아 전쟁사』어디에서도 그리스 민족에 대한 무조건적인 찬양이나 다른 민족에 대한 배타성을 찾아볼 수 없다. 아테네를 찬양할 때도 아테네의 높은 문화수준과 민주주의를 찬양했을 뿐 그리스 민족 자체를 찬양하지는 않았다. 페르시아에 대해서도 비방이나 부정은 커녕 그리스보다 더 유구하고 발달된 문화를 갖추었다고 평가했다. 다른 지역 민족을 야만족으로 치부한 보통 그리스인과 비교하면 헤로도토스가 얼마나 민족적 편견을 갖고 있지 않았는지 알 수 있다. 헤로도토스 저/강은영 역, 『페르시아 전쟁사』(시그마북스, 2008), 19쪽.

29) 현존하는 고대 그리스 역사서 가운데 유일하게 보존 상태가 완전한 작품이다. 총 아홉 권으로 페르시아 전쟁의 발생 배경과 전개 과정을 주로 다루고 있다. 이야기는 그리스인과 이방인들 사이의 작은 납치 사건을 다루며 시작한다. 이어서 소아시아의 강국이었던 리디아 이야기가 전개되는데, 처음 리디아 에게해 동부의 그리그 도시국가를 정복한 일, 리디아의 역사, 그리고 리디아 왕 크로이소스와 페르시아 왕 키루스 2세의 관계와 전쟁이 나와 있다. 키루스 2세가 리디아를 정복하는 장면부터

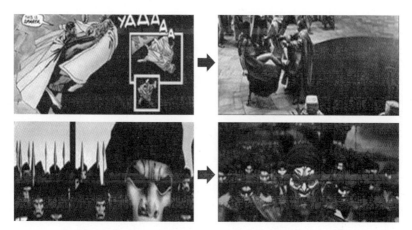

[자료 2] 프랭크 밀러의 원작 만화 〈300〉과 잭 스나이더 감독의 영화 〈300〉의 비교)

내용은 〈300〉과 크게 다르지 않다. 하지만 〈300〉에서 나오는 스파르타
나 페르시아에 대한 요소 하나하나를 비교해보면 차이점이 나타나기 시
작한다. 우선 『역사』에서의 스파르타 및 그리스 연합군의 숫자와 페르시
아 군대의 차이부터 이야기하자면, 〈300〉에서는 테르모필레 전투에 실
질적으로 참가한 군사가 스파르타의 300명이라고 나와 있지만, 『역사』에
는 스파르타를 포함한 그리스 연합군 7,000명으로 기록하고 있고, 영화
〈300〉에서 보이는 스파르타와 페르시아간의 군사적 차이는 스파르타 군
사들의 강함을 더더욱 부각시키는 역할을 하고 있다.[30] 페르시아 군사의

는 페르시아를 중심으로 이야기가 전개된다. 키루스 2세의 탄생과 관련된 전설에서
부터 페르시아의 번영과 영토 확장 과정을 다루고 있으며, 이와 함께 이집트, 흑해
연안, 아라비아 반도, 리비아 지역 나라들의 자연환경과 역사·생활풍습·종교·사회
상 등을 소개하고 있다. 같은 책, 441-442쪽.

30) 사실 스파르타 중무장 보병은 한 사람 당 일곱 명의 노예가 방패를 메고 따랐다고
한다. 이렇게 여덟 명이 방진의 한 조를 이루었다. 중무장 보병의 공격으로 적군에
게 치명타를 입히면 그를 따르던 노예 일곱 명이 몽둥이를 가지고 확실하게 적의 숨
통을 끊었다. 주인이 전투에서 부상을 당했을 때 보호하고 응급조치를 취하는 것도
노예들이다. 스파르타 병사가 300명이라고는 하지만 이들 노예까지 합치면 실제로
족히 2,400명은 되는 셈이다. 페르시아군 또한 헤로도토스는 총 규모를 528만

수가 많으면 많을수록 그러한 페르시아 군대를 막아낸 스파르타 및 그리스 국가들의 강함이 더욱 돋보이기 때문이다.

그런데 〈300〉에서 가장 논란이 되고 있는 점 중에 하나는 페르시아 군대의 모습이었다. 스파르타 병사들의 모습은 대체로 역사 사료와 비슷하다.[31] 한 가지 다른 점이 있다면 〈300〉에서는 스파르타 군의 남성성과 강인함을 부각하기 위해 가슴에 흉갑을 착용하지 않고 몸이 그대로 들어나고 망토만 착용한 모습이라는 정도이다.[32] 반면에 페르시아 군사들의 모습은 사료와 상당히 동떨어져 있는 모습이다. 머리는 장발의 모습에 진홍빛 망토에 청동투구, 방패를 착용한 스파르타 군사들에 비해서, 페르시아 군사들의 모습은 대부분 아프리카인이나 심지어 인간의 모습이 아니다.[33] 특히 페르시아의 왕 크세르크세스는 페르시아인이라기보다는 황금빛 사슬로 주렁주렁 피어싱을 한 아프리카 추장의 모습을 하고 있다. 이는 자질 뿐만 아니라 훤칠한 키에 수려한 용모를 지닌 제왕적 풍모를 가지고

3,220명이라고 하였지만, 오늘날 학계의 고증에 다르면 대략 10만에서 30만 정도의 규모였을 것으로 추정된다. 같은 책, 370쪽.

31) 무장의 복장은 다음과 같다. 의복을 진홍색으로 하고 청동의 방패를 들도록 하였다. 이 같은 외관은 전혀 여자 같이 보이지 않고 반대로 전쟁에 어울린다고 생각하였으며 또 붉은 색은 아주 신속하게 깨끗해지고 때를 덜 타기 때문이다. 성년의 나이를 지난 사람들에게도 장발을 허용하였는데, 이는 키가 더 커 보이고 우람하며 신속해 보이도록 하기 위함이었다. 아리스토텔레스·크세노폰 외 저/최자영·최혜영 역, 『고대 그리스 정치사 사료』(신서원, 2003), 23쪽.

32) 스파르타 군사들은 가슴을 보호하기 위해 청동으로 만든 흉갑을 입었다고 한다. 허승일, 『스파르타 교육과 시민생활』(삼영사, 1998), 100쪽.

33) 영화에서도 특히 논란이 되는 부분은 영화에서와는 달리 페르시아인들은 수염을 길게 길렀으며, 소매가 긴 옷을 입고 있다. 당시 페르시아 군대가 각 지역에서 징집된 군사들이라고는 하지만 인도나 아프리카계 사람들의 모습이 주를 이루고 있다는 점에서 지나친 비약으로 볼 수 있다. 또한 영화에서 나오는 페르시아의 정예부대인 불사대는 영화 <반지의 제왕>에서 나오는 오크를 연상시키는 얼굴에 흉측한 가면을 쓰고 있다. 헤로도토스 저/강은영 역, 앞의 책, 212, 348쪽 사진참조.

[자료 3] 스파르타의 전사들   [자료 4] 페르시아의 크세르크세스 왕

있어서 장대한 기골로 보나 귀골스러운 몸가짐으로 보나 크세르크세스가
지배자가 될 재목이었다고 하는 기록과는 동떨어진 모습이다.[34]

 앞에서 언급한 외향상의 차이점은 영화에서 비춰지는 스파르타와 페
르시아의 국가이미지나 전쟁 상황이 사료와는 상이하게 나타나데 일조하
고 있다. 〈300〉의 스파르타는 레오니다스 왕을 중심으로 페르시아의 진
군 소식을 듣고 스파르타의 자유과 권리를 지키기 위해서 신전에서의 신
탁조작과 내부의 배신자 세력의 방해를 이겨내고 출정한다. 영화를 관람
하는 관객들이 역사에 대한 배경지식이 부족하거나 무비판적으로 받아들
였을 경우, 스크린에 비춰지는 스파르타는 자유롭고 민주적인 이미지를
떠올리게 한다. 그에 반해 페르시아는 그러한 그리스 세계를 침략하는
전제국가로 나온다. 스파르타의 도시는 아이들이 뛰어다니고 맑은 냇물
이 흐르는 생동감 넘치는 공간으로 그려지고 있다. 그와는 반대로 페르
시아의 진군 모습은 규모는 거대하지만 흉측한 페르시아 병사들의 모습

---

34) 페르시아인들은 외양에 대한 집착이 유별나서 귀족이라면 너·나할 것 없이 분장사
　를 종으로 거느리고 있었고, 바닥이 두툼한 신발 한 켤레쯤은 멋쟁이로서 반드시 갖
　추어야 할 필수용품이었다. 인조 턱수염과 코밑수염은 가격이 금값이어서 과세품목
　으로까지 지정해 놓을 정도였다. 톰 홀랜드 저/이순호 역, 『페르시아 전쟁』(책과 함
　께, 2007), 347쪽.

[자료 5] 불사대 "이모탈"과 괴물, 채찍을 맞으며 진군하는 페르시아의 병사들

은 공포스러운 분위기를 조성하고 있다.

이러한 스파르타와 페르시아 양국의 극단적인 이미지를 단적으로 보여주는 것이 레오니다스 왕과 크세르크세스 왕의 만남이다. 스파르타를 위해 가장 최전방에서 서서 직접 싸우는 레오니다스 왕과 대조적으로 커다란 건물로 보일 정도로 무거운 가마를 힘겹게 지고 있는 수많은 노예들 위에 앉아 있는 크세르크세스 왕의 만남은 마치 자유와 예속을 상징하듯이 두 세계의 이미지를 결정짓는다. 영화 초반 페르시아의 사신이 스파르타에 도착해 해골주머니를 내밀며 레오니다스 왕에게 위협조로 항복을 요구하는 장면 또한 위의 두 세계 간의 이미지를 고착시키는 복선 역할을 하고 있다. [35]

위와 같은 대립구도가 가능한 이유는 앞에서도 살펴보았지만, 〈300〉에서 스파르타와 페르시아에 대한 묘사가 역사적 기록과는 상당히 다르다는 사실을 간과해서는 안된다. 스파르타 사회는 법률적 지위가 명확한 3개의 중요한 신분계층으로 구성되어 있었다. 이들이 곧 스파르티아타이, 페리오이코이, 헤일로타이이다. 스파르티아타이는 스파르타의 자유시민으로서 국가유지를 위한 군사훈련과 전쟁에만 전념하고, 페리오이

---

35) 같은 책, 374쪽.

코이와 헤일로타이가 전적으로 생산에 종사하며 스파르티아타이를 부양했다.[36] 영화의 레오다니스 왕이 지키려는 자유는 시민계급인 스파르티아타이를 위한 자유이지 그 안에는 소수의 지배계급을 부양하기 위해 다수의 피지배계층이 존재했었다는 사실은 드러나지 않는다. 의식주 생활에서부터 장례절차에 이르기까지 일생동안 스파르티아타이들은 오직 훌륭한 전사로서 국가에 봉사한다는 일념하에 엄격한 병영생활로 일관한다. 그런 점에서 스파르타는 철저하게 군국주의적인 요소가 강한 국가였다. 인구의 다수가 피지배계층이며 소수가 지배계층으로 이뤄진 국가였던 스파르타가 체제의 유지를 위해 강력한 군국주의적 기반을 필요로 했음은 당연하며, 강인한 육체에 대한 맹신은 그런 전통위에 자연스럽게 뿌리를 내린 풍토였다. 우수한 종자로 판명되지 못한 태아를 가차 없이 유기하는 잔인한 성향도 거기서 비롯되었다.[37] 〈300〉에서 페르시아에 테르모필레 협곡을 우회할 수 있는 길을 알려준 에피알데스에게 기형적 신체를 덧씌움으로써 배신자의 상을 만들어낸 것도 그런 사실이 반영된 상상이다.

한편 페르시아는 자유세계인 그리스를 침략해오는 야만적 국가로 비춰지고 있다. 페르시아에 대한 이러한 인식은 비단 영화에서 강조된 것뿐만 아니라 역사적으로도 고대 그리스시대까지 거슬러 올라간다. 아리스토텔레스는 최고의 정치적 결사로 상정되는 폴리스라는 공동체에서의 정치적 삶은 오직 이성의 능력은 갖춘 자유민인 그리스인만이 참가하고

---

36) 페리오이코이는 스파르타 법의 적용을 받아 군대 징집, 과세납부, 재판허용의 내정 간섭을 받는 대신 자신들이 제정한 법률 아래에서 자치를 행한 자유인이었다. 국가 노예인 헤일로타이와는 다른 계급이다. 허승일, 앞의 책 (삼영사, 1998), 160쪽.
37) 톰 홀랜드 저/이순호 역, 앞의 책, 167-168쪽.

공유할 수 있으며, 야만인들은 본래 이성이 결여되어 있으므로 그리스 내에서는 노예로, 야만인들의 결사(페르시아)에서는 전제정이 본성적으로 적합하다고 보았다.[38] 이러한 점에서 고대 그리스 세계에서 자유를 누리는 것은 시민권이 있는 그리스인으로 한정되며, 고대 그리스의 경제적 토대 또한 노예계급이 담당하고 있었다. 당시 서양이나 동양이나 생산양식이 노예제에 기초하고 있음을 전제할 때, 영화 〈300〉에서처럼 페르시아의 그리스 침공을 자유세계를 침략하는 전제국가로 이분법적으로 나누어 보기는 힘들다. 이와 같은 측면은 그리스 도시국가의 시민계급들이 보았을 때의 시각이지, 페르시아의 시각은 아니다. 따라서 〈300〉에서 표현하고자 하는 페르시아의 모습은 철저하게 전제주의로 무장하여 군사력으로 약소국을 침략하는 세력이다. 하지만 페르시아가 단순히 타민족들을 침략하여 강압적으로 지배했다면 그와 같은 대제국을 유지하기란 어려웠을 것이다. 전제주의에 기초한 관료제나 각지에서 징집되는 많은 수의 군대도 한 요소를 차지하지만, 영화에서 보여주는 물리적인 군사력이 아니라 페르시아의 힘의 궁극적 토대는 바로 도로였다. 페르시아의 왕도는 페르시아라는 거대한 제국의 신경계로서, 그 신경계를 따라 정보는 현지에서 왕의 귀까지 빠른 시간 안에 도달할 수 있었다. 하루 종일 말을 달리고 나면 저녁때 사자들이 묵어갈 수 있도록 숙식은 물론 이튿날 타고 갈 말까지 준비돼있는 역참이 있었다.[39] 이러한 정보력을 바탕으로 페르시아 왕들은 거대한 제국에서 일어나는 일들을 수도에서 신속하게 파악하고 효율적으로 통치할 수 있었다. 또한, 페르시아 왕들은 순종적인 민족에게는 평화와 그들만의 관습을 보장해주는 정책을 쓰는 한편, 분할

38) 강정인, 앞의 책, 158-159쪽.
39) 톰 홀랜드 저/ 이순호 역, 앞의 책, 299쪽.

하여 통치하는 정책을 완벽하게 구현하는 방식으로 세계최초의 제국을 건설했다. 그것은 실제로 다인종·다문화 세계제국의 가능성을 후대에 제시해준 점에서 뛰어난 업적이었다.[40]

영화 〈300〉에서 서구중심주의가 가장 잘 드러나는 것은 스파르타와 페르시아의 관계를 선악의 구도로 설정했다는 점이다. 레오니다스 왕이 국가의 존립을 위해 진영의 최우선에 앞장서서 싸우는 모습은 전사로써의 자긍심을 넘어 지도자의 미덕인 노블리스 오블리제의 실현처럼도 여겨진다. 하지만 수많은 종자들이 떠받치고 있는 거대한 가마 위에 홀로 우뚝 서서 전투를 지켜보는 페르시아의 왕 크세르크세스의 이미지는 페르시아에 대한 서구인들의 인식을 단적으로 보여준다. 동양은 알 수 없는 신비와 위협을 내재하고 있는 혼돈과 정체, 예속의 세계로서, 이성과 합리성과 과학의 힘이 가해져 깨어나기 전까지는 과거의 정체된 감옥에 갇혀있는 이방지역으로 낙인찍혀 있는 것이다. 〈300〉의 전투장면 중에서 코끼리와 코뿔소가 등장하는 장면, 그리고 동양의 마술사라고 칭하던 이들이 화약을 사용하는 장면은 이를 함축적으로 보여주고 있다. 대사의 내용을 살펴보면 영화 내내 그리스를 묘사하는 단어인 "reason"(이성)과 대비되어 페르시아를 묘사하는 단어는 "mystic"(미신적인)이거나 "monster"(괴물)와 같은 단어들이었다. 영화 〈300〉에서는 페르시아를 왕에게 굴종적인 노예들과 상상을 초월하는 야수들로 구성된 무리로 묘사하고 있다. 그들이 인간의 자유와 정의를 짓밟고, 어둠의 힘을 사용하며, 불사대를 어둠의 화신으로 표현하고 있는 점 또한 페르시아에 대한 왜곡된 시선을 보여주고 있다. 그와 동시에 스파르타의 중장보병이 장창과 방패

---

40) 같은 책, 374쪽.

를 이용해 막강한 방진을 형성하며 전술의 탄탄함으로 페르시아 군을 막아내는 장면들은 단순히 스파르타 군의 전술적인 혹은 전투적인 능력 이상으로 그들에게 의미가 부여된다.

앞에서도 언급하였지만, 〈300〉에서는 스파르타의 역사적 사료들 중에서 현재의 가치관에 부합되는 부분만 취합하고 구성한다. 이는 서구예외주의의 전형으로서 과거 역사의 소급적 재구성을 통해 유럽문명을 특권화 하는 방식이다.[41] 오리엔탈리즘은 진정한 인간적 실재를 억압하기 위해 인류를 우리와 그들이라는 이항 대립적 범주로 이원화시키고, 나아가 타자를 정형화된 시각으로 볼 수밖에 없게 만들어버린다. 이처럼 유럽예외주의는 유럽을, 오리엔탈리즘은 비서구사회를 왜곡된 시각으로 재구성해낸다. 영화 〈300〉은 이러한 두 가지 요소를 충족시키기고 있다.

4. 왜곡된 역사적 사실의 스테레오타입화(Stereotypisierung)

우리는 여가 생활을 즐기고 재미를 추구하는 하나의 방법으로 영화를 본다. 영화는 현대 사회를 살아가는 많은 사람들에게 재미와 흥미, 감동 그리고 메시지를 전달해 주는 데 목적이 있는 대중예술의 한 분야이다. 영화 제작의 목적과 그 영향을 살펴본다면, 그 파급 효과가 상당히 크다는 점을 알 수 있다. 소재가 부적절 하거나 자극적인 내용 등은 영화가 개봉되기도 전에 여러 논란에 휩싸이는 경우를 생각해 본다면 쉽게 이해될

---

41) 이러한 방식은 고대 그리스·로마 문명을 유럽 역사의 적통으로 자처하는 데서도 발견된다. 마틴 버널(Martin Bernal)은 『블랙 아테나(Black Athena)』에서 19세기 유럽인들에 의한 그리스 고대사의 서술이 오리엔트와 아프리카로부터 그리스 문명이 받은 영향을 삭제하여 그리스 문명의 이집트 기원을 부정하고 아리안적 기원설을 정립함으로써 그리스 문명을 서구중심주의적으로 재구축한 것임을 밝히고 있다. 강정인, 앞의 책, 69쪽.

것이다. 영화 〈300〉 역시 개봉 당시 서구 중심적 사고가 작품 속에 나타나 있으며 부정적인 이미지로 페르시아인을 묘사하고 있다는 비판을 받았는데, 이처럼 영화는 하나의 예술영역을 넘어서서 사회에 미치는 영향력이 크다는 특성을 가지고 있기 때문에 쉽사리 논란에 휘말리곤 한다.

그래픽 노블의 완벽한 영상화, 원작의 아우라를 넘는 독특한 비주얼과 일체의 로케이션이 없는 제작방식 등 영화 제작에 있어서 디지털 기술 활용도의 백미를 보여주었다는 영화 〈300〉은 잭 슈나이더 감독의 말처럼 '충실한 역사의 재현'은 관심사항이 아니었다. 또한 영화의 원작자 프랭크 밀러 역시 역사를 왜곡했다는 비난에 대해 "소재만 빌려왔을 뿐, 역사를 다룬 것이 아니었다"면서 본인은 결코 역사적 리얼리즘을 추구한 적이 없다고 강변한다.[42] 원작자와 감독 모두 시작부터 역사왜곡이라는 비난에 대한 각오를 단단히 했음을 시사하는 대목이다.

그렇다면 이 영화를 관람한 국내 영화팬들의 반응은 어떠했을까?[43] 영화 〈300〉의 국내 개봉 이후 인터넷 포털 사이트 네이버(Naver)[44]에서는 대중에게 미치는 영화의 영향력을 가늠해 볼 수 있는 주목할 만한 리뷰(review)를 찾아볼 수 있었다. 전체 7,734명(성별: 여성 33%, 남성 67%/연령별: 10대 9%, 20대 62%, 30대 17%, 40대 12%)이 참여한 이 영화의 평점은

---

42) http://movie.naver.com/movie/mzine/read.nhn?office_id=140&article_id=0000008472

43) "<300>을 둘러싼 논란이 한국에만 있는 것은 아니었다. 시사주간지 <뉴스위크>엔 <300>에 관한 여러 반응을 소개한 기사가 났다. 이란 정부는 <300>을 심각한 군사적 위협으로 받아들였고, <뉴욕타임스>는 "(멜 깁슨의)<아포칼립토>만큼 폭력적이고 <아포칼립토>보다 두배 멍청한 영화"라는 혹평을 썼다. 반면 미 서부에 주둔한 한 해병대에선 <300>을 보며 열광의 환호성을 질렀다." http://movie.naver.com/movie/mzine/read.nhn?office_id=140&article_id=0000007124 재인용.

44) http://search.naver.com/search.naver?sm=tab_sug.pre&where=nexearch&query=%BF%B5%C8%AD+300

10점 만점에 8.09라는 비교적 높은 점수를 받았다. 아울러 영화 〈300〉을 추천한 사람은 2,328명인데 반하여, 이 영화가 별로라는 응답은 285명에 불과했다. 특히 '아이스맨'이라는 닉네임을 가진 네티즌의 영화에 대한 비평에 많은 이들이 댓글을 달았는데 그 중 일부 내용을 소개하면 아래와 같다.

icekula86 : 누가 영화를 일일이 따지면서 봅니까. 영화는 영화일 뿐이란 것을 모르는 사람도 없고. 정말 가볍게 넘길 수도 있는 부분도 물고 늘어지는 비평은 없어졌으면 좋겠네요.

kyon81 : '영화가지고 너무 신경 쓴다', '과해석이다'라고 생각을 하지만, 아무 생각 없이 감상하는 가운데 '스파르타 멋있네', '페르시아 나쁜 놈'하고 막연하게 이미지가 생길 수도 있지 않나 하는 겁니다.

kaebins : 필자 너한테는 아쉬운 영화일지는 몰라도 대다수의 사람 특히 그중 남자들에겐 잊지 못할 최고의 작품으로 기억될 것이다.

jeusesin : 하지만 문제는 이 '영화'가 '영화'가 아니라는 점에 있다. 〈300〉은 영화가 아니라 일종의 프로파겐다이며 정치선전물이다. 바로 미국의 이라크전 침공과 이란과의 전쟁을 염두에 둔 듯한, 극악한 정치군사 홍보물이다. LA타임즈 따르면 이 영화는 샌디에고 외곽의 펜들턴 해병대 기지 부근의 한 극장에서 상영되면서 엄청난 호응을 받은 것으로 알려졌다

egg_1 : 맞아요. 어떤 사람은 이 영화보고 페르시아인은 미개인이고 그리스인은 지혜롭다는 둥 이런 소리를 하던데-, 너무 페르시아인을 미개인+괴물+변태로 몰아가서 아쉬웠어요. ㅠ_ㅠ. 그냥 단순히 마초적 감상에 빠지기 위한 결과물로만 보이고.

hwan9562 : '만화가 원작인 전쟁영화' 하나 보면서 진짜 말들 많다. 그리고 무슨 역사 왜곡? 이건 영화지 사회 교과서가 아니잖아? 300이 허구이며, 영화인건 누구나 아는 사실인데 그걸 굳이 따지려고 들면서 영화 볼꺼면 그냥 집에서 사회교과서나 역사책이나 즐감하세요.

inr1264 : 역사를 전공하고 싶은 저로서는 썩 내키지는 않는 영화군요. 당시 페르시아인들 보다는 오히려 그리스인들이 야만인이었을지도 모릅니다. 어린아이들이 이 영화를 보고 왜곡된 역사의식을 가질지도 모르겠네요

vlcjsemr6132 : 이 영화 300 정말 뭐라 표현할 수 없을 정도로 한 표 던집니다. 비판하시는 분들이 많이 계시는데 한심할 따름입니다. 영화는 즐기는 겁니다. 눈에 보이는 그대로. 정말 괜찮고 좋은 영화인 거 같습니다. 300 굿요.^^ 영화관에서 3번 봤음. ㅋㅋ

hanoms3 : 자 문제는 이거잖아. 서구의 오리엔탈리즘은 분명 있던 거고, 그건 하워드 진이나 에드워드 사이드 같은 서구의 유명한 학자들에게도 비판 받았던 거잖아. 그러므로 그건 현실에 분명히 존재하고 있고, 그것이 300에 비주얼에 영향을 미친 게 맞잖아. 그럼 그걸 인정하는 게 당연한 거잖아.

beauxart : 이딴 쓰레기 영화는 태어나서 처음보네요.

starc38 : 니들같이 영화는 영화일 뿐이다라는 생각을 하는 사람들 덕에 지금 애들이 유대인들은 항상 불쌍하다, 미국은 항상 우월하다, 지구는 미국이 지킨다, 동양은 병신이다, 인디언들은 사악하다, 백인 빼곤 미개하다고 무의식중에 생각하는 거 아니냐.

flakf : 영화는 영화일 뿐이라는 소리는 엄청난 오산이다. 지금 이 시대에 영화는 책보다 훨씬 많은 사람들을 사로잡아 편견을

갖게 만든다고 생각한다. 솔직히 스케일이나 액션만으로 본다하더라도 사람들 머릿속에는 '페르시아인들은 나쁜 놈들'이란 게 박혀 있게 될 것이다.

positif2 : 리뷰 추천! 우리나라 사람들 사고방식 자체가 80-90%는 서구화 되어 있습니다. 동양 사람들을 야만인처럼 묘사해도 별 반응이 없죠. 인디안, 멕시코인들이 야만인으로 묘사된다해도. 우리나라 사람들을 그렇게 묘사해도 가만히 있으실 건가요? 기분이 나쁜 건 나쁜 거예요.

atyu9932 : 하. 말도 안 되는 무슨 서양우월주의. 솔직히 진짜 재밌게 봤는데 이런 글 때문에 기분 잡친다. 자기가 무슨 전문가인양 무게만 잡고 대중들이 좋다는 것은 무조건 반대하는, 그래야만 자기 머리에 뭐가 든듯하다고 느끼는 그런 글들. 쓸모없다. 만화를 원제로 한 영화에 대고 역사가 뭐네 스토리가 없네, 진짜 웃기는 소리네.

oasis41 : 영화로만 보는 것도 좋지만, 제대로 알고 보는 게 중요하죠. 역사 배운 저도 내용이 가물가물 해서 다시 찾아 보구 제대로 된 역사에 대해 알게 됐는데, 어린애들이 이 영화를 보고 내용을 사실로 받아들이면 큰일이니까요 ^_^

jasmine1458 : 자기 나라를 공격하려는 나라가 무식하고 괴물로 보이는 건 당연한 거 아닌가요? 먼저 시작한건 페르시아 아닌가요? 이런 나라를 나쁘게 그린 게 뭐 그리 문제인지.

killmetony : 재미있다고!!!!!!!!!!!!!!!!! 난 영화에 빠져들어서 봤는데 이런 비평보면 짜증나. 너무도 멋진 영상미에 너무도 멋진 남자들의 이야기였는데 제발 영화 그대로를 받아들이자고!

pen815 : 밑에 영화는 영화일 뿐 이걸 실제 역사와 착각하는 초딩들이 어디있냐는 분들.... 뭐 관객 수준을 어느 정도로 보셨

는지 모르겠지만, 네이버에 300 쳐서 지식인이나 블로그 들어가
보세요. 그런 초딩(?)들 사방에 널렸습니다.[45]

위와 같이 논쟁의 핵심은 '영화는 영화일 뿐'이라는 입장과 '영화 속에
숨어 있는 이데올로기를 봐야 한다'는 주장의 대립이다. 영화에 대한 평
가도 별 반개에서 별 다섯 개까지 극단적으로 갈렸다. 이 영화가 만화를
원작으로 만들어졌기 때문에 '영화는 영화일 뿐'이라는 주장은 얼마나 설
득력이 있을까? 프랭크 밀러의 원작 만화 〈300〉의 소재는 '테르모필레
전투'라는 역사적 사건이 아닌가! 의도적이든 그렇지 않든, 중요한 점은
실제 있었던 역사적 사실이 심각할 정도로 왜곡되어 사람들에게 영향을
끼치고 있으며, 그것이 시간이 갈수록 확대 재생산되고 있다는 사실이
다. 우리는 주어진 정보에 따라 특정 대상에 대한 이미지(Image)를 만들
어낸다. 그러한 개인의 이미지들이 공동체의 암묵적 합의하에 대상 −특
정 종교·민족·인종, 젠더(性)·이데올로기 등− 에 대한 스테레오타입
(Steretype)을 형성한다. 그렇게 해서 생성된 스테레오타입은 대상을 단순
화시키고 일반화(Verallgemeinisierung)를 통하여 집단 내에 고정관념으로
자리 잡는다. 여기에서 문제는 인간의 생각(Logos)과 감정(Emotion), 그리
고 호불호(好不好)가 개입된 고정관념이 대상을 가치중립적이고 객관적으
로 있는 그대로를 설명하기 보다는, 대상을 왜곡하고 굴절시킨다는 사실
이다. 이러한 고정관념의 메커니즘은 공동체 내부의 결속을 강화하거나
공동체 내부의 이질적인 요소들에 대한 거부감, 또는 다른 공동체에 대
한 적대감(Feindlichkeit)으로 나타난다.[46] 아울러 스테레오타입은 사회적

45) http://movie.naver.com/movie/bi/mi/reviewread.nhn?code=58072&nid=697045
46) H. H. Hahn, "Stereotypen in der Geschichte und Geschichte in Stereotyp", H. H.

으로 축적된 지식과 경험의 결과로 형성된 것으로, 그것이 인종이나 민족, 종교 또는 특정 집단의 구성원들에 관한 판단 자료로 사용된다면 그것은 우리의 인식 능력을 확장시킬 수 있다. 하지만 그것이 부정확하고 빈약한 데이터베이스에 기인한다면 대상에 대한 편견을 조장할 수 있는 부정적인 인식을 야기할 수 있다. 영화 〈300〉이 바로 그러한 요소들을 가지고 있는 영상매체이며, 페르시아에 대한 편견과 부정적인 이미지들은 관객들의 인상에 각인되어 스테레오타입화되는 경향을 보이게 된다.[47] 아무리 만화를 원작으로 하고 있더라도 역사적 사건이 배경이 될 수밖에 없는 영화 〈300〉을 역사에 대한 사전 지식이나 이해 없이 제시된 장면 하나하나를 곧이곧대로 받아들인다면 서구중심주의적인 고정관념이 우리의 의식 속에 쉽게 내재되는 것이다.

영화가 보여주는 것처럼 페르시아는 야만의 세력이고 스파르타는 자유국가였는가? 페르시아 제국에 비해 스파르타가 더 자유와 민권을 누렸다는 '당연한' 전제는 사리에 맞지 않는다. 영화 속 시점인 기원전 5-6세기 경 페르시아는 이집트에서 아라비아반도를 거쳐 현재의 우크라이나까지를 포괄하는 세계 최초의 대제국이었다. 이러한 광활한 대제국을 유지한 페르시아는 다민족·다언어·다종교를 인정하는 선진화된 문명이었다. 반면, 스파르타는 귀족 과두제를 실시하고 있었고, 국가 경제기반을 노예

Hahn, ed., *Historische Stereotypenforschung. Methodische Überlegungen und empirische Befunde* (Oldenburg, 1995), pp.190-204.

47) 사회적 편견은 사회계층·생활수준, 생활양식 등이 집단 간에 현저한 차이를 보일 때 강화된다. "타자"에 대한 무지와 의사소통의 장벽 역시 다른 집단의 성격과 특성을 파악하는데 장애로 작용하여 "타자"에 대한 부정적인 편견을 만들어 낸다. 그리고 이러한 편견은 "우리"와 이질적인 요소를 가지고 있는 다른 집단에 대한 사회적 차별로 발전할 수 있다. G. W. 올포트/이원영 편역, 『편견의 심리』(성원사, 1993), 39-44쪽.

들에게 의존한 채 시민계급은 병영화 된 사회 속에서 관리되던 군국주의 체제였다. 그러나 영화는 이러한 페르시아와 그리스의 문화, 관습을 감안 했을 때 절대 일어날 수 없는 상황을 연출했다. 페르시아의 키루스 대왕 은 인간의 권리를 인정하는 최초의 헌장을 문서화 했는데, 그 문서에 보 면 노예제 폐지, 직업 선택의 자유, 종교에 대한 관용 등이 언급되어 있 다. 여성의 원로원 출입을 금하고, 태어난 기형아는 죽이고, 국가의 안보 를 위해 남성들에겐 병영화 된 사회 시스템에서 자유를 박탈시키던, 영화 속에서조차 숨길 수 없었던 스파르타의 모습과는 상당히 대조적이다.

도대체, 야만과 문명의 기준이 무엇인가? 그 안에 들어 있는 내용이 어떻든 간에, 서구적(그리스적)인 것은 무조건 문명적인 것이고 비서구적 (오리엔트적)인 것은 무조건 야만적이라는 말인가? 영화 〈300〉이 크세르 크세스 왕을 수염도 없는 아프리카 흑인 추장처럼 묘사한 것도 영화니까 그럴 수 있다고 생각하고 그냥 넘어갈 수도 있다. 그러나 감독에 의해 왜 곡된 페르시아 전쟁의 비역사성만은 그냥 넘어갈 수 있는 문제가 아니 다. 페르시아와 그리스의 전쟁을 아시아와 서양의 대결에서 서양의 승리 로 평가하는 것은 지극히 비역사적이고 서구중심적인 태도이기 때문이 다. 고대 그리스에서는 유럽이라는 개념이 지리적인 측면에서든 문화적 인 측면에서든 태동하기 전이었고, 더욱이 유럽과 아시아의 대립구도에 대한 발상도 생겨나지 못했던 때였다. 고대 그리스 문명은 유럽의 문명 이 아니었고 지중해 세계의 문명이었다는 것이다. 고대 지중해 세계는 오늘날의 유럽, 아시아, 아프리카가 함께 공유하던 삶의 터전이었으며, 유럽만의 바다가 아니었다. 그러므로 그리스인의 승리를 서양의 승리 혹 은 유럽의 승리로 확대 해석하는 것은 유럽이 만들어진 근대 이후의 자기중심적인 해석이라는 것이다.[48) 원작자 프랭크 밀러와 잭 슈나이더 감독의 작품 〈300〉은 비역사적 잣대로 역사적 사실을 재단해서는 안 된다는 사실을 역설적으로 보여 준 할리우드 블록버스터 영화로 오래도록 필자의 기억에 남을 것이다.

5. 영화비평의 지평 확대: 관객의 의식세계 분석

영화 〈300〉은 여타 할리우드 블럭버스터 영화가 그렇듯이 교묘하게 그들의 이데올로기(지배적 제도와 미국적 가치)를 영화 속에 감춘 채 스파르타와 페르시아의 전투를 현란한 컴퓨터 그래픽 화면으로 그려냄으로써 흥행에 성공했다. 그리스는 선(善), 페르시아는 악(惡)으로 설정한 이분법은 영화를 관통하는 주요 소재로 작용한다. 크세르크세스 왕이 이끄는 페르시아는 권력욕에 지배되는 전제국가이며, 살인을 일삼는 타락한 국가이자, 유흥과 향락으로 점철된 부도덕한 국가로 묘사된다. 서양이 동양에 대해 가져온 오래된 편견, 즉 야만스러운 동양인에 대한 모습이 그대로 나타난 것이다.

그러나 우리는 영화 〈300〉을 단순히 역사적 사실의 왜곡으로만 받아들여서는 안 된다. 왜냐하면 테르모필레 전투라는 역사적 사실을 누군가가 영화를 통해 주관적으로 해석하였다는 것은 이미 그것이 과거의 이야기를 넘어서서 현재의 의미를 포함하고 있기 때문이다. 즉, 지금 역사적 사실을 그들의 의도에 맞게 해석하는 것은 그들이 원하는 결과에 맞게 오늘날의 상황이 도출되었으면 하는 바램을 포함하고 있는 것이기 때문

---

48) 김봉철, 「고대 그리스 문명은 '유럽적인' 문명인가」, 『유럽중심주의 세계사를 넘어 세계사들로』(푸른역사, 2009), 104-05쪽.

이다. 다시 말해서, 민주주의와 독재(전제주의)라는 것을 계속해서 대비시키면서 의미를 부여하고 마침내 민주주의가 독재에 승리하는 것으로 영화가 끝맺는 것은 과거의 역사적 사실을 이야기를 통해서 현재의 미국을 중심으로 한 세계 지배체제의 정당성을 옹호하기 위한 것일 수 있다. 즉, 미국이 후세인 독재체제에 있는 국민에게 자유를 주기 위해 민주주의 수호자로서 이라크 침략이 정당화되는 것이다. 그렇기 때문에 할리우드 영화는 끊임없이 백인 우월주의, 서구 중심주의의 사고를 영화 속에 담아왔다. 때문에 우리는 우리도 모르는 사이에 '서구적 가치'를 민주주의, 자유라고 학습하게 되는 것이다. 아마도 누군가는 영화 〈300〉을 보고 나서 벌써 영화 속의 페르시아인들에 대한 이미지가 자신의 의식 속에 고정관념화 되어 있을지도 모를 일이다.

한편 서구중심주의는 지금까지 살펴본 영화뿐만 아니라 우리의 일상 속에 숨은 그림 찾기 처럼 숨어있다. 하루에 한 두 시간 정도만 텔레비전 앞에 앉아 있어 보자. 심심치 않게 유럽의 풍경을 배경으로 고급스럽게 포장된 아파트 광고라든가 서양인이 나오는 다양한 상품 광고를 볼 수 있다. 또 오늘 내가 입은 옷의 상표, 무심히 지나치는 간판들 속의 의미 없는 영어식 표현은 다반사이다. 외국인 모델과 유럽식이 고품격이라고 생각하는 사고, 영어 상표와 외국어로 된 간판을 선호하는 것 등, 과연 우리의 일상에 벌어지는 이런 현상은 무엇을 말하는 것일까? 그것은 아마도 서양의 가치가 더 우월하고 세련되었다는 사고방식이 우리의 일상을 점령해버렸기 때문일 것이다. 이와 같이 서양에 대한 막연한 동경은 우리가 성장해 오면서 접해 온 각종 매체와 교육을 통해서 은연중에 축적된 것이라 할 수 있다. 이런 환경 속에서 우리의 사고는 서구중심적이 되었고, 일상 또한 어느새 서구의 것을 쫓아가고 있다. 하지만 하루아침에 이것을 벗어버리려 하는 것은 어려운 일이다. 그보다 먼저 우리는 서구를 동경하고 모든 기준을 서구 중심에 놓은 서구 중심주의적 태도가 잘못되었다는 것을 인식해야 한다. 이러한 인식은 우리사회에 팽배해 있는 서구중심주의에 대한 반성으로 이어질 것이고 이 과정 중에 발생하는 많은 담론과 실천은 우리가 서구중심주의를 넘을 수 있는 발전적 토대가 될 것이다.

끝으로 필자는 역사적 사실을 주제로 하고 있는 영화의 분석에 있어서 역사적 스테레오타입 분석방법을 제안하고자 한다. 역사가들은 스테레오타입이 어떻게 생성되는가에 관심을 기울이는 경향이 있는데 이것은 스테레오타입이 중첩된 생성기원(사회적·역사적)을 가지고 있기 때문이다. 먼저는 사회적 생성기원이다. 스테레오타입은 일상에서 일어나는 사회화와 교육, 가정, 학교, 대중매체, 광고나 선전 등을 통하여 생성되고 파급된다.[49] 따라서 대중매체, 특히 영화를 분석 대상으로 사회적 생성기원으로서의 고정관념을 파악하는 것이 이론적으로 가능해 진다. 세계에 대한 사람들의 인식은 세계 그 자체와 동일한 것이 아니라, 지각자의 인식과 감정이라는 필터를 거쳐 일반화된 표상으로 나타나며, 거기에는 긍정이나 부정의 가치판단이 내재되어 있다.[50] 이러한 표상은 영화를 만드는 감독과 만들어진 영화를 감상하는 관객의 의식 속에서도 작용하기 때문에, 역사적 스테레오타입(Historische Stereotypenforschung) 연구방법론을

---

49) 이러한 경우 '기호체계(Zeichensystem)'로서의 스테레오타입이 사회 전반에 파급되는가, 아니면 특정 계급이나 계층처럼 부분적으로 파급되는가에 대한 탐색이 필요하다. 그 다음은 역사적 생성기원으로, 스테레오타입은 역사적인 과정 속에서 그 내용과 형태가 언어적인 형식 또는 표상화(bildlich)된 형식으로 생성되며, 생명력이 길어서 한 세대에서 다음 세대로 전달된다.

50) Hans Henning Hahn, "Strereotypen in der Geschichte und Geschichte im Stereotyp", Hans Henning Hahn, ed., op. cit. pp.190-204.

통한 영화의 이해는 기존의 영화라는 영상매체를 대상으로 한 제한적인 영역에서 보다 분석 대상을 확대해 나갈 수 있다는 장점이 있다.[51] 특히, 이 글의 제4절에서 시도한 것과 같은 관객의 의식 속에 작용하고 있는 대상이나 사건에 대한 이미지나 고정관념의 분석은 기존 영화비평의 차원을 한 단계 업그레이드시키는 결과를 가져올 것으로 기대된다. 역사적 스테레오타입 연구에서 중요한 것은 영화 그 자체 보다는 영화를 보고 느끼는 관객의 의식세계이기 때문이다.

---

51) 박재영, 「역사적 스테레오타입 연구의 현황과 전망」, 『역사학보』 198(역사학회, 2008. 06), 375-378쪽.

제2장 —————————————————
영화 <La Haine>에 나타난 프랑스 다문화사회의 문제점

1. 16세 시리아 청년 마코메의 죽음

오늘날 전 지구적으로 전개되고 있는 자본과 노동의 이동은 다인종·
다문화 사회를 더욱 가속화 시키고 있다. 이러한 추세에서 발생하는 문
제는 국가와 국가의 외교적·군사적 대립과 충돌이라기 보다는 개별 국가
내에서 인종·민족·종교·젠더 등 다양한 요인으로 나타나고 있는 사회
적·문화적 갈등양상이다. 다양한 문화적 요소들의 유입과 충돌로 인하
여 19세기 민족주의 시대 이후 굳건히 신봉해 온 민족국가 단위의 국제
사회의 기능은 점차 쇠퇴하고 있으며, 다문화사회의 도래로 인하여 국가
는 새로운 정체성을 수립해야 할 상황에 직면한 것이다. 특히 자국민과
이주민 사이에서 발생하는 갈등은 점차 중요한 사회적 문제로 대두되고
있는 실정이며, 한 사회 또는 국가 내에서 다양한 문화적 차이를 가진 집
단들이 각자의 차이를 인정하고, 상호 조화와 공존을 모색하려는 노력들
은 소위 민족과 국가라는 개념의 근대적 획일성에서 벗어나 많은 국가들
이 다문화주의(Multiculturalism)를 표방하면서 새로운 사회적 정체성을

모색하려는 추세를 보이고 있다.[1] 그러나 자국민과 이주민 사이의 갈등 (사회적 차별, 소득 격차, 종교적 갈등, 불공정한 교육의 기회, 사회적응의 실패, 좌절과 분노 등)은 계속 불거져 나오고 있으며 그 대표적인 국가가 바로 프랑스라 하겠다. 영화 증오〈La Haine〉은 바로 그러한 프랑스 사회의 갈등과 충돌 양상을 가감 없이 보여주고 있다.

〈La Haine〉은 프랑스 시라크 정권 당시 이민자 특별법 통과로 인한 시위 속에서 16세의 시리아 청년 마코메의 죽음을 모티브로 한 영화이다. 당시 마코메는 경찰서에 구금된 상태에서 총에 맞아 죽게 되었는데, 당시 27세였던 마티유 카소비츠(Mathieu Kassovitz) 감독은 사건을 모티브로 영화를 만들게 되었다. 뱅상 카셀(Vincent Cassel: 빈쯔 역), 위베르 쿤드(Huber Kounde: 위베르 역), 사이드 탁마우이(Saiid Taghmaoui: 사이드 역)가 주인공 세 친구로 등장한다. 1995년 개봉된 이 영화는 인종차별과 이민자 소외계층의 불만, 범죄와 폭력이 만연하는 파리의 근교인 방리유(Banlieue)를 배경으로 하고 있으며, 경찰에 의해 친구가 혼수상태에 빠지자 복수를 결심하며 거리를 헤매고 다니는 이민자 청소년 세 명의 하루를 그리고 있다. 르포르타주 형식의 흑백영화로 1995년 제48회 칸 영화제 감독상, 제21회 세자르상 최우수 작품상·편집상·제작상 수상, 제8회 유럽영화상, 올해의 유럽영화 신인상 등을 수상하였다.

이 영화는 당시 관객들에게 자국민과 이민자 사이의 사회적 갈등이 얼

1) 이용일, 「이민과 다문화사회로의 도전 - 독일의 이민자 사회통합과 한국적 함의」, 『서양사론』 제92호, 2007, 219-254쪽; 곽준혁, 「다문화 공존과 사회적 통합」, 『대한정치학회보』 제15집 제2호, 2007, 30-32쪽; 김욱동, 「다문화주의의 도전과 응전」, 『미국학논집』 제30권 제1호, 29-49쪽; David Northrup, "Globalization and the Great Convergence: Rethinking World History in the Long Term", *Journal of World History*, vol. 16, no. 3, 2005, pp.251-253.

마나 심각한지에 대한 경각심과 진지한 해법은 무엇인가를 고민하게 했지만, 영화가 개봉된 이후에도 프랑스에서는 인종적·문화적 갈등과 충돌이 계속해서 발생하였다. 9·11 테러가 전 세계인에게 준 충격과 IS 등 무슬림 테러조직의 위협이라는 현실은 유럽인들에게 무슬림 이민자들을 잠재적 테러리스트와 동일시하고 이들에 대한 사회적 감시와 통제를 강화시키는 요인으로 작용하기도 했으며 이러한 사회적 분위기는 유럽에서 외국인 이민자에 대한 적대적인 정책을 주장하는 극우 정당의 득표로 이어지고 있는 실정이다.

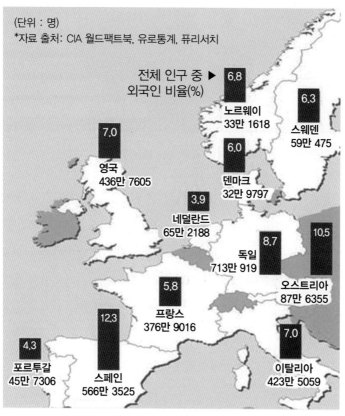

〈자료 1〉 유럽 주요국 이주민 현황(2010)

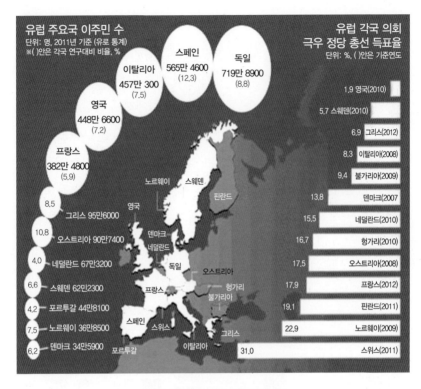

유럽 주요국 이주민 수
단위: 명, 2011년 기준 (유로 통계)
※( )안은 각국 연구대비 비율, %

스페인
565만 4600
(12,3)

독일
719만 8900
(8,8)

이탈리아
457만 300
(7,5)

영국
448만 6600
(7,2)

프랑스
382만 4800
(5,9)

8,5 그리스 95만6000

10,8 오스트리아 90만7400

4,0 네덜란드 67만3200

6,6 스웨덴 62만2300

4,2 포르투갈 44만8100

7,5 노르웨이 36만8500

6,2 덴마크 34만5900

노르웨이 스웨덴 핀란드 영국 덴마크 네덜란드 독일 오스트리아 프랑스 헝가리 불가리아 스페인 스위스 그리스 이탈리아 포르투갈

유럽 각국 의회
극우 정당 총선 득표율
단위: %, ( )안은 기준연도

1,9 영국(2010)

5,7 스웨덴(2010)

6,9 그리스(2012)

8,3 이탈리아(2008)

9,4 불가리아(2009)

13,8 덴마크(2007)

15,5 네덜란드(2010)

16,7 헝가리(2010)

17,5 오스트리아(2008)

17,9 프랑스(2012)

19,1 핀란드(2011)

22,9 노르웨이(2009)

31,0 스위스(2011)

〈자료 2〉 극우 정당 총선 득표율

　이 글에서는 오늘날 프랑스 사회의 문제점을 적나라하게 표현하고 있는 작품인 〈La Haine〉이 우리에게 어떠한 메시지를 전달하고 있으며, 작품 속에 나타난 프랑스 다문화사회의 문제점은 무엇인가를 살펴보고자 한다. 특히, 프랑스 이민의 역사와 다문화사회의 도래, 영화 증오〈La Haine〉에 나타난 이민자의 표상, 프랑스 다문화사회의 문제점과 정부의 대응 등을 살펴보고 오늘날 급격하게 다문화사회로 이행하고 있는 한국 사회에 어떠한 시사점을 던져주고 있는가를 파악하고자 한다.

2. 프랑스 이민의 역사와 다문화사회의 도래

영화 증오〈La Haine〉를 보다 잘 이해하기 위해서는 프랑스로 유입된 외국인 이민자들의 역사를 개관해 보면서, 이를 통해 프랑스 사회가 어떻게 다문화사회로 이행하게 되었는가를 파악할 필요가 있다. 왜냐하면 이 영화는 특히 2차 세계대전 이후 부족한 노동력을 확보하기 위하여 외국인 이민자를 적극적으로 받아들인 프랑스 정부가 국내에서 발생하고 있는 사회적·문화적·인종적 갈등으로 다문화사회 통합에 어려움을 겪으면서 나타나고 있는 이민자 문제들에 초점을 맞추고 있기 때문이다.

프랑스가 이민의 나라가 된 것은 불과 1세기 전부터이다. 1860년대 당시 북아프리카의 알제리뿐 아니라 프랑스령 인도차이나 등 해외 식민지 경영으로 프랑스는 이민을 받아들이기보다는 구대륙의 식민지나 신대륙으로 이민을 떠나는 나라였다. 그러나 1880년대 중반이 되자 상황이 달라지기 시작했다. 1886년 프랑스에 있는 외국인의 숫자가 1,127,000명으로 전체 인구의 3%였는데, 근대화 과정에서 주변국들의 인구가 급격하게 성장한 것과는 대조적으로 프랑스의 인구는 거의 늘지 않았고 그에 따라 농촌이나 도시의 노동력이 부족해졌던 것이다. 바로 이것이 19세기 말, 20세기 초 이탈리아, 스페인, 벨기에 등 주변국들로부터의 이민물결의 배경이었다. 이러한 추세는 대공황 직전까지 계속되어 1931년 프랑스는 미국(6.3%)보다 전체 인구 중 외국인의 비율이 높아지게 되었다.[2] 특히,

---

2) 1차 세계대전 이후 1930년대까지 프랑스의 외국인 이민은 약 300만 명으로 총인구의 7%에 달하였다. 그러나 당시 프랑스 거주 외국인 노동자들은 대부분 스페인, 이탈리아, 폴란드 출신으로 프랑스와 같은 유럽계 기독교 문화권에 속한 사람들이었다. 이들에 대한 프랑스인의 차별은 이방인들에 대한 프랑스인들의 이질감 정도였으며, 유럽계 이민자들은 시간이 지나면서 점차 프랑스사회에 동화되었고, 더 이상 이민자로 분류되지 않는 실정이다. 박단, 「2005년 프랑스 '소요사태'와 무슬림 이민자

제2차 세계대전으로 인한 인구 감소에 직면한 프랑스 정부는 부족한 인구를 적극적인 국제이주정책을 통해 해결하려고 하였다.

여기에서 우리는 프랑스의 북아프리카계 이민의 역사에 대하여 살펴볼 필요가 있다. 현재 프랑스 외국인 이민자의 거의 절반(42.7%)에 해당하는 북아프리카계 마그레브 이민자들은 어떻게 프랑스로 이주하게 된 것일까? 프랑스는 19세기 중반부터 외국인 유입에 대해 관대한 국가로 20세기 초까지 유럽에서는 이민에 가장 개방적인 국가였다. 프랑스 무슬림 인구 중에서 가장 많은 수를 차지하고 있는 알제리계 이민자들이 프랑스에 뿌리를 내리게 된 계기는 1954년부터 1962년까지 계속된 이른바 '알제리 전쟁'이 끝나고 친불파로 낙인찍혀 더 이상 알제리에 남을 수 없게 된 사람들의 대거 프랑스 이주로 시작되었다.[3] 프랑스는 1830년 알제리가 오스만제국의 지배로부터 벗어나 부족 간의 분쟁으로 혼란한 틈을 이용해 알제리를 점령했고 1843년에는 알제리를 식민지화 한다. 이에 저항한 알제리인들은 농촌지역을 중심으로 민족독립운동을 전개하기 시작하였고 1954년 민족해방전선을 결성하여 알제리 독립전쟁을 일으킨다. 9년간의 전쟁이후 프랑스는 1962년 에비앙 평화협정을 체결하고 알제리를 완전한 독립국가로 인정한다. 하지만, 프랑스 통치하에 활동하던 친불파 알제리인들은 신변의 위협을 느껴 프랑스행 엑소더스를 결정하고, 때마침 2차 세계대전 이후 경기 호황을 누리던 프랑스는 부족한 노동력의 확보를 위해 알제리 이민을 받아들이게 되어 3D 업종의 인력난을 북아프리카계 이민자들을 통해 해결할 수 있었다.

통합문제」, 『프랑스사 연구』 제14호, 2006, 229쪽.
3) 이민인종연구소 기획, 박단 엮음, 『현대 서양사회와 이주민: 갈등과 통합 사이에서』, 한성대학교 출판부, 2009, 22쪽.

이러한 추세는 이후에도 계속되어 1974년 7월 3일 새로운 노동이민의 입국을 금지하고 난 다음에도 프랑스 거주 외국인은 6.2%의 비율을 유지하고 있었다.[4] 그러나 1970년대 이후 남유럽 출신 이민자들의 감소 현상은 상대적으로 북아프리카 출신 이민자들의 존재를 더욱 두드러지게 하는 효과를 가져왔다.[5]

프랑스는 이주민 통합정책의 기초로 '공화주의 모델(republican model)'을 제시하며 대표적인 동화정책을 실시하던 나라였다. 프랑스에 귀화한 이주민들에게만 프랑스 시민과 같은 동등한 사회적 권리를 제공함으로써 이주민들이 프랑스 시민이 되는 것을 강제하는 정책을 전개한 것이다. 이주민은 그룹이나 공동체 단위보다는 개별적인 존재로서 국적취득을 통해 정부가 제공하는 정상적인 서비스와 제도들에 접근할 수 있다는 원칙에 따라 프랑스 이주민 공동체는 공식적으로 또는 법적으로 인정된 정책의 대상이 되지 못했다. 프랑스의 학교 교육도 공화주의적인 통일성을 강조하면서 이주민들의 인종적·종교적 성향을 고려하지 않고 평등성을 강조했다. 이러한 입장에 기초하여 1976년까지 프랑스의 학교에서는 외국인의 언어를 가르치는 것을 허용하지 않았다.[6]

---

4) 1975년 당시 프랑스의 이민자 숫자를 국가별로 분류하면 포루투갈 758,000명, 알제리 710,000명, 스페인 497,000명, 이탈리아 462,000명, 모로코 260,000명, 튀니지 139,000명 등 모두 3,442,000명의 외국인이 거주하고 있었다. Patrick Weil, *La République et sa diversité, Seuil*, 2005, p.16; 엄한진, 「프랑스 이민통합 모델의 위기와 이민문제의 정치화 - 2005년 '프랑스 도시외곽지역 소요사태'를 중심으로 -」, 『한국사회학』 제41집 제3호, 2007, 256쪽.

5) 최근에는 인도·중국·동유럽 출신 이민자들의 비율이 증가하고 있는 실정이다. 이들 이민자들의 숫자는 1999년 당시에도 1,210,157명으로 이는 알제리(447,482), 모로코(504,000), 튀니지(154,356) 등 북아프리카계 이민자 전체보다 많음을 알 수 있다. INSEE(프랑스 국립통계경제연구소), 1999.

6) 1789년 <프랑스 대혁명> 이래 프랑스 공화주의가 표방한 종교적 세속주의에 대한 도전세력은 통상 프랑스 가톨릭교회라고 언급되지만, 1980년대부터는 가톨릭보다

프랑스에 이민문제가 나타난 것은 1980년대 초반으로 이 시기가 1950,60년대 독신으로 프랑스에 유입된 북아프리카출신 무슬림 이주노동자 2세들의 나이가 20대가 될 때였다. 그리고 그것은 일반적으로 프랑스 공화주의에 반하는 행동으로 간주되는 공공영역에서 무슬림 이민자들의 복장에서 나타나는 종교적 표상으로 시작되었다. 1989년 9월 18일 파리 북부에 위치한 소도시 끄릴(Creil)의 한 중등학교인 가브리엘 하베즈(Gabriel Havez)에서 세 명의 무슬림 여학생(Fatima, Leila, Samira)이 수업시간에 〈히잡〉을 착용했다는 이유로 학교로부터 추방된 사건이 벌어졌다.[7] 당시 사건이 벌어졌던 중등학교는 학생 수 876명중에서 약 500명이 마그레브계(프랑스의 무슬림계 이민자, 주로 프랑스의 구식민지와 보호령이었던 알제리, 모로코, 튀니지 출신) 2·3세였다.[8] 이후 이 사건은 복도와 계단 등 교실 밖에서는 〈히잡〉을 착용할 수 있다는 조건하에 세 명의 무슬림 여학생들이 다시 등교할 수 있게 됨으로서 끝을 맺게 되었다.[9] 그러나 이

무슬림 이민자들이 제시하고 있는 그들의 문화적·종교적 정체성에 대한 공공영역에서의 인정으로 바뀌고 있으며, 2005년 프랑스 소요사태 이후 사르코지 정부는 국가나 지방자치단체의 모스크 건설지원이나 이슬람 성직자 양성을 위한 신학교 설립 지원 등 전통적인 공화주의 이념에 반하는 대안들을 내놓기도 했다. 박단, 앞의 논문, 245-246쪽.

7) 이태숙·김종원 엮음, 『서유럽 무슬림과 국가 그리고 급진이슬람주의』, 아모르문디, 2009, 30-32쪽.
8) 김남국, 앞의 논문, 347-352쪽.
9) 이후 이 사건은 프랑스 사회에 큰 반향을 일으켰으며, 당시 프랑스 최고행정재판소는 '교내에서 <히잡>을 착용할 수는 있지만, 종교적 선동이나 선전으로 해석될 경우에는 퇴학이 가능하다'는 모호한 판결을 내렸다. 2004년 3월 프랑스 상·하원에서 소위 <종교적 상징착용 금지법>이 통과되면서 퇴학당하는 학생이 속출하였다. 그리고 당시 무슬림 여학생들의 <히잡>착용을 프랑스 문화와 전통을 심각하게 위협하는 이슬람 근본주의 세력의 도전으로 이해하는 프랑스 국민들도 약 83%에 달했다. 결국 '프랑스 대혁명' 이후 교회와 국가의 분리라는 세속주의의 원칙 아래 공공영역에서 종교의 역할을 허용하지 않았던 프랑스에서의 <히잡>논쟁은 공화주의에 대한 중대한 도전으로 간주되었던 것이다. 박단, 앞의 논문, 239-243쪽.

사건은 학생 개인의 종교적 신념을 이유로 학교에서 등교를 거부했던 중요한 사례로서 개인의 종교적 선택에 국가가 어디까지 개입할 수 있는가에 대한 근본적인 질문을 제시하는 계기로 작용하였다.[10]

3. 영화 〈La Haine〉에 나타난 이주민의 표상

"중요한 건 추락하는 것이 아니야, 어떻게 착륙하느냐지."

〈자료 1〉 영화 〈La Haine〉 포스터

영화가 시작되면 위와 같은 자막이 흐르면서 갑자기 화염병에 폭발하는 지구의 모습이 나타난다. 충격적인 오프닝 장면이 지나가고 나면, 지난밤 일어났던 프랑스 파리 근교 방리유에서 일어났던 이주민 청년들의 폭력시위와 경찰의 강제진압 뉴스가 TV화면에 클로즈업된다. 시위가 벌

---

10) 이태숙·김종원 엮음, 『서유럽 무슬림과 국가 그리고 급진이슬람주의』, 아모르문디, 2009, 176-182쪽.

어진 지역에서는 분노한 이민자 청년들이 경찰의 강제진압에 격렬하게 저항하고 시위는 폭력과 방화, 약탈로 이어진다. 더 이상 살아 숨 쉴 여지도 가지지 못한 이민자 청소년들과 총과 방패, 헬멧으로 무장한 경찰들 사이의 증오는 더욱 커져간다. 시위도중 많은 건물이 파괴되고 자동차는 불타고 거리는 시위대를 해산시키려는 경찰의 강제진압으로 혼란한 양상이 비쳐진다. 그리고 아랍계 청년 압델이 시위 진압 도중 부상을 당해 병원에 이송되었으며 혼수상태라는 뉴스가 전해진다.

이후 영화는 방리유에 살고 있는 세 명의 청년(유대계 삔쯔, 아랍계 사이드, 아프리카계 위베르)을 중심으로 하루 동안 그들에게 일어났던 일들을 시간대별로 보여준다.

화면에 사이드가 등장한다.

사이드는 거리에 세워져 있는 경찰버스에 다가가 낙서를 한다.

"경찰, XXX들!!"

사이드가 찾아왔을 대, 빈쯔는 지하실에서 혼자 흥겨운 음악에 맞추어 춤을 추는 꿈을 꾸고 있다. 이 장면은 주류사회에 나가고 싶어하는 변두리 빈민가의 젊은이들의 마음을 대변하는 듯하다. 자신의 춤을 봐주는 사람은 없지만 열심히 춤을 추는 주인공은 비록 지하실이지만 그 공간 안에서만은 자신이 최고라고 생각한다.

아랍계 청년 사이드는 유대계 친구인 빈쯔를 불러낸 후, 함께 아프리카계 친구인 위베르를 만난다. 이들은 방리유 거리의 단짝 친구들이다. 이들은 경찰과의 격렬한 충돌이 있었던 다음 날 여느 때처럼 모여 할 일 없이 거리를 쏘다닌다.

빈쯔는 친구들에게 지난 밤 시위도중 경찰이 잃어버린 권총을 자신이 주워서 가지고 있다고 말한다. 총을 가진 순간부터 빈쯔와 사이드는 스스로가 '빅맨(big man)'이 되었다고 느끼지만, 위베르는 '만약 압델이 죽는다면 총을 쏴서 경찰을 죽이겠다'는 빈쯔가 위태로워 보인다.

빈쯔는 경찰이 분실한 권총을 줍게 되면서 자신감을 가지기 시작한다. 유난히 큰소리를 치고, 사소한 시비에도 자신의 바지춤에 꼽혀있는 권총을 믿고 과감히 덤빈다. 빈즈에게 권총은 권력의 획득을 의미한다.

〈자료 2〉 경찰이 분실한 권총을 겨누고 있는 빈쯔

이들은 방리유에 살고 있는 친구들이 자주 모이는 장소에 찾아가 그들과 어울린다. 그들 중에는 음악을 크게 틀어놓고 춤을 추거나 마리화나를 피우고 있는 이도 있다. 이때 경찰이 나타나 모여 있는 이민자 청년들을 해산시킨다. 거리로 나온 세 친구는 압델의 형을 만나고 빈쯔는 자신이 가지고 있는 권총을 보여주면서 만약 압델이 죽으면 경찰을 죽이겠다고 말한다. 세 친구는 압델이 입원한 병원에 병문안을 가지만 압델의 병실을 지키고 있는 경찰들에게 제지되어 압델을 만나지 못한다. 그 와중에 경찰과의 충돌이 일어나고 사이드가 소란의 주모자로 체포된다. 이후 사이드는 훈방이 되고 위베르와 헤어진 빈쯔는 집에서 사이드의 머리를 깎아 주며 말한다.

"걔들한테 우리는 다 같은 시궁창 쥐야."

〈자료 3〉 프랑스 이민자 밀집 거주지역 방리유

잠시 헤어진 친구들은 다시 거리에서 만난다. 마침 근처에서 압델의 형이 동생의 복수를 하겠다고 경찰에게 총을 난사하다가 체포되는 사건이 일어나면서 세 친구는 경찰과 맞서 시위에 동참한다. 이때 빈쯔는 자신을 체포하려는 경찰에게 총을 겨누며 쏘겠다고 위협하지만 위베르가 그를 제지하고 이들은 함께 도망을 친다. 이들은 전철을 타고 업타운 (Uptown: 방리유가 아닌 파리 시내 중심지)으로 간다. 이는 사이드가 '스누피' 라는 친구에게 빌려 준 돈을 받기 위한 것이었다.

사이드는 전철 안에서 바깥으로 보이는 입간판에 쓰여 진 글을 읽는다.

"세상은 너희들 것이다."

시내에 도착해서 세 친구가 찾은 화장실에서 빈쯔는 '압델이 죽으면 경찰을 죽이겠다'는 말을 다시 강조한다.

빈쯔: "난 이 더러운 체제가 신물 나. 언제까지 저런 쥐구멍에서 살 거야?"

위베를: "경찰하나 죽인다고 경찰이 다 없어지냐? 계란으로 바위치기야."

빈쯔: "학교 때려 치운지가 언젠데, 난 거리에서 모든 걸 배웠어. 내가 배운 게 뭔지 알아? 다른 뺨을 내밀면 곧 '뒈진다'는 거야"

사이드는 경찰에게 길을 물어보고 예상외로 친절하고 예의 있는 경찰의 태도에 의아해 한다.

사이드: "여기 경찰은 이상하게 친절하네?"

세 친구는 '스누피'가 사는 아파트를 찾아가지만 빈쯔와 스투피 사이에 충돌이 생기고 사이드는 돈도 돌려받지 못하고 거리로 나선다. 거리로 나선 빈쯔와 위베르가 말다툼을 한다.

위베르: "세상을 그렇게 살지 마, 너는 망가지고 있어."

빈쯔: "난 너랑 달라, 깜둥이 헤라클레스!"

이후 이들은 거리에서 경찰의 불심검문을 받게 된다. 빈쯔는 도망을 치고 사이드와 위베르는 경찰에 체포되어 경찰서에서 심문을 받는 과정에서 심한 인격적 모욕을 경험한다.

경찰: "벌레 같군. 사이드? 그게 프랑스 이름이야?"

혼자가 된 빈쯔는 극장에서 영화를 보거나 체육관에서 복싱경기를 보며 시간을 보낸다. 나중에 빈쯔는 풀려난 두 친구를 만나지만 집으로 가는 마지막 전철을 놓친다.

그 후 세 친구는 시내를 떠돌다가 미술전시회가 열리고 있는 어느 건물로 들어간다. 전시회에서 세 친구는 전시회에 있는 프랑스 중산층 사람들과 어울리려고 두 명의 여성에게 말을 걸지만 곧 위화감을 느끼게 되고 이는 그들에 대한 시비걸기로 표출된다.

중산층 여성 A: "미친사람 같아"

빈쯔: "그렇게 잘났어? 공갈 브라자!"

중산층 여성 B: "그냥 가요. 상대 못할 인종들!"

중산층 남성 A: "진정들하고 그만 가요!"

중산층 여성 A: "정말 이상한 사람들이야"

중산층 남성 B: "대책 없는 방리유 놈들!"

다시 거리로 나온 세 친구, 위베르는 전시회에서 한 남성의 지갑을 몰래 훔쳤다. 그러나 지갑에는 카드만 있다. 택시를 잡아 집으로 가려고 하지만 택시 기사는 카드로 택시비를 받지 않는다고 한다. 세 친구는 자동차를 훔치려고 하지만, 경찰에 발각되어 도망친다.

시내 공터에서 마리화나를 피우는 세 친구들, 위베르는 고층 빌딩에서 떨어진 한 남자의 이야기를 꺼낸다.

위베르: "떨어질 때 마다 그는 중얼거려, 아직까진 괜찮아."

빈쯔: "랍비한테 들었지?"

위베르: "아직까진 괜찮아…… 우린 어떻게 착륙할까?"

빈쯔: "난 은하수에서 길을 잃은 것 같아."

에펠탑에 불이 꺼지는 것을 보며 길을 걷는 세 친구. 사이드는 전철 안
에서 봤던 광고판을 다시 본다. "세상은 너희들 것이다"라고 쓰여진 광고
판에 사이드는 낙서를 한다. "세상은 우리들 것이다"라고. 세 친구는 밤
거리를 방황하다가 전철역에서 전광판을 통해 압델이 병원에서 사망했다
는 뉴스를 접한다.

〈자료 4〉 광고판에 낙서하는 사이드: "세상은 우리들 것이다."

새벽이 밝아오면서 빈쯔는 압델이 죽으면 경찰에게 복수할 것이라던
자신의 맹세를 지킬 수 있을지 갈등한다. 빈쯔는 친구 압델이 죽었다는
소식에도 결국 경찰을 향해 방아쇠를 당기지 못한다. 이들은 첫 전철을
타고 집으로 돌아간다. 전철역에서 내린 후 빈쯔는 권총의 주인이 자신
이 아님을 깨닫고 위베르에게 권총을 건넨다. 이들이 헤어지려는 순간
빈쯔와 사이드가 다시 경찰의 검문에 걸린다. 경찰은 빈쯔를 총으로 겨

누며 조롱하는데 그만 실수로 총알이 발사되고 빈쯔가 총에 맞아 숨진다. 이를 목격한 위베르는 경찰에게 다가가 총을 겨눈다. 경찰도 위베르에게 총을 겨눈다. 순간 "탕!"하고 새벽 공기를 깨뜨리는 한 발의 총성이 울린다.

영화는 아래와 같은 자막이 흐르면서 끝을 맺는다.

> "사회에서 추락하는 얘기지.
> 그는 계속 떨어지면서 얘기해.
> 아직까지는 괜찮아,
> 아직까지는 괜찮아,
> 추락하는 것은 중요한 게 아니야,
> (총소리)
> 어떻게 착륙하느냐지"

〈자료 5〉 경찰과 서로 총을 겨누고 있는 위베르

카소비츠 감독은 방리유에서의 이민자 폭동이라는 극한 상황으로 화면을 채우는 대신 폭동이 끝난 후 경찰이 분실한 총을 줍게 된 세 명의 청소년들이 그로 인해 겪게 되는 하루 동안의 사건을 시간의 경과에 따라 그려내고 있다. 각종 영화상을 수상하고 비평가들로부터 격찬을 받은 영화 증오〈La Haine〉는 흑백화면의 거친 영상에도 불구하고 극적인 아름다움을 표현하고 있으며, 이 영화 속 등장인물들의 대사는 프랑스 사회에서 소외당한 세 명의 이민자 청년들과 경찰 및 주류 프랑스인들이 서로에게 가지고 있는 표상을 잘 표현하고 있다.

빈쯔, 사이드, 위베르 세 친구는 프랑스 주류 사회에서 철저하게 격리된 이민자 밀집거주지역인 방리유에서 살아가는 소외된 자들이다. 그들이 속한 인종이 유대인, 아랍인, 아프리카계 마그레브인이라는 사실도 우연이 아니다. 그들은 특정한 직업을 가지지 못한 채 프랑스 사회에 대한 불만과 증오를 쌓아가고 있다. 프랑스 땅에 살고 있으면서도 프랑스인으로 대우받지 못하고 있다는 사회적 박탈감, 아무리 노력해도 가난하고 소외된 이민자 밀집거주 지역에서 벗어날 수 없다는 좌절감, 가난한 이민자들을 향한 주류 프랑스인들의 차별과 멸시 그리고 냉소적 시선들, 프랑스 경찰의 폭력적 시위대응과 부상자, 사망자의 발생······ 그들의 좌절과 분노는 결국 프랑스 주류 사회를 향한 '증오'로 표출된다. 그들에게 탈출구는 없는가. 영화 〈La Haine〉는 프랑스 사회에서 소외된 이민자 2,3세 청소년들이 처한 상황과 문제를 흑백영상으로 담아내면서, 자유·평등·박애라는 공화주의 정신과 톨레랑스라는 가치를 내세우고 있는 프랑스 사회가 얼마나 위선적이고 가식적인지를 고발하고 있는 것이다.

4. 프랑스 다문화사회의 문제점

1970년대 초 오일쇼크 이후 유럽 선진제국들은 장기적인 경제 불황에 빠져들게 되었고 이민자들의 경제활동에 대하여 자국민들은 이들이 자신들의 일자리를 빼앗는 것으로 보는 시각이 비등하기 시작하였다. 프랑스의 경우, 까다로워진 국적법으로 인하여 〈그린카드〉 조차 발급받지 못한 채 불법체류자 신분으로 고된 노동을 마다하지 않던 이민자들은 점점 더 주류 사회에서 멀어지게 되고 그들만이 모여 사는 지역공동체 공간이 생겨나기 시작했다.[11] 흔히 파리 교외에 이들의 밀집지역이 있다고 하여 프랑스어로 교외지역이라는 명사인 '방리유(Banlieue)'가 아랍계, 아프리카계 흑인 이주자들의 거주지라는 고유명사가 되었다.[12] 영화 증오〈La Haine〉에서도 묘사된 바와 같이, 방리유에 거주하고 있는 이주민들은 프랑스인들에게는 보고도 모른체 하고 싶은 버려진 존재들이다. 그들의 삶은 가난으로 점철되어 있고, 어려서부터 제대로 된 교육보다는 절도와 폭력, 마약을 먼저 접한다. 이러한 삶의 악순환은 뫼비우스의 띠처럼 이어져 끊으려고 해도 끊을 수 없는 상황이 계속된다.

1980년대 대두된 북아프리카 출신 이민자들은 인종적·종교적 이유로 프랑스 사회로의 통합에 어려움을 겪게 되면서, 특히 이민 2,3세 문제는 1990년대에서 2000년대로 넘어오면서 장기화되고 심화되는 양상을 보였다. 2004년 현재 프랑스의 식민지였던 북아프리카 3국(알제리·모로코·튀니지) 출신의 이민자 비율이 전체 외국인의 42.7%를 차지하고 있으며, 높은 실업률과 차별에 따른 사회·경제적 어려움은 이민자 문제의 핵심으로 대두된 것이다.[13] 북아프리카 출신 2세대 청년층은 무슬림 조직들과

---

11) 1993년 우파가 총선에서 승리한 후 발라뒤르 총리는 이민을 제한하는 '파스쿠아법(Loi de Pasqua)'과 '메에네리법(Loi de Méhaignerie)'이라도고 불리는 제한적인 국적법 개정을 단행하였다. 국민 정체성 옹호와 국민통합의 논리가 강조된 국적법의 논리는 프랑스의 전통적인 공화주의에 대한 공감대를 사회 전반에 확산시켰다. 한명숙, 「프랑스 국적법 개정과 북아프리카 이민자 문제」, 『서유럽 무글림과 국가 그리고 급진이슬람주의』, 아모르문디, 2009, 105쪽.
12) 프랑스에 유입된 알제리계 이민자들의 주거문제와 관련해서는 이태숙·김종원 엮음, 『서유럽 무슬림과 국가 그리고 급진이슬람주의』, 아모르문디, 2009, 271-275쪽 참조.
13) Office des migrations internationales, *Les flux dentrée contrôlés par l'O. M. I. en*

함께 정치적 압력그룹을 형성하고 발전시켜 왔다. 무슬림 이민자들에 대한 차별 철폐와 실업문제에 대한 이주민들의 문제제기는 1980,90년대, 그리고 특히 2000년대에 들어와 프랑스 주요 도시에서의 폭동으로까지 비화되었다.

특히, 2005년 10월 27일 '프랑스 도시 외곽지역 소요사태'는 프랑스 전역으로 확대되어 3주 동안 1만여 대의 차량이 불타는 유례없는 폭동으로 나타났다.[14] 사태의 발단은 경찰의 검문을 피해 달아나던 세 명의 청소년들이 잠시 피신해 들어간 변압기 설치지역에서 감전 사고를 당했고 그 중 15세, 17세 두 명의 청소년이 목숨을 잃은 것에서 비롯되었다.[15] 사건 발생 이후 분노한 사망자의 가족, 친지들과 동네 청년들이 경찰과 대치하는 장면이 연출되었고, 사망자에 대한 장례식이 거행되었다. "폭력에 대해 조금의 관용도 없을 것이다"라는 당시 내무장관 사르코지(N. Sarkozy)의 "불관용(Zero Tolerance)"선언은 장례식 다음날(2005년 10월 30일) 별다른 폭력사태가 없었던 상황에서 나온 것이었다. 사망 사건 며칠 전에도 당시 유력한 차기 대선 후보였던 사르코지는 소수민족계 청년들을 "쓰레기(Racaille)"라고 불렀다.[16] 그리고 경찰은 추모인파가 모인 이슬

2004, p.17.

14) 『조선일보』, 2005년 10월 17일.

15) 2005년 프랑스의 소요사태와 관련된 내용은 주로 박단의 논저를 중심으로 살펴보았다. 박단, 앞의 논문, 226-261쪽; 박단, 『프랑스의 문화전쟁: 공화국과 이슬람』, 책세상, 2005; 박단, 「프랑스 공화국과 무슬림 여학생의 교내 히잡(헤드스카프) 착용금지 」, 『역사학보』 제185집, 245-275쪽 참조.

16) 2005년 10월 19일 지방치안유지대와 함께 한 자리에서 당시 사르코지 내무부장관은 다음과 같이 말했다. "도시폭력, 자동차 방화, 마약밀매, 건물 주변 공터 점거, 지하경제, 우리는 이들에게 가차없이 전쟁을 선포합니다. 이제 더 이상 안됩니다.…… 저는 (쓰레기들을) 청소해야 한다고 말한 바 있습니다. 마치 새 돈처럼 깨끗하게 만듭시다. …… 저는 여러분이 (이 일에) 갈증을 느끼기를 요구합니다. 만약 그런 욕구가 없다면 다른 일을 알아보십시오." 뤼마니떼, 2005년 10월 21일.

람사원에 최루탄을 쏘았다. 시라크 대통령의 이 사건에 대한 첫 발언 역시 사망 사건에 대한 진상규명과 근본적인 문제해결이 아닌 질서회복의 천명이었다.[17] 이러한 일련의 프랑스 정부의 조치는 무슬림 이민자들을 자극하여 사태를 더욱 심각한 국면으로 치닫게 하였다.[18]

아울러 2006년 3월 24일, 파리 외곽 도시 생드니에서 발생한 폭동은 프랑스 소요 사태가 새로운 국면으로 접어들고 있음을 의미했다. 학생과 근로자에 이어 도시의 무뢰배들까지 폭동에 가세하고 나섰기 때문이다. 150명에 달하는 폭도가 도심 상업지역으로 몰려가 3시간 동안 상점 유리창을 부수고 각종 물품과 돈을 털어가는 사건이 발생했다. 프랑스 언론들은 2005년 폭력시위의 최대 피해지역이 다시 들썩거리기 시작한 데다 갈 곳 없는 거리의 무뢰배들까지 들고 일어섰다는 점에서 소요 사태가 악화 일로를 걸을 가능성이 크다고 우려했다. 폭력 사태가 발생하자 생드니 경찰은 상업지역 전체를 폐쇄했다. 하지만 그 안에 있던 상인과 행인들은 무법지대 속에서 공포에 떨어야 했다. 뒤늦게 경찰이 현장에 투입됐지만 폭도들의 강렬한 저항을 진압하는 데 큰 어려움을 겪어야만 했다.[19]

프랑스 무슬림 이민자들에 의한 소요사태는 거기에서 끝난 것이 아니었다. 2007년 11월 25일 프랑스 파리 북부의 빌리에르벨에서 시작된 폭동은 2년 전보다 격렬했다.[20] 학교 2곳과 도서관, 관공서와 상점 등이 방화를 당했으며 현장에 있던 기자 2명은 폭행을 당하고 카메라를 빼앗겼

---

17) *Le Monde*, 2005년 10월 30일.
18) 이기라 외 8인, 『공존의 기술: 방리유, 프랑스 공화주의의 이면』, 그린비, 2007, 19-21쪽.
19) 『중앙일보』, 2006년 3월 27일.
20) 『국민일보』, 2007년 11월 28일; 『연합뉴스』, 2007년 11월 29일.

다. 젊은이들은 경찰에게 돌과 화염병 등을 던질 뿐만 아니라 사냥용 총 등으로 경찰을 공격했다. 소요가 번지면서 빌리에르벨 이외의 방리유 5곳에서도 폭력사건과 방화가 일어났다. 이번 소요의 발단은 오토바이를 타고 가던 무슬림 청년 2명이 경찰차와 충돌하여 사망하는 사건에서 비롯되었다. 현지 경찰들은 "이번 소요가 2005년보다 훨씬 격렬하다"며 폭동자들을 '도시 게릴라'라고 규정했다. 사르코지 대통령의 강경 방침에 따라 이번 소요의 진원지인 북부 빌리에르벨과 인근 교외지역 등에는 이날 1천명 이상의 경찰과 특수훈련을 받은 병력이 투입됐고 상공에는 헬리콥터까지 동원됐다. 일각에서는 사르코지 대통령이 내무장관 시절 보여준 '제로 톨레랑스(무관용)' 정책을 또 다시 구사하고 있다는 우려의 시각도 나타났다.[21]

이와 같이 프랑스 무슬림 이민자들의 소요사태가 초유의 폭력적인 양상으로 전개된 상황적 요인은 정부 당국의 극단적인 대응방식에서 찾을 수 있다. 그러한 프랑스 정부의 태도는 1990년대 말 이래 치안담론을 중심으로 나타난 이민문제에 대한 정치화의 연장선상에 있다.[22] 이는 현실의 핵심적인 문제들 ―무슬림 청년들의 실업, 교육의 기회제한, 사회적 차별과 편견, 열악한 주거환경 등― 을 은폐하는 수단으로 이민문제가 이용되는 것, 그리고 치안담론 부상에 이민 집단이 희생양으로 이용되는 양상을 의미한다. 프랑스의 경우 북아프리카 아랍인이나 아랍계 프랑스인들이 소위 '위험한 집단'의 전형으로 간주되어 왔으며, 이들을 범죄 집단 취급하며 통제하는데 효과적인 방법은 이분법적 표상이었다. 즉 온건한 이슬람 대 급진적 이슬람, 모범집단과 문제집단이라는 구분이다. 최

---

21) 『조선일보』, 1006년 9월 7일.
22) 이기라 외 8인, 『공존의 기술: 방리유, 프랑스 공화주의의 이면』, 그린비, 2007, 48-51쪽.

근의 이민정책에서도 이 구분에 의한 통제전략을 볼 수 있다. 한편 폭력적 상황을 유도한 국가의 전략은 최근 이민집단의 저항이 자생적이고 무정부적인 폭력의 양상을 띠었기에 가능한 것이었으며, 이러한 양상은 1980년대 이민문제의 탄생과 미테랑 대통령의 사회당 집권이 맞물려 시도되었던 제도적 해결의 가능성을 상실한 이민자 사회운동의 위기의 표현이기도 하다.[23]

프랑스 정부는 지난 수십 년 동안 프랑스 내 무슬림 이민자들을 위한 여러 가지 사회통합 정책과 불법이민근절 대책을 내놓고 있지만 뚜렷한 효과는 보지 못하고 있는 실정이다. 그만큼 이들 이민자들의 숫자가 기하급수적으로 증가한 상태이고 기본적인 치유책이 되기에는 해결하기 어려운 문제들이 산적해 있기 때문이다. 무엇보다 프랑스 주류 사회가 이민자들을 바라보는 시선은 뿌리 깊은 불신에 기반한 것이어서, 차별과 빈곤, 좌절과 분노만 남아 있는 방리유 이민자들의 존재는 프랑스 주류 사회를 위협할 만한 가공할 파괴력으로 수면위로 떠오르고 있는 것이다.

5. 다문화사회 통합을 위한 노력

영화 증오〈La Haine〉에 등장하는 세 명의 이민자 청소년 빈쯔, 사이드, 위베르가 살고 있는 방리유를 상징하는 것은 성냥갑처럼 다닥다닥 붙은 공영주택(HLM)과 아프리카 출신 이민자들, 실업과 인종차별에서 파생되는 빈약한 교육의 기회, 마약, 범죄, 경찰 순찰차다.[24] 프랑스 전체

---

23) 엄한진, 앞의 논문, 254-255쪽.

24) HLM은 Habitation à Loyer Modéré의 줄임말로 "집세가 적은 집"을 말하며 수입이 적은 사람들을 위해 국가에서 제공하는 아파트다. 제2차 세계대전 이후에는 산업 방리유 지역이나 저발전 지역에 노동자나 중간 계층의 주택난 해소를 위해 건설되기 시작하였다. HLM은 욕실, 내부 화장실, 중앙 난방 등의 편의시설을 갖춘 방 2개

실업자 평균이 9.9%인 반면 30%의 실업자가 집단으로 몰려있는 곳, 청년층 실업 비율만도 프랑스 평균 두 배를 웃도는 곳이 방리유다. 방리유 주민들 중에는 불어를 할 줄 모르는 사람도 많고 정착 이후 단 한 번도 방리유를 떠나 본 일이 없는 경우도 허다하다. 프랑스인 어린이의 5분의 1이 학교 졸업장 취득에 실패하는데 이곳 방리유 어린이의 실패 비율은 2분의 1이다. 방리유는 프랑스 속의 아프리카와도 같다. 학업을 마치고 일자리를 찾고 가정을 꾸리는 것이 평범한 시민의 꿈이라면 방리유 젊은 이들의 꿈이 타고 올라갈 엘리베이터는 애초에 고장난 상태다. 부모의 가난이 대물림 되는 이곳에서 태어난 아이들은 미래를 향한 꿈마저 원천 봉쇄 당한 채 거리를 배회한다. 불법 체류자들이 많은 까닭에 경찰의 무차별 불심검문도 흔하다. 이곳에서 경찰과 맞부딪치는 순간, 아이들은 '범죄 용의자'가 되고, 거기에 돌멩이 하나가 더해지면 '현행범'이 된다. '씨를 말려 버리겠다', '못 배워먹은 것들', '깡패들' 등 거침없는 욕설을 입에 달고 다니는 경찰로부터 이들은 증오를 배운다. 영화 증오〈La Haine〉는 이렇게 방리유에 거주하고 있는 이민자 청소년들의 실상을 사실감 있게 묘사하고 있는 것이다.

구조적인 차원에서 보면 프랑스의 소요사태는 소위 '공화주의적'이라고 말해지는 프랑스 사회통합모델에 내재한 속성의 발현임과 동시에 이 모델의 위기이기도 하다. 모델의 위기라고 말할 수 있는 것은 공화주의의 보편적인 미덕인 이민자들에 대한 톨레랑스 대신에 현실에서의 인종

와 거실, 부엌으로 이루어진 근대화된 주거 공간으로 인구밀집으로 인한 사생활 침해 탓에 1970년대 후반부터 중간계층은 HLM을 떠나 전원도시로 이주하였으며 이 공간을 보다 가난한 이민 노동자 가족이 채우게 되었다. 1980년대 이후 이곳에서 일련의 소요가 발생하면서 HLM을 지칭하는 다른 표현인 '시테(cité)'는 부정적인 뉘앙스를 획득하게 된다. 이기라 외 8인, 앞의 책, 70-74쪽 참조.

주의를 은폐하는 공화주의의 부정적 측면이 부각되고, 공화주의의 본질과는 대척점에 있는 영미식의 게토화가 무슬림 이민자 지역에 심화되는 양상 때문이다. 프랑스인의 입장에서는 비유럽인들과의 공존이 부담으로 다가왔으며, 이들을 경제 불황과 실업, 치안문제 등의 속죄양으로 만드는 극우파들의 논리에 동조하는 현상도 나타나게 되었다.[25] 무슬림 이민자들의 소요사태에 대한 프랑스 정부의 대책은 엄격한 이민통제정책과 소요사태의 사회경제적인 해결, 예를 들면, 저소득층에 대한 일자리 창출, 고용을 늘리는 기업에 대한 세금감면, 국제결혼과 가족재결합 관련 제도의 개선, 교육과 고용에 있어서의 기회균등 보장, 인종차별 금지법안의 강화 등으로 나타났다. 그러나 보다 근본적인 해결책은 이슬람혐오주의를 극복할 수 있는 사회적 합의와 프랑스의 전통적 공화주의 사회통합모델의 궤도수정이 선행되어야 가능할 것으로 보인다.

최근 프랑스의 이주민통합정책은 전통적 동화정책과 프랑스 내 문화적 다양성을 인정하는 다문화정책이 병용되는 방향으로 진행되고 있다. 동화정책이 구체화된 것은 1990년대 지속된 이주민에 대한 국적취득정책으로, 외국인 이주민들의 프랑스 시민권 획득은 프랑스적 가치가 공유될 수 있는 기초를 형성하는 것으로 국적취득이 동화정책의 주요 수단으로 적용된 사례라 하겠다. 또한 프랑스의 다문화정책은 정부기구의 제도화로도 나타났다. 프랑스 정부는 지금까지의 이슬람 문화에 대한 철저한 공적 배제의 입장을 철회하여 이슬람 대표조직들 —이슬람사상위원회

---

25) 프랑스 극우 정당인 '민족전선'은 프랑스인과 종교적·문화적 배경이 다른 아프리카 출신 무슬림 이민자들은 결코 프랑스인이 될 수 없으며, 프랑스의 민족적 정체성을 지키기 위해서 마그레브 이민자들을 프랑스에서 추방해야 한다고 선동하였으며, 이러한 '민족전선'의 주장은 2002년 프랑스 대통령선거에서 약 20%의 지지를 받기도 했다. 박단, 앞의 논문, 243-245쪽.

(Council of Thought on Islam), 무슬림대표위원회(Representative Council of Muslims), 프랑스 무슬림신앙위원회-을 조직화하고, 이들 조직과의 협의 제도를 만들어 냄으로써 프랑스 내 무슬림공동체의 안정과 사회통합을 모색하고 있다. 이러한 프랑스 정부의 다문화정책의 제도화 과정은 무슬림 문제를 프랑스 국가 차원의 문제로 인식하고 있는 프랑스 사회의 현실을 반영한 것이고, 이슬람을 국가 차원에서 인정하고 문화적 다양성을 보장하기 위한 노력의 결과라 하겠다. 오늘날 프랑스는 기존의 공화주의적 통합모델의 문제점들이 분출되면서도 무슬림 이민자들에 대한 통합정책의 총체적 대안을 찾아가는 상황이다.

일찍이 국민국가를 이룩했던 서유럽의 여러 나라들처럼 한국 역시 지난 2007년 국내 거주 외국인 숫자가 100만 명을 돌파하면서 본격적인 다문화사회로 이행하고 있다.[26] 한국이 어떤 형태의 다문화사회를 형성해나갈 것인가에 대한 해답을 구하려면, 우선 근대적 국민국가의 형성에 있어서 비슷한 패턴을 따랐던 국가들의 이민자통합정책이나 다문화정책에 대하여 살펴보고, 그들이 경험했던 이질적 문화요소를 가진 외국인 이주자들과의 문화적 갈등과 충돌이 어떠하였는가를 분석해 보아야 할 것이다. 국제사회의 추세를 볼 때, 한국과 같이 통일된 소속감과 단일민족이라는 정체성을 근간으로 하는 국가가 다문화·다인종 사회로 변화되는 것은 결코 쉽지 않은 일이지만, 한국이 나아가야 할 길이 다문화사회라면 적극적으로 그에 대한 대안을 준비해야 한다.

---

26) 이재정, 「한국에서의 다문화주의의 모색 -재한외국인 정책을 중심으로-」, 『민족연구』 제11호, 2003, 103-116쪽; 전상진, 「통합은 사회갈등과 문제의 해결책?」, 『한독사회과학논총』 제16권 제2호, 2006, 229쪽.

3부

구한말 한국을 바라본 독일인의 시선

제1장 ─────────────
구한말 독일인 의사 분쉬(R. Wunsch)의 조선이미지

1. 고종 황제의 시의(侍醫) 분쉬(R. Wunsch) 박사

앞에서 살펴 본 바와 같이, 국내 서양사학계에서 역사적 스테레오타입 (historische Stereotypenforschung)에 대한 소개와 논의는 최근에 와서야 시작되었다고 볼 수 있다.[1] 여기에서는 역사적 스테레오타입의 사례연구 로 구한말 고종의 시의로 활동했던 독일인 의사 리하르트 분쉬(Richard Wunsch)의 기록을 중심으로 서양인의 시각에서 본 조선사회에 대한 스테 레오타입을 조망해 보고자 한다. 물론 개항에서 대한제국의 시기에 이르 기까지의 전체적인 사회상을 파악하기 위해서는 당시 주한 외국인들의 기록에 나타난 조선의 이미지(Das Koreabild)에 대한 종합적인 연구가 필 요하다. 그래야만 객관적이고 종합적인 역사적 스테레오타입의 파악이 가능하다.[2]

───────────────
1) 김춘식, 「독일의 역사적 스테레오타입 연구」, 『서양사론』 91호(2006.12), 313-336쪽.
2) 어떠한 역사적 사실이나 인종이나 민족의 특성에 대한 연구에 있어서 객관성과 신뢰성
을 담보하기 위해서는 자아(自我)에 대한 가치판단, 고정관념이나 선입견의 연구(Au-
tostereotyp), 타자(他者)에 대한 스테레오타입 연구(Heterostereotyp)의 두 가지 방법이
모두 적용되어야 한다. Hahn, Hans Henning und Eva, "Nationale Stereotyp - Plaedoy-

필자는 구한말 주한 독일인의 조선에 대한 스테레오타입을 전체적으로 조망하자는 취지에서 고종의 외교고문이었던 묄렌도르프의 조선인식에 대한 연구를 진행하였으며[3], 본고에서는 분쉬의 딸인 클라우센(Gertrud Claussen)의 *Fremde Heimat Korea - deutscher Arzt erlebt die letz-ten Tage des alten Korea, 1901-1905*를 기본 사료로 하여 분쉬의 조선에 대한 이미지의 분석하였다. 그러나 분쉬의 조선에 대한 스테레오타입의 형성에 대해서는 그의 조선 체류 이전의 스테레오타입을 분석할만한 기록이 없다는 한계가 있다. 따라서 필자는 분쉬의 편지와 일기에 기록된 자료만으로 분쉬의 조선에 대한 스테레오타입을 파악하고자 하였다.[4]

리하르트 분쉬(한국명 富彦士, 1869-1911)는 구한말 고종 황제의 시의 (侍醫)자격으로 고빙되어 러일전쟁이 한창 계속되는 가운데서도 조선의 민간의료 활동에 깊은 관심을 보였던 독일인 의사이다. 그렇지만 최근까지만 해도 그는 우리에게 낯선 인물이었다. 분쉬가 사망한 지 60여 년이 지난 뒤인 1976년에야 그의 딸인 게르트루트 클라우센-분쉬(Gertrud Claussen-Wunsch)가 분쉬가 직접 찍은 50여 장의 사진과 편지, 일기를 단행본으로 펴냄으로써 그의 존재가 알려지기 시작했다.[5] 아울러 그녀는

---

er fuer eine historische Stereotypenforschung," Hahn, Hans Henning ed., *Stereotyp, Identitaet und Geschichte*, pp.29-30.

3) 박재영, 「구한말 독일인 묄렌도르프의 조선인식」, 『동학연구』, 21집(2006), 65-100쪽.

4) 사실 이 부분에 대한 보다 치밀한 분석이 필요하지만, 필자가 수집한 자료의 제한성으로 인하여 조선 체류 이전 분쉬의 조선에 대한 스테레오타입의 형성에 대한 분석은 본고에서 다루지 않기로 한다.

5) 1964년 한국에 처음 진출한 독일의 베링거잉겔하임은 1990년부터 대한의학회와 함께 한국의 의학발전에 기여한 의학자들에게 주는 '분쉬의학상'을 제정했다. '분쉬의학상'은 리하르트 분쉬 박사의 업적과 한국 의학계의 학술적 발전을 도모하고 의학분야에서 한·독 양국의 우호관계를 더욱 공고히 하기 위해 대한의학회와 한국 베링거인겔하임이 지난 1990년 9월 공동으로 제정하였다.(서울, 메디컬투데이/뉴시스, 2006년 11월 13일); Gertrud Claussen-Wunsch, ed., *Arzt in Ostasien*, 김종대 역, 『고

1983년 분쉬의 한국에서의 활동과 관련한 일기와 편지들만을 편집하여 별도의 단행본으로 발간하기도 하였는데, 본고에서는 머리말에서 언급한 것과 같이 1983년에 발간된 *Fremde Heimat Korea*를 분석의 기본 텍스트로 정하였다.[6]

분쉬가 처음 한국에 발을 디딘 때는 1901년으로 당시 조선은 열강들의 이해관계가 복잡하게 맞물려 있는데다가 조선 정부는 국제무대에서 정치력을 거의 행사하지 못하던 시기였다. 분쉬는 직책상 궁궐 내에서 근무하는 황제의 시의였기 때문에 각국의 외교사절들과도 친밀한 관계를 맺고 있었다. 따라서 그는 당시 대한제국 정부와 열강들 사이의 복잡 미묘한 역학관계를 가까이에서 지켜볼 수 있었다. 뿐만 아니라 그는 구한말의 의료 수준은 물론이고 당시 한국인의 생활상, 한국에 살던 외국인들의 생활상을 상세한 부분까지 관찰할 수 있었으며, 그것을 일기와 편지의 형식으로 기록해 놓았다. 생소한 서양의학을 접한 조선 사람들과 관계를 맺는 과정이나 서양의학이 자리 잡기 시작한 초기의 상황에 대한 서술들이 흥미를 끌 뿐만 아니라, 분쉬는 당시 세계 의술의 선도적 위치에 있던 독일의학을 한국에 전파하여 한국 의학 발전에 주춧돌 역할을

종의 독일인 의사 분쉬』(학고재, 1999).

6) 분쉬는 1869년 독일 슐레지엔(Schlesien) 지방의 히르쉬베르그(Hirschberg)에서 제지공장을 운영하는 공장주의 아들로 태어났다. 그는 독일 그라이프스발트(Greifswald) 대학에서 의학을 전공하여 외과 전문의가 되었으며, 1894년 의학박사 학위를 취득하고 모교의 병원에서 외과 수련의로 근무하였다. 그는 얼마 후 베를린으로 자리를 옮겨 당시 저명한 외과의사인 피르호(Virchow) 교수의 수련의로 있으면서 수술기법을 공부하였고, 영국으로 건너가 런던소재 독일병원에서 일하기도 하였다. 그러다가 모교의 스승이었던 헬페리히 교수의 추천과 일본 동경대학에서 내과 교수로 있던 밸츠(Bälz)의 주선으로 고종 황제의 시의(侍醫)의 자격으로 조선 땅에 첫 발을 내딛게 되었다. G. Claussen, ed., *Fremde Heimat Korea - deutscher Arzt erlebt die letzten Tage des alten Korea*, 1901-1905

한 최초의 독일인 의사였다.[7]

2. 고종 황제에 대한 이미지

고종 황제의 시의로 부임하기 전 분쉬의 조선에 대한 사전 인식이 어
느 정도였는지에 대한 구체적인 자료는 없다. 그의 고빙이 비교적 짧은
시간동안 계획되고 실행되었기 때문에 그가 조선에 대한 충분한 사전 지
식과 정보를 가지고 있었다고 보기는 어려울 것이다. 그는 조선에 도착
하고 나서야 조선인으로부터 한글을 배우기 시작했으며[8], 궁중에서 시의
로 활동할 때는 영어나 프랑스어를 구사하는 조선인 통역관을 통해서 의

---

7) 1901년 11월 2일 제물포에 도착한 분쉬는 1905년 4월 4일까지 약 3년 5개월의 기간
을 고종 황제의 시의로서, 다른 한편으로는 개인진료소를 열어 한국의 가난한 서민
들에게 의료봉사를 하면서 생활하였다. 한독의학회가 펴낸 『한독의학교류백년사
(1994)』에는 분쉬가 당시 창궐했던 콜레라 방역을 위해 펼쳤던 여러 가지 활동에 대
한 기록을 엿볼 수 있다. 그의 활동은 당시 대한제국의 보건 및 방역정책의 수립에
영향을 미쳤으며, 최초로 독일의 의학기술을 전하는 데에도 기여했음을 알 수 있다.
그러나 1905년 러일전쟁에서 승리한 일본의 영향력이 노골화되면서 고종의 시의였
던 분쉬는 조선을 떠나야 했다. 그가 1905년 4월 23일 한국을 떠나면서 부모에게 쓴
편지에는 평소 친분을 나누었던 한국인들, 특히 고종 황제의 이별에 대한 서운함과
황제로부터 훈장을 수수한 사실을 소개하고 있다. 1905년 5월 일본 동경에 도착한
분쉬 박사는 동경대학에서 내과 교수로 재직하고 있던 벨츠 교수의 후임으로 일하고
자 했다. 하지만 러일전쟁 이후 일본의 정치상황이 여의치 않자 약 2년 동안 일본에
머문 후 유럽으로 돌아가야 했다. 그 후 그는 1908년 독일의 조차지였던 중국 교주
(膠州)의 청도(靑島)에 일자리를 얻어 의사로서 활동하기도 하였다, 그러나 좋지 않
은 병원의 환경과 격무에 시달리다가 1911년 3월 13일 장티푸스에 걸려 머나먼 타국
땅에서 41세의 나이로 생을 마감하고 말았다(Gertrud Claussen-Wunsch, ed., *Arzt in
Ostasien*, 김종대 역, 『고종의 독일인 의사 분쉬』, 7-10쪽). 조선에서 분쉬의 의료활동
에 대한 연구로는, 조영렬, 「서구제국을 통한 서양의학의 수용」, 『국사관논총』, 9집
(1989), 133-146쪽; 신재의, 「한말 분쉬의 의료활동」, 『대한치과의사학회지』, 20권, 1
호(2001), 24-35쪽; 박현우·이태훈, 「고종의 시의 독일의사 분쉬(Richard Wunsch,
1869-1911)」, 『의사학』, 9권, 1호(2000), 233-246쪽 참조.

8) Claussen, ed., *Fremde Heimat Korea*, p.39.

사소통을 할 수 있었다.[9] 그럼에도 1901년 말부터 1905년 초까지 짧지 않은 시간을 고종의 시의로서, 개인진료소 의사로서 각계 각층의 조선 사람들을 만나고 여러 곳을 여행하면서 분쉬의 조선에 대한 스테레오타입이 형성되었을 것으로 보인다.

분쉬는 조선에 오는 도중 상해를 경유하게 되는데 상해에서 크나페 (Knappe) 주청독일총영사로부터 대한제국의 황제와 황실이 놓인 비통한 상황에 대한 유감의 말을 듣게 된다.[10] 크나페의 언급에 대해서 분쉬는 그의 일기에 당시 조선의 정치적·외교적 입지에 대해 별다른 언급을 하지 않고 있지만, 1901년 12월 10일 부모님께 보내는 편지에 다음과 같이 고종 황제가 처한 상황을 서술하고 있다.

  황제는 늘 생명에 위협을 느껴 궁궐 안에서만 지내고 있습니다.[11]

그러나 생명의 위협을 느끼는 사람은 고종 황제뿐만이 아니었다. 이듬해 4월 19일 분쉬의 일기에는 '여섯 살 난 황태자는 의심이 많아 무엇이든지 냄새를 맡아보고, 다른 사람이 먼저 먹어보아야 음식을 먹는다'고 기록되어 있다.[12] 일국의 황제와 황태자가 생명의 위협을 느껴야 할 수밖에 없는 당시 황실의 상황에 분쉬는 매우 깊은 우려를 나타내고 있다. 그 밖에도 분쉬는 조선 황실의 세세한 사정까지 일기와 편지에 기록을 남겼는데, 이를테면 조선의 황태자 영친왕의 생모 순빈 엄씨가 황후로 책봉될 것 같다는 이야기, 막내 황자가 숟가락으로 눈꺼풀을 찔렸을 때

---

9) Claussen-Wunsch, ed., 김종대 역, 앞의 책, 33쪽.
10) *Ibid.*, p.162.
11) Claussen, ed., *Fremde Heimat Korea*, p.31.
12) Claussen-Wunsch, ed., 김종대 역, 앞의 책, 180쪽.

한국인 의사들이 치료한 뒤 상처에 염증이 생겼다는 이야기, 엄비는 생선가시가 목에 걸렸는데 쉽게 뺄 수 없었다는 이야기 등이다.[13]

분쉬의 기록을 보면 고종의 시의라는 직책상의 업무에 대해서도 많은 지면을 할애하고 있다. 고종 황제의 만성감기를 처음 진찰한 일[14]과 황제와 황태자의 치석치료[15], 콜레라가 창궐했을 때 궁궐 안에까지 전염병이 퍼지지 않도록 하는 방역조치[16] 등이다. 분쉬는 고종의 시의였지만 그가 직접 황제를 진찰한 횟수는 극히 제한적이었고 좀처럼 기회가 오지도 않았다. 그는 자신이 처음 황제를 진찰할 수 있는 기회가 당시 러시아 공사 베베르와 조선인 통역관의 주선으로 가능했다는 사실을 잘 알고 있었다.[17] 특히 그는 고종 황제가 자신의 서양의술을 신뢰하지 않고 궁중의 조선인 한의사들에게 치료를 받으려고 하는 점에 대해서 좀처럼 납득하기 어려웠다고 기록하고 있다. 분쉬의 의학적 소견으로는 고종 황제의 밤낮이 바뀐 생활과 황제가 쉽게 차가워지는 비단옷만 입는 것이 감기의

---

13) Claussen, ed., *Fremde Heimat Korea*, pp.55-56.

14) *Ibid.*, pp.62-63.

15) *Ibid.*

16) 고종의 시의로서 조선 땅에 발을 디딘지 5개월이 지난 1902년 5월까지도 궁중에서는 분쉬에게 별다른 일거리를 주지 않았다. 상황판단을 위해서 날마다 입궐하기는 했지만, 방한 초기 분쉬의 시의로서의 임무는 가끔씩 몇몇 환관들이 사소한 흉터자국을 수술로 없앨 수 있는지에 대한 상담정도였다. 1902년 3월 25일의 일기를 보면, 당시 조선의 의학수준에 대한 분쉬의 견해를 엿볼 수 있다. 조선의 신식 의료학교에서는 영어나 독일어가 아닌 조선어와 일본어만을 사용하고 있으며, 조선 민중의 신앙심에 어긋난다고 하여 인체해부를 금지시키고 있어 해부학의 기초도 없고 의학이 전혀 발전할 수 없는 상태라고 지적하고 있다. 1902년 여름 중국에서 발생한 콜레라가 조선에까지 퍼지자 분쉬는 위생문제에 둔감한 조선 정부에 대하여 강한 비판을 가하고 있다: "중국의 항구에서 콜레라가 발생해 제가 궁내에 소규모 위생조치를 내렸습니다. 조선 정부는 위생문제에 관하여서는 이해도 못하고, 돈도 없으며, 필요성도 못 느끼는 것 같습니다. 일본인이 사는 구역은 매우 깨끗하고 밝은데 한국인들은 게으름에 빠져서인지 그런 것이 눈에 보이지 않나 봅니다." *Ibid.*, pp.56, 63-64.

17) *Ibid.*, pp.62-63.

원인이었다. 그는 조선인 한의사들이 황제의 만성감기를 치료하는 방법에 대해서 아래와 같이 강한 불만을 나타내고 있다.

> 한국인 의사 6, 7명이 매일 황제를 치료하고 있습니다. 이 의사들은 황제를 진맥하는데 진맥이 끝나면 1/4리터나 되는 이상한 약을 마시게 하고 진료를 마칩니다. (...) 저는 저녁 늦게 황제를 알현하고 그의 만성감기에 대해서 대화를 나누었습니다.[18]

> 황제가 며칠째 심한 감기에 걸렸는데 돌팔이 의사들만 그를 에워싸고 있다. 황제는 나를 아는 체도 하지 않는다.[19]

고종 황제가 분쉬의 서양의학 대신 조선인 한의사의 처방을 선호한 것은 고종 황제에게 있어서는 어찌 보면 당연한 처사였다고 보여 진다. 당시까지 잘 알려져 있지 않은 서양 의학의 효능에 대한 우려와 불안, 미지의 서양 의술에 대한 두려움이 독일인 의사 분쉬에 대한 신뢰보다 앞섰기 때문이었다. 그러나 분쉬의 입장에서는 당시 유럽에서도 가장 앞서가고 있던 독일 의학에 정통한 의사로서 조선인 한의사들의 비과학적이고 불합리한 처방은 그야말로 '돌팔이' 수준으로 보였던 것이다. 여기에서 우리는 서양의 근대성이 제국주의 시대에 조선이라는 서양 외부의 지정학적, 역사적 공간과 조우하는 모습을, 그리고 그 둘의 충돌 ― 서양과 동양, 제국주의와 식민지, 근대성과 비근대성 등의 충돌 ― 이 조선의 전통 의술에 대한 폄하와 서양 의술에 대한 우월감으로 나타나고 있는 것을 볼 수 있다.

분쉬가 조선에 체류했던 1901년부터 1905년까지는 열강의 조선에 대

---

18) *Ibid.*
19) Claussen-Wunsch, ed., 김종대 역, 앞의 책, 201쪽.

한 이해관계가 첨예하게 대립하던 시기였다. 그러한 상황에서 러시아와 일본은 만주와 한반도에 대한 지배권을 놓고 '러일전쟁(1904~1905)'을 일으켰는데, 역설적이게도 전쟁은 러시아나 일본의 영토가 아닌 중국과 조선의 영토 안에서 벌어졌다. 이는 당시 청제국과 대한제국이 영토적 야욕을 드러낸 열강들의 각축의 장으로 전락했다는 반증이기도 하다. 시간이 지나면서 전쟁이 일본의 승리로 기울자 대한제국은 급속하게 일본의 강력한 영향력 아래 들어갔고, 고종 황제의 권위 또한 급격하게 추락하기 시작했다. 분쉬의 눈에 비친 고종 황제는 온화하고 자상한 인품을 가지고는 있었지만, 의지력이나 추진력이 부족하고 우유부단한, 한마디로 일국의 군주에게 요구되는 중요한 덕목들이 결여된 무능한 통치자였다. 분쉬의 1904년 10월 17일의 일기는 당시 하라구치 조선주재 일본군 사령관과 하야시 공사의 고종 황제에 대한 불손한 태도의 한 단면을 여실히 보여주고 있다.

> 서울은 일본군에게 점령되었다. (...) 하라구치 장군은 황제에게 알현을 청하지도 않고 찾아간다. (...) 하야시는 황제에게 매사가 잘 되어 간다고 대충 보고한다.[20]

러일전쟁이 끝나지도 않은 시점에서 일본 고관들의 예고 없는 조선 황제 알현이나 무성의한 보고 등을 접했던 분쉬는 조선에 대한 일본의 보호국화가 가속화 될 것이며, 그렇게 되면 고종의 시의라는 자신의 지위도 보장받을 수 없다는 불안을 일기에 기록하고 있다. 일본에 의한 조선의 보호국화는 러일전쟁을 전후한 시점에서 서양인들 사이에 논란거리로

---

20) G. Claussen, ed., *Fremde Heimat Korea*, p.92.

등장하였는데, 그 근거로는 첫째, 조선이 더 이상 자국의 독립을 유지할 능력이 없다는 점, 둘째, 현실적으로 청일전쟁, 러일전쟁에서 승리한 일본 외에 조선을 보호국으로 만들 열강이 부재하다는 사실을 들 수 있다.[21] 아울러 분쉬의 기록 -부모님께 보낸 편지- 을 보면 그 역시 당시 조선의 서양 외교사절들의 예측 -일본에 의한 조선의 보호국 또는 식민지화- 에 경도되었음을 알 수 있다.[22]

독일과 러시아의 우호적 외교관계와 열강들의 세력균형에 힘입어 조선에 시의로 올 수 있었던 분쉬는 조선에서 일본의 지배권이 강화되는 상황을 직접 체험하면서, 한편으로는 일본 측의 간접적 사퇴압력을 받으면서 결국 시의 자리에서 물러나려는 결정을 하게 된다.[23] 분쉬는 독일인 연인이었던 숄(Scholl)양에게 보내는 1905년 1월 12일자 편지에서 고종의 만류에 대한 자신의 생각을 단호하게 써 내려가고 있다.[24] 고종의 만류에도 불구하고 분쉬가 한국을 떠나려고 했던 것은 첫째, 러일전쟁이 일본의 승리로 기울어가자 독일과 러시아의 우호관계를 견제하던 일본에 대하여 불편한 심정을 가졌다는 점과[25], 둘째, 황제가 주로 조선인 한의사들에게 진찰을 받으면서 분쉬의 서양의술을 신뢰하지 않았기 때문이었다.[26]

21) 정연태, 「19세기 후반 20세기초 서양인의 한국관」, 『역사와 현실』, 34호(1999), 194-198쪽.
22) G. Claussen, ed., op.cit, pp.90-92.
23) 박현우·이태훈, 앞의 논문, p.245.
24) "(...) 3월에 유럽으로 출발할 모든 준비가 되어 있는데, 황제가 시종을 보내 한국의 정세가 바뀌어 제가 머물 필요가 있다는 것이었습니다. 그 말에 저는 정치상황과 무관하다고 대답했습니다. 지금까지 이 나라 사람들은 제 개인적인 사정에는 관심을 보이지 않았으니까요." G. Claussen, ed., Fremde Heimat Korea, p.95.
25) Ibid., pp.62-63.
26) Claussen-Wunsch, ed., 김종대 역, 『독일인 의사 분쉬』, 201쪽.

3. 조선 정부에 대한 이미지

분쉬의 조선 정부에 대한 이미지는 그가 제물포에 도착하기 전부터 부정적이었다. 이는 고종의 시의로 고빙되면서도 조선 정부와 분쉬의 계약이 그때까지 명확히 문서화 되지 않은 때문이기도 했다.[27] 분쉬는 조선에 도착해서도 정부의 무성의로 적당한 숙소를 찾는데 어려움을 겪었다. 분쉬가 처음 한 달 동안 보고, 듣고, 느꼈던 조선 정부에 대한 개인적인 견해는 부모님께 보내는 1901년 12월 10일자 편지에서 잘 살펴볼 수 있다.[28]

> 모든 행정조직이 안정되어 있지 않고, 신뢰가 가지 않으며, 사람들은 고관에게 줄을 대고, 하급관리들은 부당한 방법으로 축재를 하고 있습니다. (...) 이곳에서는 범법행위를 하지 않았는데도 종종 옥살이를 합니다. 이런 일들이 비방이나 밀고로 일어납니다.[29]

여기서는 거의 대부분의 일들이 너무나도 느리게 진행되고 있습니다. 그런데 다행스러운 것은 저의 궁내 사무실이 이제야 마련되었다는 것입니다.[30]

이처럼 형성된 분쉬의 조선 정부에 대한 부정적인 인식은 1905년 4월

---

27) 분쉬의 시의 계약에 대한 구체적 내용은, 박현우·이태훈, 앞의 논문, 237-240쪽 참조할 것.

28) 아울러 분쉬는 부모님께 보내는 편지에 한국인들이 즐겨 먹는 음식인 김치에 대한 인상을 다음과 같이 서술하고 있다: "저는 그 사이 시의 직책으로 황제를 뵈었고, 황제는 제 면전에서 필요한 지시를 했습니다. 공식 통역관을 배정받았는데 그 사람이 풍기는 배추냄새는 지독했지만 지금은 이 냄새에 어느 정도 익숙해 졌습니다. 반쯤 상한 것 같은 채소류를 이 곳 사람들은 아주 맛있어 하며 많이들 먹고 있습니다." Claussen, ed., *Fremde Heimat Korea*, p.30.

29) *Ibid.*, pp.30-31.

30) 클라우쎈(G. Claussen)은 분쉬의 1901년 11월 3일자 편지의 말미에 그가 동생에게 보낸 우편엽서에 나타난 조선의 첫인상을 첨언하고 있다 엽서에 의하면 '조선인들은 지독하게 게을러서 황제를 만나보는데 일주일'이나 걸렸는데 경험이 있는 유럽인들의 말에 의하면 '일주일도 짧게 걸린 경우'라는 것이다. *Ibid.*, pp.28-32.

그가 조선을 떠날 때까지 계속해서 일관성을 보이고 있다. 조선의 지배집단, 특히 양반계급의 부패와 탐욕, 무능에 대해서는 조선에 체류했던 다른 서양인들의 기록에서도 유사하게 나타나고 있음을 알 수 있다. 조선의 양반 관리들은 백성들을 착취하며, 약탈이나 불법구금에 대해서도 아무런 제재조치가 없는데 이것은 하나의 사회적 관습이라고까지 비판하고 있는 것이다.[31] 그러나 분쉬가 위에서 열거한 부정적인 인식은 조선과 같이 당시 서구인의 눈으로 볼 때, 문명의 세례를 받지 못했던 사회에서만 찾아볼 수 있는 현상은 아니었다. 정도의 차이가 있을지언정 유럽 국가들 내에서도 흔히 찾아볼 수 있는 요소들 이었지만, 조선에 이러한 요소들이 대입되면 이는 문명의 혜택을 받지 못한 조선 사회의 전근대성과 불합리성을 대표하는 하나의 표상으로 자리매김하게 되는 것이다.

1900년대 초 조선의 국·내외적 상황은 과연 조선이 주권을 가진 독립국가를 유지할 수 있는가 하는 점이었다. 외부적으로는 조선에 대한 이권을 놓고 러시아와 일본의 대립이 심화되고 있었고, 내부적으로는 친일파와 친러파의 갈등, 가혹한 세금과 학정에 시달리던 민중의 봉기 등에 적절하게 대응하기에는 조선 정부의 역량이 미치지 못하고 있다는 것이 분쉬의 조선 정부에 대한 인식이었다.[32] 그러한 상황에도 불구하고 고종

---

31) Charles Dallet, Une Introduction sur l'historie, les institutions, la langue, les moeurs et coutumes coréenne, *Historie de l'Eglise de Corée*, 문규현 역, 『한국천주교회사』(빛두레, 1994).

32) 분쉬는 시의로서 그리고 개업의로서의 활동영역이 확대되는 상황에서도 조선 민중을 위한 병원 짓는 일에 투자하기 보다는, 가혹한 세금에 대한 민중의 불만에도 불구하고 낡은 일본 전함을 수백만 마르크를 주고 구입하는 조선 정부에 대하여 날카로운 비판의 시선을 보내고 있다. 더구나 500 프랑하는 낡은 영사기를 4,000 마르크에 구입하는 황실에 대하여 진정으로 하는 충고는 받아들이지 않고 닥치는 대로 사기꾼에게 걸려들고 있다고 안타까운 심경을 토로하기도 하였다. Claussen, ed., *Fremde Heimat Korea*, p.68.

즉위 40주년 행사를 거창하게 거행하고, 각국의 외교사절을 맞이하는 복잡한 절차 등에 관심을 보이는 조선 정부에 대해서 분쉬는 다음과 같은 견해를 그의 부모님께 보내는 편지에 밝히고 있다.

> 이 나라 어딘가에는 계속 민란의 조짐이 있는데 정부가 너무나 무능해 거기에 대처하지 못하고 있습니다. 그럴 때면 일본 사람들이 위험한 지역에 머물고 있는 동포를 보호한다는 명분으로 일본군을 주둔시켜 버리니, 참으로 기가 차고 어이가 없습니다.[33]
>
> 조선 정부와 군대가 자신의 역할을 못하고 있어 이 나라는 머지않아 일본이나 러시아의 침략을 받게 될 것입니다.[34]

1903년 9월 이후 분쉬의 기록에는 러일전쟁과 관련된 소식이 많이 언급되어 있다. 그는 1904년 1월 5일 부모님께 보내는 편지에서 '전쟁이 임박했다는 느낌이 강하게 들고, 일본과 러시아는 해상에서 서로 대치하고 있다'고 전쟁이 상당히 임박해 있음을 암시하고 있다. 1904년 2월 8일, 결국 분쉬의 우려대로 일본의 기습공격으로 러일전쟁이 시작되었으며 분쉬는 전쟁의 경과에 대한 자신의 일기를 독일의 쾰른신문에 연재하고 있다. 1902년 1월 16일자 일기에는 제물포항에 러시아 전함 2척의 입항, 1월 23일에는 각국 공사관이 그들을 보호해 줄 군대를 주둔시키고 있다는 기사를 볼 수 있다. 그리고 조선에서 각축하는 열강들에게 중립성을 보장받으려는 고종의 노력이 실패하고, 결국 황제는 일본에 의지하려 한다는 내용 등이다. 분쉬는 1904년 2월 9일자 편지에서 '제물포항에서 벌어진 러시아와 일본의 야간전투에서 울려나오는 천둥 같은 대포소

---

33) *Ibid.*, pp.69-70.
34) *Ibid.*, p.74.

리를 들으며 편지를 쓰고 있다'고 언급하고 있다. 2월 10일자 편지는 전쟁이 발발하고 제물포항에서 러시아 전함이 침몰했는데도 불구하고 '한국인들은 여전히 무심하게 거리를 오가고 있으며 주위에서 무슨 일이 일어나고 있는지 정확히 모르고 있다', 반면 '궁궐 내에서는 굉장히 초조하고 불안해 전전긍긍하고 있다'는 소식을 전하고 있다. 분쉬는 그의 편지에서 '전쟁 때문에 불안과 초조에 전전긍긍하는 왕실'과 '전쟁이 그들에게 어떠한 의미인지 모르는 무심한 한국인들'을 대비시키면서 조선의 위태로운 국가적 운명을 드러내고 있다. 이는 결국 스스로의 독립을 지킬 수 없는 조선의 무능한 통치자와 국제정세에 무지한 조선 정부에 대한 비판과 연민에 다름 아닌 것이다.

4. 조선 민중에 대한 이미지

분쉬가 제물포항에 도착한 이튿날인 1901년 11월 3일 부모님께 쓴 편지에는 조선보다는 일본에 대한 언급을 먼저 엿볼 수 있다. 제물포항에 약 5,000명의 일본인들이 거주하고 있는 상황, 일본 전함에서 내린 장교와 수병들, 일본의 전통 복장을 한 사람들, 연미복 차림의 일본인, 일본 천황의 생일을 축하하는 불꽃놀이 등이다. 분쉬의 기록을 보면 흡사 제물포가 일본 땅인 것 같은 착각을 일으키게 할 정도다. 일본에 대한 설명을 마치고 나서야 분쉬의 조선인에 대한 묘사가 이어지고 있다.

> 조선 사람들은 짐꾼에서 지체 높은 상인들에 이르기까지 아이, 어른 모두 흰 옷을 입고 외출합니다.[35]

---

35) *Ibid.*, p.26.

흰 옷을 즐겨 입는 모습 외에도 구한말 조선을 방문했던 서양인들이 남긴 기록을 보면, 그들이 조선인의 생활상을 보고 받은 인상은 비위생과 불결함, 그리고 빈곤이었다.[36] 분쉬의 기록에는 직접적으로 나타나 있지는 않지만 그가 자신의 동생(Hugo)에게 보낸 그림엽서에도 더럽고 비위생적인 길거리의 풍경이 묘사되어 있다. 이를테면, 길거리에 널린 인분의 처리는 견공들의 식욕에 달려있다는 언급이다.[37] 여기에서도 분쉬의 의도성과 상관없이 서양과 조선의 근대와 전근대, 서구와 비서구의 이분법적 구분은 위생과 비위생, 청결함과 불결함, 풍요와 빈곤이라는 대립적 요소들로 인하여 더욱 분명해 지고 있다. 분쉬는 조선인들의 절도행위 —서구인의 준법정신에 대한 대칭되는 개념으로— 에 대해서도 언급하고 있다. 연인 솔에게 보낸 편지를 보면, 자신의 집에서 일하는 요리사는 음식재료를 부지런히 훔쳐가고 있는데, 요리 솜씨라고는 털 끝 만큼도 없고 음식에 정성을 들인다는 것이 어떤 것인지 한 번도 생각하지 않는 사람이라고 혹평하고 있다. 조선인들의 절도에 대한 언급은 1901년 12월 27일 부모님께 보내는 편지에서 절정을 이루고 있다. 분쉬에 의하면 조선에서 절도는 매우 흔히 일어나는 일이며, 이웃 사람들이 언제 절도범으로 변할지 알 수 없다는 것이다.

도둑맞는 일이 흔해서 많은 손해만 입지 않으면 다행입니다. 특히 날씨가 몹시 추울 때에는 땔감창고나 석탄창고를 지켜야 하며, 정원의 과수도 돌봐야 합니다. 그렇지 않으면 이웃 사람들이

---

36) Lillias Underwood 저/신복룡 역, 『상투의 나라』(집문당, 1999), 69쪽; 이만열, 『아펜젤러』(연세대학교출판부, 1985), 273쪽; Homer Hulbert, The Passing of Korea, 신복룡 역, 『대한제국멸망사』(집문당, 1999), 243-244쪽.

37) Claussen, ed., Fremde Heimat Korea, p.28.

과수를 베어 갈지도 모릅니다.[38]

위에서 언급한 이러한 부정적인 요소들을 보면 조선인들은 서양 근대성의 표상이라고 할 만한 분쉬가 도저히 호의를 가질 수 없는 야만과 부도덕성의 표상이었다. 비록 분쉬가 그의 여행기에서 조선인에 대한 자신의 감정이나 생각을 극단적으로 나타내고 있지는 않더라도 그의 내면에 감추어져 있는 사고의 실마리는 결국 그의 글을 통하여 밖으로 드러나고 있는 것이다.

아울러 분쉬는 조선인들을 진찰하면서 그가 의사로서 느끼는 조선인 환자들의 성향에 대해서도 구체적 사례들을 기록하고 있는데, 첫째 조선인들은 어지간하게 아프지 않으면 의사를 찾지 않는 경향이 있다는 점이다. 분쉬는 1901년 12월 10일 편지에서 진찰을 받으러 오는 조선인은 거의 없으며, 막다른 골목에 이르러서야 의사를 찾지 그 전에는 병원에 가려고 하지 않는다고 적고 있다. 실제로 그의 기록을 보면 병원을 찾는 대부분의 조선인들은 더 이상 손 쓸 수 없는 상황에 와서야 의사를 찾기 때문에 환자가 목숨을 잃는 일이 여러 번 있었다는 사실을 알 수 있다.

둘째, 분쉬는 진찰을 받고나서 진료비를 내지 않거나 닭이나 계란 등 현물로 내는 조선 사람들의 모습을 그리고 있다. 예를 들면, 1901년 2월 27일 조선인 외과환자는 치료비로 닭 10마리와 계란 100개를 주고 갔으며, 1902년 8월 16일에는 진료비로 계란 수백 개를 받았고, 같은 날 조선인 산모의 아기를 받은 일에는 그 대가로 참외 하나를 받았다는 사실을 강조하고 있다.[39] 분쉬는 조선인들이 돈을 내고 의사의 진료를 받도록

---

38) *Ibid.*, p.33.
39) 분쉬에 의하면 이렇게 조선인들이 진료비를 지불하지 않거나 현물로 내는 이유는

제3부 - 구한말 한국을 바라본 독일인의 시선 161

몇 차례 노력하였으나, 결국 다음과 같이 무료봉사를 하는 쪽으로 마음을 돌리게 된다.

> 이곳에 사는 유럽인들이 많지 않아 개인 진료소 일은 별다른 진전이 없습니다. 조선인들은 워낙에 돈을 내는 습관이 들지 않아서 받을 엄두도 못 냅니다. 그들한테는 돈이 있을 때도 거의 없고, 저는 무료로 봉사하면서 수술하는 법이나 잊지 않으려고 합니다.[40]

분쉬는 서구 근대사회의 일원이자 근대 의학의 집행자로서 서구의 근대성의 상징이며, 그런 그가 처해 있던 시공간은 역사적으로 제국주의 시대에 식민지화되어 가고 있던 비서구의 조선이라는 공간이다. 따라서 이 시공간에서 조선 민중과 분쉬의 '역사적' 조우는, 치료의 경중에 따른 차등적인 사례라든가 진료 후에는 당연히 현금으로 계산을 하는 것이 익숙한 서구인의 사고방식과, 현금이 없으면 현물로라도 진료행위에 대한 성의표시를 하는 조선인의 전통적 사고방식의 교차점 —서로에 대한 이해가 결여되거나 거부되고 있는— 이었다.

그 외에 분쉬의 기록에는 조선인의 미신에 대한 언급도 나타나고 있다. 1903년 초 조선에 천연두가 계속 퍼지면서 많은 사람들이 목숨을 잃고 있는데도 불구하고 미신 때문에 전염병으로 죽은 아이들을 매장하지 않고 짚이나 광목으로 싸서 성문 앞 나무에 걸어 놓은 장면은 분쉬에게

조선 민중들이 가난해서 지불할 돈도 없었지만, 조선에서 활동하는 서양인 선교사들이 전도하듯 열심히 의료행위를 하는 바람에 진료비가 수치스러울 정도로 낮게 평가되고 있다는 데 기인한다. 그 때문에 조선인들은 '진료를 받는 것을 마치 그들이 의사에게 자선을 베푸는 듯 한 태도로 일관하며, 진료비를 내지 않는 것은 당연하고, 서양인 의사에게 약 한 병쯤은 선물로 받는 것을 예사로 안다'고 하면서 그러한 책임의 일부를 서양인 선교사들에게 돌리고 있다. *Ibid.*, pp.38-39, 58-59.

40) *Ibid.*, pp.49.

있어서 일종의 문화적 충격이었다. 전염병으로 죽은 아이들을 나무에 걸어놓은 장면은 그의 일기에 두 번(1903년 2월 6일[41], 27일) 기록되어 있는데, 두 번째 일기에서는 그러한 광경을 그리 놀라지 않는 담담한 필체로 적고 있다.

> 오후에 동대문 쪽에 나가 오랫동안 산보했다. 성벽에 어린아이들 시체 30여구가 걸려 있어서 사진을 찍었다.[42]

위와 같이 시체를 나무 꼭대기나 갈라진 가지 사이에 올려놓는 장례법을 수장(樹葬) 또는 수상장(樹上葬)이라고도 한다. 수장 풍속은 중앙아시아를 비롯하여 중국, 한국 등에 특히 성행하였으며, 중국에서는 부모보다 먼저 사망한 미혼의 자식이나 악역(惡疫)이 유행하여 갑자기 많은 사람이 죽었을 때 수장을 지냈다. 한국에서는 홍역(紅疫), 마마(천연두)로 죽은 시신을 덕(두 나뭇가지 사이 또는 양쪽에 세운 기둥이나 버팀대 위에 막대기를 걸쳐서 맨 시렁) 위에 올려 놓았는데, 이는 고열(高熱)로 갑자기 죽은 사람은 간혹 다시 살아나는 경우가 있어 이렇게 하였다는 설이 있기 때문이다. 그러나 그와 같은 장례 방법에 대한 사전 지식이나 이해가 없었던 독일인 의사 분쉬의 눈에 수장 풍습은 문명화된 유럽의 문화와 뚜렷하게 대비되는 조선의 원시적 미신에 다름 아니었던 것이다.

러일전쟁의 전황이 일본의 승리로 기울어진 1904년 말에서 1905년 초까지 분쉬의 일기와 편지에는 조선에 대한 일본의 지배가 점차 노골화되고 있는 상황이 묘사되고 있다. 조선 민중은 무능한 정부 때문에 나라가 계속 몰락하고 있다는 생각을 가지고 있으며, 일본의 조선지배에 대

---

41) *Ibid.*, p.81.
42) Claussen-Wunsch, ed., 김종대 역, 『독일인 의사 분쉬』, 201쪽.

한 반감이 점차 증대하고 있다는 것이다. 1904년 10월 6일 편지에서 분쉬는 '조선 민중도 서서히 일본에 반감을 갖기 시작했지만 도시 안에 일본군이 많기 때문에 어떤 저항도 할 수 없는 상황'이며, 게다가 겨울이되면 25,000명의 일본군이 조선에 주둔하게 된다고 적고 있다. 아울러 같은 편지에서 분쉬는 3명의 조선인들이 '전시법'을 위반했다는 죄로 일본군에 의해 공개 처형되는 사진까지 제시하고 있다.[43] 동년 11월 30일 편지에서 분쉬는 조선 민중들은 어찌할 바를 모르고 있는데, 조선 정부는 나라와 백성을 생각할 겨를도 없이 장례식이며 각종 궁중의식, 죽은 황태자비의 묘지 선택에 엄청난 재정지출을 하고 있다고 강하게 비판하고 있다.[44]

5. 제국주의와 오리엔탈리즘 사이에서

서두에서 언급한 바와 같이 필자는 역사적 스테레오타입 사례연구로서 분쉬의 구한말 조선에 대한 스테레오타입 분석을 시도하였다.[45] 분쉬

---

43) Claussen, ed., *Fremde Heimat Korea*, pp.90-91.
44) 당시 관리의 부정부패와 수탈은 민중의 역동성을 고갈시키는 주범이었다. 자신의 노동으로 이룬 재산이 보호받지 못하고 부패한 탐관오리들의 수탈의 대상이 되면서 힘없는 민중의 삶은 고단해 졌고, 그러한 민중의 모습을 통해서 분쉬는 일본에 의한 조선의 식민지화가 성공할 것이라는 강한 인상을 그의 기록에 남기고 있는 것이다. *Ibid.*, pp.93-94.
45) 필자가 특별히 분쉬의 기록을 연구의 기본 텍스트로 선택한 것은 지금까지 구한말 서양인의 조선인식과 관련된 연구서들이 분쉬를 비롯하여 당시 조선을 방문했던 독일인들의 기록이 연구대상에서 다소 소외되고 있었다는 데에도 그 이유가 있다. 예를 들어, 이배용의 논문에서 다루고 있는 6인의 서양인을 보면, 영국인으로는 여행가이자 화가이면서 1895년 『고요한 아침의 나라 - 조선』을 간행한 A. H. 새비지-랜도어(Arnold Henry Savage-Landor, 1865-1924)와 여행가이자 지리학자이며 『한국과 그 이웃나라들』을 쓴 이사벨라 버드 비숍(Isabella Bird Bishop, 1831-1904)이 있다. 미국인으로는 개신교 선교사인 언더우드 부인(Lillias H. Underwood, 1851-1921)과 감리교계 월간지 『코리아리뷰(The Korea Review)』의 편집자였던 헐버트(Homer

의 기록은 구한말 서양 의학의 도입과 발전에 있어서도 값진 자료이지만 당시 조선의 전체적인 사회상이 어떠하였는가를 외국인의 시각에서 관조할 수 있다는 데에도 상당한 의미가 있다. 필자는 분쉬의 구한말 조선에 대한 역사적 스테레오타입을 고종 황제에 대한 이미지, 조선 정부에 대한 이미지, 조선 민중에 대한 이미지 등 세 가지 항목으로 나누어 고찰하였다.

첫째, 분쉬의 눈에 비친 고종 황제는 늘 생명의 위협을 느껴 궁궐 안에서만 생활하였고, 궁중의 조선인 의사에 둘러싸여 분쉬의 서양의술에 대해서는 그다지 신뢰하고 있지 않았다. 고종 황제가 조선 정부의 정치적 주도권을 잡고 외세의 압력에 대응해 국가의 주권을 지키려고 했다는 기록은 어디에도 보이지 않는다. 더구나 러일전쟁이 일본의 승리로 기울자 종전의 친러적인 입장에서 일본에 의지하려는 나약한 군주라는 것이 분쉬의 고종에 대한 이미지였던 것이다.

둘째, 분쉬의 조선 정부에 대한 이미지는 더욱 부정적이다. 행정기구의 불안정, 관리들의 부정부패, 극도로 느린 행정처리, 정적에 대한 비방과 밀고, 사사로운 사건에 대한 정치쟁점화, 국고의 낭비와 총체적인 무능 등이 그것이다. 그러한 군주와 정부가 지배하는 나라가 주권을 수호하고 개혁을 추진한다는 것은 거의 불가능한 일로 여겨질 정도인데,

---

B. Hulbert, 1863-1949), 1882년 『은자의 나라 조선(The Hermit Nation)』을 출간한 그리피스(William Eliot Griffis, 1843-1948), 마지막으로 1908년 『대한제국의 비극(The Tragedy of Korea)』를 저술한 캐나다의 신문기자이자 저술가인 메켄지(Frederick A. Mckenzie, 1869-1931) 뿐이다. 구한말 한국을 방문하고 기록을 남긴 서양인 6人의 저술을 토대로 그들의 조선에 대한 인식을 파악한 그의 논문은 분쉬를 비롯한 오페르트, 묄렌도르프 등 구한말 조선사회에 영향을 끼친 독일인들에 대해서는 전혀 언급되고 있지 않다. 이배용, 「서양인이 본 한국 근대사회」, 『이화사학연구』, 28집 (이화사학연구소, 2001), 107-109쪽.

결국 분쉬는 조선이 머지않아 일본이나 러시아의 지배를 받게 될 것이라고 예견하고 있다. 이렇게 조선에 대한 분쉬의 식민주의 담론은 조선의 지정학적 위치와 관련하여 나타나고 있으며, 조선 정부의 무능과 이른바 타자에 의한 개혁의 필요성은 제국주의적 약육강식의 논리로 정당화 되고 있다.

셋째, 분쉬가 본 조선의 민중들은 불결하고 비위생적인 환경에서 게으름으로 인해 빈곤한 삶을 영위하고 있으며, 절도사건이 끊이지 않고, 미신이 그들의 정신세계를 지배하고 있었다. 더구나 조선 사람들은 무능하고 부패한 정부로부터 고통과 착취를 받고 있는 비참한 상황 하에서, 일본에 의한 식민지화의 길을 걷고 있었던 것이다. 여기에서 제한된 분석 대상으로 인하여 조선 체류 이전 분쉬의 조선에 대한 인식이 그의 조선에 대한 스테레오타입에 어떠한 영향을 주었는지를 분명하게 밝히기는 어렵지만, 조선에 대하여 부정적으로 정형화 된 이미지는 분쉬의 조선 체류기간 동안 그의 직접적인 체험에 의해 형성된 것이라는 사실에는 의문의 여지가 없다.[46]

그리고 이렇게 부정적으로 형성된 분쉬의 조선에 대한 스테레오타입은 당시 서양인들의 의식 속에 자리 잡은 오리엔탈리즘(Orientalism)과 밀접한 관련성을 가진다. 혹자는 서양인의 눈에 비친 한국 인상이 객관적인 것은 아니며, 서양 중심주의적 시각 또는 백인우월주의의 프리즘

---

46) 1905년 3월 30일자 편지에서는 '이미 조선의 중요한 전략적 요충은 일본군이 점령하고 있으며, 많은 조선 사람들이 하와이나 멕시코로 이민을 가고 있다'고 하면서 자신도 동경으로 자리를 옮겨 볼까 한다는 착잡한 심경을 토로하고 있다. 4월 9일의 편지에서 분쉬는 조선을 떠나기 전 황제를 알현해야 하는데 황제는 자신이 떠난다는 사실도 잘 모르고 있으며, 일본공사관이 자신의 해약 건을 처리하면서 황실에는 물어보지도 않는다고 서술하고 있다.

을 통해서 본 것이라고 비판한다. 구한말 한국인에 대한 기록을 남긴 대다수의 서양인들은 스스로의 인식의 지평이 오리엔탈리즘에 의해 구성되어 있다는 사실을 자각하지 못했다는 것이다. 뿐만 아니라 서양인의 한국에 대한 편향되고 왜곡된 이해는 정보의 부족이나 불완전함에 기인하는 것이 아니라 정보를 해석하는 시각이 근원적인 서구편향성에 있다고 비판한다.[47] 분쉬의 기록 −1904년 8월 20일 연인 숄에게 보낸 편지− 에 대한 필자의 분석에서도 서양인으로서 분쉬의 내면에 잠재된 오리엔탈리즘적 인식을 엿볼 수 있었다. 러일전쟁에서 러시아의 패배는 유럽인들에게 있어서 커다란 수치와 충격으로 다가왔던 것이다.

> 소식에 따르면 사태가 러시아군에게 계속 불리해지고 있습니다. (...) 러시아가 전쟁에 패한다는 것은 전 유럽이 수치스러워해야 할 일입니다. 지난 호 라이프(Life)지에 실린 삽화가 이 상황을 잘 묘사하고 있습니다. 삽화는 일본 사람이 러시아 사람의 옷을 벗겨 꽁꽁 묶은 다음 거대한 중국 사람에게 보여주는 장면입니다. (...) 일본인이 중국인에게 이렇게 말합니다. "바로 이 녀석이 유럽에서 가장 힘센 놈이었어".[48]

반면, 1905년 1월 12일 연인 숄에게 보낸 편지에서 분쉬는 다음과 같이 서양인들의 동양에 대한 우월의식에 대해 스스로 날카로운 비판의 칼날을 들이대고 있다. 백인들과는 피부색깔도 다르고 기독교문화의 세례를 받지 않은 열등한 황인종과 '황화론'은 과학적인 연구결과가 아닌 유럽인의 인종차별적인 견해에 불과하다는 것이다.

---

47) 오인영, 「서양인이 본 한국과 한국인」, 『개화기 한국과 세계의 상호이해』(국학자료원, 2001), 197-225쪽; 박지향, 『제국주의』(서울대출판부, 2000), 5-6쪽.
48) Claussen, ed., *Fremde Heimat Korea*, p.90.

유럽인들은 황인종에게 다시 한번 호되게 당하게 될 것 같습니
다. (…) 유럽인들은 중국인 같은 오랜 문화민족을 황색 악마라고
부르고 문화수준이 높을뿐더러 능력도 탁월한 일본인들을 원숭
이라고 부릅니다. (…) 황인종이 위험한 것이 아니라 우리 스스
로가 위험을 자초하고 있습니다. 황인종이 위험하다는 것은 빌헬
름 황제가 만든 말입니다. 이 말은 철저한 인류학적 연구결과가
아니라 순간적인 착상에서 나온 인종차별적인 견해입니다.[49]

    교육이나 다양한 언론매체로부터의 지식과 정보, 직·간접적인 체험
을 바탕으로 형성된 타자에 대한 스테레오타입은 그것이 객관·타당성
을 가지고 있느냐에 관계없이 지속성을 가지고 고정된 선입견이나 편견
으로 나타나는 경향을 보인다.[50] 그러한 선입견이나 편견은 결국 타자에
대한 보편적인 진리로 인식되어 인간의 정신세계를 지배하며, 자아와
타자간의 상호 이미지 형성에 부정적인 영향을 끼친다는 사실을 분쉬는
이미 러일전쟁을 통하여 간파하고 있었던 것이다.

    구한말 서양인들이 남긴 조선에 대한 기록들을 편견의 산물이라거나
'장님 코끼리 만지기'로 치부할 수도 있지만, 실제적으로 그 당시 서양인
들에 의해 형성된 한국에 대한 부정적 스테레오타입은 오늘날에 이르기
까지 여전히 무시할 수 없을 정도로 영향을 미치고 있다. 더구나 당시
서양인들의 한국에 대한 이미지가 직·간접적으로 일본이 조선을 식민
지화하기 위해 조작한 한국에 대한 부정적 시각에 영향을 받은 측면이
있는 것이 사실이다.[51] 그러나 필자가 분석한 분쉬의 기록을 보면 그의

---

49) *Ibid.*, pp.95-96.
50) H. H. Hahn, "Stereotypen in der Geschichte und Geschichte in Stereotyp", H. H.
    Hahn, ed., *Historische Stereotypenforschung. Methodische Überlegungen und*
    empirische Befunde , Oldenburg, 1995, p.193.
51) 김세은, 「1880년대 서양인의 조선인식」, 『시대전환과 역사인식 - 윤세철교수 정년

조선에 대한 스테레오타입이 일본의 프리즘을 통한 것이라는 직접적인
증거는 발견할 수 없었는데, 이는 분석 대상 텍스트의 제한성에 기인한
다고 보는 것이 타당할 것이다.[52] 분쉬는 종종 서구 중심주의적인 자신
의 견해를 드러내기는 했지만 백인 우월주의적 인종주의에 매몰된 인물
은 아니었다. 비록 분쉬가 인종주의에 대한 비판적 견해를 피력했다고
해도 그의 사고체계의 내면에 흐르는 이데올로기가 무엇인지를 찾아내
는 작업이 필요하지만 그러한 분석이 가능하기 위해서는 보다 많은 자
료수집과 분석이 선행되어야 하기 때문에 그 점은 차후의 연구과제로
남기고자 한다.[53]

기념 역사학논총』(2001), 627쪽.

52) 식민 지배를 정당화하기 위해 일본에 의해 의도된 조선에 대한 부정적 정보가 분쉬
의 조선이미지에 일정정도 영향을 끼치지는 않았을까 하는 의문이 들기도 하지만,
아직 그에 대한 학계의 연구가 부족한 상황이다. 기존의 연구 중에서 서양인들이 일
본인의 시각을 통해 한국에 대한 왜곡된 이미지를 가지게 되었다는 주장은 『역사와
현실』34호에 실린 정연태의 논문「19세기 후반 20세기 초 서양인의 한국관」과
1930-40년대 동아시아 - 한국, 중국, 일본 - 를 여행했던 8인의 독일인들의 여행기
를 분석한 김춘식의 연구를 찾아 볼 수 있을 뿐이다. 위의 글에서 김춘식은 1930,40
년대 일본 제국주의의 식민지였던 조선을 여행한 독일인들의 여행기를 분석하면서,
그들의 한국인에 대한 스테레오타입이 그들 자신의 한국에 대한 인식뿐만 아니라
일본의 한국에 대한 시각(Japanische Brille)에도 일정정도 영향을 받았다는 사실을
논증하고 있다. Chun-Shik Kim, *Ostasien zwischen Angst und Bewunderung*, Univ.
of Hamburg, 2001.

53) 필자는 본고에서 고종의 시의 분쉬의 기록을 분석하여 그의 구한말 조선에 대한 스
테레오 타입을 추적하였지만, 당시 독일인의 조선에 대한 역사적 스테레오타입을
총체적으로 파악하기 위한 작업을 계획하고 있다. 이를 위해서는 분쉬 한 사람만이
아닌 남연군의 묘를 도굴한 독일 상인 오페르트(Ernst Jacob Oppert), 당시의 주한
독일 외교사절들, 비록 나치독일 침략정책의 학문적 근거로 이용되었지만 독일 지
정학(Geopolitik)의 정립에 공헌한 라첼(Friedrich Ratzel), 독일에서 한국학의 기초를
놓았던 라우텐자흐(Hermann Lautensach)의 조선에 대한 정형화 된 이미지, 즉 근·
현대 한독관계사와 관련된 역사적 스테레오타입에 대한 연구를 지속적으로 전개해
나가고자 한다.

제2장 ─────────
구한말 독일인 신문기자 지그프리트 겐테(G. Gente)의 조선 이미지

1. 겐테의 조선여행기 *Korea-Reiseschilderungen*

지그프리트 겐테(Siegfried Genthe, 1870~1904)는 1901년 6월 중국을 거쳐 제물포로 들어와 11월 초까지 약 반 년 동안 서울, 강원도 당고개 금광, 금강산 횡단을 한 후, 제주도 한라산 정상까지 등반한 최초의 서양인이다. 겐테의 조선여행기는 1901년 10월부터 1902년 11월까지 독일 〈쾰른신문〉에 연재되었으며, 그의 사후에는 마르부르크대학 시절 절친한 친구이자 〈쾰른신문〉의 동료기자였던 게오르그 베게너(Georg Begener)가 1905년 알게마이너 베레인(Allgemeiner Berein für Deutsche Literatur)출판사에서 *Korea-Reiseschilderungen*[1]이라는 제목으로 출간되었다.[2]

───────────

1) 이 책은 1999년 『겐테의 한국기행』(최석희 역, 대구효성가톨릭대학교출판부)이라는 제목으로, 2007년 『독일인 겐테가 본 신선한 조선, 1901』이라는 제목으로 국내에서 출간(권영경 역, 도서출판 책과함께)되기도 하였다. 권영경의 번역서는 국내 언론이 앞다퉈 소개하면서 100년이 흐른 뒤에도 겐테의 한국 여정이 큰 화제를 불러 모으기도 했다.
2) 겐테의 한국 여행기가 출간한지 꼭 100년만인 2005년 5월 독일 에어푸르트대학교

북청사변(北淸事變)이라고도 불리는 〈의화단(義和團)의 난〉 취재를 위해 중국으로 파견된 〈쾰른 신문〉의 기자 겐테의 다음 방문지는 조선(朝鮮)이었다. 그가 방문할 계획을 세운 1901년에는 만주와 조선, 시베리아 해안의 항구마다 일본인이 장악하고 있었고, 베이징(北京)에서 서울로 가려고 해도 일본의 증기선을 타야만 했다. 그는 이 책에서 여행의 목적을 "조선인과의 진정한 만남을 위한 것"이라고 밝히고 있다.

조선은 자의 반 타의 반에 의해서 1880년 초부터 미국, 러시아, 독일, 프랑스, 영국 등의 순서로 서양과 공식적으로 외교와 통상조약을 체결하기 시작했다. 때맞춰 외교관, 떼돈을 벌겠다는 무역상인, 선교사, 그리고 이제까지 꼭꼭 감춰졌던 '미지의 나라 조선' 관광을 위해서 서양인 입국자가 끊어지지 않았고, 그 중 대부분은 서양에 알려지지 않은 조선을 소개하는 데 열을 올렸다. 그렇지만 조선을 다녀간 서양 사람들 중 일부는 별 사전상식도 없었을 뿐더러 조선의 문화를 충분히 이해할 능력도 갖추지 못한 상태였다. 그래서 이들은 일본 문헌을 우선적으로 참고했고 조선에 대한 그들의 선입견 때문에 조선을 제대로 보고 판단하지 못한 내용이 부지기수로 이러한 견문기를 읽는 이들을 못내 안타깝게 한다.

당시 외국인들은 조선이란 나라 이름을 '고요한 아침의 나라'³⁾라고 풀

는 개정판을 동아시아사 총서 일곱번째 책으로 내놓았다. 이 개정판에는 겐테가 직접 찍었던 제주관련 사진들이 실려 있다. 이 개정판은 글만 실렸던 초판과 달리 겐테가 구한말 1901년 제주에 왔을 때 직접 찍은 제주의 상징 돌하르방 석상을 표지 사진으로 싣고 있으며 1894년 당시 한라산과 제주의 구석구석을 외국어로 표기한 지도까지 실려 있어 흥미진진하다.

3) 피렌체 태생의 영국 화가이자 탐험가, 고고학자이자 작가이기도 한 새비지 랜도어가 일본을 거쳐 조선, 중국을 경유한 극동 여행 중 조선 방문 시에 쓴 기행문에 처음으로 '고요한 아침의 나라(Corea or Cho-Sen: The Land of the Morning Calm)'라는 조선의 이미지가 나타나고 있으며, 이는 서양인의 조선에 대한 스테레오타입으로 고착되었다. 새비지 랜도어 저/신복룡 역, 『고요한 아침의 나라 조선(한말 외국인기록

이하곤 했다. 하지만 겐테는 조선의 원래 뜻은 '신선한 아침의 나라'라며 잘못된 인식을 바로잡으려 한다. '고요한 아침의 나라'가 풍기는 이미지와 '신선한 아침의 나라'의 이미지는 천양지차다. 소극적이고 정체된 느낌의 '고요한 아침의 나라'보다는 활기차고 매력 넘치는 조선이라는 뜻에서 '신선한 아침의 나라'라는 표현이 조선이라는 국호를 제정한 원뜻에 가까울 것이다. 그래서인지 겐테가 바라본 조선과 조선인의 모습은 기존 외국인들의 시각과 차이가 있다. 겐테는 좀 더 객관적이고 편견 없는 시선으로 조선을 바라보려는 기자 정신으로, 그동안 잘못 알려진 조선의 실상을 제대로 밝혀내려고 노력했다.

겐테는 서구인에게 잘못 알려진 조선에 대한 선입견을 경험과 연구를 통해 수정해나갔으며, 금강산의 절경에서 한라산의 원시림까지 자신의 눈으로 확인하고 조사한 것은 물론 주민들과의 직접적인 교류에서 나온 생동감 넘치는 이야기들을 풀어내고 있다. 그와 함께 정치, 사회, 경제 등 비중 있는 시사문제를 함께 다루고 있으며, 조선 민족과 전통문화도 다방면으로 심도 있게 살펴보고 있다.

겐테의 조선여행기는 전체 4부로 구성되어 있는데, 중국에서 서해안을 거쳐 조선으로 들어오는 과정, 강원도 내륙의 당고개 금광과 금강산을 횡단해 동해에 이르는 과정, 서울에 체류하면서 서민들의 삶과 궁중생활, 제주도로 가서 한라산 등반을 하고 돛단배로 목포항에 이르는 위험한 모험을 다루고 있다.[4] 겐테는 다른 외국인들과 달리 금강산부터 제주도까지 한반도 구석구석을 여행하며 금광을 취재하고, 금강산과 한라

---

19)』, 집문당, 1999.
4) 겐테가 쓴 조선여행기는 1901년 10월 31일부터 1902년 11월 30일까지 <쾰른신문>에 연재되었다.

산의 지질학적 특징을 밝혔다. 또한 유려하고 아름다운 문체로 조선의 풍광과 독일어 학교의 조선 학생들, 승려, 제주도민, 광부, 벌목꾼 등 다양한 조선인들의 소박한 면모를 그려냈다. 지리학자이자 기자인 지은이의 특성을 잘 살린 이 책은 당시 조선의 급박했던 정세와 조선인들의 생활 등을 살펴볼 수 있어 그 역사적 가치가 매우 크다. 이 글에서는 겐테가 남긴 글을 통하여 그가 조선과 조선인, 조선의 자연경관과 한라산 등정, 조선의 정세 등을 분석하고 이를 토대로 겐테의 조선이미지를 파악해 보고자 한다.

2. 겐테(G. Genthe)는 누구인가?

겐테는 1870년 10월 26일 베를린에서 헤르만 겐테 박사의 둘째 아들로 태어났다. 부친은 고등학교 교장을 지냈고, 대대로 교육자 집안이었다. 겐테는 독일 예나대학에서 영문학, 독문학, 불문학을 전공하였으며, 마르부르크 대학에서 지리학 박사학위를 취득하였다.

일찍이 아버지가 돌아가시고 외국인 숙소를 경영하던 어머니 집에서 인도 영주를 알게 된 그는 1892년 인도영주의 개인비서 자격으로 인도에 가게 되었으며, 1899년 10월 5일에서 1900년 4월 6일까지 쓴 〈사모아에서 온 편지(Die Briefe aus Samoa)〉라는 글을 발표하였다. 이것이 겐테의 첫 번째 여행기록이다.

겐테는 박사학위 취득 이후 바로 쾰른신문사에 입사하였다. 겐테의 여행기가 장기간 연재된 〈쾰른신문〉은 당시 하루 4번 발행할 정도로 규모가 크고 영향력 있는 신문이어서 파급효과도 컸던 것으로 알려지고 있다. 1898년 첫 발령지 워싱턴을 시작으로 사모아, 모로코, 중국 등 당시 유럽 열강의 관심을 집중시켰던 분쟁지역을 주 무대로 활발하게 취재활동을 하였다. 특파원 활동을 하는 동안 쓴 정확하고 객관적인 그의 보도 기사는 당시 〈쾰른신문〉이 세계적인 명성을 얻는데 많은 공헌을 하기도 했다.

워싱턴에서 사모아 거쳐 1900년 가을, 중국에 파견된 겐테는 북청사변의 현장을 취재했고, 이듬해 6월 '조용한 아침의 나라' 조선으로 향한다. 일본 증기선을 타고 텐진에서 다구, 만주의 관문 잉커우를 거쳐 제물포로 들어온다. 겐테는 〈쾰른신문〉 중국 통신원 시절인 1900년 10월 21일부터 11월 15일까지 〈중국에서 온 편지(Briefe aus China)〉, 1901년 6월 16일부터 8월 28일가지의 중국의 여행기록 〈명나라 황제의 무덤과 만리장성으로의 봄소풍(Ein Fruehlingsausflug zur grossen chinesischen Mauer und den Graubern der Ming Kaiser)〉을 발표하였다. 중국에서 조선으로 간 겐테는 1901년 10월 31일부터 1902년 11월 30일까지 1년 1개월 남짓 〈쾰른신문〉에 한국 관련 글을 실었으며, 1902년 12월에는 〈북경의 인상(Pakinger Eindruecke)〉, 1903년 3월부터 4월까지 〈만주 겨울기차여행(Eine Winterfahrt durch die Mandschurei)〉을 남겼다.[5]

겐테는 조선여행을 마치고 당시 정치소요로 위험한 분쟁지역이었던 모로코에 특파되었으나, 신변의 위협을 느낄 정도로 사태가 악화되자 독일 영사의 출국 명령을 수차례 받기도 하였다. 결국 출국준비를 마친 그는 말을 타고 산책을 나갔다가 실종되었다. 1903년 〈쾰른신문〉에는 '지그프리크 겐테 박사, 3월 8일 평소 다니던 산책길에서 돌아오지 않다'라는 기사가 실렸고, 1년 후인 1904년 3월 8일 실종 장소에서 멀지 않은

---

5) 최석희, 「독일인의 한국여행기에 나타난 한국상」, 『독일어문학』 제26집, 2004, 184쪽.

페스(Fes) 강변에서 시체로 발견되었다. 서른 셋이라는 짧은 생을 마감했지만, 인도, 중국, 모로코, 사모아 등 그의 여행기와 저서는 사후에 시리즈로 계속 출간되었고, 그의 글과 명성은 1백 년이 지난 오늘날에도 여전히 독일인들의 관심을 모으고 있다.

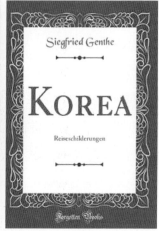

〈자료 1〉 지그프리트 겐테 사진과 겐테의 『조선여행기』 원문 표지

특파원으로서 겐테는 정치적으로 불안한 분쟁지역을 주로 여행했지만, 그 지역의 아름다운 자연과 원주민과의 교류에 비하면 해당 지역에 대한 그의 정치적 관심은 항상 부수적인 것이었다. 그는 모든 가능한 수단을 동원하여 현지의 문화와 자연을 원주민들과의 접촉을 통해 직접 체험하곤 했다. 또한 우리는 그가 남긴 글을 통하여 전쟁터의 심각한 참상이면에 숨겨진 아름다운 자연과 사람의 훈훈한 정을 느낄 수 있다. 그는 고상한 성격에 예의바른 태도, 타고난 쾌활함과 유머감각, 다른 민족과 문화에 대한 열정적인 관심으로 자신이 관찰한 것들을 명확하고 객관적인 자료를 통해 밝혀 나갔으며, 인간의 삶을 따뜻하게 그리고 있는 겐테

의 글 속에는 늘 희망과 미래가 제시되고 있음을 발견하게 된다.

3. 조선인에 대한 이미지

겐테는 어떤 여행자보다도 '진짜' 한국인을 만나고 싶은 열망이 컸다. 그는 한국에 오기 전에 한국에 관한 여러 자료를 읽었지만[6] 직접 한국을 체험하지 않고서는 믿을 수가 없다고 생각했다. 개항 이전 해외에 알려진 한국에 대한 자료 중에서 대표적인 것은 『하멜표류기』(1668)와 『한국 천주교회사』(1874)이다. 이 자료들에는 한국을 '더럽고 미개하며, 거짓말을 잘 하고 풍속이 부패한 나라'로 묘사해 한국을 찾는 여행자에게 부정적인 편견을 심어주었다.[7] 그러나 겐테는 자신의 글에서 직접 조선인을 만나고 소통하면서 조선에 대한 부정적 이미지들이 서구인들에게 비판없이 수용되고 있음을 지적하면서 문화상대주의적 시각에서 조선을 객관적으로 파악하려는 노력을 살펴볼 수 있다.

낯선 곳의 이국적인 사람들을 보았을 때, 겐테의 시선을 처음 빼앗은 것은 조선인들이 입고 있던 의복과 독특한 머리 모양이었다. 그는 중국처럼 조선에서도 신분이 높은 사람과 낮은 사람의 의복이 원칙적으로는 차이가 없지만, 옷감의 소재가 달라서 이를 근거로 신분과 부의 정도를 짐작할 수 있었다. 특히 그에게 여름 한복은 정말 실용적이고 편해 보였으며, 가장 주요한 부분은 바지였다. 크고 헐렁할 뿐 아니라 가볍고 통풍

---

6) Claude Charles Dallet, *Histoire de l'Eglise de Coree*, Librarie Victor Palme, 1874,

7) "지금까지 내가 본 도시들 중에서도 서울은 가장 별종이다. (...) 온 시내가 남녀를 막론하고 흰 옷을 입은 사람들로만 가득하고, 거리에는 더러운 쓰레기와 오물이 잔뜩 쌓여있는 이런 도시가 세상에 어디에 또 있을까. 종교도 사원도 가로등도 수도시설도 교통시설도 포장도로도 없는 도시! 이런 모습을 프랑크푸르트나 쾰른, 할레 등에서 상상이나 할 수 있다는 말인가!" Ernst von Hesse-Warteg, *Korea, Eine Sommerreise nach dem Lande der Morgenruhe 1894*, Dresden & Leipzig, 1895, p.54.

이 잘되는 광목으로 되어 있거나 더 가벼운 삼베로 짜서 거추장스럽게 처지지도 않았다. 조선인들이 갓을 쓰고 상투를 틀어 올린 모습은 겐테에게도 매우 인상적으로 다가왔음을 다음 서술에서 찾아볼 수 있다.

> 조선인들은 그들이 가장 중요하게 여기는 머리 부분을 매만지는 데 상당한 정성과 비용을 들였다. 하지만 젊은 사람들은 머리나 모자에 특별한 격식을 차릴 필요가 없었다. 그들은 머리에 아무것도 걸치지 않기 때문이다. 아무리 나이가 많은 남자라도, 결혼하지 않았으면 어른들의 일에 참견을 해서는 안 되며 머리에 갓을 쓰지도 못했다. 정수리 부문과 땋은 머리만 남겨놓고 모두 밀어버리는 중국의 변발과 달리, 조선에서는 머리카락을 한꺼번에 모아 땋기 때문에 풍성하고 모양이 매우 아름다웠다. 따라서 겉으로 보면 남자 아이들과 여자 아이들의 모습이 비슷했다.[8]

겐테는 여정에서 만난 동화처럼 아름다운 자연, 순수한 조선인들에 대해 자세히 묘사하고 있다. 금강산의 승려들, 황제의 자애로운 미소, 춤추는 기생들, 몸집은 작지만 기운이 넘치는 조선의 토종 말, 근대식 복장을 차려 입었지만 기질은 아직 순박한 조선 군인, 한라산 정상에 서서 본 숨 막힐 정도로 멋진 광경 등 그의 표현들은 너무나 생생해 마치 직접 겐테와 함께 여행하고 있는 느낌이 든다.

조선 주민들의 청결성에 대해서는 다른 서양인들의 지저분한 조선인의 모습과는 대조적인 서술이다. 이는 금강산 장안사를 방문했을 때의 조선인의 청결성에 대한 서술에서도 살펴볼 수 있다. 조선의 승려들이 욕실과 관련된 시설을 두루 갖추고 있다는 사실이 겐테에게는 정말 뜻밖이었다. 욕실은 문화민족을 자부하는 백인들이 자신들만이 소유하고 있

---

8) Siegfried Genthe, *Korea-Reiseschilderungen*, Allgemeiner Berein für Deutsche Literatur, 1905, p.67.

다고 평소 자랑스럽게 여기던 특별한 시설이었기 때문이다.

> 서양의 여행객들이 조선을 지구상에서 가장 불결한 나라 중 하나라고 평가한다면, 대단한 오류를 범하는 것이다. 청결 면에서 중국인은 짐승이나 다름없는 수준이었다. 원래 어디서나 집처럼 거리낌 없이 행동하는 중국인들은 개나 고양이처럼 훈련을 받은 가축들조차 부끄러워 할 일들을 공공연히 해결하기 위해 북적거리는 길거리 한쪽을 헤메고 다녔다. 따라서 중국 도시들은 사방이 불결하고 악취가 심하며, 하수구와 마찬가지로 주위에 물이 오랫동안 오염된 채로 있었다. 하지만 조선은 유럽의 마을이나 소도시들이 본받을만한 시설을 갖추고 있었다. 교양 있는 조선의 남자들은 땅바닥이 오염되는 것을 워낙 싫어해서 여행 중 이동식 변기는 필수였다. 심지어 귀족이나 관료인 양반들은 집에서도 어느 정도 거리를 두고 화장실을 설치했다.[9]

겐테의 조선인에 대한 서술에서는 위와 같이 중국인과 비교하는 경우가 자주 나타나고 있다. 이는 조선 방문 전에 이미 겐테가 중국에서 1년여 동안 체류했기 때문에 두 민족을 비교하는 서술은 자연스럽게 보이기도 한다. 겐테가 보기에 개인의 청결에서 조선인들은 알려진 것보다 훨씬 더 깨끗한 편이었다. 상황에 따라서 반대의 경우도 있지만 흰 옷을 즐겨 입는 것만 보아도 알 수 있다. 마을 주민들도 사찰의 승려들처럼 자주 옷을 갈아입었으며 불결한 차림은 겐테의 눈에 띈 적이 거의 없었기 때문이다. 예를 들어 장안사 주지는 머리부터 발끝가지 매일 옷을 갈아입었지만, 가난한 서민들은 비용이 많이 들어 그렇게 할 수 없을 것이라 추측한다. 한편 조선의 여행객들도 작업복을 입고 일하는 부두 노동자들이나 농가의 머슴들을 보고 독일인들의 청결성을 판단한다면, 조선에 대해

---

9) *Ibid.*, p.209.

서양 여행객들이 내린 성급하고 분변 없는 주장처럼, 유럽인 역시 부끄럽고 부당한 결과가 나올 것이 뻔할 것이라고 단정한다. 그는 조선인의 부엌 가구들을 보면 서양인들은 기분 좋은 실망을 할 것이라고 서술하고 있는데, 진흙으로 쌓아 만든 아궁이는 아주 소박하지만 깨끗하게 정리되어 있으며 부엌의 크기도 상당히 넓으며, 주전자, 냄비, 쟁반, 국자, 접시 등 모든 부엌 도구들이 반짝거리는 놋쇠였기 때문이다.

조선인의 청결성에 대한 서술은 이후 그가 강원도 당고개에 있는 금광을 방문하는 길에 야영을 하던 과정에서도 살펴볼 수 있다. 그는 이미 조선 관련 자료를 읽고 최악의 사태에 대한 마음의 준비를 하고 있었다. 무서운 해충과 온갖 좋지 않은 소문, 상상할 수 있는 모든 불편함을 감수할 각오였다. 조선인들은 서양에서 온 낯선 이방인이 강에서 목욕하는 것을 신기하게 바라볼 뿐, 겐테에게는 크게 불편할 것이 없었다. 게다가 다음 날 이른 아침, 목욕을 하러 강으로 나갔는데, 벌써 마을 주민들은 물속을 이러 저리 걸어 다니고 있었다. 물속에서 첨벙거리며 몸을 씻거나 심지어 손가락으로 이를 닦는 사람들도 있었다. 각종 기록에 나오는 주민들의 불결함과 조선 숙소에 대한 온갖 공포는 사실무근이었던 것이다. 또한 그는 금강산의 장안사(長安寺)에서 문화민족을 자부하는 백인들이 자신들만이 소유하고 있다고 평소 자랑스럽게 여기던 특별한 시설인 욕실 관련 시설을 보고 놀라면서, 조선을 지구상에서 가장 불결한 나라 가운데 하나로 보는 시각이 서양인의 편견임을 다시 한번 지적하고 있다.[10]

따라서 겐테는 동양에 대한 경멸과 선입견으로 무장한 채 조선을 찾은 다른 외국인과는 다른 식견을 지녔음을 알 수 있다. 그는 조선인이 씻지

---

10) 겐테, G. 저/권영경 역, 『독일인 겐테가 본 신선한 조선, 1901』, 도서출판 책과함께, 2007, 166-167쪽.

않는다는 소문은 전혀 근거 없는 편견일 뿐이라고 일축한다.

그렇다면 조선의 여성들은 겐테에게 어떤 모습으로 비춰졌을까? 그의 조선 여성에 대한 이미지는 공교롭게도 궁중에서 한 조선인 관리가 보여 준 황제와 결혼을 원하는 서양 여성들의 편지를 보고 느낀 소회에서 찾아볼 수 있다. 고종에게 편지를 보낸 서양 여성들은 이국적인 군주의 부인이 되거나 소박하게 후궁이라도 된다면 얼마나 멋질까하는 상상과 동경을 하지만, 유럽의 여성들이 조선 여성들의 삶을 안다면 아래와 같이 실망이 클 것이라고 서술한다.

> 이곳의 여성들은 권리도 없고 자유도 없다. 죄인처럼 세상과 격리되어 살고 있으며, 신분이 높을수록 커튼 뒤에 앉아있는 시간이 길어지는 인도의 여성들보다 더 엄격하게 규제를 받고 있다. 언제쯤 이런 야만적인 관습이 자유로운 제도에 자리를 내어 줄까?[11]

그럼에도 불구하고 겐테는 잠자는 동화의 나라에도 새로운 시대가 올 것임을 확신하고 있다. 그는 넓은 아량과 명석한 두뇌를 가진 한민족은 아마 이웃 나라보다 더 신속하게 서양의 사고방식과 제도의 물결에 휩싸일 것이라고 예견한다. 서울의 독일어 학교를 방문했을 때, 겐테는 독일어 학교가 번창하고 발전하는 모습은 조선인들의 무한한 가능성을 보여주는 확실한 증거임을 강조하고 있다.

한국인이 선량하다는 이야기는 다른 많은 서양인들의 여행기에서도 찾아볼 수 있다. 그러나 다양한 한국인을 만나 보지 않는 한 한국인의 낙천성을 알아보기는 힘들다. 한반도를 종횡무진한 후 겐테는 한국인은 원

---

11) Siegfried Genthe, *op.cit.*, p.211.

래 매우 선량하고 관대하며 손님을 후대하는 민족이며, 자유분방하고 쾌활하며 때로는 술기운에 겨워 호탕하게 즐기는 사람들이라고 평하고 있다.

그 밖에 흥선 대원군과 명성왕후 시해사건, 조선인의 반일감정, 외국인을 혐오하지 않으며 개혁을 적대시하지도 않는 조선 민족의 특성, 밤새도록 대안문 앞에서 주인의 퇴청을 기다리는 가마행렬과 하인, 근대화된 조선의 군인들, 옛 모습을 잃어가는 중국이나 일본에 비해 전통적인 삶의 모습이 그대로 남아있는 서울의 모습 등 겐테의 관심과 지적 호기심은 거리의 행인이나 소박한 서민들뿐만 아니라 고관들의 궁중생활까지 이어진다.

그는 도쿄와 베이징과 서울을 비교하고, 서울의 역사를 밝히며 다채로운 서울의 모습을 그렸고, 서구인들의 편견과 달리 조선인들의 깔끔함에 대해 이야기한다. 편견으로 가득 찬 여행기를 쓰는 다른 외국인들에 대한 비판과 편견을 받아들일 서구 독자들에 대한 우려를 표시하기도 한다. 외국인에게 조선 사람들이 신기한 것처럼, 조선인의 눈에 외국인들이 신기한 것이 당연하다고 생각하는 겐테의 문화상대주의적인 자세야말로 그의 여행기가 다른 외국인들의 여행기와 분명한 차이를 갖게 하는 지점이다.

4. 조선의 자연경관에 대한 이미지

겐테가 조선 방문에 앞서 워싱턴과 중국·사모아·모로코 등지에서 취재 경험을 쌓았다는 점이 말해주듯 그의 조선여행기는 단순한 인상기의 수준을 뛰어넘는다. 지금으로부터 약 120여년 전 동시대 세계의 다른 지역·사람들과 비교해 그 차이를 묘사하는 대목들이 특히 인상적이다. 그는 서울의 지리여건을 언급하면서 오스트리아 잘츠부르크와 이란 테헤란과 입지여건이 비슷하다고 적고 있다. 산기슭 아래까지 집들이 늘어서 있는데다, 주변에 높은 산들이 둥글게 에워싸고 있는 게 비슷하다는 것과 지리학자답게 세 도시의 차이점도 밝힌다. 당시 서울은 전신과 전화, 전차와 전기를 동시에 갖추고 있는 반면, 그는 베이징이나 도쿄, 방콕이나 상하이 같은 어떤 대도시도 당시 이 모두를 갖추지는 못했음을 지적하면서 전통과 근대가 공존하고 있으며 급격하게 서구문물을 수용하고 있는 모습도 서술하고 있다.

겐테는 강원도와 함경도에 뻗어 있는 울창한 삼림과 비교되는 서울 주변의 황폐한 삼림은 서울을 방문하는 서양인들에게 많은 실망감을 안겨 줄 것이라고 서술하고 있다. 그가 보기에는, 조선의 가난과 희망 없는 암담한 현실이라는 여행객들의 피상적이고 부정적인 판단들은 모두 서울 남쪽에 우뚝 솟은 남산에서 비롯된 것 같다면서 다음과 같이 언급하고 있다.

> 남산 꼭대기에서 내려다보면, 서울과 그 주변은 헐벗은 산림으로 암담하고 황폐한 모습이다. (...) 바다나 푸른 평지 등 온화한 풍경이 보이지 않는, 거대하고 황폐한 모습을 보면 어딘지 모르게 절망적이고 우울해진다. 앞서간 다양한 작가들처럼 이런 서울의 첫인상만으로 조선을 판단할 경우, 전 국토가 농사지을 땅도 없는 헐벗은 물모지라는 잘못된 선입견에 빠질 수 있다. 수십만 명이 연료로 사용하는 엄청난 양의 땔감은 매년 서울과 개성 근교의 삼림에서 충당되었다. 9백 년 동안 끊임없이 벌목을 했으니 원래 풍요로웠던 숲이 헐벗고 황폐화된 것은 전혀 놀랄 일이 아니다.[12]

---

12) Siegfried Genthe, *Ibid.*, Allgemeiner Berein für Deutsche Literatur, 1905, p.208

조선인들의 난방 기술과 이로 인한 땔감의 낭비, 30도의 여름 날씨에
도 따뜻한 온돌 등 겐테는 조선의 헐벗은 산, 황량한 남산의 모습도 나무
를 땔감으로 사용하는 난방 관습에서 그 원인을 찾고 있다. 그 밖에도 현
실 이면에 가린 서울의 역사적 가치, 도시구조, 건축양식을 중국과 비교
하고, 또한 한복을 이슬람 전통의상과 비교하는 해박함, 지게의 과학적
구조와 실용성을 꿰뚫어보는 예리함도 보이고 있다.

  조선의 자연경관에 대한 묘사 중에서도 겐테의 한라산 등정 이야기는
그의 여행기에서 백미를 차지하고 있는 부분이다. 그는 서양인으로서는
처음으로 한라산 정상에 올라갔으며, 거의 정확하게 한라산의 높이를 측
정했기 때문이다. 겐테가 제주도로 향한 시기는 〈이재수(李在守)의 난〉이
일어난 직후로 사회 분위기가 흉흉한 상황이었다.[13] 그럼에도 겐테는 지
리학자로서 제주도 한라산 답사를 갈망하고 있었다.

  겐테의 한라산 등정 소식에 주위 사람들은 한사코 한라산 등정을 만류
했다. 섬 해안에 부딪히는 파도가 워낙 세차고 높아서 아직 증기선이나
화물선에서 화물과 사람들이 직접 내린 적은 한 번도 없다는 것이다. 육
지 사람들처럼 선량함이라고는 전혀 찾아볼 수 없는 포악한 제주도민들
은 얼굴의 인상이나 복장에서도 본토 사람들과 다르다는 이야기도 들었

---

13) 김양식은 제주민란에 대한 이전의 연구를 비판적으로 검토하면서 민란 관련 인물
    들의 보고서, 공초, 소장 뿐만 아니라 국사편찬위원회 소장《주한일본공사관기록》
    일본순사의 현지보고서와 그 별지 부속서 등을 활용하여 자료의 한계성을 보완하
    였다. 김양식, 「1901년 제주민란의 재검토」, 『제주도연구』 제6집, 1989; 박재영, 「전
    통사회와 외래종교의 문화충돌: '이재수의 난'을 중심으로」, 『경주사학』 36집,
    2012; 유홍렬, 「제주도에 있어서의 천주교박해 - 1901년의 교난 - 」, 『이병도박사 화
    갑기념논총』, 1956; 김옥희, 『제주도신축년교난사』, 태화출판사, 1980; 박광성,
    「1901년 제주도 민란의 원인에 대하여 - 신축 천주교 박해사건 - 」, 『(인천교육대학)
    논문집』, 제2집, 1967; 정진옥, 「1901년 제주민란에 대한 일고 - 소위 신축교난의 발
    생 원인을 중심으로 -」, 『한국학논집』 제3집, 1983; 이기석, 「1901년 제주민란의 성
    격과 구조」, 『종교 인간 사회』(서의필선생 회갑기념논문집 간행위원회), 1988.

다. 섬의 천주교인들이 원주민들에 의해 잔인하게 살해된 사건은 전대미문의 학살사건으로 온 나라가 술렁이고 있음도 한라산 등정 만류 이유였다. 고종은 미국인 고문 샌즈를 제주도에 파견하여 상세한 조사보고서를 올리도록 하였는데, 겐테는 서울에서 샌즈를 만나 필요한 정보를 얻을 수 있었고 이는 다른 사람들로부터 얻어 들은 소식들 보다 훨씬 더 믿을 만 했다. 겐테는 아름다운 섬의 풍경과 원주민들의 신기하고 토속적인 삶 등 샌즈가 들려준 정보에 매료되어 천주교도 학살과 외국인 적대감, 부족한 교통시설과 해일이 몰아치는 위험한 바다 등 어떤 위험이 따르더라도 여행을 단행하기도 결심한다. 샌즈는 겐테를 위하여 친분을 쌓아 둔 제주 목사에게 보내는 친서를 주었고, 서울 주재 외국 관청을 통해 신분증서와 통행권을 마련해 주기도 하였다.[14]

겐테는 제주 목사에게 보일 소개장과 여행 도중 신분의 안전을 위해 통행증을 발급 받고, 같은 해 인천에서 황실 소속 상선 현익호(顯益號)가 마침 조선 순항길에 오르는데 이때 겐테를 제주도에 내려준다는 소식을 듣고 항해를 시작한다. 그는 제주도 해안에 도착하고 나서 작은 배도 아니고 통나무에 홈을 파서 만든 카누도 아닌, 배의 형태를 갖추지 않은 뱃전도 없는 뗏목을 갈아타고 제주도에 상륙하였다. 이후 제주 목사 이재호의 호의로 숙소를 제공받아 짐을 풀었다. 그런데 당시 이재호(李在護) 목사(牧使)는 겐테의 한라산 등반을 달갑게 생각하지 않았다. 제주 목사는 어떤 경우를 막론하고 화산 분화구에는 올라가서는 안된다고 충고했다. 주민이든 이방인이든 산 위에 올라간 사람은 없으며 만약 누군가가 조용히 산에 올라갈 경우 자칫 산신이 노해 뇌우와 흉년, 역병을 일으킨

---

14) 겐테, G. 저/권영경 역, 앞의 책, 243쪽.

다는 것이다. 이렇게 제주도에서는 산신령에 대한 토속 신앙 때문에 한라산 등반에 어려움이 있었다. 그러나 겐테는 그것을 무턱대고 비난하거나 계도의 대상으로 보지 않고 합리적이고 논리적으로 목사를 설득하고 자신의 한라산 등반이 제주도의 산신령 신앙에 영향을 주기를 마음속으로 바라는 등 개방적이고 합리적인 태도을 유지하고 있다. 겐테는 집요하게 목사를 설득하여 한라산 등반을 허가받았으니 외국인으로서는 첫 한라산 등반이었다.

겐테는 제주도 도착 사흘 만에 한라산 등정을 시작한다. 한라산 벌목꾼들의 가족이 거주하는 동굴에서 야영을 하기도 하였는데, 한라산 등반 도중 산중턱에서 우연히 만난 벌목꾼들의 동굴에서도 겐테는 주위의 낯선 사람들, 추위에 떨고 있는 벌목꾼들과 그 가족들에게 예의를 갖추고 코냑과 담배를 돌리며 동굴 안을 평화롭고 화기애애한 분위기로 바꾸기도 한다. 그는 당시 사람들이 신던 짚신에 대해서도 높이 평가하고 있는데, 이는 공학에 뛰어난 독일인의 세심함을 잘 보여준다. 가령 삼실을 꼬아 만든 짚신은 등산용으로 아주 훌륭했다는 것이다. 그는 짚신 신발 바닥이 얇지만 단단해서 뾰족한 자갈돌이나 단단한 바위 위를 걷기에 안성맞춤이라고 생각했다. 겐테는 한라산 정상 마지막 300미터 구간을 오르기 위해 두 시간 반 동안 사투를 벌였다. 한라산 정상에서 겐테는 아래와 같이 자신의 감회를 서술하고 있다.

숨이 막히고 땀이 흘러내렸다. 숨을 헐떡거리며 분화구 가장자리에 쓰러져 잠시 모든 것을 잊었다. 드디어 정상이다. 사방으로 웅장하고 환상적인 장관이 한눈에 들어온다. 섬을 지나 멀리 바다 너머로 끝없이 펼쳐진 파노라마였다. 제주도 한라산처럼 형용할 수 없는 웅장하고 감동적인 광경을 제공하는 곳은 지상에서 그렇게 흔하지 않을 것이다. 가지고 있는 두 개의 아네로이드 기압계로 신중하게 측정해 본 결과 분화구 맨 가장자리 높이는 해발 1,950미터다. (...) 백인은 아직 한번도 오르지 못한 한라산 정복은 내 생애 최고의 영광이다. 주변의 많은 반대와 어려움을 무릅쓰고 과감히 시도한 작은 모험이 성공적이어서 그 또한 기쁘고 자랑스럽다.[15]

온갖 난관에도 감행한 제주도 여행에서 겐테는 지리학자답게 한라산의 해발고도를 측정하고 백록담의 분화구 지질을 조사하였다. 이는 서양인 최초일 뿐만 아니라, 한라산의 해발고도가 수정되기 전까지 그의 측정이 사실상 공식자료였다는 점에서 의의가 있다. 그러한 점에서 정확한 탐사를 위해 노력한 그의 공로는 충분히 인정받을 자격이 있다. 바다 위에서 본 한라산의 웅장한 자태, 한라산 등반 준비를 위해 제주목사를 설득하며 동분서주하는 과정과 함께 겐테는 우리에게 당시의 제주읍성에 대해서도 많은 자료를 제공해 주고 있다.

5. 조선의 정세에 대한 인식

금강산 답사를 마치고 서울로 돌아 온 겐테는 우뚝 솟은 화려한 외국 공관들을 보고 서울에 서서히 밀고 들어오는 일본의 영향력을 실감한다. 무엇보다 서울 곳곳에 휘날리는 일장기들, 허세를 부리듯 오만하게 들어선 일본공사관 건물을 보고 교묘하게 조선에 대한 영향력을 확대하고 있는 일본 정부의 속내를 직시하고 있다. 일본의 조직적이고 체계적인 침투에 비해, 체면을 고려한 유럽 열강들의 눈에 보이지 않는 진출도 그의 시선에서 벗어나지 않는다.

---

15) Siegfried Genthe, *op.cit.*, pp.290-2191.

자신의 여행기에서 겐테는 만주의 경제를 장악한 일본, 러시아와 일본의 관계, 중국 대륙을 놓고 벌이는 유럽 열강들의 세력 다툼 등 당시 동아시아와 조선이 처한 상황을 객관적으로 잘 묘사하고 있다. 쇄국정책이 무너지자 불어 닥친 조선의 개방 바람, 프랑스, 미국, 일본이 조선에 끼치고 있는 영향력에 대해서도 이야기한다. 그로 인해 벌어질 미국과 일본의 충돌 가능성을 암시하는 등 서구 강대국들의 이권쟁탈전에 대해서도 전문가적인 입장에서 관찰하고 있다. 다른 외국인들과 달리 조선의 역사에 대해 해박한 지식을 가지고 조선과 조선인에 대해 분석하는 것 역시 이 여행기의 특징이다.

조선과 조약을 맺은 서구 열강들은 거의 예외 없이 처음부터 공사관 수준의 공관을 개설하였거나 이내 영사관을 대체하여 공사관으로 승격조치를 내렸던 것과는 달리 독일 측은 어찌된 영문인지 대부분의 기간을 겨우 영사관 수준의 공관만을 유지했을 뿐이라는 점은 특이하다. 더구나 다른 나라들은 화려한 외관의 독자적인 공사관 건물을 건축했던 것과는 대조적으로 독일의 경우는 이때까지도 여전히 '기와집'에서 벗어나지 못하였다.[16] 1901년 6월 조선을 찾은 독일인 기자 겐테는 '초라한' 몰골의

---

16) 독일은 1883년 11월 26일에 조선과 수호통상조약을 체결하였다. 1884년 11월 28일에는 협판교섭통상사무아문(協辦交涉通商事務衙門)으로 활동하던 독일인 묄렌도르프(Paul George von Moellendorf, 穆麟德; 1847~1901)의 알선으로 현재의 충무로 1가 중앙우체국 뒷편에 해당하는 낙동(駱洞)에다 최초의 공관을 정하였다. 그러다가 독일영사관이 새로 터를 잡은 곳은 예전에 묄렌도르프가 살았던 박동(洞)의 저택이었는데, 이때가 1886년 11월이었다. 박동은 지금의 종로구 수송동(壽松洞) 일대를 말한다. 그런데 박동 시절의 독일영사관은 생각보다 오래 지속되지는 못하였다. 1891년 독일영사관은 마침내 정동 권역으로 자리를 옮기게 되었다. 독일은 1903년 3월 1일에 이르러 서울에 파견한 독일대표의 지위를 공사급으로 승격한다는 발표를 비공식적으로 내보냈다. 곧이어 그해 5월 6일에는 변리공사 잘데른(Conrad von Saldern, 謝爾典; 1847~1909)이 새로 부임하여 기존의 바이페르트(Heinrich Weipert, 瓦以璧; 1855~1905) 영사를 대체함으로써 마침내 독일영사관은 정식

독일 영사관과 '격이 다른' 자기 나라 외교관 신분에 대해 다음과 같이 노골적인 불만을 드러내기도 하였다.

독일제국의 외교관 역시 소박한 관저에서 고요하고 겸손하게 은닉하고 있다. (...) 독일 정부가 굳이 조선의 독일 외교관들을 이렇게 비참하게 만들어놓고 자부심 강한 위대한 조국의 위신을 떨어뜨릴 뿐 아니라, 영사까지 종종 아주 곤혹스럽게 하는 이유는 아무도 모를 것이다. (...) 독일만 부영사나 통역관조차 없는 초라한 서열의 영사만으로 만족하고 있다. 예전에는 독일영사관의 지속적인 이중역할을 충분히 보좌해줄 만한 부영사가 있었다. 그러나 조선에서 독일제국의 신데렐라 역할을 강화하고 철저히 시행하기 위해 이 직책은 철회되었다.[17]

〈자료 3〉 독일영사관(서소문동 시절)

으로 독일공사관으로 바뀌게 되었다. 하지만 이 당시는 이미 독일영사관이 정동을 벗어나 회동(會洞) 즉 지금의 남창동(南倉洞) 9번지로 옮긴 이후의 일이기 때문에, 정동 시절까지는 '독일영사관'이라고 부르는 것이 정확한 표현이다. 뒤늦은 공사관 승격에도 불구하고 얼마 후 이른바 '을사늑약'이 강요됨에 따라 서울에 주재한 각국의 공사관은 일괄 영사관으로 격하되었으므로, 결국 독일의 경우 서울에 공사관을 둔 기간은 전부 합쳐도 2년여 남짓에 지나지 않는다. <독립신문> 1897년 4월 13일; <코리아 리뷰(Korea Review)> 1902년 7월호, 8월호, 10월호, 1903년 8월호.

17) Siegfried Genthe, op.cit., p.71.

〈자료 4〉 독일영사관(회동 시절)

결국 조선을 종횡무진 누빈 그의 여행담이 고종의 관심을 받아 많은 외국인들이 고대하는 황제를 알현하는 기회도 얻는다. 겐테는 정부의 소극적인 근대화 시도에서부터 서구화되어가는 왕실의 모습까지 빈틈없이 기록하고 있다. 겐테의 장기적인 조선 횡단 여행에 고종 황제도 관심을 보였다. 독일 영사 바이페르트 박사의 친절한 노력으로 고종을 알현하는 모든 일은 순조롭게 진행되었다. 고종의 알현은 겐테의 입장에서 예기치 않은 결과를 초래하기도 했다. 알현 며칠 후 독일 영사는 고종의 명령으로 겐테에게 훈장을 수여했다. 그가 조선의 군주를 위한 위대한 공로를 어떻게 수행했는지 오늘날까지 의문스럽다. 수여증에도 그에 대해 끝까지 침묵을 지키고 있다. 증서에는 단지 간결한 한자로 대한제국 황제가 광무 5년(1901)에 은색 기리온 훈장을 수여한다고 기록되어 있었다.

겐테는 서울에 세워진 외국 건물의 규모만 보고도 이들 국가의 영향력과 의도, 그리고 복잡한 국제관계 속에서 조선이 처한 상황을 유추하고 있다. 이국적인 건물 중에서 일본, 러시아, 프랑스의 공사관저가 제일 먼저 그의 눈에 들어온다. 다음은 일본 영사관에 대한 겐테의 묘사이다.

일본은 아름답고 커다란 언덕위에 따로 흰 바탕에 붉은 태양이 그려진 일장기가 휘날리는 멋진 영사관을 소유하고 있다. 일장기는 이곳이 모국처럼 편안한 모양이다. 사실 이곳에만 일장기가 펄럭이는 것은 아니다. 일본 병영들과 학교, 병원에서도 일장기가 나부낀다. 무엇보다 최근에 거창하게 완공식을 거행한 3층짜리 우체국 건물은 절망에 빠진 조선 정부의 커다란 분노의 대상이 되고 있다. (...) 조선 정부는 교묘히 밀고 들어오는 일본의 뻔뻔스러움을 통해 자신들의 무력함과 종속성을 뼈저리게 느끼고 있었다.[18]

그 외에도 프랑스와 러시아의 화려한 공사관과 외교관들의 호화 저택들이 주는 강력한 인상에서 겐테는 그들이 추구하는 것은 조선에 대한 정치적 영향력이며, 그 영향력은 건설 사업을 통해 분명히 드러나 있음을 지적한다. 조선인들에게 그들의 목적은 완벽하게 수행되었으며, 겐테에게는 마치 수도와 황제의 궁전이 러시아와 프랑스의 깃발 아래 직접 보호를 받고 있는 것처럼 보였다. 겐테는 1882년부터 수많은 나라와 체결한 조약들은 아직 큰 혁명으로 이어지지는 못했음을 지적하면서도 조선에 진정한 개혁의 시간이 도래하고 있으며, 행정, 국방, 사법, 화폐제도, 교통문제 뿐만 아니라 세금, 관직 배치, 농업 등 전반적인 개혁이 필요함을 언급하고 있다. 겐테가 보기에 거대한 중국과 치룬 전투에서 이긴 정복자이자 구원자로서 한창 우월감에 가득 차 있는 재빠른 일본이 조선에 개입하지 않은 공공 분야는 없었다. 당시 조선은 일본의 강압적인 개혁으로 극도의 긴장상태였다. 파벌 중에는 일본을 지지하는 세력이 있는가 하면 이에 반대하는 세력도 있었다.

당시 외세는 조선에 매장된 자원에 잔뜩 눈독을 들이고 있었다. 가령

---

18) *Ibid.,* p.209.

조선의 광산채굴권을 따내기 위해 미국, 독일, 프랑스, 러시아, 일본 등이 각축전을 벌였다. 아관파천(1896) 이후 조선의 보호국을 자처한 러시아는 함경북도 경원과 종성의 광산 채굴권을 차지하였고, 두만강, 압록강 유역 및 울릉도의 삼림 채벌권을 획득하였을 뿐만 아니라 경원 전신선을 시베리아 전선에 연결하는 권리와 인천 월미도 저탄소 설치권 등 경제적 이권을 차지했다. 그러자 다른 나라들도 최혜국 조항을 내세우며 동등한 권리를 요구하였다. 미국은 운산 금광 채굴권과 경인선 부설권, 영국은 은산 금광 채굴권을, 독일은 강원도 당현 금광 채굴권을, 프랑스는 경의선 철도 부설권을, 일본은 직산 금광 채굴권과 경부선, 경원선 부설권을 차지하였다.[19]

겐테 역시 당시 독일인이 관장하고 있던 당현 금광을 방문하는 것이 그의 여행 일정에서 빼놓을 수 없는 중요한 일정이었다.[20] 겐테는 강원도 당현 금광과 금강산을 여행하는 일정에서 그가 접했던 서양인들의 조선 관련 기록들을 비판하기도 한다. 여행 중 『한국천주교사』[21]를 읽은 겐테는 "이 책은 한국에 와본 적도 없는 달레 신부가 파리에 앉아 선교사들이 보내 준 편지만을 모아 엮은 것에 불과하다"며 "한국과 한국인에 대해 알

19) 최종고, 『한독교섭사』, 홍성사, 1983, 165-184쪽.
20) 홍명순, 「19세기 말 독일인의 조선여행기 -문화간 커뮤니케이션 관점을 중심으로」, 『외국어로서의 독일어』 제27집, 2010, p.158.
21) 서양어로 서술된 최초의 한국역사와 한국문화 소개서인 샤를 달레(Charles Dallet, 1829-1878)의 『한국천주교사(Histoire de l'Église de Corée, 1874)』는 조선에 파견된 프랑스 선교사들과 초기 조선 가톨릭 신자들의 고난과 신앙고백 및 순교 이야기가 주요 내용이다. 전체 분량의 대략 5분의 1을 차지하는 서론/서설은 조선에 대한 기본적인 지식조차 없는 외국 독자들을 위해 조선역사, 지배구조, 종교문화 등을 간략하고도 압축적으로 설명한다. 달레는 다블뤼를 포함해서 조선에 파견되었던 선교사들의 보고서와 증언, 편지 등에 근거하여 '접근하기에 힘든' 은자 나라의 윤곽을 그리려고 노력했다.

면 알수록 이 책의 신빙성을 의심하게 됐다"고 밝히고 있다.

　　달레 신부의 두꺼운 책은 당시까지 조선에 대해 가장 철저하게
파헤친 글이다. 조선과 그 국민에 대해 알면 알수록 책의 신빙성
에 대한 나의 회의는 비례해 커가고 있다는 사실을 고백하지 않
을 수 없다. 달레 신부는 조선에 직접 와본 적이 없었다. 파리에
앉아 동료가 보낸 편지를 모아 책을 만들었으니 그 자체만으로도
신부의 열정적인 공로가 인정되는 셈이다. 하지만 그에게 전해진
보고들의 가치가 있고 없음에 대한 분별이 없다. 즉 신부는 보고
된 내용을 비판 없이 무조건 믿고 수용한 것 같다. [22]

　　달레의 『한국천주교사』가 근대 한국학의 기본적인 담론 형성에 끼친
영향력과 그 단기적·장기적 유산은 무엇일까? 정부의 통치구조에 대한
인식, 지배계층의 당파성과 지역주의, 종교와 조상숭배에 대한 평가, 남
녀·부부관계에 대한 묘사, 조선역사의 특질 등 다섯 가지 범주를 적용하
여 판단하면 조선을 매우 폐쇄적이고, 야만적이며, 미신적인 국가라고
설파하고 있다는 사실이다. 달레는 조선의 정치영역에서는 '진보'나 '혁
명' 같은 것은 생각할 수도 없는 개념이며, 지배계층인 양반은 당파로 분
열되었고, 백성은 착취당하기 위해서만 존재하는 계층이라고 신랄하게
비난한다. [23]

　　조선 북부지방 여행 중에 겐테는 우연히 유럽의 박물관에 보낼 식물을

---

22) Siegfried Genthe, *op.cit.*, p.316.
23) 평안도 사람들은 다른 지역사람들보다 더 굳세고, 더 미개하고, 더 사나운 왕조의
　　적들이며, 황해도 사람들은 옹졸하고 융통성 없고 신의도 없다. 경기도 사람들은 경
　　박하고, 지조 없고, 사치와 쾌락을 밝히며, 전라도 사람들은 위선적이고, 교활하
　　고,…배반행위도 서슴치 않는 사람들로 여겨진다. 달레가 유일하게 호의적으로 평
　　가하는 경상도 사람들은 다른 지역 사람들보다는 훨씬 수수하고, 풍속의 부패가 덜
　　하고…사치도 적고 엄청난 낭비도 적다. 샤를 달레 저/정기수 옮김, 『벽안에 비친
　　조선국의 모든 것: 조선교회사 서론』, 탐구당, 2015, 252쪽.

채집하던 프랑스 선교사를 만났다. 그 선교사는 작은 교구의 사제직 외에 유럽 박물관과 식물학회에 보낼 1백여 종의 식물 종류를 채집해 보내고 파리와 제네바, 베를린의 구매자로부터 그에 대한 보수를 받고 있었다. 이 선교사는 한국의 지리도 잘 몰랐고 한국말은 한마디도 이해하지 못했다. 그런데도 프랑스에 보낼 〈지역과 주민, 도덕과 풍습〉이라는 한국에 관한 완성된 보고서를 들고 있었다. 가뜩이나 달레 신부의 책을 의심하고 있던 겐테는 다음과 같이 비난한다.

> 함께 식사 중에 그가 조선인에 대해 내린 평가는 '조선인들은 씻지 않아 너무 불결하다'는 것이었다. 그 선교사가 외모에 신경을 쓰지 않아 얼마나 더러운지, 자신이 악취가 나는 검은 수도복을 입고 있다는 사실도 잊은 듯 했다. 수도사는 수도복에서 꺼낸 휴대용 칼을 꺼내 칼과 손가락으로 생선과 구운 고기, 야채와 과일을 먹었다. 식사 후 칼은 수도복 안쪽에 대고 쓱 닦았고 손가락은 입으로 핥으면서 간단하게 처리했다. 그런데도 유럽식 교육을 받은 이 선교사는 '동물처럼 살며 예의와 청결 개념이라고는 모르는' 토착민들의 역겨운 습관에 대해서 쉬지 않고 떠들어대고 있었다. 이런 사람들은 원주민들과 제대로 의사소통한 적도 없으면서 주제넘게 판단해서 글을 쓰고 책을 만들어 세상에 내놓는다. 주민들의 삶에 대해 편파적이고 시대에 뒤떨어진 일방적인 글을 주워 모은 자료들을 가지고 말이다.[24)]

6. 겐테가 본 조선: '신선한 아침의 나라'

구한말 이 땅을 방문했던 겐테에게 조선은 분명 신선한 나라였을 것이다. 동양 어느 나라 보다도 가장 늦게 서양 문물을 받아들였음에도 어느

---

24) Siegfried Genthe, *op.cit.*, pp.317-319.

나라보다도 빨리 발전한 서울의 모습이라든지 자정이 되어서도 늦게까지 정사를 보는 궁궐의 관습, 다른 어느 나라와도 다른 특유한 문화와 습속, 외견상으로나 성품으로나 유럽 어디에 갖다놔도 찬사를 받을만한 조선의 토종 소 등이 그에게 매력적으로 비쳤음은 여행기 구석구석에서 애정 어린 글귀들로 잘 나타난다. 그리고 무엇보다 겐테의 직업이 기자라는 점 또한 중요하다. 비슷한 유형의 조선 관련 여행기들이 대부분 작성자들의 출신 성분에 따라 종교적인 편견이나 인종적인 편견, 오리엔탈리즘 등으로 객관성이 떨어지는 반면 겐테가 쓴 한국 여행기는 비교적 중립적이고 개방적인 태도로 자신이 바라본 조선을 담담하게 써내려간 것이다.

겐테의 조선 여행기는 다음 몇 가지 사항에서 구한말 다른 서구인들의 여행기와 차이점이 있음을 알 수 있다.

첫째, 서구인들에게 잘못 알려진 조선에 대한 선입견이 자신의 직접적인 답사와 경험을 통해 잘못된 것임을 논증하고 있다. 서울에 있는 독일어 학교를 방문하고 수업을 참관한 겐테는 명석한 두뇌를 가진 조선의 젊은이들로부터 한민족의 무한한 가능성을 발견하기도 한다. 특히 흥미로운 점은 겐테가 자신이 알고 있던 오류투성이의 조선에 관한 이야기들이다. 겐테는 자신의 기자적 소양을 발휘해서 조선인들의 생활에 대해 잘못 알려진 오류들은 적극적으로 수정해나가고 있기도 하다. 그동안 조선의 정보를 유럽에 알려준 것은 선교사들이나 뒤늦게 제국주의 열강 대열에 편입하려던 일본인들이라 이들의 이야기에는 편견이 난무했다. 예를 들자면 조선 사람은 씻지 않아서 지저분하다든지 느리고 게으르다는 것 등 말이다. 겐테는 여행 중 직접 조선 사람들과 함께 생활함으로써 이런 편견들이 잘못되었다는 것을 하나 둘 입증해 나간다. 이를테면 저렇게 흰 옷을 입는 사람들이 어떻게 지저분 할 수 있으며 실제로 자신이 아침에 강가에 나가봤더니 동네 사람들이 모두 강물에 몸을 담그고 씻고 있더라고 서술하기도 한다. 느리고 게으른 조선인에 대해서도 직접 겪어 본 결과 전체적으로 시간관념에 대해서 느긋한 것은 사실이지만 막상 일을 할 때엔 헌신적이고 열정적이었다는 평가를 내리기도 했다.

둘째, 당시 조선의 풍광과 조선인들의 살아가는 모습뿐만 아니라 정치, 경제, 사회 등 비중 있는 시사문제도 소홀히 취급하고 있지 않다는 점이다. 러시아와 일본의 관계, 중국 대륙을 중심으로 벌어지는 유럽 열강들의 세력다툼 등 대외적인 상황도 객관적 자료를 통해 정확하게 다루고 있다. 구한말 조선이 처한 입장, 즉 쇄국정책의 원인, 문호개방과 그에 따른 문제점들, 조선에서 유럽 열강들의 이해관계에 있어서도 전문가적인 입장에서 관찰하고 있다.

셋째, 조선 민족과 전통문화도 다방면에서 심도 있게 다루고 있어 역사적 자료뿐만 아니라 문화인류학적 자료로도 전혀 손색이 없다. 따라서 겐테의 조선여행기는 그의 발자취를 따라갈 수 있을 만큼 정확하고 상세해서 100년의 세월을 뛰어 넘는 시간여행이 가능하다.

겐테의 여행기에서 주목할 만한 특징은 '신선한 아침의 나라' 조선을 바라보는 겐테의 개방적인 태도와 객관적인 관점에 있다. 겐테는 조선 민족과 문화를 단순한 일상의 흥미 거리가 아니라 열린 마음과 관용의 자세로 보고 있다. 백인우월주의에서 비롯된 기존의 조선에 대한 잘못된 선입견에 대하여 조선인의 긍정적인 측면을 증거로 제시하면서 반박하고 있다. 서양 여행자들이 쉽게 단정해 버린 부정적인 편견은, 부지런하고 위생개념이 철저한 조선인의 모습들, 예를 들면 교양있는 조선인들은 여행 중 이동식 변기를 휴대한다는 점, 양반집에서는 집에서 일정한 거리를 두고 화장실을 설치한다는 사실, 조선인들이 게으르고 타성에 젖어있는 것이 아니라 부지런하고 성실해서 당현 금광 작업인부로 고용하는데 만족스럽다는 점 등을 통해 반증하고 있다. 겐테는 불결하고 악취가 심한 중국 도시에 비해 흰옷을 즐겨 입는 백의민족의 청결성과 낙천적인 성격까지 언급하고 있다. 외래문화의 고유성을 수용하고 인정할 줄 아는 겸허하고 신중한 관찰자로서, 겐테의 보고는 책임감과 객관성, 사실성을 토대로 하고 있기에 독자들에게 신뢰감을 준다. 또한 겐테의 한국 여행기는 구한말 한국에 대해 단편적 지식, 그나마 많이 왜곡된 지식만 갖고 있던 독일과 유럽인들에게 구체적이고 생생한 한국의 상황과 생활상, 자연의 모습을 전한 귀중한 자료이다.[25]

겐테에게 조선은 "외부의 세력에 물들지 않아서 아직까지 고유함을 그대로 간직한 미지의 세계로, 사람의 마음을 끄는 신선한 매력"이 있는 곳이었다. 그렇지만 "티베트는 제외하더라도, 오랜 문화를 지난 나라 중 외국인을 철저히 멀리하는" 부정적인 이미지도 숨기지 않고 있다. 이는 그가 일본에 대해서는 "폐쇄적이었던 중세 봉건사회에서 선경지명과 넓은 안목을 갖고 세계 정치로 발돋움하는 과도기"라고 긍정적으로 평가한 것과는 사뭇 대조적이다.

겐테는 제국주의·식민주의의 부당성에 대해서는 둔감했던 듯하다. 당시 뒤늦게 식민지 쟁탈전에 뛰어든 독일은 영국, 프랑스보다 식민지가 적다는 사실이 불만이었다. 1882년 한미수교에 대해서 '드디어 그렇게도

---

25) 독일 에어푸르트대학교 실비아 브레젤 교수는 지난 2005년 5월 23일 에어푸르트의 '하우스 다허뢰덴' 문화관에서 열린 지그프리트 겐테의 한국 여행기 출간 100주년 기념 개정판 출간 기념식 강연에서 이같이 밝혔다. 100년만에 나온 개정판에는 겐테의 육필 원고와 편지, 그의 삶과 저서들을 정리한 글, 한국 여행기의 주요 내용과 그 의미를 평가한 글들이 추가됐다. 무엇보다 주목되는 것은 글만 실렸던 초판과 달리 개정판에는 겐테가 직접 찍었던 사진들이 실려 있다는 점이다. 『한국경제』, 2005.05.24.

오랫동안 오만과 무지를 고집하던 민족이 외국과 접촉했다'고 기뻐한 겐테의 보고는 문명전파를 앞세운 서구 제국주의의 동방 진출이라는 하나의 당위로 인식되었고, 문화민족(Kulturnation)을 자임하는 독일인에게는 더욱 그러했을 것이다.[26] 겐테는 경인선 철도부설을 문명의 시혜로 선전하는 일본의 제국주의적 시각을 여과없이 흡수하고 있으며, 청일전쟁에 참전한 일본의 동기를 미화하기도 하였다.[27] 겐테는 자신의 조선여행의 목적을 조선인과의 진정한 만남을 위한 것이라고 밝히고 있지만, 그 이면에는 독일이 이권을 가지고 개발하고 있던 당현 금광 시찰이 포함되어 있었다. 그는 한국에 대해 편견을 걷어 내고 한국인의 긍정적인 기질을 포착하는 데 열정적이었지만 독일인이라는 민족정체성으로부터 자유로워지기는 쉽지 않았던 것이다.

위에서 살펴본 바와 같이, 겐테의 조선여행기를 특징짓는 것은 문화상대주의적 시각과 그 안에 내재되어 있는 서구의 근대 계몽주의적 입장, 즉 양가적 태도라 하겠다.[28] 겐테는 문화상대주의적 시각을 통해 독일 〈쾰른신문〉 독자들이 미지의 땅 조선에 대하여 갖는 기대치와 관심을 고취시키며, 다른 한편으로는 계몽주의적 진보관을 서구 중심주의와 연결시킴으로써 조선의 문호개방과 근대화, 그리고 독일제국 빌헬름 2세의 "세계정책" 및 한국에서 독일의 이권과 영향력의 확대를 합리화하고자 하는 의도를 엿볼 수 있다. 이러한 의도에서 서술된 겐테의 조선이미지는 기존의 "황색의 위험"으로 각인되었던 중국과 일본의 이미지에서

---

26) Genthe, Siegfried, op.cit., p.57.

27) 고유경, 「한독관계 초기 독일인의 한국 인식에 나타난 근대의 시선」, 『호서사학』 제40집, 2003, 282쪽.

28) 김연신, 「구한말 독일인 여행기에 서술된 동북아상 -"황색의 위험"의 기능변화-」, 『카프카연구』 제36집, 2016, 177쪽.

벗어나 있는 것이다. 겐테가 자신의 글에서 생산해 낸 조선에 대한 이미지는 구한말 조선이 처해있는 정치적, 경제적 무기력 상태에 상응하는 것으로, 다른 한편 그러한 조선에 대한 이미지의 공백을 기존의 조선에 대한 서구인들의 부정적인 시각을 문화상대주의적 시각으로 비판하고 대체시켰던 것이다.

4부

동·서독 역사교과서에 나타난
남·북한 이미지

제1장
냉전시대 서독 역사교과서에 나타난 한국 이미지
(1950-1990)

1. 냉전체제와 분단국가: 동·서독과 남·북한

미국과 소련에 의해 구축된 새로운 세계질서는 지구촌 사회를 냉전이라는 이데올로기로 양분하였다. 특히, 1947년 이후 코민테른을 중심으로 동유럽에서 소련의 영향력은 한층 강화되었는데, 밀로반 질라스와 스탈린의 회견에서 보이는 것처럼 스탈린은 제2차 세계대전 이후 '새로운 전쟁'의 형태를 동유럽 소련 점령지역에서 군대를 계속 주둔시키면서 정치적·군사적 영향력을 확대해 나가는 것이라고 보았다. 이는 소련에만 해당되는 것이 아니었다. 일단 점령이 시작되자 미국과 소련은 누가 먼저라고 할 것도 없이 자신의 점령지에서 독자적인 지배 체제를 구축했던 것이다. 미국 또한 서유럽에서 공산세력의 축출을 위하여 마샬계획을 통하여 서유럽 국가들에 대한 경제원조를 단행하였으며, 1948년 미국, 영국, 프랑스는 독일점령지역을 하나로 통합하고 마르크화를 도입하여 독일연방공화국을 성립시켰다. 그 결과 전 세계는 미국과 소련을 중심으로 하는 두 개의 불럭이 형성되었다.

제2차 세계대전 이후 한국은 카이로선언에 따라 마땅히 독립국이 되어야 했지만, 미국과 소련에 의한 남북한 분할점령은 결국 민족의 분단을 초래하게 되었다. 독일의 분단이 얄타회담에서 이미 논의되었던 예견된 분단이었지만, 한국의 분단은 미국의 제의를 소련이 수락한 임시방편적인 성격을 가지고 있었다. 동독을 비롯한 대부분의 동유럽 국가들과 북한은 소련의 영향력이 지대하였으며, 베를린 봉쇄와 한국전쟁으로 냉전 이데올로기는 한층 견고해졌다.

냉전은 미국과 소련 양국의 힘의 균형 하에서 유럽과 동아시아에서 통제된 긴장상태의 지속을 초래하였다. 미국과 소련의 대결적 냉전 구조는 다른 한편 양국의 협력적 대립구조에서 형성된 것이기도 하였다. 그러나 민족의 분단은 어떠한 외부 세력에 의해서도 강요될 수 있는 것이 아니라는 점에서, 한국과 독일의 분단은 미국과 소련이 제2차 세계대전 이후 헤게모니를 장악하기 위한 제국주의적 성격을 내포하고 있었다.

1960년대 후반 사회민주당(SPD)의 집권 이후 동유럽 공산권 국가와의 외교관계 수립과 동·서독 관계의 회복을 위한 빌리 브란트 총리의 "동방정책(Ostpolitik)"은 1970년 폴란드와의 국교정상화 및 동·서독 기본조약의 체결로 나타나기 시작했으며, 1989년 동구 공산권을 비롯한 동독 정권의 몰락과 1990년 독일 통일로 절정을 이루었다.

이 글은 방법론적 측면에 있어서 서독 및 통일 이후 독일 역사교과서의 한국에 대한 서술내용이 냉전 초기부터 최근까지 시대별로 어떻게 변화되어 왔는가를 파악함으로써 지난 약 50년간의 독일 역사교과서에 나타난 한국(남·북한) 이미지를 파악하는데 목적이 있다. 분석 대상은 1951년부터 2002년까지 한국의 역사에 관한 내용을 다루고 있는 서독 및 통일 독일에서 출간된 187권의 역사교과서이며, 자료는 오늘날 세계 최대의 교과서도서관을 보유하고 있는 독일 브라운슈바이크(Braunschweig) 소재 게오르그-에케르트 국제교과서연구소를 통하여 수집하였다. 제2절에서는 서독의 역사교육과 역사교과서의 특징과 시대적 변화 양상, 제3절과 제4절에서는 순차적으로 냉전시대에서 2000년대 초 독일 통일 시기까지 독일 역사교과서에 서술된 남한과 북한 관련 서술 내용을 살펴보고, 결론적으로 1951년부터 2002년까지 출간된 서독 및 통일 이후 독일 역사교과서의 한국 관련 이미지를 전체적으로 조망하고자 한다.

2. 서독의 역사교육과 역사교과서

분단을 극복하고 통일을 이루어 유럽과 세계의 모범국가로 발전하고 있는 독일은 한 번도 국정 역사 교과서를 채택한 적이 없다. 1949년 동·서독 분단이 확정된 뒤 서독은 교육과 문화 정책에서 연방주의 원칙을 지켜 중앙정부의 통제를 배제했다. 서독은 나치 이데올로기의 비판이나 민주적 정치제도의 확립만이 아니라 국가의 '통합적' 질서, 특히 교육에 대한 중앙 통제 자체를 파시즘의 연속이자 민주주의의 적으로 보았으며 그러한 시각은 분단 시기부터 독일 통일 이후까지 지속적으로 추구하고 있는 원칙이다. 이러한 원칙은 교과서 발행체제와 내용구성, 교수-학습 방법론에 이르기까지 폭넓게 적용되고 있는데, 이는 분단시대 동독의 마르크스-레닌주의에 입각한 사회주의식 중앙 통제적 교육체계와는 매우 대조적이라 할 수 있다.

독일의 역사교육학자 쿠스(Kuss, H.)에 의하면, 1990년 독일 통일 이전까지 서독 역사교육의 변천과정을 전후 회복기(1945-1949/50), 상대적 연속성의 시기(1950-1970), 개혁과 혁신의 시기(1970-1987)로 구분하고 있는데, 이를 기준으로 서독의 역사교육 변천과 그 내용을 살펴보면 다음과 같다.[1]

전후 회복기의 역사교육은 민족의 대립과 전쟁을 연상시키는 정치사를 지양하고 문화사 및 정신사에 치중하였다. 정치사는 상대적으로 위축되기는 했지만, 공민과목 뿐만 아니라 역사과목을 통해서도 새로운 민주국가의 건설에 동참할 수 있는 정치적 책임감의 함양이 강조되었다. 이러한 맥락에서 1946년 헤센주의 교육과정은 문화사적인 역사교육과 정치교육적 측면을 강조하는 역사교육을 절충시키려는 대표적인 사례였다.[2]

1953년 서독 문교부 장관 회의(KMK)에서는 지방 수준을 넘어서 연방주 전체에 적용할 수 있는 역사교육의 기본계획을 담은 "역사교육의 원칙"이 통과되었다. 이러한 원칙은 1950-1960년대 서독 역사교육의 조직과 운영에 있어서 기본적인 틀로 작용하였다. 동·서독의 분단 이후 1950-1960년대에는 냉전 분위기 속에서 동독 국가체제를 비판하는 반공주의적 내용과 민족정체성을 강조한 역사서술이 교과서에 담겼다. 서독의 역사 교과서가 검인정으로 발행되고 있었지만 처음부터 다원주의적 관점의 역사 해석과 비판적 서술을 충분히 담고 있었던 것은 아니었다. 그들 또한 냉전의 분위기 속에서 반공주의 이데올로기에 사로잡혀 있었고 여전히 민족정체성을 강조하는 관성적 역사서술에서 쉽게 벗어나지 못했다.[3]

1) 허영식, 「독일 역사교육의 변천과 동향」, 『사회과교육연구』 제3호, 1996, 48쪽.
2) Kuss, H, "Historisches Lernen im Wandel, Geschichtsdidaktik und Geschichtsuntericht in der later und neuen Bundesrpublik", *Aus Politik und Zeitgeschichte*, B 41, 1994, p.23.
3) 이동기, 「이동기의 현대사 스틸컷: 역사가들은 다시 탐정이 되고 싶다」, 『인터넷 한

1960년대 중반부터 역사교육의 내용과 방법은 일단의 사회학자들로부터 비판을 받기 시작했다. '역사가 당면 문제를 설명하는데 어떤 의미를 가질 수 있는가'라는 물음이 심각하게 제기되었고, 이에 대한 해답으로 등장한 것이 1960년 "자브뤼켄 교육과정 합의(Saarbrücker Rahmenvereinbarung)"였다. 이를 통하여 김나지움 상급 학년(11–13학년)의 역사교육은 통합교과인 "(공통)사회과(Gemeinschaftskunde)"에 포함되었다. 그러나 대부분의 연방주에서 통합교과를 도입하려는 이러한 시도는 '역사교육을 통해서도 정치교육도 담당할 수 있다'는 주장에 입각하여 대부분의 역사교사와 서독 역사교사협회의 벽에 부딪혔다.[4]

1970년 이래 서독 역사교육에서 가장 커다란 논쟁점은 역사교수학적 사고가 일차적으로 사회이론적인 기초에서 출발하는가, 아니면 역사이론적인 기초에서 출발하는가에 대한 대립이었다. 전자는 역사학이 갖고 있는 기능을 도외시한 것은 아니지만 비판과 사회적 해방에 강조점을 두고 있는데 반해, 후자는 우선적으로 역사학의 연구 및 인식 원리에 입각하고 있었다. 그러한 입장 차이는 격렬한 논쟁을 불러일으켰으며, 1972년 이래 '헤센주 사회과 교육과정(HRRG)'을 둘러싼 논쟁에서 정점에 달했다. 한편으로 1970년대 말부터 역사학습의 목표가 역사적 지식이나 역사연구 결과의 단순한 습득이 아니라 역사를 다룰 수 있는 지적 능력, 즉 '역사의식'의 함양이라는 인식이 확산되었고, 이는 역사교육학의 핵심적인 범주로 받아들여졌다. 이제 역사교수학은 역사이론, 역사연구와 더불

겨레21』, 2015.10.21.(http://h21.hani.co.kr/arti/society/society_general/40511.html(검색일: 2018.02.12.).

4) Süssmuth, H., "Kooperation von Geschichte und Politik", *Handbuch zur politischen Bildung*, Bonn, 1988, pp.542-543.

어 역사학의 확고한 구성요소로 자리 잡게 되었다. 독일 역사교육의 또 다른 축으로 보이텔스바흐 협약(Beutelsbacher Konsens)을 들 수 있다. 이 협약은 1976년 서독의 보수와 진보를 망라하는 교육자, 정치가, 연구자 등이 독일의 소도시 보이텔스바흐에 모여 정립한 교육지침이며, 유럽과 전 세계 '민주시민교육의 헌법'이라고 불릴 정도다. 본래 학교 정치교육의 지침으로 만들어졌으나 모든 공교육 영역으로 확대 적용되어 독일 연방정부는 정치·국가관·역사 등을 가르칠 때 모두 이 원칙을 따른다. 이 협약은 강제성의 금지(강압적인 교화 교육 또는 주입식 교육의 금지), 논쟁성의 유지(수업시간에도 실제와 같은 논쟁적 상황을 드러낼 것), 정치적 행위 능력의 강화(학생 자신의 정치적 상황과 이해관계를 고려한 실천 능력을 기를 것) 등 세 가지 원칙을 골자로 한다.[5] 이 합의는 교육학, 특히 역사교육과 정치교육에 대한 학문적 논의의 성과에 기초한 것이지만, 좌우 진영의 이념 대립을 극복하기 위해 이루어진 정치적 합의였다. 그것은 법적 구속력이 있는 정치적 결정도 아니었지만 민주적 토론 문화의 일정한 성취였으며, 이들이 합의를 통해 도출한 원칙은 독일 정치교육의 헌법으로서 기능하고 있다.[6]

개혁과 혁신의 시기 역사교과서는 사회사적인 주제를 채택하면서도 현대사의 내용을 많이 포함하고 있다. 서독의 여러 연방주에서는 10학년의 역사수업의 출발점을 시기적으로 1945년으로 삼을 정도였으며, 동·

---

5) 송현숙, 「역사전쟁 – 독일의 교훈: 분단 독일, 논쟁·다양성 추구한 역사교육이 '통일의 힘' 됐다」, 『경향신문』, 2015.10.12.(https://www.minjok.or.kr/archives/80028/ 검색일: 2018.02.12.).

6) 이동기, 「이동기의 현대사 스틸컷: 역사가들은 다시 탐정이 되고 싶다」, 『인터넷 한겨레21』, 2015.10.21.(http://h21.hani.co.kr/arti/society/society_general/40511.html(검색일: 2018.02.12.).

서독 간에 체결된 1972년 〈기본조약〉 이후 독일 현대사를 서술하고 있는 역사교과서에서는 동독에 대한 보다 객관적인 서술을 하려는 시도가 상당한 정도로 진척되었다. 그리고 '독일문제', 즉 독일의 분단과 통일 문제는 점점 더 당면한 민족적 과제라기보다는 오히려 분단된 당시의 상황이 오히려 더 정상적인 상태로 간주되었다.[7]

일상사, 성(젠더)의 역사, 환경사와 같은 새로운 역사연구의 경향이 1980년대 이래 역사교육 과정과 역사교과서에 반영되었다. 그리고 교사 위주의 수업이 아닌 학생이 스스로 조사하고 연구하는 탐구식 학습이 강조되었다. 이 시기에 접어들면서 특정한 역사적·정치적 문제를 다루기 위한 지침을 문교부장관회의(KMK)와 같은 정부 차원에서 내릴 수 있는 시대는 종말을 고하게 되었다. 이는 1976년 독일과 폴란드의 〈교과서 준거안〉 합의, 1980년대 초 '평화 교육'에 대한 정부의 태도에서도 확인할 수 있다. 분단시대 서독의 역사교육은 역사교육학의 학문적 독자성을 확보해 가면서, 검인정제도 하에서 역사교과서 정책에 있어서 정부로부터의 정치적·이데올로기적 영향과 간섭에서 벗어나는 과정이었음을 파악할 수 있다.

3. 서독 역사교과서에 나타난 남한 이미지

본 절에서는 냉전시대 서독 역사교과서에 나타난 남한 관련 내용을 파악하기 위하여 한국의 역사에 관한 내용을 다루고 있는 1951년부터

---

7) Kuss, H, "Historisches Lernen im Wandel, Geschichtsdidaktik und Geschichtsunterricht in der later und neuen Bundesrpublik", *Aus Politik undZeitgeschichte*, B 41, 1994, p.28.

2002년까지 서독에서 출간된 187권의 교과서를 분석 대상으로 삼았다.[8] 서독 역사교과서의 근현대사 관련 서술에서 한국이 처음 등장하는 것은 청일전쟁부터라고 할 수 있다. 그렇지만 그러한 서술은 명치유신으로 근대화를 성공적으로 달성한 일본이 동아시아에서 세력을 확장하는 상황에 대한 서술에서 부분적으로 등장하고 있는 것이지 한국이 서술의 중심은 아니었다. 그리고 출판 시기를 막론하고 서독 역사교과서는 한국에 관련된 내용 중에서 '한국전쟁(Koreakrieg)'을 중점적으로 다루고 있음을 알 수 있다. 즉, 서독의 역사교과서는 한국 관련 내용을 아래와 같이 한국전쟁을 중심으로 그 이전사와 이후사로 구분하여 서술하고 있는 것이다.

- 청일전쟁부터 냉전의 시작
- 한국전쟁의 원인과 경과
- 한국전쟁의 의미와 영향
- 한국전쟁 이후 남한의 사회·경제적 발전

한국 관련 내용에 있어서 서독 역사교과서는 대체로 한국전쟁 이전의 역사적 사실에 대해서는 짧게 서술하고 있다. 1950년대 출간된 독일 역사교과서들에서는 지정학적으로 한국이 중국과 일본과 같은 열강들 사이에 위치해 있으며, 이들 열강의 영향은 한국의 정치적 상황을 불안정하게 만드는 요인으로 작용했다는 것이다.[9]

---

8) 분석 대상 서독 역사교과서의 구체적인 서지사항은 <부록> 참조.

9) *Grundzüge der Geschichte 7 - von der Französischen Revolution 1789 bis zur Gegenwart*, Moritz Diesterweg Verlag, Frankfurt am Main und Bonn 1951, p.3; *Lehrbuch der Geschichte für die Oberstufe höherer Schulen(Weltgeschichte der neuesten Zeit 1848-1950 - Unter besonderer Hervorhebung der deutschen und eu-*

서독 역사교과서는 대부분 한국 관련 역사를 청일전쟁(1894-1895)부터 소개하고 있으며, 이 전쟁에서 승자인 일본은 패전국인 청나라로부터 포모사(Formosa)를 획득하였다. 1970년 출간된 역사교과서에서도 청일전쟁 당시의 상황을 묘사하고 있는 일본의 한 목판화 그림이 제시된 것을 볼 수 있다. 그림은 평양에서 일본군이 청나라 군대를 공격하는 모습인데, 평양은 오늘날 북한의 수도이며, 평양에서 일본군과 청나라 군대가 전투를 벌였다는 것은 전쟁터가 당시 조선 땅이었음을 암시하는 것이다.

> 조선을 중국의 영향권에서 벗어나게 하고 자신의 영향권 안으로 끌어들인 것은 일본이었다. 청일전쟁을 통하여 중국은 포모사(대만)을 상실했으며, 외교적으로 조선이 독립국이라는 점을 인정해야 했다. (...) 일본은 이제 남만주와 한반도에서 결정적인 영향력을 행사할 수 있었다.[10]

승전국 일본은 1895년 4월 청나라와 시모노세키조약을 조인하였다. 조약의 내용은 일본이 청나라의 요동반도와 대만을 할양받고 충칭, 쑤저우, 항저우 등 청나라의 새로운 항구를 개항하는 것이었다. 청일전쟁이 끝나고 청나라는 조선에 대한 종주권을 잃었으며 일본의 국제적인 지위가 올라갔다. 이에 러시아는 독일과 프랑스를 끌어들여 요동반도에 대한

---

ropäischen Entwicklung), Johannes Borgmeyer Verlag, Bonn am Rhein 1951, p.76; *Welt und Leben - Eine Sachkunde für Schule und Haus*, Hermann Schroedel Verlag K.C., Hannover und W. Crüwell Verlagsbuchhandlung, Dortmund 1951, p.88; *Unterrichtswerk für Geschichte(Oberstufe höherer Lehranstalten und verwandter Schultypen)*, Neueste Zeit 4. Bd., 2. Halbband(1848-1945) von Studienrat Dr. Benno Graf, M. Lurz Verlag, München 1952, pp.131-132.

10) *Spiegel der Zeiten(Lehr- und Arbeitsbuch für den Geschichtsunterricht*, Ausgabe B, Bd. 3(Vom Absolutismus bis zum Imperialismus), Moritz Diesterweg Verlag, Frankfurt am Main, Berlin, München 1970, pp.226-227.

권리를 포기하라고 압박하는 삼국간섭을 행사하였으며 이에 일본은 굴복하였다.

그 후 일본은 영국과 동맹을 맺고 러시아에게 만주에 대한 이권을 포기할 것과 한국에 대한 일본의 지배권을 인정할 것을 요구하였다. 러시아가 이러한 제안을 거부하였고, 일본과 러시아는 중국 및 조선 영토에서 동북아 패권을 차지하기 위한 전쟁을 치르게 되었다. 서독 역사교과서는 아래와 같이 일본과 러시아와의 전쟁을 서술하고 있다.

> (...) 1894/95년 청일전쟁에서 승리한 일본은 한국(Korea)에 대한 강력한 영향력을 행사하고자 하였다. 1905년 러시아의 함대는 쓰시마 섬 인근 해전에서 패배하였다. 일본은 이제 한국에 대한 '보호권'을 획득하였고, 한국은 마침내 1910년 일본 제국의 식민지가 되었다.[11]

러일전쟁은 간단히 말하면 만주와 조선을 둘러싼 일본과 러시아 두 열강의 충돌이었다. 전쟁에서 승리한 일본은 여순항(Port Arthur), 사할린의 남쪽의 절반과 조선에 대한 지배권을 획득하였으며, 그 후 조선은 일본의 보호국이 되었다. 또한, 일본은 조약체결 전에 이미 미국과 일본의 조선 지배권을 서로 인정하는 가쓰라-테프트 밀약과 제2차 영일동맹을 맺어 조선에 대한 지배를 외교적으로 인정받았다. 러일전쟁 결과 일본은 만주를 독차지하였고, 한반도에 대한 지배권이 굳혀졌으며 제국주의적 팽창은 보다 노골적으로 추진되었다. 러일전쟁은 만주와 한국의 지배권을 두고 러시아와 일본이 벌인 제국주의 전쟁이었다. 서독 역사교과서는 위와 같이 일본이 청나라, 러시아와 전쟁을 통하여 동아시아의 새로운

---

11) *Zeit Aufnahme(Geschichte für die Sekundarstufe 1)*, Band 4(Von der Nach-kriegszeit zur Gegenwart), Georg Westermann Verlag, Braunschweig 1982, p.138.

패권국가로 등장하면서 조선을 식민지로 만드는 과정을 묘사하고 있는 것이다.

다음으로 한국이 서독 교과서에 등장하는 것은 해방과 분단 이후의 상황이다. 1947년 이후 동유럽의 국가들은 소련의 영향으로 인하여 사회주의 체제로 탈바꿈되었다. 이러한 상황을 1983년 출간된 서독 역사교과서에서는 동유럽의 체코슬로바키아와 한국의 상황을 다음과 같이 비교하여 설명하고 있다.

> 1947년 11월 소련과 미국 점령군이 체코슬로바키아에서 물러났고, 내부적인 혼란을 겪는 후 체코슬로바키아는 1948년 2월 결국 인민민주주의공화국(Volksdemokratie)이 되었다. 1948년 6월 베를린 장벽이 세워지기 시작하였고, 1950년에는 한국에서 전쟁이 발발하였다. 1948년 세계는 이미 두개의 적대 진영으로 나뉘어졌으며, 이러한 대치 상황은 전쟁과 같은 양상으로 나타났다. 이를 냉전이라 한다. [12]

제2차 세계대전 이후 북한 지역의 공산화는 소련군의 진주 하에 이루어진 것처럼, 체코슬로바키아의 공산화 역시 체코가 소련군에 의해 해방되었다는 사실에 기인한다. 북한과 체코슬로바키아의 공산화 과정에서 결정적으로 작요한 요소는 소련의 군사력이며 소련군이 진주한 지역은 미국을 비롯한 서방열강의 입장에서 볼 때 소련의 세력권과 동일시되었다. 당시 체코슬로바키아에서는 "평화적이고 합법적으로" 공산화가 이루어졌는데, 이는 체코공산당의 뛰어난 전략·전술과 국민의 광범한 지지를 바탕으로 하고 있었다. 이를 통하여 체코슬로바키아는 폭력적 수단이

---

12) *Zeiten und Menschen(Geschichtliches Unterrichtswerk)*, Ausgabe G, Band 2(Die geschichtlichen Grundlagen der Gegenwart 1776 bis heute), Ferdinand Schöningh Verlag, Schroedel Schulbuchverlag, Paderborn 1983, pp.134-135.

나 유혈혁명이 아닌 "의회주의에 입각한 사회주의"를 실현할 수 있었다.[13] 한편, 한반도에서는 하나의 민족이 미국과 소련에 의한 분할 점령으로 두 개의 국가로 분단되었고, 이러한 분단은 냉전체제를 더욱 공고히 하는 원인을 제공하기도 하였으며, 이데올로기의 대립이 첨예화되면서 열전의 양상으로 나타난 것이 바로 한국전쟁이었다.

그럼 다음으로 서독 역사교과서는 한국전쟁의 원인을 어떻게 서술하고 있는가를 살펴보자. 우선, 한국전쟁이 1950년대 국제정치에 있어서 의미 있는 전환점이 되었음에도 불구하고, 그 기원에 대해서는 논란이 많고 의문점도 많이 남아 있다. 한국전쟁의 기원 문제는 일반적으로 전통주의설과 수정주의설로 구분되며, 구체적으로는 북한이 스탈린과 모택동의 승인과 지원을 받아 남한을 침략했다는 남침설[14], 남한 이승만 정권이 미국과 공모하여 북한을 침략했다는 북침설[15], 미국이 북한의 남침을 유도했다는 남침유도설[16] 등으로 구분할 수 있다. 그러나 전통주의적 입장을 취하고 있는 연구들은 한국전쟁의 국내적 요인들에서 분리시켜 공산주의의 침략이라는 일반화된 모델로 한국전쟁을 해석해 왔다. 반면에 수정주의적 해석을 취하고 있는 입장은 미국이 자국의 경제침체 문제를 해결하기 위한 방편으로 남침을 유도하였다고 보고 있다.[17]

분석 대상인 1951년부터 2002년까지 출간된 187권의 서독 역사교과

---

13) 김용헌, 「체코의 공산화 과정과 공산당의 역할」, 『연수논총』 7, 1989, 109-121쪽.
14) Harold Hinton, *Communist China in World Politics*, Houghton Mifflin Co., Boston, 1966, p.27.
15) 김학준, 「6·25연구의 국제적 동향 - 6·25연구에 관한 문헌사적 고찰」, 『한국전쟁을 보는 시각』, 을유문화사, 1990, 23쪽.
16) I. F. Stone, *The Hidden History of the Korean War*, Monthly Review press, New York, 1952.
17) A. Doak Banett, *Communist China and Asia*, Vintage Books, New York, 1961, p.152.

서는 북한의 남침으로 한국전쟁이 발발했으며, 따라서 전쟁의 책임은 북한에게 있다는 입장이다. 사실 무력을 사용한 한반도 통일을 기획하고 있었던 북한 공사주의자들을 고무시켰던 것은 '애치슨 선언(Proklamation Achesons)'이 결정적이었다. 1950년 1월, 새로운 미국의 외교 정책과 동아시아 전략이 애치슨 국무장관에 의해 발표되었다. 그 핵심 내용은 한국, 대만 및 인도차이나를 미국의 태평양 방어선에서 제외시키는 것이었다. 이와 관련된 서독 역사교과서의 서술은 다음과 같다.

> 1948년 한반도의 남쪽에는 '대한민국(Republik Korea)'이 세워졌고 북쪽에는 '조선민주주의인민공화국(Demokratische Republik Korea)'이 세워졌다. (...) 북한에서 소련 군대가 떠난 후 미군도 남한에서 철수했다. 미국은 남한에 군사고문단을 남겼지만, 탱크, 비행기 또는 중화기는 남기지 않았다. 1950년 초 애치슨 미국 국무장관은 남한이 미국의 태평양 방어선에서 제외되었다고 선언했다.[18]

위의 교과서 서술은 독자들에게 세 가지 사실을 전달하고 있다. 첫째, 1948년 한반도에는 이념과 체제가 다른 두 개의 국가가 성립되었다는 점, 둘째, 남·북한에 진주했던 소련군과 미군이 철수했다는 사실과 미국은 남한이 스스로를 방어할 수 있는 중화기를 제공하지 않았다는 점. 셋째, 한국전쟁이 발발했던 1950년 1월 미국 정부가 남한을 미국의 태평양 방어선에서 제외시켰다는 사실이다. 여기에서 미국과 소련 등 열강에 의해서 이념과 체제를 달리해 분단된 하나의 민족을 상정할 수 있다. 그리고 타의에 의해 분단된 민족은 필연적으로 다시 하나의 통일된 국가를

---

18) *Menschen in ihrer Zeit(Geschichtswerk für Realschulen)*, Band 6(In unserer Zeit), Ernst Klett Verlag, Stuttgart, 1966, p.131.

지향한다. 그러한 지향성은 남·북한 정권으로부터 공공연하게 외부로 표출되기도 하였다. 그리고 북한군은 소련이 제공한 중화기로 무장하고 있었지만, 남한군의 무장은 북한에 비해 열세에 놓여 있었다. 더구나 그러한 상황에서 미국 정부는 공식적으로 남한이 미국의 방어선에서 제외되었다고 선언하였다. 그렇다면 북한의 입장에서 '애치슨 선언'은 어떤 의미로 받아들여졌을까? 그리고 교과서를 읽는 독자들에게 위와 같은 서술은 어떤 메시지를 전달하고 있는가? 교과서 집필자는 드러내 놓고 미국이 북한의 남침을 유도했다고 서술하고 있지 않지만, 사건의 전개 순서와 문맥 속에 그러한 의도가 내포되어 있는 것은 아닐까?

다른 한편, 소련에 의해 시도되었던 '베를린 봉쇄'의 실패는 유럽에서 발생한 사건이었지만 한반도에서는 하나의 위기로 작용하였다. 유럽에서의 전략적 실패를 만회하기 위한 소련의 시선이 한반도로 옮겨졌기 때문이다. 1949년 미군이 철수하자 남한 정부는 매우 불안정한 상황에 처하게 되었다. 그러는 사이 북한 공산주의자들은 소련이 제공한 공격용 무기로 충분히 무장할 수 있었다. 결국 1950년 여름, 한반도에서 공산진영과 자유진영 사이에 무장충돌이 처음으로 발생하게 되었다. 이와 관련하여 1950년부터 1980년대까지 출간된 서독 역사교과서는 한국전쟁과 관련하여 다음과 같은 내용을 다루고 있음을 알 수 있다.

- 1950년 북한의 남침
- UN군과 '중국 의용군(chnesische Freiwilligen)'의 참전
- 1953년 휴전 그리고 이와 관련된 자료들[19](예를 들면, 1950년 9월 1일

---

19) *Geschichtliche Quellenhefte mit Überblick "Die Welt im Wandel" von Walter Wulf*, Heft IIC(Weltgeschichte 1946-1973 - vom Beginn des Ost-West-Konfliktes bis

동아시아에서 미국의 전략적 목표에 관한 트루만의 연설[20], 1953년 7월 27일

판문점에서의 휴전협정, 1953년 10월 1일 한·미상호방위조약 체결[21], 그리고

1950년 7월 1일 서독 Frankfurter Allgemeinen Zeitung 신문에 실린 저널

리스트 Paul Sethe의 기사[22] 등).

UN군의 참전과 인천상륙작전의 성공으로 전황이 역전되고 남한군과

UN군이 압록강 근처 북한과 중국 국경에까지 이르게 되자 중국 의용군

이 한국전쟁에 참전하게 되었는데, 이는 전쟁의 성격을 바꾸는 계기로

작용하였다. 이제 한국전쟁은 남한과 북한 사이에 벌어진 '내전'이 아니

라 남한과 남한을 지원하는 미국 및 서방진영 그리고 북한과 북한을 지

원하는 공산진영의 '이념전쟁', '대리전'의 양상을 띠게 되었던 것이다. 아

울러 한국전쟁은 제3차 세계대전을 야기할 수 있는 동·서 진영 간의 최

초의 대립이었다. 1950년 말 중공군이 한국전쟁에 개입하자, 맥아더 장

---

zum Ende des Vietnamkrieges), Moritz Diesterweg Verlag, Frankfurt am Main, Berlin, München, 1974, pp.51-53; *Zeit Aufnahme (Geschichte für die Sekundarstufe 1)*, Band 4(Von der Nachkriegszeit zur Gegenwart), Georg Westermann Verlag, Braunschweig, 1982, p.138.

20) *Geschichtliche Quellenhefte mit Überblick "Die Welt im Wandel" von Walter Wulf*, Heft IIC(Weltgeschichte 1946-1973 - vom Beginn des Ost-West-Konfliktes bis zum Ende des Vietnamkrieges), Moritz Diesterweg Verlag, Frankfurt am Main, Berlin, München, 1974; *Unsere Geschichte – Ausgabe für die Realschulen in Baden-Württemberg*, Bd. 4., Die Welt nach 1945, Moritz Diesterweg Verlag, Frankfurt am Main, 1988; *Geschichte Plus(Ausgabe Berlin)*, Volk und Wissen Verlag, Berlin, 2002-2006.

21) *Geschichtliche Weltkunde*, Vierbändige Fassung, Band 4(Von der Oktoberrevolution inRussland bis zur Gegenwart), Moritz Diesterweg Verlag, Frankfurt am Main, Berlin, München. 1982.

22) *Zeit Aufnahme(Geschichte für die Sekundarstufe 1)*, Band 4 (Von der Nachkriegszeit zur Gegenwart), Georg Westermann Verlag, Braunschweig, 1982.

군은 만주 폭격 및 중국에 대한 선제 핵공격을 주장했다. 트루먼 대통령은 제3차 세계대전을 부를 것이 뻔한 더글라스 맥아더 장군의 주장에 강한 우려를 표명했고, 결국 핵무기 사용문제는 맥아더 장군의 퇴진으로 마무리되었다. 한국전쟁에서 핵무기 사용으로 인한 제3차 세계대전의 위험성에 대한 서독 역사교과서(1959,1961)의 서술은 아래와 같다.

> 1950년 6월 25일 새벽, 한반도 전체를 통일하기 위해서 북한군은 3.8선을 넘어 남한으로 쳐들어왔다. (...) 남한군과 UN군, 그리고 북한군과 중국 의용군은 강하게 맞서 싸웠다. 이 전쟁으로 제3차 세계대전이 발발할 수 있다는 두려움이 전 세계를 뒤덮었다.[23]

> (...) 1950년 6월 북한 공산군이 남한을 침입했을 때, 새로운 세계대전이 바로 문 앞에 온 것처럼 보였다.[24]

그 외에도 1990년 독일 통일 이후에 출간된 서독 역사교과서에서는 한국전쟁 동안에 미군에 의해 자행된 잔학행위(비인도적 대량살상무기 사용)가 소개되고 있다. 이러한 서술은 1990년 이전의 교과서에서는 찾아볼 수 없었던 새로운 내용이다. 해당 교과서(Lebendige Vergangenheit)는 미군의 "네이팜탄" 사용에 대해 다음과 같이 서술하고 있다.

> 한국전쟁이 계속 이어지고 있었다. 미군들은 새로운 형태의 폭탄인 네이팜을 사용하였다. 네이팜탄은 농축된 벤진으로 채워진

---

23) *Die Reise in die Vergangenheit - Ein geschichtliches Arbeitsbuch von Hans Ebeling*, Band 4(Unser Zeitalter der Revolution und Weltkriege), Georg Westermann Verlag, Braunschweig, Berlin, Hamburg, München, Kiel, Darmstadt, 1961, p.261.

24) *Erbe des Abendlandes Lehrbuch der Geschichte für höhere Schulen*, Mittelstufe, Teil 4(Die Neuzeit, 2 vom Wiener Kongress bis zur Bundesrepublik), Schwann Verlag, Düsseldorf, 1959, pp.183-184.

폭탄이다. (...) 이것은 지금까지 알려진 그 어떤 물질 보다 강력
하다. 만약 사람이 이것을 맞게 되면 끔찍한 화상을 입어 불타게
된다.[25]

네이팜은 3천 도의 고열을 내며, 투하 시 반경 30미터 이내를 불바다
로 만들고 사람을 타죽게 하거나 질식시켜 죽게 만드는 무기로 알려져
있다. 최근 미국 국립문서기록관리청(NARA)이 공개한 한국전쟁 기간 동
안 미군의 네이팜탄 사용과 관련된 기록에 의하면, 1950년 12월 말에서
1951년 1월 말 중공군의 개입으로 후퇴하던 남한군과 유엔군이 수도 서
울을 다시 내주고 충청도 지방까지 밀렸을 때, 강원, 충북, 경북 일원에
서 전개된 일명 '싹쓸이(wiping out)작전'에서 네이팜탄을 사용했다는 사
실을 알 수 있다.

이와 함께, 통일 이후 출간된 서독 역사교과서에서 새롭게 발견되는
서술은 한국전쟁 당시 미군에 의한 양민학살 내용이다.

> 1950년 7월, 한국전쟁 초기에 미군은 노근리 근처 교량에서
> 수백 명의 피난민을 총으로 쏘았다. (...)[26]

1950년 7월 26일에서 29일 사이 충북 영동의 노근리에서 미군 제1기
갑사단 7기갑연대 제2대대 병력의 공중폭격과 기총사격, 그리고 기관총
과 소총사격에 의해 주민 248명이 학살당한 사건은 한국전쟁에서 저지
른 미군의 범죄행위 가운데 지극히 작은 부분에 불과하다. 이 사건의 진
실이 드러남으로써 미군의 민간인 학살 행위가 전 세계에 공식적으로 폭
로되었다. 미국은 학살의 고의성, 즉 상부의 명령에 따른 조직적인 학살

25) *Lebendige Vergangenheit*, Band 4, Ernst Klett Schulbuchverlag, Stuttgart, 1990, p.70.
26) *Geschichte der USA*, C. C. Buchners Verlag, Bamberg 2000, p.103.

이라는 점은 부인하였지만, 학살 사실 자체를 공식 인정하고 미국 대통령의 이름으로 '유감'을 표명했다. 미국 정부가 미군의 민간인 학살행위를 공식 인정하고 대통령이 직접 유감을 표명한 것은 그 유례를 찾아보기 힘들다.[27]

아울러 독일 통일 이후 출간된 세 권의 독일 교과서(1996, 2000, 2002)[28]에는 한국전쟁에서 저질러진 미군의 양민학살 내용을 소개하면서 파블로 피카소(Pablo Picasso)의 그림 〈한국에서의 학살(Massker in Korea)〉을 제시하고 있다. 1960년 한국전쟁에서 벌어진 학살사건을 접한 피카소는 이듬해 〈한국에서의 학살(Massacre en Coree)〉이라는 작품을 그리게 된다. 이 작품은 학살 장면을 담고 있는데, 오른편의 강철 기계와 같은 모습을 한 군인들이 총구를 들이대고 있는 모습과 함께 왼편에는 그 총구 앞에서 떨고 있는 여자들과 아이들이 보인다. 이 작품은 학살자가 실제로 누구인지, 학살을 당하는 사람들이 실제 누구인지 분명치 않다. 그리고 이 그림이 어떤 특정한 사건을 묘사하고 있는지에 대해서도 많은 추측이 있어왔다. 피카소는 1944년 프랑스공산당에 가입한 공산주의자로서 미국에 반대했다는 점을 들어서, 미군에 의한 '노근리양민학살사건(No Gun Ri Massacre, 1950)'을 표현했다는 설도 있으며, '신천양민학살사건(Sinchon Massacre, 1950)'을 묘사한 작품이라는 추측도 있다. 그러나 피카소는 〈한국에서의 학살〉에 등장하는 학살의 주체가 미국도 아니

---

27) 정구도, 『한국전쟁기 인권침해 및 역사인식의 문제: 노근리 사건 등 미군관련 사건을 중심으로』, 두남, 2008.
28) *Treffpunkt Geschichte 4(für die 10. Jahrgangstufe der Realschulen)*, Band 4, Bamberg 1996, p.54; *Geschichte der USA*, C. C. Buchners Verlag, Bamberg 2000, p.103; *Expedition Geschichte 3(Von der Weimarer Republik bis zur Gegenwart - Realschule Baden-Württemberg Klasse 9/10)*, Band 3, Moritz Diesterweg Verlag, Frankfurt am Main, 2002, p.158.

요 소련이나 북한도 아닌 전쟁 그 자체라는 견해를 여러 경로를 통해 밝힌 바 있다.[29]

다음으로 살펴볼 사항은 한국전쟁의 성격이 서독 역사교과서에는 어떻게 소개되어 있는가 하는 점이다. 한국전쟁의 세계사적 성격에 대하여 교과서마다 서로 다르게 언급되어지는데, 예를 들면 '대리전쟁(Stellvertreterkrieg)'[30], '공개적 공산주의의 공격'[31], '전 자유세계에 대한 공산주의의 위협'[32], '공산주의 공격성 위험'[33], '시험대'등이 그것이다.[34] 무엇보다도 한국전쟁의 성격을 '대리전'이라고 분명하게 밝히고 있는 것은 2002년의 교과서(Zeit und Menschen)인데, 그 내용은 아래와 같다.

> 남한과 북한이 서로 전면전을 피하고 싶었음에도 불구하고 그들은 그들의 이익을 찾고자 하였다. 그래서 대리전이 발생하게 되었다. 한국전쟁은 이러한 형태의 최초 전쟁이었다.[35]

---

29) 정영목, 「피카소와 한국전쟁: <한국에서의 학살>을 중심으로」, 『서양미술사학회논문집』 8호, 1996, p.256.

30) Geschichte 4N - Das 20. Jahrhundert, Bayerischer Schulbuch-Verlag, München, 1986, p.138; Geschichte und Geschehen, A 4, Ernst Klett Verlag, Stuttgart, München, Düsseldorf, Leipzig, 1997, p.147; Geschichte Konkret 3(Ein Lern- und Arbeitsbuch), Band 3, Schroedel Verlag, Hannover, 1998, p.244; Zeit und Menschen, Band 4, Ferdinand Schöningh Verlag, Paderborn, 2002, p.179.

31) Geschichte und Geschehen 10, Ausgabe N Gymnasium, Ernst Klett-Verlag, Stuttgart, 1991, p.199.

32) Geschichtsbuch 4 - Von 1917 bis 1992, Neue Ausgaben, Cornelsen Verlag, Berlin, 1993, p.174.

33) Erinnern und Urteilen 4 (Unterrichtseinheiten Geschichte, Fassung Rheinland-Pfalz), Ernst Klett Verlag, Stuttgart, 1982, p.117.

34) Geschichts-Kurse für die Sekundarstufe 2, Bd. 5(Deutschland nach 1945), Ferdinand Schöningh Paderborn, 1993, p.81.

35) Geschichte und Geschehen 12/13 – Berufliche Gymnasium, Ernst Klett Verlag, Stuttgart, Düsseldorf, Leipzig, 2000, p.178.

그렇다면 과연 한국전쟁은 서독 교과서의 해석처럼 '대리전'인 것인가? 이를 규명하기 위해서는 먼저 대리전의 의미를 파악해 볼 필요가 있다. 대리전(代理戰)이란 국제 정치학계에서는 'Proxy War'라는 통일된 학술어를 한국어로 번역한 것이다. 장본인이 아닌 그 하위 세력끼리 자신들의 상위 세력의 사주를 받아 벌이는 전쟁을 말한다. 그렇다면 한국전쟁은 미국의 사주를 받은 남한과 중국과 소련의 사주를 받은 북한의 대리전인가? 소련의 경우 전쟁 이전 북한군을 중화기로 무장시키고, 전쟁기간에는 비공식적으로 공군력을 지원하였지 공식적으로 전면에 등장하지는 않았다. 그러나 미국과 중국의 경우에는 막후에서 전쟁을 컨트롤만한 것이 아니라 막대한 병력과 전쟁 물자를 동원하여 전쟁을 치른 당사자이기도 했고, 휴전협정에 미국과 중국의 대표가 서명을 했다는 점에서 한국전쟁을 '대리전'으로 단정한다는 것은 무리가 따른 해석이다.

한국전쟁이 끼친 결과에 대해서 서독 역사교과서는 두 가지 시각에서 접근하고 있다. 첫째, 한국전쟁은 결정적으로 한반도의 분단을 고착시켰으며, 이는 차후 남북한 관계 및 내정에 지속적인 영향을 끼쳤다는 해석이다.[36]

> 휴전선은 오늘날 세계에서 가장 첨예하게 중무장된 국경선이다. 남·북한은 내부적으로 독재체제를 유지하기 위하여 휴전선을 유지하면서도 지속적으로 서로의 침략에 대하여 두려움을 가지고 있다.[37]

---

36) *Geschichte 4 für das 10. Schuljahr der Realschulen*, C.C. Buchners Verlag, Bamberg, 1987, p.165; *Unser Weg in die Gegenwart für das 10. Schuljahr der Gymnasium*, Bd. 4(Neueste Zeit), C.C. Buchners Verlag, Bamberg, 1991, p.170; *Geschichtsbuch(Von 1917 bis 1992)*, Bd. 4, Cornelsen Verlag, Berlin, 1993, p.174.
37) *Geschichte und Geschehen* 10, 1991, p.200.

둘째, 많은 역사교과서들이 한국전쟁에 관하여 서술하면서도 한국전쟁이 유럽, 특히 독일과 미국에 끼친 영향을 언급하고 있다.[38] 여기에는 서독의 재무장에 관한 논의가 중심에 서 있다.[39] 그 중 3권 역사교과서에서는 한국전쟁의 결과를 다음과 같이 세계사적인 시각에서 바라보고 있다.[40]

동아시아는 미국과 중국이라는 막강한 적대 권력을 대변하는 냉전의 새로운 충돌 지역이 되었다. 한국전쟁의 경험은 이후 인도차이나에 대한 미국의 정책에도 영향을 끼쳤다. (...) 전쟁으로 유럽에도 후폭풍이 일어났다. 서유럽인들은 전쟁에 대한 두려움이 높아졌고, NATO의 창설이 서둘러졌으며, 서독의 재무장을

---

38) *Einst und Jetzt – Geschichtsdarstellung vom Altertum bis Gegenwart*, Verlag Moritz Diesterweg, Frankfurt am Main, Berlin, Bonn, 1961, p.282; *Zeitgeschichte(Sachkunde für Abschlussklassen)*, Hermann Schroedel Verlag, Berlin, Hannover, Darmstadt, 1962, pp.100-101; *Grundzüge der Geschichte(Mittelstufe)*, Band 3(Von den bürgerlichen Revolutionen bis zur Gegenwart), Moritz Diesterweg Verlag, Frankfurt am Main, Berlin, München, 1970, p.311; *Kletts Geschichtliches Unterrichtswerk für die Mittelklassen*, Ausgabe C, Band 4(Staatensystem und Weltpolitik), Ernst Klett Verlag, Stuttgart, 1974, p.147; *Spiegel der Zeiten(Lehr- und Arbeitsbuch für den Geschichtsunterricht)*, Ausgabe B, Heft 4(Von der Russischen Revolution bis zur Gegenwart), Moritz Diesterweg Verlag, Frankfurt am Main, Berlin, München, 1979, pp.65-66; *Erinnern und Urteilen 4(Unterrichtseinheiten Geschichte, Fassung Rheinland-Pfalz)*, Ernst Klett Verlag, Stuttgart, 1982, p.117; *Zeiten und Menschen*, Ausgabe K, Bd. 4/II, Schöningh·Schroedel Verlag, Paderborn, 1986, p.158; *Geschichte und Gegenwart – Arbeitsbuch Geschichte*, Ausgabe N, 10. Schuljahr(Von der Weimarer Republik bis zur Gegenwart), Ferdinand Schöningh Verlag, Paderborn, 1989, p.159.

39) 최형식, 『독일의 재무장과 한국전쟁』, 혜안, 2002.

40) *Grundzüge der Geschichte - Historisch-politisches Arbeitsbuch(Sekundarstufe 2)*, Textband 2(Vom Zeitalter der Aufklärung bis zur Gegenwart), Moritz Diesterweg Verlag, Frankfurt am Main, Berlin, München, 1984, p.221; *Von...Bis(Geschichtsbuch für Realschulen in Baden-Württemberg)*, 10. Schuljahr(Von 1945 bis heute), Ferninand Schöningh Verlag, Schroedel Schulbuchverlag, Paderborn, 1990, p.137; *Geschichts-Kurse für die Sekundarstufe 2*, Bd. 5(Deutschland nach 1945), Ferdinand Schöningh Paderborn, 1993, p.80.

결정짓는 계기가 되었다.[41]

위 교과서의 서술과 같이, 한국전쟁은 서독의 재무장과 NATO 창설의 계기가 되었다. 미군 병력이 한국으로 집중되면서 유럽은 소련군의 위협에 노출되었다. 이러한 상황은 프랑스 등 서독의 재무장을 반대하던 서유럽 국가들에게도 영향을 끼쳤다. 이 상황을 유리하게 이용한 이가 아데나워 서독 총리였다. 아데나워는 만약 NATO군이 창설된다면 서독은 군대를 제공할 용의가 있으며 그 대가로 가맹국들과 평등한 권리를 요구했다. 미국도 서독의 재무장을 지지하였다. 애치슨 국무장관은 서독의 재무장과 NATO 가입을 요구하였으며, 1950년 브뤼셀에서 열린 NATO 이사회는 NATO를 군사동맹체로 강화하고 서독의 재무장을 추진하기로 결의하였다. 1952년 5월 '서방 측 3개국과 독일연방공화국의 관계에 대한 조약'이 조인됨으로써 서독의 재무장과 NATO 가입이 실현되었다.

그 밖에 독일 통일 이후 1990년대 출간된 역사교과서들[42]은 한국전쟁의 결과 일본과 서독과 같은 몇몇 나라들이 전쟁을 통하여 경제적인 이익을 거두었음을 서술하고 있다.

> 더욱 강력한 무장화의 노력은 일본과 독일에 '한국 붐(Korea-Boom)'[43]이라고 감지할 수 있을 정도로 경제적 활기를 불어넣었고

---

41) *Zeiten und Menschen - Grundlagen und Entwicklungen der Gegenwart(Der Aufstieg der Supermächte und die Welt nach 1945)*, Neue Ausgabe G, Bd. 3, Ferdinand Schöningh Verlag, Paderborn, 1988, pp.129-130.

42) *Von...Bis(Geschichtsbuch für Realschulen in Baden-Württemberg)*, 10. Schuljahr(Von 1945 bis heute), Ferninand Schöningh Verlag, Schroedel Schulbuchverlag, Paderborn, 1990; *Epochen und Strukturen (Grundzüge einer Universalgeschichte für die Oberstufe, Vom Absolutismus bis zur Gegenwart)*, Band II, Moritz Diesterweg Verlag, Frankfurt am Main, 1996.

43) 킨더만(Kindermann)은 다음과 같이 한국의 이웃 일본을 한국전쟁의 간접적인 승자

경제적 이익을 창출했다. 전후 독일과 일본의 '경제기적'은 이렇게 한국전쟁과 함께 시작되었다.[44]

교과서에 언급된 바와 같이 실제로 일본은 한국전쟁 중에 UN군의 전쟁 물자를 보급하는 기지 역할을 했다. 이러한 전쟁 특수는 일본 산업에 새로운 자극을 주었고, 일본은 1945년 태평양전쟁의 패배로 인한 경제적 어려움을 빠르게 극복할 수 있었다. 또한 한국전쟁은 서독에도 '경제기적'을 안겨주었다. 전쟁 직전에는 공산품 생산이 무너지고 실업자가 약 200만 명이었으나 '한국 붐'은 서독에서 제한 없이 생산력을 가동해 필요한 군수품을 생산해냈다. 서독 경제는 회전목마처럼 잘 돌아갔으며, 1952년의 해외무역은 두 배로 증가했다.[45]

언급된 내용이외에도 1960-1970년대 출간된 서독 역사교과서들에서는 한국과 독일의 분단에 대하여 비교하여 서술하고 있음을 알 수 있다. 즉 독일의 경우와 같이, 한국도 제2차 세계대전 이후 미국과 소련에 의해, 서로 상이한 이념과 체제에 의해 점령되고 분단되어야 했던 사실이다.[46] 두 나라의 분단의 원인이 서로 상이함에도 불구하고, 세계의 분단

로 언급하고 있다. "모든 불확실성과 함께 전쟁은 서구의 정치 지도자들에게 일본의 특별한 지리적 위치와 세계 4대 산업중심지 중 하나로서의 역할을 인식하게 했다." Kindermann, Gottfried-Karl, *Der Aufstieg Koreas in der Weltpolitik*, München 1994, p.86.

44) *Epochen und Strukturen(Grundzüge einer Universalgeschichte für die Oberstufe, Vom Absolutismus bis zur Gegenwart)*, Band II, Moritz Diesterweg Verlag, Frankfurt am Main, 1996 p.425.

45) 베른트 슈퇴버 지음, 황은미 옮김, 『한국전쟁: 냉전시대 최초의 열전』, 여문책, 2016.

46) *Der Geschichtsunterricht*, Teil 5(Zeitgeschichte vom Zusammenbruch Deutschlands 1945 bis zur Weltlage der Gegenwart), Michael Prögel Verlag, Ansbach, 1965, pp.107-108; *Grundzüge der Geschichte(Mittelstufe)*, Band 3(Von den bürgerlichen Revolutionen bis zur Gegenwart), Moritz Diesterweg Verlag, Frankfurt am Main, Berlin, München, 1970. p.311; *Geschichte*, Band 4(Neueste Zeit), R. Old-

은 유럽에서는 동·서독의 분단, 동아시아에서는 남·북한의 분단으로 투영되고 있다는 점이다.

역사적인 관점에서 본다면 1950-1953년의 한국전쟁은 세계정세의 전환점을 의미한다. 한국전쟁의 영향력은 한국을 넘어서 유럽에까지 미쳤기 때문이다. 한국전쟁은 세계사적 사건으로 서로 다른 관점과 의미로 재조명 되어야 한다. 1998년 출간된 역사교과서(Anno)에서는 미국의 한국전쟁 개입은 다른 많은 아시아 국가들에게 미국에 대한 부정적인 인식을 심어주었다고 언급하고 있다. 이러한 내용은 독일 통일 이전에 출간된 서독 역사교과서에서는 찾아보기 힘든 내용이다.

> (…) 한국은 지금까지 분단국가로 머물러있다. 코리아에 대한 미국의 개입은 많은 아시아 국가들에게 마치 미국이 제3세계의 신생국 내정에 개입하는 식민지 열강이라는 증거로 받아들여졌다.[47]

서독 역사교과서는 1953년 7월 27일 휴전협정 이후 남한의 정치적 변화양상에 대해서도 언급하고 있다. 전후 남한 사회는 이승만 대통령의 자유당 정권이 권력을 차지하고 선거부정을 저질렀으며, 결국 1960년 학생과 시민들의 시위로 이승만 대통령이 하야하고 자유당 정권이 몰락하였다. 새롭게 제2공화국이 들어섰지만 그것도 곧 1961년 군부에 의해서 무너지고 말았다는 사실도 서술하고 있다.[48]

---

enbourg Verlag, München, 1973, p.135.

47) *Anno 5/6 (Ausgabe Sachsen, Doppelband 5/6- Das 20. Jahrhundert)*, Westermann Verlag, Braunschweig, 1998, p.215.

48) 1966년 서독의 역사교과서(*Menschen in ihrer Zeit*)에 서술된 내용을 보면, 한국전쟁 이후 1962년 남한 전체의 인구는 약 25,500,000명이었고, 4,000,000명은 부분 고용 상태, 노동가능 인구의 1/4에 해당하는 2,600,000명은 실업 상태, 그리고

전후 정치적인 소요와 1980년대의 학생 민주화 운동에 대하여 설명하고 있는 교과서도 보인다. 독일이 통일되던 해인 1990년 출간된 독일 역사교과서에는 1987년 6월에 있었던 민주화를 향한 대학생들의 시위를 다음과 같이 묘사하고 있다.

> 오랫동안 한국에서는 정치적 자유가 주어지지 않았다. 따라서 민주화를 멸망하는 학생들은 경찰과 대치하면서 거리에서 시위를 벌였다.[49]

한국전쟁 이후 남한의 정치·경제적 발전에 대한 설명은 7권의 서독 역사교과서에서 찾아볼 수 있다[50]. 남한은 1950년대만 해도 세계에서 가장 가난한 나라중의 하나였다. 약 40여 년 동안 한국은 산업국가로 탈바꿈하였으며, 그 후 세계시장에서 세계 10대 교역국으로 경쟁력을 발휘하고 있다. 제3세계에서는 한국과 다른 아시아 국가들, 예를 들면 타이완, 홍콩, 싱가포르와 같은 국가들을 아시아의 '네 마리의 용'으로 언급하기

650,000명은 군인(북한: 400,000명)이라는 통계 수치를 제시하고 있다. *Menschen in ihrer Zeit(Geschichtswerk für Realschulen,*: Band 6(In unserer Zeit), Ernst Klett Verlag, Stuttgart, 1966, p.131.

49) *Lebendige Vergangenheit*, Band 4, Ernst Klett Schulbuchverlag, Stuttgart, 1990, p.71.

50) *Damals und heute - vom Ersten Weltkrieg bis heute*, Ausgabe D, Band 5(Geschichte für Hauptschule), Ernst Klett Verlag, Stuttgart, 1973; *Menschen in ihrer Zeit, Band 4(In unserer Zeit)*, Ernst Klett Verlag, Stuttgart, 1975; *Europa und die Welt(von 1890 bis zur Gegenwart)*, Blutenburg- Verlag, München, 1979; *Lebendige Vergangenheit - Geschichte für Hauptschulen in Niedersachsen Klasse 9*, Ernst Klett Verlag, Stuttgart, 1989; *Lebendige Vergangenheit(Geschichtliches Unterrichtswerk für die Klasse 10)*, Ernst Klett Schulbuchverlag, 1. Auflage, 1990; *Lebendige Vergangenheit*, Schleswig-Hostein, Band 4, Ernst Klett Schulbuchverlag, Stuttgart, 1990; *Historisch-Politische Weltkunde(Kursmaterialien Geschichte Sekundarstufe II / Kollegstufe – Von den Kolonien zur „Dritten Welt"; Wege und Probleme der Entkolonisierung)*, Ernst Klett Verlag, Stuttgart, Düsseldorf, Leipzig, Stuttgart, 1999.

도 한다.[51]

1988년 개최된 서울 올림픽을 한국의 경제발전의 상징으로서 사진들과 함께 소개하고 있는 교과서들도 있다.[52] 1989, 1990년 출간된 독일 Klett 출판사의 역사교과서는 '1988년 서울 하계 올림픽'이라는 제목과 함께 독일연방공화국의 테니스 선수 슈테피 그라프(Steffi Graf)의 올림픽 금메달 획득을 서술하고 있으며, '1988년 서울 올림픽 개회식 선수들의 입장'이라는 제하의 사진도 소개하고 있다.

4. 서독 역사교과서에 나타난 북한 이미지

1950년대부터 2002년까지 출간된 서독 역사교과서에서는 남한과 북한 두 나라가 일제강점기 이후 서로 다르게 발전하였음에도 불구하고, 남한과 북한에 대한 서술에 큰 차이가 없다. 그 이유는 서독 역사교과서에서 다룬 내용들이 대부분 두 나라와 한국전쟁에 관련되어 있기 때문이다. 남한에 대한 서술과는 달리 서독 역사교과서는 한국전쟁 이후 공산주의 국가로 발전한 북한의 경제적 발전에 대해서는 거의 언급하고 있지 않다. 이러한 이유로 본 절에서는 주로 한국전쟁에 관한 내용이 주로 다루어질 것이다. 물론 한국전쟁에 관한 내용이 중심이긴 하지만 남한에 관한 내용이 북한 관련 내용보다 훨씬 상세하게 서술되어 있다. 그럼에도 북한에 관한 내용은 다음의 5가지 범주로 요약해 볼 수 있다.

---

51) *Historisch-Politische Weltkunde(Kursmaterialien Geschichte Sekundarstufe II/Kollegstufe - Von den Kolonien zur „Dritten Welt"; Wege und Probleme der Entkolonisierung)*, Ernst Klett Verlag, Stuttgart, Düsseldorf, Leipzig, Stuttgart, 1999.

52) *Lebendige Vergangenheit – Geschichte für Hauptschulen in Niedersachsen Klasse 9*, Ernst Klett Verlag, Stuttgart, 1989, p.143; *Lebendige Vergangenheit(Geschichtliches Unterrichtswerk für die Klasse 10)*, Ernst Klett Schulbuchverlag, 1. Auflage, 1990, p.104.

- 일제강점기 공산주의 운동
- 조선민주주의인민공화국의 성립
- 북한의 남침
- 중국 의용군의 참전
- 휴전협정과 전후 북한의 상황

한국의 분단 원인과 관련하여 서독 역사교과서는 외적 요인과 내적 요인 두가지로 파악하고 있는 것을 발견하게 된다. 예를 들어 1990년 출간된 역사교과서(Von...Bis)는 분단의 외적 요인으로서 태평양전쟁 이후 일본의 무장해제 과정에서 미군과 소련군의 3.8선을 기준으로 한 남북한 주둔을 언급하고 있다.

> 1945년 9월 2일 미국 해군 함정 미주리호에서 서명된 일본의 항복문서에는 북위 38도를 기준으로 이북 지역에 주둔중인 일본군은 소련에 항복하고, 이남 지역의 일본군은 미군에 항복해야 한다는 내용이 적혀있었다. 이는 한반도의 실질적인 분단을 의미하는 것이었다.[53]

위 교과서의 서술은 이미 일본의 항복과 일본군의 무장해제를 언급하고 있는 항복문서 자체가 한반도의 분단을 기정사실화 하고 있음을 의미한다. 일반적으로 한국의 분단은 한반도에 주둔중인 일본군의 무장해제를 위해 급하게 결정된 것으로 알려져 있다. 즉, 미국의 제안으로 북위 38도선을 기준으로 미군과 소련군이 각각 남·북한 지역에 진주하여 일

---

53) *Von...Bis(Geschichtsbuch für Realschulen in Baden-Württemberg)*, 10. Schuljahr(Von 1945 bis heute), Ferninand Schöningh Verlag, Schroedel Schulbuchverlag, Paderborn, 1990.

본군의 무장을 해제하는 것이다. 그렇다면 해당 교과서는 그렇게 명료하게 서술할 수 있었음에도 어떠한 이유로 '일본의 항복문서'를 인용하고 있는 것일까? 유럽의 경우 제2차 세계대전의 전범국 독일은 미국, 영국, 프랑스, 소련 등 연합국 4개국에 의해 분할 점령당했고 결국 동서독으로 분단되었다. 그러나 아시아에서는 태평양전쟁을 일으킨 전범국 일본이 연합국에 의해 분할 점령되거나 분단된 것이 아니라 일본의 식민지였던 한국이 그 대상이 된 것이다. 해당 교과서의 집필자가 한국의 분단에 대한 설명에서 일본의 항복문서를 언급한 것은 전체 문맥의 흐름으로 보건데 전쟁의 책임은 일본에게 있으며, 미국과 소련에 의해 분할 점령되어야 할 대상은 한국이 아닌 일본이어야 한다는 점을 은연중에 암시하고 있는 것으로 추정할 수 있을 것이다.[54]

다음으로 서독 역사교과서에 언급되어 있는 한반도 분단의 내적 요인에 대하여 살펴보자. 1988년 출간된 서독 역사교과서(Geschichte heute)에서는 한국의 정치적 상황을 다음과 같이 서술하고 있다.

　　중국처럼 한국에서도 일본에 항거하는 집단들이 크게 두 가지 부류로 나뉘어져 있었는데, 그 중 하나는 자본주의 진영이고 다른 하나는 공산주의 진영이었다. 공산주의 진영은 그들의 근거지를 북쪽에, 자본주의 진영은 남쪽에 근거지를 마련하였다. 이렇게 두 진영은 서로 분리되었다. 북한은 1948년 UN이 결정한 총선거를 거부하였으며, 두 진영은 공격적인 재통일 정책을 시도하였다.[55]

---

54) 미국의 승리가 사실상 예상되었던 1945년 당시, 미국은 일본을 4분할하여 북부는 소련, 동부는 미국, 남부는 중국, 서부는 영국이 관리하는 계획을 세워 놓고 있었다. 소련의 홋카이도 침공을 사실상 묵인한 것이다. 역사에 만약은 없지만, 만약 일본이 1945년 8월 15일이 아니라 그 이전 -예를 들어 히로시마와 나가사키에 원자폭탄이 떨어진 8월 6일이나 8월 9일-, 혹은 8월 20일 이후에 항복했다면 어떠한 결과가 초래되었을까.

55) *Geschichte heute - für Hauptschulen in Nordrhein-Westfalen*, 9./10. Schuljahr,

먼저 위와 같이 1945년 해방 이전부터 한국에는 항일투쟁을 전개했던 두 세력이 존재했었고, 이 세력들이 해방 이후에도 분단된 남·북한을 각각 주도해 나갔다는 서술이 김나지움 교과서가 아니라 직업학교 교과서에 실려 있다는 사실은 주목할 만하다. 일제강점기에 이미 두 개의 적대적인 독립투쟁 진영이 있었고 이러한 요인이 해방 이후 한국 분단의 내적 요인으로 작용했다는 이러한 서술은 분석 대상인 187권의 서독 역사 교과서 중에서 유일하게 찾아볼 수 있었던 내용이었기 때문이다.

사실상 일제강점기였던 1920년 이동휘의 주도하에 중국 상해(上海)에서 고려공산당이 세워졌다.[56] 이 정당은 1925년 서울에서 조선공산당으로 확대 재편되었다. 그 이듬해 조선공산당은 코민테른의 지부로 승인받고, 민족주의 세력과의 민족협동전선으로 신간회를 결성하는 등 많은 활동을 하였다. 조선공산당은 국제사회에서 한국의 독립을 첫 번째 과제로 삼았다.[57] 신간회는 1927년 2월 민족주의자와 공산주의자들에 의해 함께 한국의 독립을 위하여 조직되었으며, 이는 이념을 초월한 민족적 통합을 위한 의미 있는 결속이었다.[58] 신간회는 일반 민중들에게 많은 지지를 얻은 단체였으며, 무엇보다도 항일운동의 역사에 있어서 의미 있는 역할을 담당하였다.

1945년 8월 15일 일본이 무조건 항복하면서 한국은 일본 제국주의에서 벗어나 해방되었다. 해방은 민족의 독립을 가져왔지만, 다른 한편으

Schroedel Schulbuchverlag, Hannover, 1988, p.204.

56) Suh, Dae-suk, *The Korean Communist Movement 1918-1948*, Prinston/N.J., 1967, p.8.

57) *Lee, Won-myoung, Zur Frage der Nation und der Wiedervereinigung im geteilten Korea - Ein koreanischer Weg oder die Anwendung der Deutschland-Formel als Modus Vivendi?*, Research Center for Peace and Unification of Korea, Seoul, 1989.

58) 이기백, 『한국사신론』, 서울: 일조각, 1974, 361쪽.

로 민족의 비극인 분단과 전쟁으로 이어졌다. 한국의 분단과 북한 정권의 성립을 많은 서독 역사교과서는 하나의 역사적 사건으로서 뿐만 아니라[59] 동서진영 간의 냉전의 결과물로 서술하고 있다.[60] 교과서에 서술된 다음 내용을 통해 세계사적으로 확대된 한국전쟁의 의미를 파악할 수 있을 것이다.

> 세계의 다른 지역에서도 충돌은 일어났다. 무엇보다도 아시아에서 제2차 세계대전 동안 미국보다 소련에 의해 점령된 국가들은 소련식 체제가 자리 잡았고 지원도 받았다. 이러한 국가들 중 하나인 한국에서의 '냉전'은 1950년 이미 '뜨겁게' 달아올라 있었다.[61]

한국전쟁의 원인과 관련하여 1980년대 이후 발간 된 서독 역사교과서는 미국이 한국전쟁에 책임이 있다는 사실에 주목하고 있는데, 이러한 서술은 1980년 이전에 출판된 교과서에는 없는 내용이었다. 좀 더 구체적으로 언급하자면, 첫째, 미국 정부는 군사적으로 한국을 지원하지 않았고, 북한은 소련으로부터 지원을 받았다. 그래서 남북한의 군사적 긴

---

59) *Welt und Leben - Eine Sachkunde für Schule und Haus*, Hermann Schroedel Verlag K.C., Hannover und W. Crüwell Verlagsbuchhandlung, Dortmund, 1951, p.156; *Vom Wiener Kongress bis zur Gegenwart*, Ausgabe D, Berthold Schulz Verlag, Berlin, Hannover, Frankfurt/Main, 1952, p.199; *Anno 5/6(Ausgabe Sachsen, Doppelband 5/6- Das 20. Jahrhundert)*, Westermann Verlag, Braunschweig, 1998, p.214.

60) *Geschichtliches Werden(Oberstufe)*, Band 4(Vom Zeitalter des Imperialismus bis zur Gegenwart), 2. Auflage, C.C. Buchner Verlag, Bamberg 1971, p.177; *Unsere Geschichte, Unsere Welt*, Band 3(Von Napoleon 3. Bis zur Gegenwart), Bayerischer Schulbuch-Verlag, München, 1969, p.227; *Ansichten 3 (Arbeitsbuch für Geschichte-Politik an Hauptschulen in Nordrhein-Westfalen)*, Band 3, Cornelsen Verlag, Berlin, 1999, p.133.

61) *Entdecken und Verstehen 9/10(Geschichtsbuch für Brandenburg - Vom Ersten Weltkrieg bis zum vereinten Deutschland)*, Cornelsen Verlag, Berlin 1999, p.248.

장상태는 전쟁의 위험을 더욱 가중시켰다는 것이다. 1986년 뮌헨에서 출간된 역사교과서는 한국전쟁의 배경과 관련하여, 소련군은 북한에서 철수하면서 소련제 무기로 무장한 훈련이 잘 된 17만 명의 북한군대를 육성하여 놓았지만, 남한에는 경무장한 9만8천 명 정도의 군대가 있을 뿐이었고 이 또한 국내 치안유지 위주로 훈련되었음을 밝히고 있다.[62]

> 극동 아시아에서 미군은 맥아더의 지휘 하에 일본에 주둔하고 있었고, 마찬가지로 한국의 남쪽을 점령지역으로 관할하고 있었다. 1948년 남한 정부가 수립된 이후 미국은 남한에서 군대를 철수하였다. 이에 북한은 미국이 남한에 대한 더 이상 이해관계를 가지지 않는다고 판단하였다.[63]

둘째, 미국의 국무장관 애치슨(Acheson)은 1950년 초에 한국과 타이완은 직접적으로 미국의 태평양 방어선 안에 포함되어 있지 않다고 발언하였고, 이는 북한 및 소련, 중국의 입장에서 볼 때, 남한은 미국의 직접적인 전략적 이해관계가 없는 지역이라는 의미로 해석되는 것은 자명한 사실이었다. 아울러 애치슨 장관의 발언은 제2차 세계대전 이후 미국의 세계전략인 전세계적 수준에서 '공산주의'의 확산을 방지하고 나아가 사회주의권을 와해시켜 자본주의적 질서 속에 세계를 단일적으로 통일시킨다는 봉쇄정책과는 모순된 조치였다.[64] 이러한 조치는 의심할 여지없이 한국에서의 전쟁 위험을 더 가중시켰고, 김일성은 즉시 이 기회를 이용

---

62) *Geschichte 4N Geschichte 4N - Das 20. Jahrhundert*, Bayerischer Schulbuch-Verlag, München 1986, p.138.

63) *Unsere Geschichte - Ausgabe für die Realschulen in Baden-Württemberg*, Bd. 4, Die Welt nach 1945, Moritz Diesterweg Verlag, Frankfurt am Main 1988, p.25.

64) *Historisch-politische Weltkunde(Kursmaterialien Geschichte, Sekundarstufe II/ Kollegstufe – Die USA im 20. Jahrhundert/Herausforderungen des American Dream)*, Ernst Klett Verlag, Stuttgart, Düsseldorf, Leipzig, 1998, p.8.

하였다. 당시의 한반도 상황에 대하여 3권(1986, 1988, 1998)의 서독 역사
교과서는 각각 다음과 같이 서술하고 있다.

> 김일성은 마침내 스탈린에게 한반도 전체를 공산주의가 지배
> 할 수 있는 절호의 기회라고 설득시켰고, 지금 이 시기가 가장 좋
> 은 타이밍이라고 하였다.[65]

> 미국인들은 남한에 별다른 관심을 나타내지 않았다. 1950년 1
> 월 미국의 국무장관 애치슨은 남한이 미국의 태평양 방어선에서
> 제외되었다고 발표했다. 아마도 북한은 이러한 미국의 남한에 대
> 한 무관심에 대하여 용기를 얻었을 것이다.[66]

> 1948/49 한반도에 주둔했던 소련과 미국 군대가 철수하였고,
> 1950년 1월 미국의 국무장관 애치슨이 남한은 미국의 직접적인
> 방어지역이 아니라고 발표하였다.[67]

한국전쟁의 원인과 관련하여 모든 서독 역사교과서에는 시종일관 북
한의 남침으로 전쟁이 발발하였다고 서술하고 있다. 그와 반대로 1952년
부터 1989년까지 출간된 동독 역사교과서에서는 남한의 북침으로 전쟁
이 발발하였다고 서술하고 있다. 독일 통일 이후 2002년 출간된 역사교
과서(Geschichte Plus)에서는 1950년 7월 4일 소련의 외부부장관 그로미

---

65) *Zeiten und Menschen*, Ausgabe K, Bd. 4/II, Schöningh·Schroedel Verlag, Pader-
born 1986, pp.156-157.
66) *Zeiten und Menschen(Grundlagen und Entwicklungen der Gegenwart, Der Auf-
stieg der Supermächte und die Welt nach 1945)*, Neue Ausgabe G, Bd. 3., Ferdi-
nand Schöningh Verlag, Paderborn, 1988, pp.128-129.
67) *Historisch-politische Weltkunde(Kursmaterialien Geschichte, Sekundarstufe II/ Kol-
legstufe – Die USA im 20. Jahrhundert/Herausforderungen des American Dream)*,
Ernst Klett Verlag, Stuttgart, Düsseldorf, Leipzig, 1998, p.93.

코(Gromyko)가 한국전쟁은 남한의 북침이라고 주장했던 사실을 아래와 같이 소개하고 있다.

> 1950년 6월 25일 한국에서 일어나고 있는 사건은 남한 군대가 북한과의 경계선을 넘어서 온 도발적인 침략이다. 이러한 침략은 사전에 계획된 결과이다. (…) 그들의 목적은 한국이 국제적으로 독립하는 것을 방해하고, 통합된 민주국가를 건설하는 것을 방해하며, (…) 미국의 책동이 용인된다면, 한국은 그들의 식민지가 될 것이고 한국의 전 지역은 아시아에서 미국의 전략적 전초기지로 이용될 것이다.[68]

독일 역사교과서 중에서 한국전쟁이 북한의 남침이 아닌 남한의 북침이라는 주장을 인용하여 소개하는 경우는 상당히 예외적인 사례에 속한다고 볼 수 있는데, 위 교과서에서 인용된 그로미코의 발언 내용은 의심할 여지없이 한국전쟁이 북한의 남침으로 시작되었다는 사실을 감추기 위한 하나의 정치적인 선전이다. 소련은 유엔군의 한국전 참전에 대한 어떠한 거부권도 행사하지 않았다.[69] 결국 UN 안전보장이사회는 소련이 불참한 가운데 개최되었고 UN의 결정은 결국 북한에 불리하게 작용하였다. 왜냐하면 UN은 북한을 한국전쟁을 일으킨 침략자로 규정하였고, 미국을 포함한 총 16개국으로 구성된 UN군을 한국에 파견하였다.

더구나 독일 통일 이후에 출간된 역사교과서(*Erinnern und Urteilen 10*)는 한국전쟁의 발발과 관련된 후르시쵸프의 진술을 처음으로 인용하면서 그것을 북한의 남침 증거로 제시하고 있다. 다음은 전 소련 서기장 흐루

---

68) *Geschichte Plus(Ausgabe Berlin)*, Volk und Wissen Verlag, Berlin 2002, p.38.
69) *Lehrbuch der Geschichte für die Mittelstufe höherer Schulen(Geschichte der neuesten Zeit von 1852 bis 1952)*, Band 4, Johannes Borgmeyer Verlag, Bonn am Rhein 1952, p.189.

시초프가 한국전쟁 발발 이전 스탈린과 김일성 주석 사이의 회담에 대해서 언급한 부분이며, 그 내용은 아래 교과서에도 소개되어 있음을 알 수 있다.

> 전쟁계획을 세운 후 김일성은 모스크바로 날아와 스탈린에게 자신이 전쟁에서 절대적으로 승리할 것임을 확신한다고 말했다. 그러나 스탈린은 몇 가지 의구심을 가졌던 것으로 기억한다. 스탈린은 무엇보다 미국의 전쟁개입 가능성에 대해 우려를 표명했다. 그러나 김일성은 전쟁을 빨리 끝내면 미국의 개입을 피할 수 있다고 믿었고, 신속한 승리를 확신했다. (스탈린은 마오 쩌둥의 견해를 파악했다.) 마오 쩌둥은 이 전쟁은 한국 사람들이 스스로 결정한 전쟁이기 때문에 내정문제이고 미국은 전쟁에 개입하지 않을 것이라고 하면서 김일성의 제안에 찬성했다.[70]

결국 1950년 6월 25일 새벽 북한과 남한사이에 전쟁이 발발했다. 6월 29일 남한의 수도 서울은 북한군에 의해 점령되었고, 6월 30일에는 미군을 주축으로 하는 UN군이 투입되었다.[71] 미국이 한국전쟁에 개입한 것은 여전히 의문의 여지가 있다. 1947년부터 냉전 종식까지 일관되게 이어지는 미국의 공산권에 대한 봉쇄정책은 1950년 1월 한국에서만 유일한 예외였다. 애치슨 국무장관이 남한은 미국의 태평양 방어선에서 제외된다고 하였기 때문이다. 미국 외교정책 혼선이나 혹은 다른 목적이 있었던 것일까? 남한이 미국에게 전략전인 이해관계가 없었다면, 마치 한국전쟁이 발발하기를 기다렸다는 듯한 발 빠른 미국의 참전을 어떻게

---

70) *Sowjetische Außenpolitik seit 1945*, Stuttgart, 1985, pp.33-34 참조; *Erinnern und Urteilen 10 (Geschichte für Bayern)*, Ernst Klett Schulbuchverlag, Stuttgart, 1992, pp.50-51 재인용.

71) U.S. Department of State(Hrsg.), *U.S. Police in the Korean Crisis*, Washington 1950, p.18.

설명해야 할 것인가? 더구나 실제로 전쟁이 발발하자 가장 신속하게 대응하여 UN 안전보장이사회의 소집을 요청하고 미국의 참전을 이끌어 낸 인물이 바로 애치슨 국무장관이었기 때문이다. 전쟁 발발 이틀 후 미국 정부는 군사개입을 공식적으로 발표하였으며, 맥아더 극동사령관에게 즉시 미군을 한국에 출동시키라고 명령하였다. 이렇게 미국의 한국전쟁 개입은 미국 의회의 승인도 받지 않은 채 이루어졌다.[72]

1950년 8월 UN군과 남한 군대는 한반도의 남동쪽에 있는 낙동강에 방어선을 형성하여 함께 싸우고 있었다. 1950년 9월에 인천상륙작전으로 시작된 반격으로 전황은 역전되었으며, 남한군과 UN군은 압록강 근처까지 진격하였다. 그러자 1950년 10월 중국은 한국전 참전을 결정하고 의용군을 투입하였다.[73] 서독 역사교과서(Der Geschichtsunterricht)는 중국 의용군(Freiwilligen)[74]의 참전은 동아시아의 국지전으로 끝날 수 있었던 한국전쟁이 제3차 세계대전으로 비화될 수 있는 중요한 전기로 작용했다고 서술하고 있다.

이러한 진퇴양난의 상황으로부터 벗어나기 위하여 맥아더[75]는

---

72) 박세길, 『다시 쓰는 한국현대사 1: 해방에서 한국전쟁까지』, 돌베게, 1994, 199-201쪽.
73) 이와 관련하여 전 중국 주재 인도 대사를 지냈던 Panikkar는 1950년 10월 2일 중화인민공화국 총리 주은래가 다음과 같이 언급한 사실을 자신의 저서에서 소개하고 있다. "만약 미군과 유엔군이 3.8선을 넘어 북한을 공격한다면, 중화인민국화국은 조선민주주의인민공화국을 지원하기 위해 군대를 보낼 것입니다. 그러나 어찌되었든 남한군만 3.8선을 넘는다면, 우리는 군사행동을 취하지 않을 것입니다." Panikkar, K. M., In Two Chinas: Memoirs of a Diplomat, London 1955, pp.108.
74) 중화인민공화국의 한국전 참전과 관련하여 2002년 출간된 독일 교과서(Zeit und Menschen)는 미군 위생병이 중국 의용군 포로를 치료해 주고 있는 사진을 제시하고 있다. Zeit und Menschen, Band 4, Ferdinand Schöningh Verlag, Paderborn 2002, p.178.
75) 유엔군 사령관 맥아더는 1951년 초 전쟁에서의 최종적 승리를 원했다. 1954년 1월

중국으로부터의 북한군과 중국 의용군을 위한 보급을 끊기 위하여 중국 영토에 대한 폭격 승인을 미국 정부에 요청했다. 그러한 조치는 UN군에게 확실한 승리를 가져올 것이라고 기대했다. (…) 만약 미군 비행기가 중국 영토를 폭격했다면, 소련군은 전쟁에 더 적극적으로 개입해야 하였을 것이다. 왜냐하면 소련은 중국과 방어동맹을 맺고 있었기 때문이다.[76]

심지어 원자폭탄 사용이 거론되었다. 맥아더의 독촉에도 불구하고 트루만은 이를 거부하였다. 중국과의 제3차 세계대전으로 치닫게 될 것을 염려하였기 때문이었다. 1951년 4월 11일 맥아더는 물러나게 되었고 이후 휴전을 위한 논의가 시작되었다.[77]

1951년 7월 10일 개성에서 시작되고 이후 판문점에서 이어진 휴전회담은 1953년 7월 27일비로소 마무리되었다.[78] 이전 3.8선과 유사한 1951년 남북한이 대치한 전선이 결국 휴전선으로 정해졌다. 전쟁의 결과는 한민족에게 비참한 결과를 초래했다. 3년간 지속된 전쟁은 서로를 이념적으로 증오하게 만들었고, 평화로운 재통일은 이 분단된 국가에서는 멀어져갔다. 휴전협정 이후, 1954년 4월 26일에서 6월 15일까지 제네바에서 한국문제와 관련하여 평화로운 해결책을 찾기 위한 회의가 열렸

24일 그가 사망한 뒤에 밝혀진 사실은, 만주 지역에 30-40개의 원자폭탄을 투하하고 중국 공군이 무력화되면 장개석의 50만 군대를 전쟁에 투입하려는 것이었다.(*Kleiner Nachrichten*, 14. April 1964, p.17 참조) *Menschen in ihrer Zeit(Geschichtswerk für Realschulen)*, Band 6(In unserer Zeit), Ernst Klett Verlag, Stuttgart, 1966, p.130.

76) *Der Geschichtsunterricht*, Teil 5(Zeitgeschichte vom Zusammenbruch Deutschlands 1945 bis zur Weltlage der Gegenwart), Michael Prögel Verlag, Ansbach, 1965, p.109.

77) *Zeit Aufnahme(Geschichte für die Sekundarstufe 1)*, Band 4(Von der Nachkriegszeit zur Gegenwart), Georg Westermann Verlag, Braunschweig 1982, p.138.

78) Industriebank(Hrsg.), *Zehn Jahre Industriegeschichte Südkoreas(koreanisch)*, Seoul, 1955, p.339.

다.[79] 회의에서 남·북한은 기본적으로 자신들의 입장만을 고수하였고, 결국 회의는 성과 없이 끝나버렸다. 1954년 제네바에서 열린 회의와 관련하여 서독 역사교과서에서(Zeit Aufnahme)는 다음과 같이 서술하고 있다.

> 1954년 제네바에서 열린 평화회의는 성과 없이 끝났다. 전후 남·북한은 서로 다르게 발전하였다: 북한은 공산주의 산업국가로, 남한은 상대적으로 경제적 여유는 있지만 정치적으로는 불안정한 상태로. 또한 전쟁은 분단된 남북한 주민들에게 이산의 아픔을 초래하였다.[80]

북한에만 관련된 사항은 아니지만, 서독 역사교과서는 한국전쟁 이후 남북한의 평화적 통일을 위한 노력에 대해서도 언급하고 있다. 한국전쟁 이후 남북한의 정치적 상황을 보면, 남쪽은 철저한 반공산주의 사상으로 북한은 극심한 공산주의 사상으로 분열되어 있었고, 평화적 통일의 가능성은 점점 줄어들고 있었다. 그 결과 분단은 점점 더 공고해져갔다. 그럼에도 불구하고 남북한 간에는 긴장완화와 평화통일을 위한 지속적인 대화가 오고갔는데, 이와 관련하여 2권의 서독 역사교과서는 다음과 같이 '7·4 남북공동성명(1972)'과 '남북기본합의서(1990)'의 체결 관련 내용을 서술하고 있다.

---

79) U.S. Department of State(Hrsg.), *The Korean Problem at the Geneva Conference(April 26 - June 25, 1954)*, International Organization and Conference Series 2(Far Easten), 4,(Department of State Publication 5609), October 1954, p.5f.

80) 『2005 인구주택총조사』(통계청)에 의하면, 이산가족은 71만 명(총인구 대비 1.5%)이며, 이 중 북한출신은 16만 명이다. 그리고 대한적십자사, 통일부, 이북5도위원회가 공동 운영하는 '이산가족정보통합센터'에 등록된 이산가족 현황에 따르면, 1988년부터 2011년 3월 31일까지 신청인 등록분은 전체 12만 8,532명으로 생존 81,198명, 사망 4만 7,334명이다. *Zeit Aufnahme(Geschichte für die Sekundarstufe 1)*, Band 4 (Von der Nachkriegszeit zur Gegenwart), Georg Westermann Verlag, Braunschweig 1982, p.138.

1972년 서로 극심하게 대립하던 남북한은 평화적인 통일을 준비하기 위한 회담을 열었다. 그럼에도 불구하고 분단의 상황은 쉽게 변화되지 않았다."[81]

1985년 이후 공산진영과 서방진영 사이의 긴장완화의 분위기로 인하여, 1990년 다시 남한과 북한의 대화가 시도되었다. 그러나 남북한에 의해 각기 계획된 평화적 통일(안)은 서로 다른 국가 및 사회 시스템으로 인하여 무산되었다.[82]

독일은 1990년 통일되었지만, 한반도의 평화적 통일은 서독 역사교과서의 언급과 같이 아직까지 요원하게만 여겨지고 있다. 그 이유로는 첫째, 동서독은 분단국가임에도 서로 간에 전쟁이 없었던 반면, 남북한은 한국전쟁(6·25)이라는 민족상잔의 비극을 겪었다는 점이다. 둘째, 분단 이후 동서독 주민들은 비교적 자유롭게 왕래하고 소통하였지만, 남북한 주민은 철저하게 상호 소통이 차단되어 있었다. 셋째, 서독은 정권이 바뀌어도 통일정책이 계승되었던 반면, 남한은 정권이 교체되면서 대북정책의 일관성이 없었다는 점이다.

5. 한국 관련 서독 역사교과서 서술의 특징

서독의 역사교육은 연방체제 하에서 각 주정부의 교육 자치권이 인정되고 있으며, 주(州) 내에서도 학교 별로 독자적인 교육이 실시되며 수업은 교사의 책임과 재량에 맡겨져 있다.[83] 그리고 독일 역사교육의 목표는

81) *Europa und die Welt(von 1890 bis zur Gegenwart)*, Blutenburg-Verlag, München 1979, p.229.

82) *Geschichte und Geschehen II - Oberstufe*, Ausgabe A/B: Ernst Klett Schulbuch-verlag, Stuttgart, 1995, p.48.

83) 마석한, 「동서독 통일과 역사교육학 -역사교육의 흡수통일?-」, 『동국역사교육』 제5

지방적이고 민족적이며 보편적인 요소가 서로 조화를 이룰 수 있는 민주
적이며 다원주의적인 정체성 확립에 있다.[84]

교과서 인가제도가 비교적 자유롭고 합리적으로 운용되어 다양하고
상이한 내용의 검정 역사교과서를 교사와 학생이 자유롭게 선택하고 공
부할 수 있는 구 서독의 경우, 다원성의 원칙이 통용되어 특정 이데올로
기에 의한 교조화가 거부되었지만, 역사 수업을 통한 집단적 자기 확인
이라는 기본적 기능은 많은 부분 그대로 남아 있었다고 보아야 한다.[85]

서독에서는 교과서의 검인정체제가 시행되었으며, 교과서의 저작, 편
집, 발행은 민간 교과서 출판사가 맡고 있다.[86] 그리고 각 주정부들이 정한
검인정 기준을 충족시킨 교과서들 중에서 각 학교, 또는 시읍면의 교과서
위원회가 채택한다. 일부 주에서는 각 학교가 특정 교과서의 채택을 주 교
육장 또는 주지사에게 신청하여 그 허가를 받는 형태로 이루어진다.[87]

위와 같이, 연방적 자치가 강한 교육적 전통 하에 비교적 자유롭고 합
리적인 역사교육을 실시하고 있었던 독일의 역사교과서, 특히 1951년부
터 2002년까지 지난 약 50년간 출간된 서독과 통일 이후 독일의 역사교
과서에 한국은 어떤 모습으로 소개되어 있는가를 살펴보았다. 본 연구에
서는 편의상 서독 및 통일 이후 독일 역사교과서의 한국 관련 서술 내용

집, 1997, 130쪽.

84) Kuss, H, "Historisches Lernen im Wandel, Geschichtsdidaktik und Geschichtsun-
tericht in der later und neuen Bundesrpublik", in *Aus Politik und Zeitgeschichte*,
B 41, 1994, pp.21-30.

85) 이병련, 「역사교과서의 의미와 서술기준 그리고 분석의 기준에 관하여」, 『사총』 제
52집, 2000, 162쪽.

86) 이병련, 「동서독의 역사교과서에 나타난 동서독의 국가와 체제」, 『독일연구』 제6호,
2003, 2쪽.

87) 이길상·양영균·정재윤, 『독일 교과서의 한국관련 내용 분석(연구보고서 KU-
CR-06-04)』, 한국학중앙연구원, 2006, 4쪽.

을 편의상 남한과 북한으로 구분하여 살펴보았지만, 교과서 서술의 실제에 있어서는 남한과 북한을 뚜렷하게 구분하고 있지 않다. 따라서 역사교과서 서술의 특징을 다음과 같이 정리할 수 있다.

첫째, 동독의 역사교과서와 같이, 한국전쟁은 서독 역사교과서에서 한국 관련 주요 테마로 다루어졌음을 알 수 있다. 그럼에도 불구하고 1950-60년대 출간된 교과서들과 1990년대 이후 출간된 교과서들 사이에는 일정한 차이를 보인다. 독일 통일 이후 출간된 역사교과서들에서는 지금까지 많이 알려져 있지 않았던 한국전쟁의 숨겨진 진실(미군의 네이팜탄, 세균무기와 같은 비인도적인 무기 사용)과 미군에 의해 자행된 양민학살 사건 등을 예로 들면서 미국의 전쟁윤리를 비판하는 내용이 나타나고 있다. 아울러 남한을 북한보다 더 상세하게 설명하고 있음을 알 수 있다.

둘째, 한국전쟁의 기원에 대한 다양한 학설이 있음에도 불구하고 서독교과서는 일관되게 북한의 남침으로 전쟁이 시작되었음을 서술하고 있는데, 이러한 경향은 독일 통일 이후에도 계속되고 있음을 발견할 수 있었다.

셋째, 냉전시대 서독 역사교과서는 한국전쟁의 성격을 "내전(Bruder-krieg)"보다는 국제적 성격을 띤 동서진영의 "대리전(Stellvertreterkrieg)"으로 파악하고 있다. 1980년대 후반부터는 한국전쟁 외에도 남한의 민주화(Demokratisierung)와, 1988년 서울 올림픽으로 상징되는 경제발전을 소개하고 있다.

넷째, 남한과 관련하여 한국전쟁 이후 경제적 발전을 "한강의 기적(Wirtschaftswunder am Han-Fluss)"으로 소개하고 있으며, 정치적 민주화, 1988년 서울올림픽까지를 다루고 있는데, 북한의 전후 복구와 경제발전에 대한 내용은 찾아볼 수 없다. 남·북한의 평화통일을 위한 노력에 대해서도 독일 교과서는 '7·4 남북공동성명'과 김대중 대통령과 김정일

국방위원장 사이의 '남북기본합의서 체결(1990)'을 소개하고 있다. 그리고 한국전쟁은 1950년 6월 25일에 일어난 사건인데, 1950년 6월 24일로 잘못 표기한 교과서도 있었다.[88]

역사교과서는 자라나는 2세들에게 객관적 역사사실을 가르치고, 바람직한 역사의식을 형성하는데 기여해야 한다. 그러나 지난 날 동·서독과 남·북한의 역사교육은 냉전 이데올로기의 영향으로 체제의 우월성을 과시하고 동맹국과의 단결을 중시하는 정치교육의 수단으로 이용되었다. 서독의 역사교과서 또한 그러한 한계를 극복하지 못하고 있지만, 남한에 대해서는 분단과 전쟁을 극복하고 독재와 빈곤에서 민주화와 경제발전으로 향하고 있는 제3세계의 발전모델로 파악하고 있음을 알 수 있다.

---

88) *Spiegel der Zeiten(Geschichtsbuch für deutsche Schulen)*, Band 5(Die neuste Zeit), Moritz Diesterweg Verlag, Frankfurt am Mein, Berlin, Bonn, 1959, p.158.

제2장
냉전시대 동독 역사교과서에 나타난 한국 이미지
(1950-1989)

1. 냉전 이데올로기와 동독의 역사교과서

1989년 동구권의 몰락과 독일의 통일은 냉전(Kalter Krieg)시대의 종말을 고하는, 바야흐로 인류의 역사가 새로운 시대로 접어드는 신호탄이었다. 민주주의와 공산주의의 이념대립으로 시작된 냉전은 제2차 세계대전 이후 50년이 넘도록 지구상의 모든 대륙에서 각 국가의 정치·사회적 성격과 인간의 존재방식을 규정하는데 결정적인 영향을 끼쳤다.

지금까지 냉전시대 대표적 분단국가였던 독일과 한국의 비교연구에 대해서는 정치학, 경제학, 문학, 사회학 등 제 분야에서 이미 많은 연구성과가 있었다. 그렇지만 문헌 사료로써 1950년대부터 1989년 동독 정권의 몰락까지 동독에서 출판된 역사교과서의 한국 관련 내용을 각 시대별로 분류하여 국가 이미지에 대한 서술내용의 변화를 분석한 연구는 필자의 시도가 처음이 아닌가 한다.[1]

---

1) 지금까지 국내 동독 역사교과서 관련 연구는 극히 미미한 수준이지만, 이 방면에서

교과서, 특히 역사교과서는 자라나는 2세들에게 객관적 역사사실을 가르치고, 바람직한 역사의식을 형성하는데 기여해야 한다. 그러나 지난 날 동·서독과 남·북한의 역사교육은 냉전 이데올로기의 영향으로 체제의 우월성을 과시하고 동맹국과의 단결을 중시하는 정치교육의 수단으로 이용되었다.

그렇다면, 독일 통일 이전 동독 역사교과서는 한국에 대하여 어떻게 서술하고 있을까? 이를 규명하기 위하여 필자는 1952년부터 1989년까지 동독에서 출간된 역사교과서 20종을 분석 대상으로 선택하였다.[2] 이

꾸준한 연구를 진행해 온 이병련·마석한·김상무·박재영의 연구가 대표적이다. 마석한, 「독일 역사교과서에 서술된 한국역사 -그 현황을 중심으로-」, 『역사와실학』 5·6 합집, 1995, 381-389쪽; 마석한, 「동서독 통일과 역사교육학 -역사교육의 흡수통일?-」, 『동국역사교육』 제5집, 1997, 127-143쪽; 김상무, 「통일독일의 분단사 및 분단사교육 논의가 한국의 분단사교육에 주는 시사점」, 『교육과학연구』 42(3), 2011, 1-23쪽; 김상무, 「내적통일 관점에서의 독일 통일 이후 중등 역사 교과서의 동독사 서술에 대한 평가」, 『통일과 평화』 5(2), 2013, 105-149쪽; 이병련, 「구동독에서의 학교와 역사교육 그리고 이데올로기」, 『호서사학』 제30집, 2001, 105-137쪽; 이병련, 「동서독의 역사교과서에 나타난 동서독의 국가와 체제」, 『독일연구』 제6호, 2003, 9-57쪽; 이병련, 「역사교과서의 의미와 서술기준 그리고 분석의 기준에 관하여」, 『사총』 제52집, 2000, 161-191쪽; Park, Jae-Young, "Analyse der Darstellung des Koreakrieges in deutschen Geschichtsschulbüchern seit den 1950er Jahren," *The History Education Review* Vol.13, 2011, pp.215-239.

2) *Lehrbuch für den Geschichtsunterricht(8.Schuljahr)*, Volk und Wissen Volks-Eigener Verlag, Berlin 1952; *Lehrbuch für den Geschichtsunterricht(8. Schuljahr)*, Volk und Wissen Volkseigener Verlag, Berlin 1955; *Geschichte und Gegenwartskunde 1945-1956*, Volk und Wissen Volkseigener Verlag, Berlin 1956; *Materialien zur Geschichte der Neuesten Zeit*, Volk und Wissen Volkseigener Verlag, Berlin 1959, *Lehrbuch für Geschichte(10. Klasse der Oberschule)*, Volk und Wissen Volkseigener Verlag, Berlin 1960; *Lehrmaterialien für den Geschichtsunterricht(10. Schuljahr der Zehnklassigen allgemeinbildenden Polytechnischen Oberschule)*, Teil 3, Volk und Wissen Volkseigener Verlag, Berlin 1960; *Neueste Zeit(1945-1960)–Ergänzung zum Lehrbuch für den Geschichtsunterricht der erweiterten Oberschule*, 12. Klasse, Volk und Wissen Volkseigener Verlag, Berlin 1961; *Lehrbuch für Geschichte(10. Klasse)*, Teil 1, Volk und Wissen Volkseigener Verlag, Berlin 1967; *Unterrichtshilfen Geschichte(10. Klasse)*, Volk und Wissen Volkseigener Verlag, Berlin 1968; *Geschichte*

러한 작업을 통하여 지난 냉전시대 동서 진영의 대표적 분단국가였던 동독이 남·북한에 대하여 어떠한 의도에서 교과서 내용을 서술하고 이를 자라나는 2세들에게 가르치고자 했는지를 파악하고자 하였다. 도입부에 이은 제2절에서는 동독의 역사교육과 역사교과서의 특징과 시대적 변화 양상, 제3절과 제4절에서는 순차적으로 냉전시대 동독 역사교과서에 서술된 남한과 북한 관련 서술 내용을 살펴보고, 결론적으로 동독 정권 시기에 해당하는 1952년부터 1989년까지 출간된 동독 역사교과서의 한국 관련 이미지를 전체적으로 조망하고자 한다.

2. 동독의 역사교육과 역사교과서

제2차 세계대전 이후 소련 점령시기와 독일민주주의공화국(DDR, 이하 동독) 수립 초기, 동독에서 사회주의 역사학이 자리를 잡아가면서 역사교육과 방법론에 대한 마르크스·레닌주의 영향이 증가하였다. 동독에서 역사교육 방법론이 하나의 독립된 분과로 확립된 것은 소련군정 시기 (1945-1948)를 거쳐 1950년대 사회주의 국가모델과 그에 적합한 교육관

– Zeittafel(11. Klasse), Volk und Wissen Volkseigener Verlag, Berlin 1969; *Geschichte(Lehrbuch für Klasse 9)*, Volk und Wissen Volkseigener Verlag, Berlin 1972; *Geschichte(Lehrbuch für Klasse 10)*, Volk und Wissen Volkseigener Verlag, Berlin 1977; *Unterrichtshilfen Geschichte(10. Klasse)*, Volk und Wissen Volkseigener Verlag, Berlin 1977; *Geschichte – Materialien für den Lehrer(10. Klasse)*, Volk und Wissen Volkseigener Verlag, Berlin 1979; *Geschichte in Übersichten(Wissensspeicher für den Unterricht)*, Volk und Wissen Volkseigener Verlag, Berlin 1980; *Unterrichtshilfen Geschichte(11. Klasse)*, Volk und Wissen Volkseigener Verlag, Berlin 1980; Geschichte in Übersichten(Wissensspeicher für den Unterricht), Volk und Wissen Volkseigener Verlag, 1982; *Geschichte(Lehrbuch für Klasse 9)*, Volk und Wissen Volkseigener Verlag, Berlin 1988; Geschichte(Lehrbuch für Klasse 9), Volk und Wissen Volkseigener Verlag, 1989; *Geschichte(Lehrbuch für Klasse 10)*, Volk und Wissen Volkseigener Verlag, Berlin 1989.

의 수립과 일맥상통한다.[3] 소련에 의해 이식된 사회주의 체제는 이전의
역사적 유산, 생활양식과의 철저한 결별과 함께 새로운 이데올로기와 사
회주의적 경제체제의 원칙에 입각한 사회의 전면적 재조직을 강요하였
다. 동독 역사교육에서 마르크스·레닌주의 이데올로기의 이론적 기초는
이후에도 일관성 있게 적용되었다.

동독 교육체제의 개편은 소련의 학제를 도입하면서 비교적 단기간에
이루어졌다. 모든 학령기 아동은 10년간의 일반종합학교(allgemeinbil-
dende polytechnische Oberschule)를 다녀야 하며, 교육 당국이 편성한 단
일한 교육과정에 의해서 학습이 이루어졌다. 5학년부터 외국어로서 러시
아어가 교수되었으며, 사회 교과목으로서 역사와 공민, 지리 등이 교수
되었다. 일반종합학교 과정에서 성적이 우수한 학생들은 추가로 2년의
고급 중등교육을 받은 후 대학에 진학할 수 있었다.[4]

동독의 교육체제는 중앙집권적이며 국가 주도적으로 운영되었으며,
개별 교과의 내용과 조직에 있어서도 그러한 특징이 잘 나타나 있다. 동
독의 역사교육은 개인 인격체의 형성과정에서 학생들의 사회주의적 역사
의식 함양을 목표로 추진되었으며, 진리로 선포된 국가 이데올로기를 효
과적으로 습득하도록 강요받았다. 역사교과서는 특정한 정치적·사회적
체제의 산물이며, 자라나는 세대들에게 특정한 정치의식이나 이데올로
기를 주입시키려는 의도를 가지고 있다. 그것은 권위주의 체제일수록 더
욱 명확하게 나타난다.[5] 역사교과는 일반종합학교 5학년부터 10학년까

---

3) 허영식, 「독일 역사교육의 변천과 동향」, 『사회과교육연구』, 제3호, 1996, 56쪽.
4) 김유경, 「통일전 동독의 역사교육」, 『KBS 통일방송연구』, 2006.03.18.(http://office.
   kbs.co.kr/tongil/archives/26007/ 검색일: 2018.02.12.).
5) 이병련, 「역사교과서의 의미와 서술기준 그리고 분석의 기준에 관하여」, 『사총』 제
   52집, 2000, 183쪽.

지 6년에 걸쳐 교수되었으며, 국정으로 발행된 역사교과서는 매 학년마다 한 권씩 배정되었다. 역사수업에서는 차시 수업 수준까지 학습요소의 상세화가 이루어졌으며, 정밀화된 교육과정과 함께 역사교사들에게는 역사교육의 방향을 제시해 주는 '교수계획(Lehrplan)'과 '수업지침서(Richtlinien)', '교사용지도서(Unterrichtshilfe)'가 제공되었다.[6] 교사는 지침서에 따라 주어진 내용을 매 수업시간 정확하게 전달해야 할 의무가 있었다. 역사학습은 질서가 잡힌 지식의 축적에 중심을 두었으며, 독일의 역사, 특히 정치사가 내용의 핵심을 이루고 있었고 교수-학습의 강조점도 근현대사에 놓여 있었다.[7] 학교에서 이루어지는 모든 교육은 마르크스·레닌주의 세계관 내에서 국가에 의해 지시된 사회적 규범과 가치들을 학생들에게 전수시키고 가르쳐야 했다. 사회주의적 정체성의 형성에는 모든 과목들이 연관되어 있었지만, 특히 사회통합이라는 기능을 수행하는 과목으로는 역사, 국가시민생활, 지리를 들 수 있다. 이들 과목은 소위 정치적·이데올로기적 통합의 역할을 맡고 있었으며, 그 중에서도 역사수업에 더 큰 비중이 주어졌다.[8] 역설적이지만, '당과 국가'에 의한 직접적이고 억압적인 개입은 극히 드문 일이었다. 그것은 역사교육자들이나 역사교사들이 이미 '자기 검열'을 습관화한 결과 당과 국가가 역사교육에 개입하거나 관여할 여지가 별로 없었기 때문이다.

그러한 맥락에서 동독의 역사교과는 공민과와 함께 사회주의 이데올

---

6) Szalai, W., "Überlegungen zur Geschichte von Geschichtsunterricht und Geschichtsmethodik in der DDR", *Historisches Lernen im vereinten Deutschland*, Weinheim 1994, pp.30-60.

7) Szalai, W., "Die DDR-Geschichtsmethodik im Spannungsfeld zwischen äußerer und innerer Disziplinierung", *Aus Politik und Zeitgeschichte*, B 41, 1994, p.33.

8) 이병련, 「구동독에서의 학교와 역사교육 그리고 이데올로기」, 『호서사학』 제30집, 2001, 105-137쪽.

로기 교육의 핵심 교과로서 약 40년 동안 동독 사회주의 통일당(SED)의 정책 도구로 활용되었다. 동독의 역사교과서는 국정체제였으며, 교과서의 제작과 배포는 국가가 독점하였다.[9] 서독과는 달리 동독에서는 당의 정책과 역사학, 역사교육 사이에는 직접적이고 일방적인 종속적인 관계가 존재했다. 그것은 '정치교육' 또는 '역사교육'을 담당한 과목과 그 강조점의 변천을 통해서도 살펴볼 수 있다. 1959년 새로운 교육과정에 따라 이전에 강조되었던 '독일 애국주의'는 역사교육에서 '사회주의적 애국주의'로 대체되었고 분단 상태의 지속이라는 상황에 따라 '사회주의적 향토'라는 개념이 등장했다. 이에 따라 '향토과(Heimatkunde)'는 폐지되었고 그 대신 '공민과(Staatsbürgerkunder)'가 등장하였다. 1960년대 중반부터는 '국가애'와 '사회주의업적에 대한 긍지'가 강조되었으며, 1970년대에는 '플로레타리아 국제주의'와 '사회주의적 독일민족'이 의도적으로 강조되었다. 1980년대 역사수업은 동독의 역사가 지니고 있는 독일사의 연속성과 동독 사회주의의 우월성을 학생들에게 교화시키는데 주안점을 두었다. 학생들에게는 반공산주의적 역사 날조에 대해서는 계급적 관점에서 공세적으로 대처할 수 있는 능력의 함양이 요구되었다.

하지만 동독이 장기적인 노력과 투쟁을 통하여 이상적인 사회주의로 나아갈 수 있으리라는 낙관적인 예측은 1989년에 일어난 '평화적 혁명'으로 인하여 빗나가게 되었다.[10] '독일 통일'이라는 대전환 이후 독일 역사교육계는 역사교육의 내용 구성뿐만 아니라 현저하게 벌어진 사고방식, 교육방식의 간극을 조정하면서 상호 이해를 통한 정신적인 분단 상

---

9) 이병련, 「동서독의 역사교과서에 나타난 동서독의 국가와 체제」, 『독일연구』 제6호, 2003, 31쪽.
10) 허영식, 「독일 역사교육의 변천과 동향」, 『사회과교육연구』 제3호, 1996, 57쪽.

태를 극복하려는 노력을 지속적으로 추진하고 있다.

3. 동독 역사교과서에 나타난 남한 이미지

본 장에서는 1952년부터 1989년까지 출간된 동독 역사교과서에서 남한에 대하여 어떻게 서술하고 있는지를 검토하고, 각 시기별로 동독 역사교과서가 남한에 대하여 어떤 이미지를 전달하고 있는지를 분석해보고자 한다. 이러한 분석 작업을 통하여 지난 냉전시대 동독에서 자라나는 청소년들에게 사회주의 이데올로기에 기반한 역사교육이 같은 냉전 시기 극동아시아의 분단국이었던 남·북한을 어떻게 묘사하고 있으며, 어떠한 이미지를 학생들에게 주입시키려고 했는가를 밝힐 수 있을 것이다.

특정 민족이 자본주의나 공산주의 이데올로기에 따라 두 개의 국가로 분단되어 있다면, 역사수업에서 역사적 사실에 대한 설명이 특정 이념에 의해 영향을 받을 수 있다는 점은 충분히 짐작할 수 있을 것이다.[11] 이 때 역사수업을 진행하는 교실은 역사를 배우는 학생들에게 국가가 지향하는 이념이나 가치라는 프리즘을 통하여 역사적 사실에 일정한 표식을 함으로써 의도적으로 영향력을 행사하는 시공간으로 작용한다. 아울러 역사교과서의 이념적 편향성에 경도된 역사교사 주도의 수업은 학생들의 세

---

11) 동독의 역사교과서는 인민 민주주의 체제의 우월성과 관련하여 다음과 같은 설명을 통하여 인류 역사발전 단계에서 사회주의의 궁극적 승리에 대한 확신을 보여주고 있다. "(...) 제1차 세계대전은 러시아 10월 혁명의 위대한 사회주의자 승리를 이끌었다. 그 결과, 1억 5천만 명이 넘는 사람들이 제국주의에 등을 돌리고 사회주의 건설에 착수했다. 제2차 세계 대전은 이미 10억 명이 넘는 인류, 즉 3분의 1이상의 인류를 포함하는 사회주의 세계체제의 탄생을 가져왔다. 이는 사회주의와 자본주의 체제 사이의 평화적인 경쟁에서 사회주의의 우월성을 입증한다." *Neueste Zeit 1945-1960(Ergänzung zum Lehrbuch für den Geschichtsunterricht der erweiterten Oberschule: 12. Klasse)*, Volk und Wissen Volkseigener Verlag, Berlin, 1961, p.6.

계관, 국가관, 인생관에 커다란 영향을 미침은 물론이다.

동독에서의 역사교과는 무엇보다도 학생들의 이데올로기 교육을 담당하는 중요한 과목중의 하나이다. 1950년대 '오늘날의 세계(Gegenwart-skunde)' 과목은 이러한 기능을 하는 유일한 수업과목이었으며, 일반학교의 수업계획서에서 끊임없이 중요한 역할과 기능을 담당했다. 국제적인 정치·사회화의 핵심으로서 동독에서의 역사수업은 역사학, 교육학 그리고 정치교육의 발전에 중요역할을 담당했을 뿐만 아니라. 전반적으로 사회·정치적 발전에 직접적인 역할을 담당하였다.

따라서 동독 역사교과서에서 공산주의 이데올로기와는 적대관계에 있는 남한이라는 나라가 어떻게 소개되어 있는지를 파악하는 것은 매우 흥미로운 작업이기도 하다. 동독의 역사교과서에서는 남한에 대한 소개와 관련하여 '일본 식민지 해방부터 한국전쟁까지' 상당히 소홀하게 다루어지고 있는 반면에 북한에 대해서는 북한의 경제건설과 한국전쟁 이후 동독의 경제적 지원 내용에 대해서 자세하게 소개하고 있다.

북한의 공산주의에 대해서는 1977년 출간된 동독 역사교과서에서 분명하게 설명하고 있는데 사회주의의 발전은 유럽에 영향을 주었을 뿐만 아니라 아시아 국가들에게도 널리 퍼졌다고 서술하고 있다. 동독 역사교과서는 사회주의 체제가 유럽뿐만 아니라 아시아까지 확대된 것은 체제의 우월성 때문이라고 주장하고 있으며, 아시아의 사회주의 국가 몽골, 중국, 베트남, 북한에서의 사회주의 체제의 성립을 그 예로 소개하고 있다. 아래 인용문과 같이 동독의 역사교과서에는 사회주의 시스템의 우월성을 1989년 동독 정권의 몰락까지 지속적으로 서술하고 있다.

제2차 세계대전 이후 국제적 세력균형의 변화에 있어서 평화와 민주주의 그리고 사회주의의 권력의 혁명적인 개편을 유럽에만 제한하지 않는다는 것은 의미있는 일이다. 아시아의 몇몇 나라들은 이러한 혁명적인 과정을 이미 습득하였다. 몽골과 중국, 베트남 그리고 한국은 오랫동안 인민민주주의 국가의 힘을 비축하였다. 그 대부분은 국내 반대파와 영국, 프랑스, 일본의 식민지배자들에 대항하여 무장하여 싸우는 것이었다.[12]

당시 3.8선은 이미 한국전쟁 5년 전에 군사적인 목적을 위해서 일본군의 무장해제를 위해 잠정적으로 설치되었던 남북한 간의 경계선이었다. 미국은 예상과는 달리 일본의 재빠른 항복 선언에 놀라서 그 순간 어떠한 계획도 없었고, 한반도에서 일본군에 대한 무장해제와 관련된 중요한 사안을 서둘러 결정해야 할 상황에 몰리게 된 것이다. 그 당시 미국의 입장에서 한국과 한국 주변을 둘러싼 군사적 상황을 보면, 소련군에 의해서 한반도가 점령될 위기상황에 놓여있었다. 그래서 미국은 다른 연합국들에게 ―소련과 중국 그리고 영국― 전적으로 소련군이 한반도 전체를 점령하는 것을 막기 위하여 소련군과 미군이 한국을 분할 점령하는 것을 제안하였다. 여기에 양 진영은 남북을 구분할 경계선이 필요하였다. 분단선으로서 3.8선의 제안은 소련이 아닌 미국 측의 입장이었다.[13] 소련은 이런 미국의 제안을 받아들였다. 미국과 소련에 의한 남·북한 분할 점령이 차후 한반도의 운명에 어떠한 영향을 끼칠지에 대한 충분한 심사숙고 없이 미국의 영관급 장교들에 의해 고안되어진 이 구상을 트루만 대통령

---

12) *Geschichte(Lehrbuch für Klasse 10)*, Volk und Wissen Volkseigener Verlag, Berlin 1977, pp.29-30.

13) 전후 일본군의 무장해제를 위하여 미국 측에서 제시한 위도 38도를 기준으로 미군과 소련군에 의한 한반도 분할점령은 이미 1896년과 1905년 러시아와 일본 사이에서도 논의된 바 있다. 이와 관련하여서는, Hacker, Jens, "Korea and Germany – Two Different Cases of Divides States", *Korea and World Affairs*, Vol. 6, No. 1/1982, p.162 f. 참조.

이 승인하였다.[14)]

1950년대 출간된 2권의 동독 역사교과서에서는 남한에 미군이 주둔한 사실과 관련하여 그 당시 정치적 상황을 아래와 같이 비판적으로 서술하고 있다.

> (...) 만주에서처럼 소련 군대는 1945년 8월 일본의 제국주의로부터 한국을 해방시켜 주었다.[15)] 남한을 차지한 미국은 통일된 민주주의 국가를 이루고자 하는 한국 발전을 위한 협정을 중단하였다. 그들은 남한을 그들에게 예속되는 반민중적인 정부를 만들어 그들의 영향아래 두었다.[16)]

> 일본의 항복 한 달 후에 미군이 남한에 도착하였다. 그들은 해방자로서 왔을 뿐만 아니라 새로운 점령군으로 왔다. 미국인들과 미국의 조력자 이승만은 3.8선으로 경계를 나누었고 (...) 남한 인민의 민주적인 노력들을 모두 억누르는 반동적이고 파시스트적인 군사정권을 세웠다.[17)]

---

14) 이후 미국의 외무부장관이 된 디 러스크(Dean Rusk)는 한반도의 분단과정에 대해서 다음과 같이 상세하게 진술한 바 있다. "일본의 갑작스런 항복은 미 국무부가 이에 대응하기 위해 맥아더 장군에게 필요한 명령을 수행해야 할 것과 일본의 항복에 대해 다른 동맹국과 필요한 협의를 하도록 강요했다. 이러한 목적으로 미합중국 해군 조정위원회는 1945년 8월 10일에서 15일까지 몇 차례 회합을 가졌다. 8월 10일과 11일 밤 첫 회의의 주제는 일본 항복 접수를 위한 준비였다. 미 국무부는 미군이 가능한 한 소련군이 한반도에 진주하기 전에 가능한 한 북쪽 지역에서 일본군의 항복을 받아야 한다는 점에 주목했다(U.S. Department of State, 1969, p.1039). Kim, Hak joon, *Korea's Relations with Her Neighbors in a Changing World*, Seoul, 1995, p.160.

15) 한국이 1945년 8월 소련에 의해 해방되었다는 서술은 사실과 다르다. 한국은 1945년 8월 일본의 식민통치에서 해방된 이후 한반도 북부는 소련군에 의해, 남부는 미군에 의해 관리되었다. 소련이 한반도 전체를 점령한 것은 아니었다. *Geschichte(Lehrbuch für Klasse 9)*, Volk und Wissen Volkseigener Verlag, Berlin 1972, p.236.

16) *Geschichte und Gegenwartskunde 1945-1956*, Volk und Wissen Volkseigener Verlag, Berlin 1956, pp.23-24.

17) *Materialien zur Geschichte der neuesten Zeit*: Volk und Wissen Volkseigener Ver-

위와 같이, 1959년 동독에서 출간된 역사교과서 *Materialien zur Geschichte der neuesten Zeit* 에서는 남한에 주둔한 미국인을 '새로운 점령군'이라고 명명하고 있음을 알 수 있는데, 이는 이승만을 대표로 하는 친미적이고 파시스트적인 군사정권을 남한에 수립함으로써 확실히 알 수 있다는 것이다. 1950년대 출판된 두 권의 동독 역사교과서(1956, 1959)는 미군의 남한 진주 이후 남한 사회의 상황에 대해서도 비판적으로 서술하고 있다. 즉, 한반도의 남부지방을 점령한 미국은 한국인들의 독립적이고 민주적인 국가의 수립을 방해하였으며, 미군의 남한 진주는 해방자가 아닌 점령군의 성격을 가지고 있었으며, 미국의 영향력 아래 미국에 동조하는 반민족적이고, 반동적이며, 파시스트적인 이승만 정부를 성립시켰다는 것이다. 또 다른 역사교과서 *Neueste Zeit 1945-1960*(1961)에서도 미국과 남한에 대하여 다음과 같이 부정적으로 소개하고 있다.

> (...) 일본의 항복 한 달 후에 미군은 남한에 상륙하였고, 3.8선 경계까지 점령하였다. 미국이라는 독점 자본가는 한국을 약탈물로 보았고 미래의 식민지로 보았다. 건국준비위원회를 해산하였고 남한에 반동주의적 정부를 설립하였다. 미국은 남한의 토지와 은행, 자연자원(철, 텅스텐, 흑연, 금)을 차지하였다.[18]

동 교과서는 남한을 점령한 미군이 군정을 실시하면서 민족주의 세력을 억압하였으며, 한국인의 자주적인 건국운동을 방해하였고, 남한의 인적·물적 자원을 차지하였음을 비판하고 있다. 그리고 이러한 남한에 대

lag, Berlin, 1959, p.116.

18) *Neueste Zeit 1945-1960(Ergänzung zum Lehrbuch für den Geschichtsunterricht der erweiterten Oberschule für Klasse 12)*, Volk und Wissen Volkseigener Verlag, Berlin, 1961, pp.38-40.

한 미국의 영향력은 남한을 미래의 미국 식민지로 보았던 시점부터 시작
되었음을 암시하고 있다. 또한 *Neueste Zeit 1945–1960*(1961)에서도
일본의 항복 이후 3.8선 이남을 점령한 미국은 남한을 전리품으로 여기
고 식민지화하였고, 지주, 자본가 계급을 강화시키고 지하자원을 수탈하
였다고 서술하고 있다.

그와는 반대로 1977년 출간된 동독 역사교과서 *Geschichte(Lehrbuch
für Klasse 10)*는 한반도에 소련주둔에 대하여 아래와 같이 미군의 남한
주둔과는 상당히 다른 견해를 내놓고 있다.

> 1945년 8월 소련에 의한 한국의 일제로부터의 해방은 이 민족
> 에게 그들의 운명을 넘겨주는 결정적인 전제조건이었다.[19]

즉 미군의 남한 점령은 미국이 남한을 식민지화 한 것이며, 소련군의
북한 진주는 북한 인민들에게 해방을 가져다주고 북한 인민들 스스로 자
신의 문명을 결정할 수 있는 자주권을 부여한 사건이라는 해석이다. 이는
1972년 출간된 동독 역사교과서 *Geschichte*와도 같은 맥락이라는 점을
알 수 있는데, 이 교과서 역시 미국과 소련에 의한 한반도 분할 점령에 대
해서, '1945년 8월 소련의 북한 해방은 한민족에게 그들의 운명을 그들
의 손에 쥐어 주었다'는 이중적인 해석을 하고 있음을 알 수 있다.

그럼 다음으로 한국전쟁(6·25전쟁, Korean War, Koreakrieg: 이하 "한국
전쟁"으로 표기)[20]과 관련된 동독 역사교과서 서술 내용을 살펴보자. 한국

---

19) *Geschichte(Lehrbuch für Klasse 10)*, Volk und Wissen Volkseigener Verlag, Berlin,
   1977, pp.29-30.
20) 1950년 6월 25일 남한과 북한 사이에 발발했던 전쟁을 한국에서는 통상적으로
   "6.25전쟁"으로 표기하지만, 독일 역사교과서에는 "Koreakrieg"으로 표기하고 있
   다. 본 논문에서는 원본의 의미를 살린다는 의미에서 "Koreakrieg"의 한국어 번역

전쟁 관련 동독 역사교과서의 서술은 1952년부터 1989년까지 지속적으로 일관성 있게 한국전쟁은 미국과 남한 괴뢰정부가 계획한 것이었다고 강조한다. 이러한 서술은 한국전쟁의 직접적인 원인이 전혀 아님에도 불구하고 당시 미국과 남한 정부가 보였던 여러 가지 정황 증거들을 그럴 듯하게 교과서에 재구성하여 소개하고 있다. 동독 역사교과서에 나타나는 정황 증거들을 일부 제시하면 다음과 같다. 1948년 8월 24일 한국정부의 대표인 이승만이 '북한으로의 진격은 아주 중요한 우리의 과제'라고 언급한 점, 1949년 9월 30는 이승만이 '우리는 잃어버린 땅을 남자답게 다시 찾아와야 한다'고 말한 사실[21], 미국의 로버트 장군이 '북침 계획이 이미 결정된 일'이라고 말했다는 것, 그리고 '남한이 먼저 전쟁을 시작하더라도 좋은 변명거리를 만들어야 한다'는 점 등이다.[22] 그에 덧붙여 미국에 의해서 잘 훈련되고 준비된 남한의 북침을 증명하는 것으로서 '도발 바로 전에 미국 외무부장관인 덜레스(John Foster Dulles)가 3.8선 경계에서 시찰'한다는 제목과 함께 교과서에 관련 사진을 제시하고 있다.[23] 이 사진은 한국전쟁이 미국의 세밀한 계획 하에 발발했다는 인상을 준다.

그럼에도 불구하고 동독 역사교과서에 제시된 자료들은 정황증거들이지 전쟁 발발의 책임이 미국과 남한 정부에 있다는 어떠한 직접적인 증거가 될 수는 없다. 그러한 자료들이 일정한 논리구조를 가지고 편집되고 교과서의 내용으로 학생들에게 제시되고, 교사의 설득력 있는 설명이

어인 "한국전쟁"으로 표기하고자 한다.

21) *Geschichte(Lehrbuch für Klasse 10)*, Volk und Wissen Volkseigener Verlag, Berlin, 1989, p.36.

22) *Ibid*, p.36.

23) *Lehrbuch für Geschichte(10. Klasse)*, Teil 1, Volk und Wissen Volkseigener Verlag, Berlin, 1967, p.116.

추가된다면, 한국전쟁에 대해서 학습하는 학생들의 입장에서 전쟁의 책임이 어느 편에 있다고 생각할 것인가는 자명한 일이다. 역사적 사실에 대한 이념적 편향성이 추가된 해석, 동독의 사회주의 형제국인 북한에 대한 일방적인 편들기는 결국 객관적·역사적 사실을 학생들에게 제시하고, 학생들 스스로 판단할 수 있도록 조력하는 역할에서 벗어나 사실을 왜곡하고 대상에 대한 부정적인 이미지를 형성하는데 일조하고 있는 것이다.

서독 역사교과서는 전쟁이 전혀 준비되어있지 않았던 남한에 북한이 먼저 침략해서 발발한 것이라고 서술되어 있는 반면에, 동독 역사교과서는 시종일관 한국전쟁은 미국과 남한의 군대가 북한을 침략해서 발발했다는 서술을 하고 있다. 수집된 동독 역사교육 자료 중에서1952년 출간된 역사수업을 위한 교수자료에서는 아래와 같이 한국전쟁은 남한이 북한을 침략한 전쟁이라고 서술하고 있다.

> 한국에서 미군이 공개적인 공격을 시작하였다. 미국 제국주의자들의 사주를 받은 이승만 군대는 1950년 6월 25일 국경을 넘어 조선민주주의인민공화국(die Nordkoreanische Volksrepublik)을 침략했다. (...) 자유를 위해 싸우고 있는 한국인들을 쓰러뜨리는 상황에서 영웅심에 불타 미군들은 끔찍할 정도로 죄를 범하고 나라 전체를 황폐화시켰다. 중국과 소련에 맞서고자 한국을 점령하려는 것이 그들의 목적이다.[24]

위와 같이, 1952년부터 베를린 장벽이 열릴 때까지 출간된 동독의 역

---

24) *Lehrbuch für den Geschichtsunterricht(8. Schuljahr)*, Volk und Wissen Volkseigener Verlag, Berlin, 1952. p.327.

사교과서는 남한의 북침을 강조하고 있다. 이러한 서술[25]은 1952년부터 1979년, 그리고 1989년까지 동독에서 출간된 모든 역사교과서에서 일관적으로 나타나고 있다.

1950년 6월 25일, 미국에 의해서 잘 준비되고 훈련된 남한의 이승만의 군대가 3.8선을 넘어서 조선민주주의인민공화국으로 쳐들어왔다.[26]

1950년 6월 25일, 미국에 의해서 잘 준비되고 훈련된 남한정부 대표인 이승만의 군대가 3.8선을 넘어서 사회주의 체제 국가인 조선민주주의인민공화국으로 쳐들어왔다.[27]

한국전쟁 발발 이후 전쟁의 진행 상황은 UN군의 참전[28]과 중국군의 공격으로 상황이 급격하게 변했다. 이제 한국전쟁은 내전이 아닌 국제전의 양상을 띠게 된 것이다. 1950년 9월 15일 서울에서 가장 가까운 항구인 인천에 UN군이 상륙작전을 성공시켰다. 이후 북한 인민군과의 격렬한

---

25) Lehrbuch für Geschichte(10. Klasse), Teil 1, Volk und Wissen Volkseigener Verlag, Berlin, 1967, p.113-117; Geschichte(Lehrbuch für Klasse 10), Volk und Wissen Volkseigener Verlag, Berlin, 1977, p.100; Geschichte und Gegenwartskunde 1945-1956, Volk und Wissen Volkseigener Verlag, Berlin, 1956, p.24.

26) *Lehrbuch für Geschichte der 10. Klasse der Oberschule*, Volk und Wissen Volkseigener Verlag, Berlin, 1960, p.219; Vgl. *Geschichte, Klasse 11(Materialien für den Lehrer)*, Volk und Wissen Volkseigener Verlag, Berlin 1979, p.103.

27) *Geschichte(Lehrbuch für Klasse 9)*, Volk und Wissen Volkseigener Verlag, Berlin, 1989, p.36.

28) 1960년 출판된 동독의 교사용지도서에는 유엔국의 참전 원인에 대하여 다음과 같이 서술하고 있다. "북한 인민군은 오히려 남한군의 공격을 패퇴시켰다. 인민군은 남한의 수도 서울을 해방시켰고 이승만 휘하의 미국 용병을 대구와 포항까지 밀어붙였다. 이러한 전황의 기대하지 않은 전환에 놀란 미제국주의는 패퇴하는 이승만 군대를 돕기위해 서두르기 시작했다. 영국도 이러한 무장개입에 참여하였으며, 미국 정부는 이렇게 유엔 깃발을 악용하였다." *Lehrmaterialien für den Geschichtsunterricht(10. Schuljahr der Zehnklassigen allgemeinbildenden polytechnischen Oberschule)*, teil 3, Volk und Wissen Volkseigener Verlag, Berlin, 1960, p.34.

전투를 치른 뒤, 서울은 1950년 9월 28일에 수복되었다. 북한 인민군은 두려움에 떨며 그들의 진영으로 후퇴하여야 했다. 전황이 북한에 불리하게 전개되면서 남한군과 UN군이 압록강과 두만강 가까이 진격하자 중국 정부는 한국전쟁에 개입하게 되는데 이와 관련하여 동독 역사교과서는 중국 의용군의 참전을 다음과 같이 서술하고 있다.

> (1950년) 11월, 거대한 힘을 지닌 침략군이 북한 지역 깊은 곳까지 쳐들어 왔다. 그들은 11월까지 조선민주주의인민공화국 전 지역을 점령할 수 있다고 호언장담하였다. 그때, 반동적인 미국 제국주의 무리들이 중국을 위협했기 때문에 중국 의용군은 같은 사회주의 형제 국가인 북한을 돕기 위해서 서둘러 참전했다.[29]

> 중국이 1950년 10월 25일 의용군을 한국전쟁이 투입한 이후로 북한군과 중국군은 1950년 말까지 조선민주주의인민공화국을 적으로부터 해방시키고, 3.8선을 침략군에 대항하는 전선으로 만드는 일에 성공하였다.[30]

베를린 장벽이 열리기 전인 1989년 말까지 출간된 동독의 역사교과서 역시 한국전쟁에 대해서는 1950년대나 1960년대 출간된 교과서들과 똑같은 설명을 하고 있으며, 미국인들이 '야만적 전쟁'을 시작했으며, '중국군이 그들의 형제인 북한을 돕기 위해서 서둘러 왔다'고 서술하고 있다.[31] 즉, 동독 역사교과서는 시종일관 남한과 미국이 북한을 침략함으로써 한국전쟁이 발발했다는 것이다.

---

29) *Ibid.*, pp.220-221.
30) *Lehrbuch für Geschichte(10. Klasse)*, Teil 1, Volk und Wissen Volkseigener Verlag, Berlin, 1967, pp.113-117.
31) *Lehrbuch für Geschichte(10. Klasse)*, Volk und Wissen Volkseigener Verlag, Berlin, 1989, p.36.

한편, 한국전쟁과 관련하여 1966년까지의 교과서에는 볼 수 없었던 사진[32]이 1967년과 1989년 출간된 동독 역사교과서에 동일하게 실려 있는 것을 볼 수 있다. 그 사진 속에는 한 소녀가 미군에 의해 공습당한 폐허 속에서 울고 있다. 사진과 함께 북한과 중국군을 향한 미군의 공습이 다음과 같이 상세하게 서술되어 있다.

> 전쟁 초기 북한군의 성공적인 대응으로 침략자들은 1950년 8월 남한의 남동쪽 해안 지역까지 후퇴하였다. 그 이후 엄청난 숫자의 미국 군대가 전선 뒤에 도착하였다. 이들은 동시에 일반 대중들을 향하여 끔찍한 전쟁을 시작하였다. 그 속에서 그들은 야만적 장비를 사용하였는데, 예를 들면 고성능 폭탄, 네이팜탄, 세균폭탄을 사용하였다. (...) 미국은 중국의 도시와 마을들에 폭탄을 투하하였고 군함들은 중국의 무역선들을 향하여 해적 같은 행동을 감행하였다.[33]

한국전쟁 기간 동안 미군에 의한 세균무기 사용은 오랫동안 공산권의 주장으로만 치부되었다. 1951년 7월, 한국전쟁의 양상은 갑자기 교착상태로 빠지게 된다. 이때부터 북한 전역에 대한 고성능 소이탄과 네이팜탄 폭격이 감행되었으며, 1952년 초부터 북한, 중국, 소련 측으로부터 미군이 세균무기를 사용하고 있다는 비판이 제기되었다. 미국은 이러한 의혹 제기에 대해서 허위사실이라고 대응했지만, 1952년 노르웨이에서 열렸던 '세계평화회의'에서 한국전쟁의 세균전 문제가 의제로 다루어졌고 국제과학조사단을 파견하기로 결정했다. 조사단은 영국·프랑스·이탈리아·스웨덴 등 국제적으로 명성이 있는 생물학자 7명으로 구성되었다.

---

32) Lehrbuch für Geschichte(10. Klasse), Teil 1, Volk und Wissen Volkseigener Verlag, Berlin, 1967, p.114; *Lehrbuch für Geschichte(10. Klasse)*, *op.cit.*, 1989, p.39.
33) *Ibid,* p.115.

이들은 1952년 7월부터 두 달 동안 북한과 만주 일대 현장을 조사했는데, 현지에서 주민들의 상태를 조사하고 증거물을 수집하고, 중공군에게 잡힌 미군 포로들을 취재하는 등 다각적인 방법으로 접근하였다. 그리고 조사를 마친 이들은 곧 결과를 발표했다. 북한과 중국의 인민들은 실제로 세균이라는 무기의 표적이 되었으며, 이들 세균무기는 2차대전 시 일본이 개발하고 사용하였던 방식도 포함하여 다양한 방법이 동원되어 미합중국 군대에 의해 사용되었다는 사실이다. 조사에 참여했던 영국 학자 죠셉 니담은 미국이 세균전을 수행했다는 것은 97%로 확신한다고 말했으며, 지난 2000년 7월 2일 방영된 MBC-TV의 〈이제는 말할 수 있다: 일급비밀! 미국의 세균전〉은 미국의 세균전에 대한 새로운 증언과 증거들을 제시한 바 있다.[34]

한국전쟁 시기 미군에 의해 저질러진 전쟁범죄에 대한 서술은 그것만이 아니다. 1979년 출간된 역사교과서(Geschichte in übersicht)에서는 미국에 의한 남한의 수도인 서울탈환과 북한 지역으로의 진격 상황에서 황해도 신천에서 발생했던 미군에 의한 북한 양민 학살사건을 다루고 있다.

> 1950년 10월 17일 미군 부대가 (황해도) 신천으로 진입해 들어 갔다. 해리슨 중위가 지역 지휘관(중대장)으로 투입되었다. 그의 권력은 52일 동안 지속되었다. 첫 날 그는 "내 말은 곧 법이다. 복종하지 않는 자는 총으로 쏘겠다. 우리는 남한과 자유를 보호할 것이며, 그래서 우리는 공산주의자들을 근절시켜야만 한다"고 선언하였다. 이미 이날에 공산주의자들은 노동당사 앞에서 체포되었다. 여자들은 머리가 깎여 졌고, 손은 묶여졌다. 그리고 나서 그녀들을 방공호로 격리시켰다. 방공호 안에는 350명의 민간인이 있었다. 그들에게 휘발유를 붓고 살아있는 채로 불을 질렀다. 이 불은

---

34) 강준만, 『한국현대사 산책(1950년대편·1권)』, 인물과사상사, 2004, 275-276쪽.

이전의 지주가 붙였고, 해리슨 중위는 그 옆에 있었다.[35]

북한 당국은 한국전쟁 당시 1950년 10월 17일부터 12월 7일까지 52일 동안 북한 지역을 일시적으로 점령한 미군이 황해도 신천군 주민의 4분의 1에 해당하는 35,383명의 무고한 주민들을 잔인하게 학살했다고 주장한다. 1958년 3월 김일성 지시에 의해 이곳에 신천박물관을 지어놓고 반미교육의 중심지로 활용하고 있다. 한국전쟁 이후 북한의 경제재건을 위해 힘썼던 동독인 Radmann은 북한에서의 경험을 술회하고 있는 자신의 저서[36]에서 1950년 10월 신천에서 있었던 미군의 끔찍하고 잔인한 행동들에 대하여 구체적으로 비판하고 있다. 그렇다면 신천양민학살에 대한 남한 측의 입장은 어떠한가 살펴보자. 박세길에 의하면, 한국전쟁 당시 미군의 북한 주민에 대한 탄압은 참혹하기 짝이 없었는데, 북한 전역에서 수 백 명 단위로 방공호에 가두어 놓고 불을 질러 죽이는 집단 학살극이 속출하였다. 12월 7일 황해도 신천군 원암리에서는 900여 명을 창고 속에 처넣고 한꺼번에 학살하였다고 주장한다.[37] 다른 한편, 최근 신천학살사건에 대한 한화룡의 연구는 남한 사람이 펴낸 첫 번째 북한 지역 민간인 희생에 대한 연구서로 한국전쟁 당시 황해도 신천에서 벌어진 미군에 의한 북한 민간인 학살 사건의 진상을 규명하는 자료다. 그 동안 북한 당국에 의해 반미의 성지로 신화화된 신천사건의 실체적 진실을 밝히기 위해 이 책은 먼저 북한 측 자료를 소개하고, 그 다음에 미군 측 자

---

35) Geschichte, Klasse 11(Materialien für den Lehrer), Volk und Wissen Volkseigener Verlag, Berlin 1979, pp.102-103.

36) Radmann, M, Die Heimat ist im Norden. Die nationale Frage in Korea und das Völkerrecht, Berlin 1961.

37) 박세길, 『다시 쓰는 한국현대사』, 돌베게, 1989, 216-217쪽.

료와 월남자들의 증언을 치밀하게 재구성하여 신천학살사건의 진상을 날짜별로 밝히고 있다. 저자에 의하면 신천학살은 한국전쟁 당시 북한 지역에서 좌우익 간에 벌어진 수많은 학살 중 가장 규모가 크고 비극적인 사건이었으며, 미군이 양민학살에 개입한 것은 아니라는 주장이다.[38] 대체적으로 신천양민학살은 무고한 양민을 학살하는 노동당과 인민군에 대항한 우파 지하조직과 신천 군민들의 저항이며 반공투쟁사건이라는 입장이다.

동독 정권이 몰락한 1989년 출간된 역사교과서 *Geschichte*는 한국전쟁 당시 중국과 소련, 다른 인민민주주의 국가들이 군사적으로나 경제적으로 북한을 도왔다고 서술하고 있다. 그래서 '한국전쟁'은 국제적인 성격을 지니고 있으며, 세계의 이데올로기 대리전으로서 의미를 가진다는 것이다.

> 전쟁 초기 미국 공군이 장악했던 제공권은 소련의 MIG-15 전투기가 투입되면서 소멸되었다. 북한 인민의 용맹성, 소련과 중국의 지지와 세계 각국 사회주의 형제국의 도움은 미국으로 하여금 원자폭탄의 사용을 좌절시켰다.[39]

인천상륙작전과 남한군과 유엔군의 3.8선 돌파, 평양 함락과 이후 압록강까지 전선의 북상으로 북한은 패전 바로 직전에까지 몰렸지만, 약 30만 명의 중국 의용군이 "항미원조"를 내걸고 한국전쟁에 개입하였다. 중국 의용군의 참전과 '1·4후퇴'로 전황이 다시 불리해지자 맥아더 사령관은 워싱턴 정가의 영향력 있는 정치가들에게 전쟁에서 승리하기 위해

---

38) 한화룡, 『전쟁의 그늘: 1950년, 황해도 신천학살사건의 진실』, 포앤북스, 2015 참조.
39) *Geschichte(Lehrbuch für Klasse 10)*, Volk und Wissen Volkseigener Verlag, Berlin 1989, p.36.

서는 북한군을 섬멸하는 것 외에도 북한을 지원하고 있는 중국에 대해서
도 원자폭탄을 사용해야 한다는 강경한 입장을 견지하였다.[40] 그러나 당
시 미국 대통령 트루만은 핵무기의 사용은 제3차 세계대전의 위험성을
높이게 된다는 점을 감지하였고, 카리스마 넘치는 맥아더 장군의 요구와
비판으로 인하여 자신의 정치적 입지가 손상을 입는다고 보고 그를 해임
하였다.[41] 결국 미국의 정책은 현재 상태에서 재래전의 지속이라는 원래
의 지침으로 회귀했다.[42] 맥아더의 후임자는 리지웨이(Matthew Bunker
Ridgway)로 결정되었다. 결국 맥아더 사령관은 트루먼 대통령에 의해 물
러나게 되었지만, 원자폭탄의 사용이 가져올 제3차 세계대전 발발이라는
공포는 오히려 이후 전쟁의 향방을 제한전이라는 성격으로 바꾸어 놓게
되었다.

결국 전선은 다시 3.8선 부근에서 교착상태에 빠져들게 되었으며,
1951년 11월까지 3.8선에서 북쪽으로 몇 킬로미터 북쪽으로 전선이 고착
되고 소모전이 계속되면서 양 측의 피해만 커져가는 상황이 전개되었다.

> 1951년 7월 침략자들(역자주: 남한과 미국)은 휴전협정에 동의
> 하여야만 했다. 1953년 7월 27일 마침내 전쟁터는 조용해졌다.
> 미국은 처음으로 그들의 전쟁 역사에서 승리자가 되지 못했다.[43]

1989년 동독 교과서는 휴전과 그 의미를 다음과 위와 같이 설명하고

---

40) Ziegler, Bok-suk, *Die Wiedervereinigungspolitik der beiden koreanischen Staaten*,
Regensburg, 1998, p.39.
41) Tag, Myung-sig, *Die US-Politik gegenüber Korea*, Düsseldorf, 1995, p.195.
42) Gruchmann, Lothar, "Das Korea-Problem. Seine Bedeutung für das geteilte
Deutschland", *Teilung und Wiedervereinigung*, Göttingen 1963, pp.243-263.
43) *Geschichte(Lehrbuch für Klasse 10)*, Volk und Wissen Volkseigener Verlag, Berlin
1989, p.38.

있다. 미국은 북한과 북한을 지원하고 있는 중국, 소련 및 기타 사회주의 형제국의 지원 때문에 더 이상 승리를 확신할 수 없었고 휴전에 동의하게 되었으며, 결국 한국전쟁은 미국의 건국 이후 미국이 개입한 수많은 전쟁 중에서 승리하지 못한 첫 번째 전쟁으로 남게 되었다는 것이다.

4. 동독 역사교과서에 나타난 북한 이미지

본 절에서는 1952년부터 1989년까지 출간된 동독 역사교과서에서 북한에 관한 서술내용에 대하여 살펴보고자 한다. 전체적으로 시기에 구분 없이 동독 역사교과서는 남한에 대한 부정적인 서술과는 다르게 북한에 대해서는 긍정적이고 우호적으로 서술되어 있는 것을 발견하게 된다. 이러한 점은 북한과 동독이 냉전시대 분단국이자 사회주의 형제국으로서 가까운 외교적 관계를 유지하고 있었다는 점에서 뿐만 아니라 한국전쟁 이후에도 북한의 경제재건을 위한 동독의 대대적인 지원을 통해서도 알 수 있다.

동독 역사교과서의 북한 관련 서술은 일본 식민지 시기 항일독립운동, 분단과 한국전쟁, 전쟁 이후 북한 경제의 재건, 동독의 경제적 지원 등으로 구분할 수 있다. 동독 교과서 서술에 의하면, 한민족의 일본으로부터의 해방은 제국주의의 몰락과 동시에 새로운 세계적 패권세력으로서 공산주의의 전 세계적 확대를 의미하며, 이는 자본주의에 비해 공산주의가 시스템적으로 우월하기 때문이라는 점을 강조한다.

세계 정치는 제2차 세계대전 이후에 더 이상 제국주의의 힘에 의해서 결정되는 것이 아니라 점점 더 소련과 그 동맹국들과 민족들에 의해서 결정된다. 이것은 자본주의 시스템의 약점을 보여

주는 것이다.[44]

1961년에 출간된 동독 역사교과서 Neueste Zeit 1945-1960는 제2차 세계대전이라는 역사적 사건에 대해서 다음과 같이 그 역사적 의미를 강조하고 있다.[45] 첫째, 사회주의 세계 시스템의 형성과 확립은 합법적 현상이자 특색이며 제2차 세계대전 이후 나타난 가장 중요한 결과물이다. 둘째, 제2차 세계대전은 제국주의 시스템의 붕괴를 더욱 가속화하였다. 이것은 몇 몇 동유럽 국가들과 아시아, 독일의 일부에서 일어난 자본주의에 대한 노동자와 농민 계급의 승리일 뿐만 아니라 자본주의 체제하에서 인민들의 저항을 더욱 상승시켰다. 셋째, 사회주의의 한 단계 더 발전된 국면은 식민지 인민들의 해방을 위한 투쟁과 함께 시작되었다. 인민들은 제2차 대전 동안에 약탈자인 독일인과 일본인 그리고 이탈리아 제국주의자들에 대항한 투쟁에 대부분 참가하였다. 동독 교과서는 북한의 경우를 위에서 서술한 네 가지 사항들에 들어맞는 적절한 사례로 파악하고 있음을 알 수 있다. 북한은 제2차 세계대전 이후 소련에 의해서 3.8선 이북의 일본군에 대한 무장해제와 소련군의 주둔으로 일본으로부터 해방되었으며, 소련식 사회주의 체제가 이식되었다. 특히, 일제하에서 독립을 위한 한국인들의 사회주의 무장투쟁[46]과 관련하여 1959년에서 1977년까지 출간된 5권의 동독 역사교과서[47]에서는 다음과 같거나 유사한 서

44) *Neueste Zeit 1945-1960(Ergänzung zum Lehrbuch für den Geschichtsunterricht der erweiterten Oberschule: 12. Klasse),* Volk und Wissen Volkseigener Verlag, Berlin 1961, p.8.

45) *Ibid.,* pp.5-8.

46) Scalapino, Robert A, und Lee, Chong-sik, *Kommunismus in Korea(koreanisch),* Seoul 1986, pp.144-159.

47) *Materialien zur Geschichte der Neuesten Zeit,* Berlin 1959, p.116; *Lehrbuch für*

술내용들을 찾아볼 수 있다.

제2차 세계대전 동안 중국의 형제 민족과 함께 한국의 빨치산
대원들은 수십 년째 천연자원이 풍부한 땅을 착취했던 일본의 도
둑들과 맞서서 항일 독립투쟁을 전개하였다. 1945년 소련군이
이 공격자들을 이 땅에서 몰아냈을 때 한국인들에게는 자유의 순
간이 도래하였다.[48]

1945년 한국이 해방되기 이전 일본 식민지배세력에 대항하는 다양한
세력들이 존재하였다. 예를 들면 보수적 민족주의 그룹, 공산주의 그룹과
무정부주의 그룹 등이 있었다. 그러나 동독 역사교과서에서는 단지 공산
주의 그룹의 활동만을 서술하고 있다. 1950년대 출간된 동독 역사교과서
(1952, 1955, 1956, 1959)[49]에는 한국인의 독립운동과 관련해서 공산주의
그룹 이외의 항일운동 단체들의 활동에 대한 내용은 발견할 수 없다.

동독 역사교과서의 북한 관련 서술에 있어서도 특이한 점은 "한국전
쟁"이 주된 테마로 다루어지고 있다는 점이다. 1950년대부터 1980년대
까지 출간된 동독 역사교과서에서는 이 테마가 중심에 서있다. 이 테마
는 지속적으로 다루어졌고, 시종일관 남한의 북침을 주장하고 있다. 한

Geschichte(10. Klasse der Oberschule), Volk und Wissen Volkseigener Verlag,
Berlin 1960, p.144; Neueste Zeit 1945-1960 (Ergänzung zum Lehrbuch für den
Geschichtsunterricht der erweiterten Oberschule: 12. Klasse), 1961, p.38; Ges-
chichte(Lehrbuch für Klasse 9), Volk und Wissen Volkseigener Verlag, Berlin 1972,
p.236; Geschichte(Lehrbuch für Klasse 10), Volk und Wissen Volkseigener Verlag,
Berlin 1977, p.30.

48) Neueste Zeit 1945-1960 (Ergänzung zum Lehrbuch für den Geschichtsunterricht
der erweiterten Oberschule: 12. Klasse), 1961, p.38.

49) Lehrbuch für den Geschichtsunterricht(8.Schuljahr), Berlin 1952; Lehrbuch für den
Geschichtsunterricht(8. Schuljahr), Berlin 1955; Geschichte und Gegenwartskunde
1945-1956, Volk und Wissen Volkseigener Verlag, Berlin 1956; Materialien zur
Geschichte der Neuesten Zeit, Berlin 1959.

국전쟁의 전개에 대해서 대략 짧게 서술한 1950년대 출간된 2권의 교과서[50]를 제외하고는, 대부분의 교과서가 한국전쟁을 중심으로 아래와 같은 내용을 비교적 상세하게 언급하고 있다.

- 일본 식민지배에 저항한 독립투쟁
- 미국과 소련에 의한 한반도의 분할 점령과 민족분단
- 한국에서 두 개의 적대적 정치세력의 등장
- 한국전쟁(1950년 남한의 북한침략)
- UNO군과 중국 의용군의 참전 그리고 1953년 휴전
- 한국전쟁 이후 남·북한의 전후 복구 상황

위에서 언급한 것처럼 동독 역사교과서에는 한국전쟁을 미국의 제국주의와 잘 준비되고 훈련된 남한 군대의 북침이라고 보고 있다. 동독의 역사교과서에서 북침의 증거로 제시한 이미지들과 인용된 자료들이 대부분 직접적인 군사적 공격과 관련된 것이 아니라 그러한 추측을 가능하게 하는 정황증거들임에도 불구하고 북한의 주장을 뒷받침하는 일방적인 자료만을 제시하고 있다. 동독 교과서의 한국전쟁 전개 상황에 대한 서술을 보면, 중국의 전쟁 개입과 휴전협정 과정에서의 중재 역할이 중요한 변수로 작용했다는 평가를 하고 있다. 한국전쟁에서 중국 의용군의 참전으로 남한군과 UN군은 '1·4후퇴'와 함께 남한의 수도 서울을 다시 적에게 내주게 되었으며, 1951년 4월 이후 전선이 전쟁 이전의 3.8선 인근

---

50) *Lehrbuch für den Geschichtsunterricht(8.Schuljahr)*, Volk und Wissen Volkseigener Verlag, Berlin 1952, p.329; *Lehrbuch für den Geschichtsunterricht(8.Schuljahr)*, Volk und Wissen Volkseigener Verlag, Berlin 1955, p.289.

북쪽 지역으로 고착화 되었다. 1951년 7월 10일 남한과 미국, 북한과 중국 사이의 휴전에 대한 논의에 시작되었고, 1953년 7월 27일 미국(UN군 총사령관, 미국 육군 대장 Mark W. Clark), 북한(조선인민군 최고사령관, 조선민주주의인민공화국 원수 김일성), 중국(중국인민지원군 사령원 팽덕회) 대표가 서명함으로써 휴전협정이 조인되었다.[51]

다음으로 한국전쟁의 의미와 관련하여 1950년대, 1960년 출간된 3권의 동독 역사교과서가 다루고 있는 테마는 다음과 같다.

- 한국전쟁에서 미국 제국주의의 목적: 북한 정권 파괴

3년 동안의 전쟁 이후 제국주의자들은 북한을 무력으로 무너뜨리려고 하는 계획을 포기해야만 했다.[52]

- 남한: 인민민주주의 국가들에 대항하는 전초기지

미국 제국주의자들은 한국에서의 공격적인 전쟁으로 아시아에서 소련과 중국에 대항하는 전초기지를 확보하고자 하였다.[53]

---

51) 1953년 7월 27일 오후 1시, 유엔기지내 문산극장에서는 유엔군 사령관 클라크 대장이 그의 보좌관들과 브리스코 미 극동해군사령관, 앤더슨 제5공군사령관, 웨이랜드 극동공군사령관, 테일러 미 8군사령관, 최덕신 한국군 대표, 그리고 16개국 참전 대표들이 임석한 가운데 정전협정 확인 서명을 마쳤다. 한편 공산측은 김일성이 이날 오후 10시에 평양에서 서명했고, 중국군의 팽덕회는 다음날인 7월 28일 오전 9시 30분에 개성에서 서명함으로써 정전조인 절차는 모두 끝났다. 이로써 3년 1개월 2일, 즉 1,129일 동안 지속된 한국전쟁은 정전상태로 들어갔다. 국가기록원(http://www.archives.go.kr/next/search/listSubjectDescription.do?id=006353/ 검색일: 2018.02,.22).

52) *Geschichte und Gegenwartskunde 1945-1956*, Volk und Wissen Volkseigener Verlag, Berlin, 1956, pp.23-24.

53) *Lehrbuch für den Geschichtsunterricht(8. Schuljahr)*, Volk und Wissen Volkseigener Verlag, Berlin, 1952. p.329.

- 제3차 세계대전의 위협: 사회주주의 형제국인 중국의 군사적인 지
원으로 해소

무적의 미국 전쟁무기에 대한 믿음, 미군 전술의 우월성에 대
한 믿음, 그리고 자유와 인류애라는 미국적 확신의 진정성에 대
한 믿음은 모든 사람들을 치가 떨리게 했다. 새로운 세계대전의
전화(戰火)는 이제 소멸되었다.[54]

미국은 새로운 세계대전이 될 수도 있는 위험과 전쟁의 확산을 우려하
여 원자폭탄의 사용을 철회하였는데, 동독 교과서는 이를 북한에 대한
사회주의 형제국, 특히 북한에 대한 중국의 군사적 지원이 미국 제국주
의의 야욕과 제3차 세계대전의 위협을 해소할 수 있었다고 서술하고 있
다. 아울러 1959년 동독에서 출간된 역사교재(*Materialien zur Geschichte
der neuesten Zeit*)를 보면, 한반도의 영원한 평화와 통일을 위해 한국으
로부터의 미군 철수가 필요하다는 북한 정부의 주장이 북한 정치인 남일
의 성명서를 인용하면서 제시되어 있음을 볼 수 있다.

이 모든 사실들이 분명히 보여 주듯이, 미군이 계속해서 남한
에 주둔할 이유가 없다. 한국 문제가 평화적으로 해결되기 위해
서는 먼저 남한에 주둔하고 있는 미군은 철수되어야 한다. 미국
은 중국 의용군의 모범을 따라 군대를 철수해야한다. 그것은 한
국의 평화 유지를 위한 주요 조건이며, 평화를 사랑하는 모든 사
람들의 요구다.[55]

한국전쟁 이후 동독 역사교과서의 북한 관련 내용은 전후 북한의 경제

54) *Lehrbuch für Geschichte der 10. Klasse der Oberschule*, 1960, pp.221-222.
55) *Materialien zur Geschichte der neuesten Zeit*, Volk und Wissen Volkseigener Ver-
lag, Berlin, 1959, p.124.

재건과 동독의 지원을 중심으로 서술되고 있음을 알 수 있다.

한국전쟁과 관련하여 비교적 잘 알려지지 않은 부분은 당시 미국이 북한을 겨냥하여 무자비할 정도의 항공전역을 수행했다는 사실이다. 이는 미국이 민간인 살상을 거의 고려하지 않은 채 항공기로 북한 지역을 융단폭격 했다는 것을 의미한다. 북한 지역의 움직이는 것 모두를, 그리고 거의 모든 건물을 폭격했고 3년의 기간 동안 북한 주민의 20% 정도가 사망했다. 한국전쟁 기간 동안 사용된 폭탄 규모도 놀라운 수준이었다. 미국은 32,557톤의 네이팜탄에 더불어 635,000톤의 폭탄을 투하했다. 제2차 세계대전 당시 미국은 태평양 전역에 503,000톤의 폭탄을 투하한 바 있다. 그런데 제2차 세계대전 당시 미국은 이들 폭탄을 한반도와 비교하여 훨씬 넓은 지역에 투하했다. 2차 세계대전 당시 미국은 일본의 64개 주요 도시를 잿더미로 만들었으며 2개 도시에 핵무기를 투하했다. 그런데 북한 지역에 대한 파괴는 제2차 세계대전 당시 일본 폭격과 비교해 보아도 상당히 높은 비율임을 알 수 있다.[56]

북측의 주장에 따르면, 8,700여 동의 공장·기업소 건물과 생산설비가 파괴되었고, 전력공업은 1949년의 26%, 연료공업은 11%, 야금업은 10%, 화학공업은 23%로 감소하였다. 5,000여 개소의 학교, 1,000여 개소의 병원 및 진료소, 260여 개소의 극장 및 영화관, 수천 개소의 문화후생시설이 파괴되었고, 1953년의 알곡생산은 1949년의 12%에 불과하였다. 이처럼 심각한 파괴로 인하여 북한은 스스로 경제를 재건하기에는 곤란한 처지에 놓여 있었다. 따라서 한국전쟁 이후 북한의 경제재건에는 사

---

56) Keck, Zachary, "How American Air Power Destroyed North Korea", National Interests, 2017.(http://nationalinterest.org/blog/the-buzz/how-american-air-power-destroyed-north-korea-21881/검색일: 2018.02.22).

회주의 형제국들(소련, 중국과 동유럽 여러 나라들)의 지원이 커다란 도움이 되었다.[57] 북한은 전후복구 사업의 많은 부분을 소련의 원조에 의지하고 있었다. 소련은 1954-1955년간 북한에 무상원조를 제공하여 수풍발전소, 성진제강소, 김책제철소, 흥남비료공장, 남포제련소, 승호리시멘트공장, 평양방직공장 등의 대규모 공장 재건을 지원하였다. 중국도 산업 복구 건설과 인민생활 향상에 필요한 기계설비, 석탄, 면화, 양곡, 건재, 어선 등을 지원하였고, 철도운수의 복구를 위하여 기관차와 열차도 지원하였다. 그 밖에 동유럽 여러 나라들이 중요한 공장, 광산을 복구해 주었고, 공장설비와 건축기자재, 운수기자재, 의약품 등을 지원하였다.

남한과 비교하여 북한은 훨씬 심각한 피해를 입었지만 위와 같은 지원에 힘입어 전쟁 피해를 보다 신속히 복구했다. 1960년대 이후로 북한은 성공적인 경제 성장을 이룩하였고, 사회주의 산업국가로 발전하였다. 그리고 공산주의 체제하의 다른 나라들처럼 대부분의 국가자원을 중공업 육성에 쏟아 부었다. 북한에서 1960년과 1970년 사이의 10년은 산업구조의 빠른 전화, 산업 복합체의 형성, 국가 경제의 모든 핵심부서의 기술적 재정비로 특징지어졌다. 전후재건을 가속화하기 위해 이 기간 동안 모든 국가 예산의 60%가 공업에 투자되었으며, 그 중 78-80%가 중공업에 투자되었다.[58]

1960년대 이후 출간된 동독 역사교과서에서는 북한을 위한 동독의 경제적 원조가 한국전쟁 동안뿐만 아니라 전쟁이 끝난 후에도 지속되었다고 서술하고 있다. 특히 함흥은 동독 정부의 원조를 받아서 재건되었음

---

57) 북한의 전후 재건과 관련해서는 <전후 경제 재건과 발전을 위한 모든 것>에 대한 노동당 중앙위원회 제4기 본회의(1953년 8월 5일)에서의 김일성 보고서 참조.

58) Göthel, Ingeborg, *Geschichte Koreas*, Berlin 1978, p.330.

을 강조하고 있다.[59] 전후 함흥시의 재건에 있어서 동독의 지원과 역할을 매우 두드러진 사례라 할 수 있다. 동독은 1955년부터 1962년까지 457명의 기술자와 건설전문가들을 북한에 파견하여 함흥시 재건을 주도하였다. 이들은 함흥에 5,236개의 아파트와 공장, 발전소, 병원 등 주요 제반 시설 건설에 기여하였다.[60] 그와 관련하여 1960년 출간된 역사교과서 (Lehrbuch für Geschichte der 10. Klasse der Oberschule)에는 다음과 같은 서술을 살펴볼 수 있다.

> 조선민주주의인민공화국은 3년간의 전쟁으로 말할 수 없는 고통에 시달려야만 했다. 그들은 자유를 위해 피의 대가를 치러야만 했다. 가축의 80%와 거의 모든 농업용수 시설은 사라졌다. 다른 나라들로부터 지원금이 왔는데 무엇보다도 소련과 중국 그리고 우리 동독에서 온 것이다. 3년간의 노력 끝에 노동자와 농민들은 전쟁의 피해를 극복하였고, 다시 전쟁전의 상태로 되돌아갈 수 있었다. 우리 공화국의 전문가들이 그들을 도왔다. 그래서 도시 함흥은 우리 독일민주주의공화국의 도움으로 다시 재건될 수 있었다. 3년간의 경제계획(1954-1956)을 세워서 북한은 사회주의 재건을 할 수 있었다.[61]

사회주의 국가들의 경제적 지원과 관련하여 북한에 무상으로 원조된 액수는 총 10억 루블에 이르렀다. 그 중에서, 기본적으로 동독의 북한을

---

59) Frank, Rüdiger, Die DDR und Nordkorea - Der Wiederaufbau der Stadt Hamhung von 1954 bis 1962, Aachen, 1996; Chon, Tuk-chu, Die Beziehungen zwischen der DDR und der Koreanischen Demokratischen Volksrepublik(1949-1978), München, 1982.

60) 김경미·이경석, 「냉전기 북한-동독의 외교관계(1953-1989): 협력과 갈등」, 『유럽연구』 제34권 3호, 2016, 157쪽.

61) Lehrbuch für Geschichte der 10. Klasse der Oberschule, Volk und Wissen Volkseigener Verlag, Berlin, 1960, pp.222-223.

위한 구호위원회의 활동은 기금을 마련하고 기금에서 구호물자를 구입하여 한국으로 송금하는 일이었다. 1952년 3월 말까지 동독에서는 11,600,000마르크의 기금이 마련되었고 이 기금을 통하여 약 150,346kg의 의약품, 444,197kg의 기부 물품 및 2대의 구급차가 북한에 전해졌다.[62] 1977년 동독 교과서(Unterrichtshilfen Geschichte)는 북한을 위한 동독의 원조를 다음과 같이 서술하고 있다.

> 동독에서는 노동자와 기타 근로대중이 가장 광범위하고 국제적인 지원운동을 벌였다. 민족전선위원회에서 북한 원조위원회를 구성하였다. 1950년부터 1953년까지 이 위원회는 북한으로 1,600만 마르크의 지원금을 보냈다. 지원자들과 동독의 자유독일청년단이 모금한 기금뿐만 아니라 북한의 어린이들을 위해서 기금과 물품이 모아졌다. 동독 정부는 1952년 6월 25일에 북한과 경제교류협정을 맺었다.[63]

냉전기 북한과 동독의 외교관계에 있어서 1953년부터 1962년까지는 협력기에 해당한다. 이 시기 동독의 북한원조는 사회주의 진영 간 우호협력의 공고화라는 국제질서의 흐름 속에서 살펴볼 수 있는데, 동독은 소련, 중국 다음으로 북한의 전후복구 사업에 중요한 역할을 하였다. 전후 동독의 북한에 대한 지원은 경제적인 차원에서 뿐만 아니라 인도주의적 차원에서도 이루어졌다. 전후 부족한 경공업 물자 지원 및 전후 피해복구와 도시재건 사업에서 동독의료진의 북한 파견, 각종 의약품 지원, 북한 전쟁고아의 동독 입양, 북한의 공학 및 광학 기술자들의 동독 연수 등 지원의 범위가 경제 분야에 한정된 것은 아니었다. 동독 정권이 몰락

---

62) Frank, Rüdiger, op.cit., pp.7-9.
63) Unterrichtshilfen Geschichte(Klasse 10), 1977, p.141.

한 1989년에 출간된 동독 역사교과서(*Geschichte*)에서도 동독의 북한에 대한 원조와 인도적인 차원에서의 지원은 관련 사진[64]과 함께 소개되고 있음을 엿볼 수 있다.

> 전쟁 중인 북한과의 협력은 동독에서는 하나의 대중적 반응으로 나타났다. 미국에 의한 테러의 희생자가 된 부모의 아이들은 학교 교육과 직업교육을 받을 수 있게 되었다. 우리는 인간적인 호의와 도움을 주고 있다. 독일 사회주의 통일당(SED)은 이러한 정신적 지원이 열매 맺기를 바라면서 투쟁하고 있다.[65]

위와 같이 1980년대 출간된 동독 역사교과서에서는 한국전쟁 이후 동독 및 사회주의 국가들의 북한 원조와 상호협력에 대하여 상세하세 서술하고 있다. 반면 한국전쟁의 진행과정에 대해서는 1950년대에서 1970년대 출간된 교과서들보다 서술 분량이 감소하였다. 1960년대 이후 북한의 사회·경제적 발전 상황에 대해서도 더 이상 다루지 않고 있다.

5. 냉전 이데올로기라는 '프리즘'

1946년부터 실시된 동독의 역사교육은 나치 청산, 군국주의와 제국주의의 배격 그리고 마르크스·레닌주의 정신을 구현한다는 데에 기본 목표를 두었다. 동독은 사회주의 국가 이데올로기를 단순하면서도 명확하게 학생들에게 전달할 수 있다는 점에 주목하여 소련식 역사교육 모델을 적극 수용하였다. 1948년 본격적으로 도입된 소련식 '신교육체계'로 인하

---

64) 교과서에 제시된 사진 속에서 한 명의 동독인 의사와 북한 간호사 한 명이 동독으로부터 북한으로 보내진 의약품을 응시하고 있다. Geschichte(Lehrbuch für Klasse 10), 1989, p.39.

65) *Ibid.*, p.38.

여 서구 자본주의적 시민교육과는 결별하였으며, 역사수업은 교육당국에서 결정한 내용을 단순히 전달하고 확인하는 '주문교육'의 성격을 띠게 되었다.[66]

독일 통일 이전까지 동독과 서독의 역사교육은 분단과 이데올로기의 대립이라는 국가적인 적대감과 체제경쟁 상태에 있었다. 동·서독은 한편으로는 자신의 체제에 대해서는 역사적 정통성을 주장하고, 동시에 상대방 체제에 대해서는 비판적인 입장을 견지하였다.[67] 동독의 역사교과서 역시 한국 관련 서술에 있어서는 프로레타리아 국제주의라는 모토 아래 서독과 긴밀한 외교관계를 맺고 있었던 남한보다는 사회주의 형제국인 북한의 주장을 지지하고 있음을 알 수 있다.

지금까지 필자는 지난 냉전시대 동독 역사교과서의 한국 관련 서술을 남한과 북한으로 구분하여 살펴보았는데 가장 많은 부분을 차지하고 있는 것은 한국전쟁과 관련된 내용이었다. 먼저 남한에 관한 동독 역사교과서 서술은 다음과 같이 요약할 수 있다.[68] 첫째, 가장 주목되는 점은 동독

---

66) 마석한, 「동서독 통일과 역사교육학 -역사교육의 흡수통일?-」, 『동국역사교육』 제5집, 1997, 130쪽.

67) 이병련, 「동서독의 역사교과서에 나타난 동서독의 국가와 체제」, 『독일연구』 제6호, 2003, 30쪽.

68) *Lehrbuch für den Geschichtsunterricht(8. Schuljahr)*, Volk und Wissen Volkseigener Verlag, 1952, p.327; *Lehrbuch für den Geschichtsunterricht(8. Schuljahr)*, Volk und Wissen Volkseigener Verlag, 1955, p.289; *Geschichte und Gegenwartskunde 1945-1956*, Volk und Wissen Volkseigener Verlag, 1956, pp.23-24; *Materialien zur Geschichte der neuesten Zeit*, Volk und Wissen Volkseigener Verlag, 1959, pp.116-125; *Lehrbuch für Geschichte der 10. Klasse der Oberschule*, Volk und Wissen Volkseigener Verlag, 1960, pp.219-224; *Lehrmaterialien für den Geschichtsunterricht(10. Schuljahr der Zehnklassigen allgemeinbildenden polytechnischen Oberschule)*, Teil 3, Volk und Wissen Volkseigener Verlag, 1960, p.34; *Neueste Zeit 1945-1960(Ergänzung zum Lehrbuch für den Geschichtsunterricht der Erweiterten Oberschule: 12. Klasse)*, Volk und Wissen Volkseigener Verlag, 1961, pp.38-40; *Lehrbuch für Geschichte(10. Klasse)*, Teil 1, Volk und Wissen Volksei-

교과서들에서 남한에 대해 다루고 있는 내용은 하나의 역사적 사건, 즉 일본의 패망으로 인한 해방과 남·북한의 분단, 그리고 한국전쟁에 국한되어 있다는 사실이다. 둘째, 한국전쟁에 대한 책임론과 관련하여 모든 동독 역사교과서에서는 남한과 미국이 먼저 북한을 침략한 전쟁이라고 서술하고 있다. 남한과 미국에 관한 부정적인 서술을 강조하기 위하여 동독 역사교과서에서는 이와 관련된 여러 가지 정황 증거를 교과서에 제시하고 있다. 셋째, 남한을 미국 제국주의자들에 의해 조종되는 괴뢰국가로 간주하고 있다. 동독 교과서는 '대한민국(Republik of Korea)'이라는 남한의 공식 국가명칭도 사용하고 있지 않다. 넷째, 상급학교 역사수업의 지침서에 대한 보충자료로서 수업보충자료인 1961년의 교재[69]를 제

---

gener Verlag, 1967, pp.113-117; *Unterrichtshilfen Geschichte 10. Klasse*, Volk und Wissen Volkseigener Verlag, 1968, pp.158-160; *Geschichte-Zeittafel(11. Klasse)*, Volk und Wissen Volkseigener Verlag, 1969, p.91; *Geschichte(Lehrbuch für Klasse 9)*, 1972, pp.113-117; *Geschichte(Lehrbuch für Klasse 10)*, Teil 1, Volk und Wissen Volkseigener Verlag, 1972, pp.127-130; *Geschichte(Lehrbuch für Klasse 10)*, Volk und Wissen Volkseigener Verlag, 1977, pp.26-30 und 94-100; *Unterrichtshilfen Geschichte(Klasse 10)*, Volk und Wissen Volkseigener Verlag, 1977, pp.140-142; *Geschichte für 11. Klasse(Materialien für den Lehrer)*, Volk und Wissen Volkseigener Verlag, 1979, pp.102-103; *Unterrichtshilfen-Geschichte(Klasse 11)*, Volk und Wissen Volkseigener Verlag, 1980; *Geschichte in Übersichten(Wissensspeicher für den Unterricht)*, Volk und Wissen Volkseigener Verlag, 1982, pp.429-430; *Geschichte(Lehrbuch für Klasse 9)*, Volk und Wissen Volkseigener Verlag, 1988, pp.257-258; *Geschichte(Lehrbuch für Klasse 9)*, Volk und Wissen Volkseigener Verlag, 1989, p.257; *Geschichte(Lehrbuch für Klasse 10)*, Volk und Wissen Volkseigener Verlag, 1989, pp.36-40.

69) 아래 교과서에 인용된 기록은 북한의 전 외무 장관이자 정치가였던 남일이 작성한 것이다. 그의 기록에는 한국전쟁 이후 남한의 기아와 고통이 포함되어 있다. "미 제국주의의 괴뢰이자 이승만 파시즘 체제 하에서 기근, 고통, 테러와 살인이 판을 치고 있다. 경제는 완전히 폐허로 버려졌다. 실업자와 단시간 근로자 380,000명 이상과 고아와 어린이 수천 명이 거리를 헤매고 있다. 해방 전 우리나라의 주요 곡물 공급원이었던 한국에서, 미 제국주의자들이 점령 한 지 10년이 넘는 사이에 수백 만 명의 농민들이 굶어죽고 있다." *Neueste Zeit*, p.123f.

외하고는 한국전쟁 이후의 남한의 경제적 발전상황에 대한 서술이 없다. 다섯째, 미국 관련 교과서 내용은 제국주의적 외교정책과 침략전쟁, 야만적인 민간인 학살 및 사회주의 체제에 대한 핵위협 등 부정적인 서술로 일관하고 있다. 여섯째, 한국전쟁은 승자가 없는 전쟁이었음에도 불구하고 북한이 미국 제국주의에 대항한 승리자처럼 서술하고 있다.

다음으로 동독 역사교과서의 북한 관련 서술 내용을 요약하면 다음과 같다. 첫째, 동독 역사교과서는 한국전쟁을 남한의 북침으로 서술하고 있으며, 1950년대부터 1989년까지 시종일관 남한에 대해서 부정적인 서술로 일관하고 있다. 둘째, 동독 역사교과서의 남한 관련 서술은 해방과 분단, 한국전쟁에 국한되어 있으며, 남한을 미국 제국주의의 괴뢰정권으로 묘사하고 있다. 셋째, 한국전쟁 이후 남한의 상황에 대해서 서술하고 있는 역사교과서를 거의 찾아볼 수 있었다. 예외적으로 1961년 출판된 교과서 Neueste Zeit는 북한 정치가 남일의 발언을 인용하면서, 한국전쟁 이후 미제국주의과 이승만 독재정권의 지배하에 있는 남한 인민은 기아와 궁핍에 시달리고 있으며, 테러와 살인이 횡행하고 수많은 고아와 실업자 거리를 방황하고 있음을 언급하고 있다. 넷째, 동독의 역사교과서는 출판년도에 관계없이 일관적으로 한국전쟁의 책임을 미국과 남한에 전가하고 있다. 다섯째, 한국전쟁 이후 동독의 북한에 대한 재건사업 지원에 대해서 상세히 서술하고 있다. 여섯째, 한국전쟁이 쌍방 간의 휴전에 의해 일단락되었지만, 전쟁은 북한이 미국 제국주의에 대항하여 승리한 전쟁이라고 서술하고 있다.

위에서 살펴 본 바와 같이, 동독의 역사교과서는 공산주의 지배를 위한 이데올로기적 국가정체성을 강화하고 '영웅적 반파시즘' 신화를 만들기 위해 공산주의 투사들을 미화하며, 사회주의 동독의 '성공'과 '자랑'을 역사의 법칙적 발전에 조응하는 것으로 강변하고 있다. 더욱이 동·서독의 '분단' 상황을 내세워 통합적 국가의식을 강제하고 있는데, 이러한 경향은 동독 사회의 내부적 결속을 목적으로 하고 있는 것이 아니라 국제적인 차원으로 확대되었음을 알 수 있다.[70] 동독의 역사교과서는 사회주의 형제국인 북한에 대해서는 긍정적으로, 이와는 반대로 남한에 대해서는 매우 부정적인 서술로 일관하고 있기 때문이다. 역사교과서는 자라나는 2세들에게 객관적 역사사실을 가르치고, 바람직한 역사의식을 형성하는데 기여해야 한다. 그러나 지난 날 동독의 역사교과서는 시종일관 사회주의 체제의 우월성을 강조하고 있으며, 사회주의 이데올로기를 자라나는 2세들에게 주입할 수 있는 적절한 정치교육의 수단으로 이용되었음을 알 수 있다.

---

70) 이동기, 「이동기의 현대사 스틸컷: 역사가들은 다시 탐정이 되고 싶다」, 『인터넷 한겨레21』, 2015.10.21.(http://h21.hani.co.kr/arti/society/society_general/40511.html(검색일: 2018.02.12.).

5부

동·서독 외교관의 남·북한에 대한 표상

제1장

냉전시대 주한 독일대사 위르겐 클라이너(Jürgen Kleiner)의 한국 이미지

1. 위르겐 클라이너 *"Korea: Auf steinigem Pfad"*

민주주의와 공산주의의 이념대립으로 시작된 냉전은 제2차 세계대전 이후 50년이 넘도록 지구상의 모든 대륙에서 정치와 경제, 문화 등 다방면에 걸쳐 결정적인 영향을 끼쳤다. 1948, 49년에 있었던 제1차 베를린 위기와 한국전쟁(1950-1953)은 동서 블록을 형성하는데 있어서, 그리고 양 진영의 최전선을 형성하는데 있어서 매우 중요한 사건이었다. 자신의 의지와 상관없이 분단된 독일과 한국은 소련과 미국의 영향력 하에서 민족분단을 감수해야 하였고 냉전체제의 희생양이 되었던 것이다.

역사적으로 볼 때, 한국과 독일은 1883년 11월 26일 한독우호통상조약이 체결되면서 처음으로 공식적인 외교관계를 수립했다. 특히 제2차 세계대전 이후 민족분단이라는 공통분모를 가진 양국은 한국전쟁(1950-1953) 이후에도 상호 신뢰를 바탕으로 한 긴밀한 외교관계를 이어왔다. 독일은 1960년대와 1970년대에 한국이 경제기적을 일으키기 위한 기반을 마련하는데 크게 기여했다. 1950년대까지만 해도 세계 최빈국에 속했던 한국은 이제 세계 10위권의 국가로 발전했으며, 저개발국 원조 수혜국가에서 원조국가로 위상이 바뀌었다. 그리고 통일을 중심으로 한 독일의 정치적 경험(접근정책, 대변혁과 국가 통합과정)은 한국의 정계와 학계에도 평화통일의 길을 찾는데 나침반 역할을 하고 있다.

제2차 세계대전 이후 한독관계사에 있어서 분단된 독일과 한국의 상호 이미지의 형성은 민족의 분단이라는 공통된 사실에 밀접하게 연결되어 있다. 동서 냉전의 최전선에서 민주주의의 교두보 역할을 담당했던 남한(이하 한국)과 서독(이하 독일)은 긴밀한 우호협력 관계를 유지하고 있으며 정치, 경제, 문화 등 다방면에 걸쳐 활발한 교류를 이어오고 있다.

이 글은 지난 1970년대에서 1980년대까지 독일의 한국주재 대사를 역임했던 위르겐 클라이너(Bernhard Jürgen Kleiner)의 저작 *Korea: Auf steinigem Pfad*[1]을 기본 텍스트로 하여 한 독일 외교관의 눈에 비친 격동의 시기 한국의 모습이 어떠했는가를 조망해 보고자 한다.[2]

클라이너는 1933년 독일 마르부르크에서 출생하였다. 쾰른, 마르부르크, 프랑크푸르트 대학에서 법학을 공부하였다. 1964년 법률고시에 합격하여 직업 외교관이 되었다. 독일 외무부 본부와 뉴욕의 유엔 주재 독일 대사관뿐 아니라 오슬로, 서울 및 부다페스트 대사관에서도 근무하였다. 1974부터 1977년까지 주한 독일 대리대사, 1985-1992년 주한 독일대사 역임하였으며, 1986년 고려대학교에서 명예 법학박사 학위를 수여받

---

1) Bernhard Jürgen Kleiner, *Korea: Auf steinigem Pfad,* Berlin, 1992.
2) "Korea: Auf steinigem Pfad"는 직역하면 "'돌이 많은' 혹은 '돌투성이의' 좁은 길 위의 한국"으로 번역되는데 김대경에 의해 "시련 속의 한국"이라는 제목으로 번역되어 국내에 소개되기도 하였다. 유르겐 클라이너 저/김대경 역, 『시련 속의 한국』, 고려원, 1992.

기도 하였다. 1992년부터 1995년까지 나이지리아 대사, 그리고 1995년부터 1998년 은퇴 할 때까지 파키스탄 대사를 지냈다. 이후 1999년부터 2004년까지 보스턴 대학교 국제관계학 교수를 지냈다. 그는 외교관으로서의 공로를 인정받아 로얄 노르웨이 생 올랍스 훈장(Königlich Norwegischer St. Olavs Orden), 대한민국 외교 훈장, 독일연공화국 1급 십자훈장을 받았으며, 여러 권의 외교 관계 저작을 출간하기도 하였다.[3]

그는 한국과 극동지역 문제에 깊은 관심을 가지고 있으며 한국어로 의사소통이 가능한 한국통 외교관으로 알려져 있다. 그의 저작인 Korea: Auf steinigem Pfad는 전체 5부로 구성되어 있는데 구한말에서 개항, 대한제국, 식민지시대, 해방과 분단, 제6공화국에 이르기까지 한국정치사 1백년을 조망하고 있다. 여기에서는 클라이너의 저작을 한국 최근세의 표상, 해방과 분단 그리고 전쟁, 이승만에서 신군부까지, 한강의 기적으로 구분하여 그의 한국에 대한 이미지를 파악하고자 한다.

2. 한국 최근세의 표상

클라이너는 한국의 역사를 조망하는데 있어서 외교관답게 중국과의 밀접한 외교관계(조공)에 많은 관심으로 보이고 있다. 조공책봉 체제는 전근대 동아시아에서 중국 주변의 나라들이 중국에 조공을 바치고 책봉

---

3) Bernhard Jürgen Kleiner, *Paul Georg von Möllendorff: Ein Preuße in koreanischen Diensten, Zeitschrift der Deutschen Morgenländischen Gesellschaft*, Band 133 Heft 2, 1983; Bernhard Juergen Kleiner, *Korea: Betrachtungen über ein fernliegendes Land*, Frankfurt am Main 1980; Bernhard Juergen Kleiner, *Korea: Auf steinigem Pfad*, Berlin 1992; Bernhard Juergen Kleiner, *Korea: A Century of Change*, Singapur 2001; Bernhard Juergen Kleiner, *Diplomatic Practice Between Tradition and Innovation*, Singapur 2010; Bernhard Juergen Kleiner, *The Permanence of Diplomacy. Studies of US Relations with Korea*, Pakistan and Afghanistan, Singapur 2016.

을 받던 외교 관계를 이르는 말이다. 중국에는 오랜 시간 동안 중화사상이 뿌리 박혀 있었다. 이에 주변 약소국들은 중국에 조공을 바치고 책봉을 받아 국가로서 인정을 받았다. 조선 시대에도 사대교린의 원칙에 따라 주변 나라들과 외교 관계를 유지하였다. 큰 나라인 명(明)에 대해서는 사대를 하여 평화적 관계를 유지하였다. 조선의 왕은 명의 황제로부터 책봉을 받고, 조공을 바쳤으며 하사품을 받았다. 책봉은 전통적인 외교 형식일 뿐 내정 간섭을 받거나 중국에 종속되는 관계는 아니었다. 조선은 조공을 통해 중국의 선진 문물을 안정적으로 수용할 수 있었고, 경제적인 실리를 챙길 수 있었다.

> 한국이 지속적인 접촉을 전개한 것은 오직 한 나라, 중국이었다. 이러한 관계는 조공(朝貢)관계로 형성되었다. 통일신라시대 이래로 한국은 중국과 사절을 교환했다. 한국은 중국을 '대국'으로 인정했고 이것을 표현하기 위해 조공을 보냈다. 한국의 왕들은 중국 황궁과의 교류를 통해 서임을 인정받았고 통치 문서들에 날짜 매길 중국 달력과 그들의 왕호를 받았다. 후일 이 조공은 계속 발전하여 점차 형식화되었으나 그 의미는 계속 유지되었다.[4]

조공은 중국과 주변 세계와의 유일한 대외교역 형태였고 중국 국경을 넘나드는 화물운송은 매우 많아졌다. 예컨대 1787년 조선에서 중국으로 넘어간 물건의 총량은 은(銀) 3톤 이상에 달하는 것이었다. 클라이너는 조선의 사절들이 북경에 머무는 동안 숙식을 제공하고 답례 선물을 주어야 할 의무 때문에 이 조공무역은 중국 정부의 입장에서는 언제나 이득이 되는 것은 아니었다고 지적한다.

조공무역의 중요한 의미 중의 하나가 또한 문화적 소요이다. 북경의

---

4) Bernhard Juergen Kleiner, *op.cit.*, p.18.

방문자는 중국 전통 문화로부터 다양한 인상을 받게 된다. 이 문화적 영향이 의도적인 것인지 아니면 부수적인 결과인지 단정짓기는 힘들다. 그러나 조공무역이 주변 국가들에 대한 중국의 지배적 영향력의 가장 중요한 수단이었던 것은 틀림없다.

하지만 조공이 노리는 것은 정치적 효과였다. 조공제도는 중국 변방의 평온을 보장받으려는 의도가 내포되어 있었다. 조공을 통해 주변 국가들이 중국을 상국으로 인정하는 한 주변 국가들의 내부 문제에 대하여 간섭하지 않았다. 중국의 이웃나라들이 자의적으로 이 조공제도를 인정했기 때문에 군사적 개입은 가능한 회피되었다. 어쨌든 조공제도는 중국적 세계질서의 결정적 조직원리였다. 클라이너는 한국이 중국을 상국으로 인정하는 한 한국은 내정 상 독립할 수 있었다는 점을 언급한다. 한국의 왕이 중국 황제에 의해서 서임받은 일이 대체로 형식적 의미를 지닐 뿐이었다. 대게는 사실상 왕이 된 사람이 황제의 봉인(封印)을 받기 때문이다.

클라이너는 조선과 서양의 만남은 최초의 중대한 결과를 낳았다고 언급한다, 18세기 후반 예수교가 한국에 퍼진 것이다. 한국의 천주교는 자생적으로 출발했다는 점에서 다른 나라와 다르다. 즉 한국에서 천주교는 18세기 후반에 조선의 일부 학자들이 중국을 왕래하는 사신들을 통해서 들어오는 천주교 서적을 접하고 이를 읽고 연구하면서 처음 시작되었다는 것이다.

많은 한국의 학자들에게는 그들이 보기에 예수교의 창시자인 예수 그리스도가 신의 아들이라는 예수교 신자들의 주장이 하늘을 모독하는 것으로 보였다. 결과적으로 사람들은 이 새로운 믿음이 많은 점에서 한국의 전통과, 특히 유교에서 몹시 중요한 조

상숭배와 모순된다고 결론지었다.[5]

이 때는 아직 서양 선교사가 한국에 오기 전이었고 새로운 신앙은 많은 반대자를 만났다. 한국 유학자들은 자신들에게 알려진 역사 속에서 예수교를 정당화할 수 있는 근거를 발견할 수 없었다. 천주교가 왕권과 전통사상에 대한 도전이라고 인식한 조선 왕조에 의해 혹독한 박해를 받게 되면서 수많은 순교자가 발생했다. 18세기 말 조선 조정은 최초로 예수교 신자들을 박해했고, 19세기 초부터는 예수교에 대한 유혈 탄압이 뒤따랐다. 예수교에 대한 탄압에도 모든 인간을 하나님의 자녀로 다룰 것을 요구함으로써 많은 한국인들을 매료시킨 이 믿음을 효과적으로 저지할 수는 없었다. 1860년 조선에는 약 17,000명의 가톨릭교도가 있었다.

클라이너는 계속해서 정조 이후 왕권의 약화와 세도정치로 인한 사회적 혼란, 백성에 대한 가혹한 억압과 수탈, 탐관오리들의 착취와 국가 재정의 어려움, 민란의 시대 도래에 대하여 담담한 필치로 서술하고 있다. 대원군의 등장과 섭정, 경복궁 중건 등에 대하여 언급하면서도 대원군의 쇄국정책에 대해서는 아래와 같이 부정적인 평가를 내리고 있다.

> 역동적이고 미래를 지향하는 정책만이 한국을 근대화시킬 수 있다는 점을 대원군이 이해하지 못한 것은 한국의 입장에서는 해로운 것이 되었다.[6]

그는 1856년 '제너럴 셔먼호 사건, 1866년 병인양요, 1871년 신미양요를 언급하며, 유럽 식민세력들의 불손한 행태에 대해 쇄국정책을 취한

---

5) *Ibid.*, p.20.
6) *Ibid.*, p.23.

대원군을 충분히 이해할 수 있지만 대원군에게는 나라를 근본적으로 개혁할 수단이 결여되어 있었다고 평가한다.

다음으로 오페르트의 도굴사건[7]에 대한 클라이너의 견해도 살펴보자. 한국을 서구에 개방하려는 노력의 하나로 독일인 오페르트(E. Oppert)는 불명예스러운 일을 저질렀으며, 그는 대원군의 부친 남연군의 유해를 훔쳐내 이를 담보로 삼아 대원군에게 조선의 개항을 강요하려는 의도를 가지고 있었다고 서술한다. 하지만 오페르트의 도굴사건은 한국인들에게 있어서 서양인들의 천인공노할 야만적인 행위로 간주되었던 것이다.

> 한국인의 눈에 그것은 전대미문의 일이었다. 수백 년 동안 조상숭배는 이 나라 종교의 핵심 부분이었다. 사람들은 제사를 통해 조상들과 교류했고, 조상들은 자기 문중의 수호자로 여겨졌다. 유럽인은 야만인이라 조선에 절대 발을 붙이지 못하게 하는 것이 좋다는 것이 당시 조선인의 관념이었다. 오페르트와 그 동료들의 남연군 묘소 도굴사건은 이러한 조선인의 선입관이 맞았음을 입증해 주었다.[8]

오페르트의 도굴사건은 실패로 돌아갔다. 이 사건에 가담한 미국인 젠킨스는 미국의 영사재판소에 소환되었으나 증거불충분으로 석방되었지만, 오페르트는 후일 독일에서 징역형에 처해졌다. 어쨌든 클라이너는 이 사건은 조선이 외부세계에 대해 더욱 문을 닫도록 만든 계기가 되었다고 보았다.

조선의 문호개방은 일본과 체결한 강화도조약(1876년)으로 시작되었다. 이로 인하여 사절의 교환, 인천항, 부산항, 원산항의 개항, 일본인들

---

7) 박재영, 「역사적 스테레오타입 사례연구 : 서세동점기 독일인 오페르트의 조선이미지」, 『동학연구』 22집, 2007, 181-205쪽.

8) Bernhard Juergen Kleiner, *op.cit*, p.26.

의 면책특권, 일본 상품의 유입이 뒤따랐다. 그는 강화도 조약은 조선의
역사에서 하나의 커다란 전환점이었다고 평가한다. 조선의 개항은 불행
하게도 일본의 위협에 의해 이루어지고 말았으며, 한국이 일본에 의해
근대화되는 결과를 낳았다. 아울러 이 조약은 조선과 중국의 각별한 관
계가 해체되는 첫걸음이기도 했다. 강화도조약 1조는 독립국가로서 조선
이 일본과 동등한 독립 주권을 누리며 두 나라의 관계는 앞으로 평등의
토대위에 기초한다는 점을 강조하고 있다. 이렇게 유럽의 국제법에서 유
래하는 주권과 평등이라는 개념을 도입한 것은 중국과 조선의 전통적 관
계를 단절시키려는 일본의 의도였던 것이다. 이후 동아시아에서 러시아
와 일본의 팽창으로 조선의 국제적 지위 안정을 위한 서양 국가들과의
외교관계의 수립이 필요했고, 이후 조선은 미국을 시작으로 영국, 독일,
러시아, 이탈리아, 프랑스 등 서구 제국과 조약을 체결하였다.

동학농민운동에 대한 클라이너의 견해는 부정적이다. 비록 외세배척
과 보국안민을 내걸고 일어난 농민운동이지만, 역설적이게도 오히려 외
세를 끌어들인 결과를 초래하였기 때문이었다.

> 지난 세기 한국이 겪었던 민란 중에서 가장 큰 것은 동학운동
> 이었다. (…) 관군이 상황을 종식시키지 못했기 때문에 고종은
> 청나라에 도움을 청했다. 이것은 파국의 발걸음이 되었다. 천진
> 조약의 일본과 청나라의 동시 파병 규정은 당시 조선에 청나라
> 군대가 들어오는 것에 대해 일본이 자신의 군대 투입으로 응수하
> 는 결과를 초래했다. (…) 1894년 10월의 동학 2차 봉기는 일본
> 에게 동학 지도자들을 추적하고 이 나라를 완전히 장악할 절호의
> 기회를 제공하였다. 결국 외세 배격운동으로 시작된 동학은 아이
> 러니하게도 일본의 손안에서 놀아난 결과가 되었다.[9]

---

9) *Ibid.*, p.31.

클라이너는 청일전쟁에서 일본이 승리하였고, 1895년 4월 시모노세키조약으로 청나라는 조선이 독립국임을 외교적으로 인정할 수밖에 없었다며, 이제 일본은 동아시아 최강의 국가로 떠오르게 되었다고 평가한다. 러시아의 조선에 대한 영향력 증대와 민씨 일가의 러시아 세력에 의존 경향은 일본을 자극했고, 을미사변(1895년 8월 8일)과 아관파천(1896년 2월 11일) 이후 1897년 대한제국이 선포되었다. 고종은 황제 칭호를 사용하였지만, 대한제국의 선포는 한국이 중국과 일본에 대등하다는 것을 표현하기 위한 것이었다. 그러나 클라이너는 이것은 현실 상황에 대한 큰 판단착오를 드러낼 뿐이었다고 평가한다.

그는 이어서 러일전쟁은 러시아와 일본 사이의 영토분쟁 이상의 의미를 가지며, 한국의 운명에 대해서도 직접적인 영향을 미쳤다고 진단한다. 1898년 러시아는 중국으로부터 두 개의 중요한 항구인 여순과 대련을 둘러싼 요동반도의 남단을 25년 동안 조차 받는 데 성공한다. 1904년 2월 8일 일본 함대가 여순항의 외곽 정박소의 러시아 함대를 공격하면서 러일전쟁 시작되었다. 전쟁은 일본의 승리로 종결되었으며, 포츠머스조약(1905년 9월 5일)에 의해 러시아 제국은 일본이 조선에서 지배적인 정치적·군사적·경제적 이득을 보유함을 인정하며, 일본 정부가 한국에서 필요하다고 인정할 수 있는 보호조치와 통제조치에 간섭하지 않고 방해하지 않을 의무를 가지게 되었다. 또한 여순항과 대련항을 포함한 요동반도 남단의 러시아 조차지와 남만주 철도가 일본에게 양도되고, 러시아는 남사할린을 일본에 할양하게 되었다. 클라이너는 위와 같은 사실을 열거하면서 일본이 동아시아의 주도세력으로 입증되었고, 일본이 유럽의 대국인 러시아에 대한 전쟁 승리로 본격적으로 당시 열강의 대열에 올라서

게 되었다고 평가한다.[10]

결국 1905년 11월 17일 을사늑약으로 일본은 한국의 외교권을 장악하고 한국을 보호국화 하였다. 하지만 클라이너는 이러한 전개를 보면서 마치 한국이 그들의 자주권을 아무 저항 없이 포기한 것처럼 생각해서는 안된다고 강조한다. 그 반대로 나라의 도처에서 자칭 보호국에 대한 저항이 일어났다. 해산된 한국 병사들과 민간인들은 의병이라는 저항단체로 결속했고, 월등한 장비를 갖춘 일본군을 몹시 괴롭혔다. 일본의 기록에 의하면 1907년부터 1910년까지 일본군과 한국의 의병 사이에 2,819건의 충돌이 있었다.

그는 이어서 헤이그 밀사사건(1907)은 고종의 자주권을 회복하기 위한 마지막 시도였다고 보고 있다. 고종은 일본에 의해 강제로 퇴위당하게 되었고, 1910년 8월 22일 한일합방으로 한국은 일본의 식민지로 전락하였다. 아울러 클라이너는 고립과 척외(斥外)는 원래부터 닫혀져 있던 동아시아 세계에서는 당연한 일이겠으나 그것은 조선을 위해서는 치명적으로 작용했다고 진단한다. 그것 때문에 나라가 근대 세계에 적응할 수 있는 기술을 빨리 받아들이지 못했기 때문이다. 그가 보기에 20세기가 한국에게는 좋지 않게 시작되었던 것이다. 총독부가 설치되면서 일본의 조선 지배는 본격화 되었다. 일본의 지배에 대한 조선 민중의 거족적 저항이었던 3·1운동 독립선언은 클라이너가 보기에는 어떤 국가적 새 시작을 알리는 문서가 아니라 억압된 민족의 절규였다.

일제강점기 조선의 근대화와 경제발전에 대해서 클라이너는 어떤 견해를 가지고 있었을까? 일본은 조선을 일본에 유리하게 경제적으로 발전

---

10) 위르겐 클라이너 저/김대경 역, 앞의 책, 42쪽.

시킬 계획을 가지고 있었다. 초기 단계에는 일본의 쌀 공급을 안정시키기 위하여 농경에 관심을 기울였다. 토지조사사업으로 총독부는 많은 토지가 일본인 이주자와 동양척식 주식회사에 넘어가도록 배려했다. 좀 더 늦은 단계가 되어서야 총독부는 조선을 산업화하기 시작했다. 수력발전 시설을 통한 전력 공급, 철도 건설, 광산개발, 경공업 발전, 일본 기업들 (미쓰비시, 스미모토, 미쓰이 등)의 조선에 대한 대규모 투자가 이어졌다. 클라이너는 1911년부터 1940년까지 경상가격으로 환산된 총 생산가를 비교하면서, 일제강점기 농업, 광업, 가공업 등의 통계 수치에 의하면 의심할 여지없이 조선의 경제는 성장했고, 특히 그것은 산업화에 기인한다고 서술하고 있다. 그럼에도 불구하고 왜 한국인들은 일제강점기 경제 발전에 대하여 좋은 말 한마디 하지 않은 것일까 하는 자문에 대한 답변을 나름대로 제시하고 있다. 일본은 한국에 풍부한 것, 즉 쌀과 광물을 우선적으로 이용했고 한국을 그 구성요소들이 서로 맞물려 있는 하나의 독자적 경제로 건설하려는 노력을 기울이지 않았다. 한국인 대다수는 경제 팽창으로 손해를 보았다. 한국인의 실질 임금은 조금도 올라가지 않은 듯이 보였다. 일본은 기술 이전의 노력을 조금도 보이지 않았다. 공장에서의 기술적 핵심 자리는 주로 일본인이 차지했다. 산업시설은 대부분 일본인의 손아귀에 있었고 일본인은 그 결과 소득도 챙겼다. 일제강점기의 경제발전이 논란의 여지가 없음에도 불구하고 일본의 압제에서 해방된 후 한국 경제의 발전을 뒷받침해 줄 경제적 기초는 전체적으로 허약했다는 것이 클라이너의 평가다.[11]

---

11) Bernhard Juergen Kleiner, *op.cit.* pp.49-50.

3. 해방과 분단 그리고 전쟁

클라이너는 독일의 분단은 납득이 가능하지만, 한국은 왜 분단되었을까 하고 자문한다. 한국은 1910년 일본에 의해 합병된 나라다. 따라서 한국의 운명은 전쟁 후 해방이어야지 분단일 수는 없는 것이다.[12] 1945년 8월 8일 소련은 일본에 전쟁을 선포했다. 바로 다음 날 소련군은 만주와 북한 지역을 향해 군사작전을 개시했다. 워싱턴은 1945년 8월 10일 3.8선 이북의 일본군은 소련군이, 이남의 일본군은 미군이 각각 무장해제 시켜야 한다고 제안했다. 3.8선이 대략 한국을 반으로 가르고 수도 서울과 인천이 미국의 손에 놓여지기 때문이다. 스탈린은 한국에서의 일본의 항복을 접수하기 위한 분계선으로 3.8선을 선택하자는 미국의 제안을 두말없이 수용했다. 그러나 소련군이 한반도의 북쪽에 주둔했다는 것은 더 이상 변경될 수 없는 하나의 사실을 만들어내었다. 클라이너는 미국이 한국의 장래에 대해 더 자세히 생각해 보지 않음으로 인해 후일 미국은 그 대가를 치르게 되었다고 서술한다.

미군정은 박헌영이 중심이 된 인민공화국의 활동을 불법화하고 상해 임시정부도 인정하지 않았다. 오직 이승만이 비교적 친절하게 대접을 받았다. 이승만은 1945년 10월 16일 미국에서 한국으로 들어왔고 하지 장군은 그를 마중 나가서 기자들에게 소개시키기까지 했다. 그는 이승만이 각축하는 정치 세력들을 규합할 정치가가 될 수 있다는 희망을 피력했다. 클라이너는 이승만은 고국에서 커다란 특전을 누렸지만 정치세력을 하나로 모으기에는 너무 속이 좁았다고 평가한다. 임시정부의 큰 인물인 김구와도 대화하지 않았다. 이승만은 점점 더 우익 지도자가 되어 갔다.

---

12) *Ibid*, p.59.

한편 북한 지역에서는 소련 군정에 의해 김일성을 수반으로 하는 임시 인민위원회가 들어섰다. 소련은 인민위원회가 좌익 성향을 지녔다는 점을 이용하면서 가능한 한 많은 공산주의자들을 이 조직에 침투시키려고 노력하였다. 북한 주민들에게 임시인민위원회는 마치 외국인이 아니라 한국인이 하는 일처럼 여겨졌다. 소련은 북한을 장악하여 소련을 모방한 사회주의 국가를 건설한다는 목표에 빠르게 다가서고 있었다.

공산주의의 한국 진출을 막아야 한다는 것은 점점 더 강하게 미국의 한반도 정책의 중심 구상이 되어 갔다. 소련 측은 자기들에게 친한 정부를 세우려고 노력했으며 그 점을 감추지도 않았다. 모스크바 3상회의에 이은 미소공동위원회는 미국과 소련의 입장차이로 성과 없이 결렬되었다.

> 예전의 연합국인 두 나라의 상호 불신은 몹시 심각해져서 두 강대국은 자기 측 점령지에서 자신들의 영향력을 보존하는 일에 최우선의 신경을 써야 했다. 한국 정당들의 회담 참여를 둘러싼 공방은 미군정과 이승만, 김구 사이를 격한 대립으로 몰아넣었다.[13]

미군정은 그때까지의 정책을 변경하여 모스크바협상에 대한 반대시위를 허용하고 동시에 공산주의자들을 투옥하기 시작했다. 1947년 7월 9일 암살당한 여운형은 이때 무턱대고 휘둘러진 폭력의 희생자가 되었다. 한국의 내정의 모습은 해방 직후보다 더 혼미해졌다.

남한에서의 미군철수는 남한이 북한으로부터의 군사적 침략에 노출될 수 있기 때문에 철군은 남한이 강해진 연후에야 시행되어야 했다. 클라이너는 미국이 한국 문제를 국제화시킨 것은 철군정책의 일환이라고 분석한다. 미국은 한국 문제를 1947년 가을 유엔 총회에 상정했다. 소련은

---

13) *Ibid.*, p.73.

한반도 문제는 유엔이 관여할 바가 아니라는 이유로 미국의 행위의 정당성을 문제시했다. 소련은 두 나라의 군대가 한국으로부터 동시에 철수해야 한다고 주장했다.

1947년 11월 유엔 총회는 한반도에서의 자유보통선거 실시를 통한 단일정부 구성, 선거를 감독할 유엔 한국임시위원단 조직을 결정했다.[14] 그러나 한국 전토에서 선거를 실시한다는 것은 소련의 협조가 없으면 불가능했다. 클라이너는 그러한 유엔의 해결책은 실제로는 한반도의 분단을 굳히는 작용을 했다고 분석한다. 그로써 두 개의 한국 정부 수립이 가속화되었기 때문이다.

> 미국의 조치는 전후 미국 정책의 실수들의 긴 연쇄들 중에서 가장 심각한 판단착오에서 나왔다. 어찌하여 미국 정부가 동아시아에서의 장래의 모든 대결을 위하여 한국이 지니는 전략적 의미를 간과하고 철군을 추진했는가는 잘 이해되지 않는다.[15]

주지하다시피, 유엔 한국임시위원단의 북한에서의 활동은 소련의 반대로 좌절되었다. 이에 유엔은 미국의 영향 때문에 위원단이 들어갈 수 있는 한국 지역 내에서의 선거를 결정했다. 다른 한편, 1948년 4월 남북 정치조직들의 연석회의가 평양에서 개최되었다. 한국 문제를 한국인의 손으로 해결하려는 최초이자 최후의 시도에 참가한 남한 측 인사는 김구와 온건주의 대표자인 김규식이었다. 이 회의는 실질적 성과를 거두지 못하였다. 이승만은 선거가 소련의 방해로 좌절될 것이기 때문에 남한에서의 선거에 만족해야 한다는 입장이었다.

---

14) 신정현, 「동·서독 통일 접근과 남·북한 관계」, 『성곡논총』 23호, 1992, 1,217-1,285쪽.
15) Bernhard Juergen Kleiner, op.cit., pp.70-71.

1948년 5월 10일 남한에서 총선거가 실시되었다. 제헌국회는 헌법을 가결하고 이승만을 초대 대통령으로 선출했다. 한국의 행정권은 미군정으로부터 한국 정부로 이양되었다. 1948년 9월 9일 북한에서도 조선민주주의인민공화국이 수립되었다. 김일성이 인민공화국의 수령에 취임하였다. 이제 한반도에는 두 개의 국가가 들어섰고 각자가 전 한국은 대표한다고 주장했다.

소련은 1948년 말 군대를 북한에서 철수시켰다. 미국 정부는 1949년 6월 마지막 남은 주한미군 전투부대를 철수시켰다. 미군 철수에 대한 클라이너의 견해는 다음과 같다.

> 이승만 대통령이 북한으로부터의 공격이 있으면 미국이 도와줄 것을 요청했음에도 불구하고 미국 정부는 한 번도 그러겠노라고 답변을 하지 않은 상태였다. 이 단견의 정책으로 인해 그에 상응한 보답이 주어질 수밖에 없다. 고개가 설레설레 흔들릴 뿐이다.[16]

다음으로 클라이너의 한국전쟁에 대한 언급을 살펴보자. 한국전쟁이 발발하자, 유럽인들은 제2차 세계대전이 끝난 지 5년밖에 되지 않았는데 다시 전쟁이 벌어진 사실에 또 한 번 전율했다. 공산주의의 팽창 위협은 서유럽에서 더욱 심각하게 받아들여졌다. 나토(NATO)를 통한 공동 노력이 강화되었으며, 한국전쟁으로 인해 서방에 확산된 걱정 때문에 서독도 재무장되었다.[17] 클라이너는 한국전쟁의 발발이 남침인지 북침인지에 대해 분명하게 언급하고 있지 않다.

---

16) *Ibid.*, pp.74-75.
17) 서준원, 「서독의 재무장 결정에 관한 연구」, 『국방정책연구』 20호, 1992, 185-216쪽; 최형식, 「한국전쟁이 서독 재무장의 원칙적인 결정에 있어서 서방 강대국들에게 미친 영향」, 『한국정치학회보』 30호, 1997, 209-228쪽.

전쟁은 1950년 6월 25일 04시 일요일 아침에 시작되었다. 3.8선 전역에서 남한군과 북한군의 접전이 이루어졌다. 동시에 북한측은 동해안의 강릉과 삼척에 상륙군을 보냈다. 포병대를 앞세운 북한군은 급속히 전진했다.[18]

다음 내용은 클라이너의 한국전쟁 발발 직후 미국의 대응에 대한 서술 부분이다. 1950년 1월 12일 국제프레스클럽에서 행한 애치슨 국무장관의 유명한 연설은 후일 종종 비판받았다. 그는 이 연설에서 미국의 극동방어선은 알류샨 열도에서 일본과 류큐 열도를 거쳐 필리핀까지라고 말했다. 또한 미국 상원 외교 분과 위원장인 톰 코널리는 좀 더 분명하게 미국은 한국에서 군사 분쟁이 일어나는 경우 아마도 개입하지 않을 것임을 밝혔다. 뉴욕타임스가 1949년 3월 2일 보도한 인터뷰를 보면, 맥아더 장군이 미국의 극동지역 방어선에 대하여 애치슨 국무장관과 똑같은 판단을 내렸다는 사실이 드러난다. 미국의 지도적 정치가와 장군의 공식 발언을 들으면 전쟁이 발발한 현재 미국 정부는 어깨나 으쓱하며 그것을 무시해 버릴 것이라는 추측이 가능했을 것이다. 하지만 반대의 일이 벌어졌다. 미국은 한 발 한 발 전쟁으로 걸어 들어가고 있었던 것이다.

1950년 6월 25일 트루먼 행정부는 맥아더 극동사령관에게 한국에 보급품을 수송하고 미국 국민들을 피난시키기 위해 공군과 해군을 투입할 것을 명령하였다. 다음날 맥아더 장군은 남한을 돕기 위하여 3.8선 이남에 해군과 공군을 투입하라는 명령을 받았다. 1950년 6월 29일, 맥아더는 북한 지역의 공격목표들을 타격할 것, 다만 만주와 소련 국경에 대해서는 거리를 유지할 것, 부산지역의 항구와 비행장을 확보하기 위하여

---

18) Bernhard Juergen Kleiner, *op.cit.*, p.78.

미군 부대를 투입할 것, 중국의 공격 가능성에 대하여 대만을 보호할 것 등의 명령을 받는다. 1950년 6월 30일 한국을 시찰한 맥아더는 미군 1개 연대를 전선에 투입하고, 2개 미군 사단을 일본에서 한국으로 이동시킬 것을 제안하였고 트루먼 대통령이 이를 받아들였다. 마국 정부는 북한 억제를 결정했던 것이다. 클라이너는 위와 같은 미국 정부의 일련의 조치는 이미 준비된 것이라고 분석하고 있다.

> 미국은 전쟁에 끼어들었다. 대중은 미국의 단호하고도 지체 없는 참전에 놀랐다. 아마 북한 정부도 놀랐을 것이다. 그러나 미국 정치 지도부는 이러한 행보를 준비해 왔었던 것이다.[19]

미국의 참전에 대한 클라이너의 설명을 좀 더 살펴보자. 1949년 여름 소련의 핵실험 성공과 중국의 공산화로 인해 미국 정책당국자들은 대소련 정책에 대한 재검토에 들어갔다. 1950년 4월 7일 애치슨 국무장관이 트루먼 대통령에게 소련에 대한 억제정책을 보고하였고 미국 국가안보회의는 롤백(rollback)정책을 채택하였다. 이러한 상황에서 남한은 이제 미국의 억제정책의 시험장이 되었다고 클라이너는 분석한다.

이어서 그는 전쟁을 가장 잘 하는 방법은 먼저 공격을 받는 것이라고 강조한다. 그렇게 되면 상대방이 가해자가 되기 때문이다. 한국전쟁에서 양측은 이러한 원리를 이용했다. 남한과 북한은 상대방이 먼저 공격했다고 주장했고, 지금도 그렇게 주장하고 있다. 그는 미국 정부가 전쟁의 승리와 자기 동맹국들의 안전보장을 맞바꾸었다고 보았다. 미국은 한국전에 개입함으로써 공산주의가 아시아에서 그 이상의 공간을 획득하는 것

---

19) *Ibid.*, p.81.

을 저지했다. 그러나 미국은 처음으로 승리 없이 전쟁을 끝냈다는 새로운 체험을 하게 되었다. 한국전쟁의 결과에 대해서 참전국 어느 나라도 진정으로 만족한 나라는 없었다는 것이 클라이너의 분석이다.

4. 이승만에서 신군부까지

동·서독의 분단에서 통일[20]에 이르기까지 서독은 한국과 달리 아데나워, 에르하르트, 빌리 브란트, 헬무트 슈미트, 헬무트 콜 등 자국의 안전보장과 경제발전, 사회복지의 확대, 동방정책[21], 독일의 재통일[22]에 기여한 이상적인 정치지도자를 가진 나라였다. 해방 이후 남한의 정치적 상황은 서독과는 대조적인데, 여기에서는 대한민국 정부 수립 이후 제6공화국의 출범까지 클라이너의 한국 대통령에 대한 평가를 중심으로 살펴보고자 한다.

먼저 클라이너의 이승만에 대한 평가 부분이다. 미국 선교사들의 도움으로 미국으로 건너 간 이승만은 조지워싱턴대학, 하버드대학에서 수학했으며, 프린스턴대학에서 박사학위를 받았다. 극동에서 온 이 외국인은 짧은 기간 내에 큰 성공을 거둔 것이다. 그 후 이승만은 1919년 대한민국 임시정부의 대통령에 선출되었다. 그러나 그는 망명 한국인들 사이의 갈등하는 제 요소들을 하나로 묶는데 실패했다. 그는 한국의 독립은 무장투쟁에 의해서가 아니라 서구 나라들의 도움에 의해서 이루어져야 한

---

20) 한운석, 「동서독의 통일정책에서 무엇을 배울 것인가: 서독정부의 대동독 화해정책 1949~1989」, 『역사비평』 1997.01, 219-238쪽.

21) 노명환, 「동방정책을 추진하던 독일연방공화국(서독)의 시각에서 본 한국의 남북관계 1969-1972」, 『국제지역연구』 11호, 2008, 73-94쪽.

22) 김상규, 「독일의 통일에 비추어 본 한국의 통일이념과 통일외교노선의 성찰」, 『21세기정치학회보』 제15집 제1호, 2006, 235-255쪽.

다는 자기 소신에 충실했다.

이승만이 한국에 돌아왔을 때 그의 나이는 70세였다. 그는 긴 생애 동안 독립투사로 살아왔지만 행정적 경험은 가지고 있지 못했다. 그는 정치학으로 단련된 몸이지만 민주주의적 국가체제 내에서의 복잡한 정치적 문제의 해결에 대한 실전 경험이 없었다. 그는 정치적 견해를 실현해 보지 못한 망명 정치가로서 타인들의 견해는 고려하지 않고 자기 견해에만 집착했다. 그는 일찍부터 통일 한국에 대한 소련의 반대를 예견하고 남한만의 국가를 세우는 데 만족하려 했다. 남한만의 국가가 수립되자 이승만은 제헌국회에서 대한민국 초대 대통령에 선출되었다.

그는 민주주의적 기구들을 거의 존중하지 않았다. 그래서 그의 통치기간은 수많은 헌법 갈등으로 점철되었다. 전쟁기간인 1952년 5월 이승만은 임시 수도 부산에서 계엄령을 선포하였는데, 이는 국회의원들을 체포하는 도구로 사용되었다. 계엄령을 폐지한다는 국회의 의결도 그는 무시했다. 그는 많은 적대자들을 공산주의자들과 내통하고 협조한다는 죄를 씌워 자기의 입지를 강화했다. 이승만은 1954년 11월 이른바 사사오입 개헌을 통해 법에 대한 그의 무시를 보여주었다. 이승만의 대한민국은 표면적으로만 관찰하면 민주적으로 조직된 국가였다. 그러나 실제로는 권위주의적으로 이끌어졌다.

그리고 이승만의 대외정책은 극도로 반공적이었다. 공산주의는 죽음의 질병으로, 광신적 종교로 간주되었다. 빨갱이와의, 특히 평양의 괴뢰와의 협상이라는 것은 생각할 수도 없었다. 북한과 접촉하는 것만으로도 배신이었다. 이는 북한과의 관계에서의 어떤 발전도 배격하는 태도였다.[23]

---

23) Bernhard Juergen Kleiner, *op.cit*, p.131.

이승만 치세의 한국의 정치적 특징이라고 한다면 그것은 '조작'이었다. 이것은 선거에서 극명하게 드러났다. 정부와 여당은 대통령 선거와 국회의원 선거에 그들 나름의 의미에서 영향력을 행사하기 위해 어떤 수단도 서슴지 않았다. 선거개입의 가장 중요한 수단은 경찰이었다. 중앙정부에 예속되어 있는 경찰의 촉수는 나라 구석구석까지 닿아 있었다. 경찰 간부의 대다수는 예전의 일본 경찰 출신 인사들이었다. 이승만 정권의 부정부패의 하일라이트는 1960년 3·15 부정선거였다. 야당인 민주당은 선거부정에 항의했고 민주당 국회의원들은 선거 무효화 운동을 시작했다. 선거 당일 마산에서 있었던 부정선거 항의시위에서 경찰과의 유혈충돌이 발생하고, 당시 만 17세의 마산상고 신입생 김주열(1943~1960)은 3·15 부정선거 규탄시위에 나섰다가 실종됐다. 김주열은 실종 27일 만인 4월 11일 마산 중앙부두 앞바다에 오른쪽 눈에 알루미늄제 최루탄이 박혀 있는 시신으로 떠올랐다. 이승만 정권의 만행을 알린 김주열의 사진은 4·19혁명의 도화선이 됐다. 4월 18일 약 3천 명의 고려대 학생들이 항의시위를 벌였고, 그들은 정부가 투입한 타격대에 의해 피습을 당해 많은 학생들이 부상당했다.

다음 날 4월 19일 서울에서 거대한 학생시위가 발생했다. 군중이 대통령 관저인 경무대에 다가가고 있었을 때 경찰이 발포하여 많은 시위자가 부상당하고 백여 명이 사망했다. 시위대의 분노가 치솟았고 경찰 관서와 다른 건물들이 화염에 휩싸였다. 이승만은 계엄령을 선포하고 군대를 투입했다. 계엄사령관 송요찬 장군은 시위대를 진압하지 않았다. 혼자 남은 이승만은 4월 27일 공식적으로 하야했다. 이승만의 자유당 정권은 시민혁명으로 전복되었다. 1960년 5월 29일 그는 국민에 의해 타도된 독재자로 미국 하와이로 망명을 떠났다.

이승만은 1945년 이래 남한 정치사의 중심인물이었다. 그래서 대부분의 비판적인 시각이 그에게 쏠리는 것은 당연하다. 그러나 클라이너는 자유당의 부정부패 책임을 이승만 한 사람에게 돌리는 것은 옳지 못한 처사라고 보았다. 19세기 말까지 권위적 군주와 그 신하들에 의해서 통치되었고, 그 후에는 외국 점령군에 의해서 통치를 받아 온 나라에 민주국가를 세우는 것은 의심할 여지없이 지난한 일이다. 국민들이 자기가 새로 얻은 자주권을 실제적 정책으로 전환할 수 있기 위해서는 무엇보다 정당들이 필요했다. 그러나 남한의 정당제도가 민주주의 헌법의 틀을 효과적으로 채워 주기에는 너무 허약했다.[24] 그리고 민주적 국가의 발전에 장애가 되는 주변 요인 중의 하나는 뇌물이었다. 공무원들의 참담한 월급, 어려운 경제사정, 특히 인플레이션과 전반적인 요령주의적 분위기 등이 뇌물을 꽃피우는데 기여했다.

자유당 정권이 무너지고 새로운 민주주의 체제를 위한 틀이 개헌으로 마련되었다. 의원내각제 개헌이 이루어졌으며 민주당 구파의 윤보선이 대통령, 신파 장면이 수상에 취임하면서 제2공화국의 첫걸음이 시작되었다. 클라이너는 장면을 정직하고 사려 깊고 민주적 의식을 가진 사람이었으나 내각의 수차례 개편한 결단력이 없는 인물이라 평한다. 그가 보기에 장면은 4월 혁명의 유산으로 자처하는 급진주의 단체들을 만족시킬 역량이 없었다. 제2공화국은 위로부터의 지배에 익숙한 시민들의 눈에 무질서와 사회불안의 모습을 보여주었다.

1961년 5월 16일 박정희와 일단의 정치군인들이 주도한 쿠데타가 발생했다. 그럼에도 불구하고 정부는 이러한 급변 사태에 대응하려는 어떠

---

24) *Ibid.*, pp.125-126.

한 모습도 보이지 않았다. 반도호텔에서 이 소식을 접한 장면 수상은 쿠데타군을 피해 숨었다. 윤보선 대통령은 장면 정권을 허약하고 인기 없는 정권으로 간주하고 군부에 의한 권력 접수를 기정사실로 인정했다.

클라이너는 5·16 군사 쿠데타로 인하여 한국이 군사독재 하에 들어섰다고 단정한다. 쿠데타를 주도한 박정희 소장이 국가재건회고회의 의장의 자리에 앉았다. 클라이너의 박정희에 대한 평가는 쿠데타를 통하여 국가권력을 찬탈한 정치군인이었다는 점이다. 박정희와 그 추종자들은 대의민주주의를 군사독재로 대체시켰다 박정희와 그 측근 장교들은 일본이 세운 만주군 출신이었다. 쿠데타군은 자신들의 '반란'을 '혁명'이라 불렀다.

1963년 대통령 선거에서 박정희가 대통령에 당선되었고 새로 구성된 국회가 소집되었다. 쿠데타 세력은 이제 새 헌정기구 내에서 통치권을 장악하게 되었다. 박정희는 1967년 대통령 선거에서 또다시 당선되었다. 1971년 대통령 선거에서 박정희는 입후보할 자격이 없었다. 당시 헌법은 단 한 번의 대통령 재선만을 허용하고 있었기 때문이었다. 그러나 그는 권력을 손에서 놓을 생각을 하지 않았다. 3선 개헌은 박정희가 총재로 있는 민주공화당에 의해 1969년 9월 13일 날치기로 통과되었다. 1971년 4월 대통령 선거에서 야당 김대중 후보의 선전에도 불구하고 박정희는 다시 대통령에 당선되었다. 1971년 5월 국회의원 선거에서 여당은 겨우 과반수(55.4%)만을 차지했지만, 박정희와 그 추종자들은 소위 대한민국의 구원자인 그들만이 그 나라를 성공적으로 이끌 수 있다는 그릇된 신념에 빠져들었다.

1972년 10월 17일 박정희는 계엄령을 선포하고 국회가 해산되었음을 알리고 모든 정치활동을 중지시켰다. 이 조치에 대한 법적 근거를 제시하려는 시도는 전혀 없었다. 이 조치는 헌법에

대한 공격이었으니까.[25]

1972년 10월 27일 국회의 권한을 축소하고 대통령의 지위를 막강하게 올려놓는 새 헌법이 상정되었으며, 국민투표를 거쳐 헌법안이 가결되었다. 투표는 계엄령이 유효한 기간 중에 실시되어 국민들은 어떠한 대항 정치력을 가지지 못하였고 찬반 논의의 가능성도 없었다. 새로 도입된 통일주최국민회의는 같은 해 12월 23일 박정희를 새로운 대통령으로 선출했다. 더 이상 대통령에 입후보하지 않겠다는 약속을 박정희는 잊었다. 새 헌법은 6년으로 임기 연장된 대통령의 무제한 재선을 허용하는 것이었다. 1973년 2월 국회의원 선거에서는 총 176석 중에서 민주공화당 73석, 신민당 52석, 나머지 73석은 대통령이 제시한 명단을 통일주체국민회의[26]가 그대로 채택함으로써 채워졌다. 이런 방식으로 국회의원이 된 사람들은 유정회라는 교섭단체를 형성했다.[27] 1972년에 있었던 일련의 정치적 변화은 '유신'이라 불렸다. 유신은 한국의 새로운 통치체제를 가리켰고 이 체제는 그때까지 이 나라의 헌법질서와는 근본적으로 달랐다. 박정희는 이제 국회에서 거부되는 장애를 만나는 일을 전혀 두려워하지 않아도 되었다.

유정회 의원 중 1/3이 오로지 대통령 덕에 돈도 벌고 영향력 행사도 확보해 주는 국회의원 지위를 얻을 수 있었다. 대통령은 국회를 해산할 수 있었고 그가 원하기만 하면 비상사태를 선포할 수 있었다. 사법부의 독립은 더욱 약화되었다. 모든 법관은 대법원장의 추천으로 대통령에 의해 임명되었다. 헌법 구조의 이러한

---

25) *Ibid,*, pp.162-163.
26) 통일주체국민회의는 대통령을 선출하고 국회에서 제시된 헌법개정안을 심사하고 국회의원의 1/3을 임명하는 권한을 지녔다. 정부는 대통령이 의장인 통일주체국민회의의 구성에 막강한 영향력을 행사했다.
27) Bernhard Juergen Kleiner, *op.cit.*, p.163.

변화는 3권 분립의 전반적 폐지를 의미했다.[28]

클라이너는 박정희의 유신체제를 철권통치에 비유하고 있다. 유신헌법이 박정희 개인에게 맞추어진 것이었기 때문에 그는 모든 개헌 요구들을 자기 개인을 향한 반대로 느꼈다. 그는 헌법의 비상사태 규정에 의거하여 1974년 1월 비상조치 두 가지를 선포하였다. 이에 따라 개헌 요구는 모두 금지되었고 형사처벌 대상이 되었다.(긴급조치 1호) 이 규정 위반 여부를 판결하기 위하여 특별군사재판소가 설치되었다.(긴급조치 2호) 1974년 긴급조치 4호는 모든 대학생의 항의, 특히 민족민주청년대학생연맹을 향한 것이었고 최고형으로 사형을 정해놓았다. 사회불안이 커지자 박정희는 1976년 3월 긴급조치 9호를 발령했다. 이 조치는 개헌 논의 뿐 아니라 유신체제에 대한 비판적 발언조차도 처벌 대상으로 삼았다. 박정희는 유신헌법뿐 아니라 정부마저도 비상조치로 영속화시키려고 했다. 이 생각을 관찰시키기 위해 그는 많은 사람을 처벌했다. 억압의 주요 도구는 중앙정보부였다.

클라이너는 박정희 시대의 통치체제가 이승만 시대의 그것과 다른 점은 그것이 통제뿐 아니라 정치적 목표의 달성을 위해서도 더 강력히 재단된 체제라고 진단한다. 박정희는 1978년 12월 통일주체국민회의에서 2,578표 중에서 2,577표의 찬성으로 대통령에 재선되었다. 그러나 이 선거는 국내 정치상황이 풀리는데 아무 도움이 되지 않았다.

당시 유신체제에 대하여 반정부 저항을 결속시킨 정치가는 김영삼이었다. 그는 1979년 8월 9일 약 200명의 여공들이 야당 당사에서 YH사의 폐쇄에 항의 농성하는 것을 허락했다. 이에 경찰이 개입하여 강제 해

---

28) *Ibid.*, p.164.

산시키는 과정에서 많은 부상자가 생기고 한 여공이 추락사하는 사건이 벌어졌다. 그리고 1979년 10월 여당 의원들은 국회에서 반국가적 발언을 했다는 이유로 김영삼을 제명했다. 국회에서 야당 당수를 제명한다는 것은 한국 국회에서도 초유의 일이었다. 김영삼 제명에 항의하는 수천 명의 대학생들이 부산에서 가두시위를 벌였으며 시위대에 시민들도 호응하였다. 박정희 정부는 부산 일대에 위수령을 내리고 군대를 동원하여 시위를 진압하였고, 소요가 확산된 마산과 창원에도 군대가 투입되었다. 군경의 투입은 균형감각을 잃은 처사였다. 1979년 10월 26일, 박정희는 청와대 근처 궁정동 안가에서 자신의 측근인 중앙정보부장 김재규가 쏜 권총에 맞아 사망했다. 박정희는 자기 부하에게 살해되었다. 손수 만든 체제가 그를 삼켜 버린 것이다.

박정희 사망 이후 전두환을 중심으로 한 신군부의 등장과 권력 장악 과정에 대해서도 클라이너는 시종일관 부정적인 서술로 일관하고 있다. 전두환 소장을 중심으로 몇 명의 소장파 장군들이 모여들었다. 박정희가 살해당했을 때 전두환은 전략적으로 유리한 지위에 있었다. 그는 군의 감찰 임무를 맡은 보안사령관이었다. 그래서 그는 박정희 시해사건을 수사하는 수사본부장이 될 수 있었다. 이런 연유로 그는 많은 중요 정보들을 수집할 수 있었고 박정희 사후 여러 사건에 밀접하게 연관되었다.

1979년 12월 12일 전두환 그룹은 거사했다. 수도경비사령부에 모인 전두환과 일단의 장성들은 정승화 참모총장을 대통령 시해 공모 혐의로 체포하였고, 그 과정에서 유혈사태가 발생했다. 이는 대통령의 허가를 받지 않은 상태에서 발생하였으며, 당시 최규하 대통령은 12월 13일 아침에야 이를 추인했다. 클라이너는 다음과 같이 12·12사건을 '군사반란'으로 규정하고 있다.

1979년 12월 12일 사건은 군 내부 갈등을 훨씬 넘어서는 사건이었다. 그것은 하나의 반란이었다. 후배 장성들이 민간 정부를 등에 업지도 않고 공공연히 군 선배들은 직책에서 내 몬 하극상 사건이었다.[29]

1980년 3월 중장으로 진급한 전두환은 보안사령관 이외에 중앙정보부장 서리를 겸직하여 군과 민간의 두 정보기관을 장악하였다. 이러한 관직 찬탈에 대한 신현확 총리의 반대도 소용이 없었다. 노태우는 수도경비사령관이 되어 한국군의 쿠데타 방지 책임자가 되었다.

1980년 5월 17일 24시를 기점으로 계엄령이 제주 일원까지 확대되었다. 그 날 발표된 새 계엄령은 모든 정치활동을 금했고 언론검열을 실시하며 대학교를 폐쇄했다. 김대중과 김종필은 부정축재와 사회불안 야기 혐의로 체포되었고 김영삼은 가택연금을 당했다. 대학생 간부들도 체포되었고, 국회와 양대 정당 사무실이 임시로 폐쇄되었다. 전두환 일파는 민주화를 위한 노력을 중지시키고 싶었다. 그리고 그 일에 성공했다. 사회불안과 국민의 불만은 새로운 조치로 감소되기는커녕 그 반대로 국가는 중대한 사태에 처하게 되었다.

1980년 5월 18일, 광주에서는 군인과 시위 대학생, 노동자간에 심각한 충돌이 발생했다. (...) 그날은 시체와 부상자를 발생시킨 파괴와 살육의 날이었다. (...) 1980년 5월 21일 상황은 시민 전쟁을 방불하는 규모로 확산되었다. (...) 그러는 사이에 군부는 2만 5천명의 병력으로 광주에 대한 포위망을 구축했다. (...) 5월 27일 이른 아침 광주는 전쟁을 방불케 하는 돌격작전에 의해 군대가 장악하였다. 군부는 또다시 무분별한 짓을 행한 것이다.[30]

---

29) *Ibid.*, p.182.
30) *Ibid.*, p.184.

클라이너는 왜 광주 사람들이 그 일을 겪어야 했을까 자문한다. 그들은 강화된 계엄체제에서 예견되는 군사독재에 대항해 싸웠다. 그들은 전두환 중장의 해임을 원했다. 그리고 김대중의 석방을 원했다. 군부는 저항을 제압하는데 성공은 했으나 대가를 너무 크게 치렀다. 광주에서 발포명령을 내린 지휘관이 누군지는 밝혀지지 않았지만 광주 사건에 대한 책임은 그들에게 있다. 당시에도 그 후에도 그들은 정치적으로 치유 불가능한 오점을 남겼다. 그들의 통치의 정당성은 1980년 5월의 피로 인해 계속 인정받지 못했다.

1980년 5월 27일, 광주사건(5·18 광주민주화운동)이 끝나자마자 주요 각료들과 14명의 장성을 포함하여 42명으로 구성된 국가보위비상대책위원회가 설치되었다. 전두환은 국보위의 상임위원장직을 맡았다. 이 상임위원회는 새로운 국가권력의 핵심이었고, 전두환 일파는 권력을 향해 진일보 한 것이다. 클라이너는 1980년대 초 군부의 행동은 1961년 초 박정희 주변 군인들의 움직임과 비슷하다고 진단한다. 그러나 하나의 중요한 차이점이 있었다. 박정희 일파는 자신들의 '군사반란'을 '혁명'이라 불렀다. 박정희 일파는 그들이 당시의 국가형태를 파괴하지는 않았다고 주장했다. 전두환과 그 일파는 다른 태도를 취했다. 그들은 합법적으로 권좌에 오르는 모습을 취했다.[31] 전두환은 1980년 8월 27일 통일주최국민회의에서 대통령에 당선되었다. 클라이너는 전두환과 신군부가 권력을 장악하는 과정을 아래와 같이 서술하고 있다.

군인들은 거침이 없었다. 전두환과 동료 장성들은 단계적으로 집권에 접근해 갔다. 1979년 12월 12일 쿠데타를 일으키고. 1980년

---

31) *Ibid.*, p.186.

5월 17일 계엄령을 강화하고 광주 사건 직후 국보위를 통해 국가 권력을 인수받고, 1980년 8월 27일 최규하 대통령이 사임함에 따라 실시된 대통령 보궐선거에서 전두환을 제11대 대통령에 당선시켰다. 헌정을 파괴한 것은 전두환과 그 동료들이었다. 그러나 그들의 행보는 최규하라는 널찍한 장막으로 은폐되었다.[32]

새로운 정부가 가장 위험한 인사로 간주한 김대중에게는 정부를 전복하고 스스로 권력을 잡기 위하여 대학생들을 시위에 끌어들인 공산주의자라는 혐의로 계엄재판부는 사형을 언도했다. 김대중에 대한 사형선고는 서방 세계에 큰 분노를 일으켰다.[33] 그것은 이미 박정희 피살 이후의 사태 전개에 대해 근심하고 있던 우방들과 한국의 관계를 악화시켰다. 클라이너는 독일 대통령, 독일 정부, 많은 수의 독일 국민들도 김대중에게 대대적 지지를 보냈다고 서술한다.[34] 김대중 구명운동에 대해서 미국 정부도 강력하게 대처했다. 카터 행정부에 의해 시작되어 레이건 행정부에 의해 계속된 그들의 개입은 김대중의 목숨을 구할 수 있었다.[35] 1981년 레이건 대통령의 초청으로 전두환이 미국을 방문하기 직전 대법원에서 확정된 사형은 종신형으로 감형되었다.[36]

1981년 계엄령이 해제되었지만, 새로운 지배자들은 병영으로 돌아갈

---

32) *Ibid.*, p.192.

33) Rinser, Luise, *Wenn die Wale kämpfen – Porträt eines Landes: Süd-Korea,* Percha, 1976.

34) 독일 연방의회는 1980년 11월 27일 김대중의 생명과 자유를 지지하는 만장일치의 결정을 내렸다. 서울의 독일대사관은 대략 열두번 쯤 고위층에 김대중에 대한 선처를 요구했다. 독일 정부는 심지어 개발원조 계획을 철회하기까지 했다. Bernhard Juergen Kleiner, *op.cit.*, p.190.

35) 위르겐 클라이너 저/김대경 역, 앞의 책, 224-226쪽.

36) 종신형은 후에 20년 형으로 단축되었다. 1982년 12월 형 집행이 정지되고 그는 건강 치유 목적의 미국행 허가를 받았다.

의사가 전혀 없었다. 그들은 자신들의 정당을 만들 필요를 느꼈고, 1981년 1월 15일 민주정의당을 창당했다. 전두환 대통령은 6개월 동안의 잔여 임기를 마친 뒤, 이듬해 1981년 2월 실시된 대통령 선거에서 제12대 대통령에 당선되었다. 국가 권력은 대통령 관저인 청와대에서 행사되었다. 행정부의 힘은 막강했다. 여당은 국회에서 안정된 다수를 확보했다. 예전의 야당 정치인 중에서 많은 이들의 정치활동이 금지되었다. 언론은 정부의 보도통제를 받았다. 아웅산 폭탄테러사건으로 북한의 위협은 더욱 과장되었다.

1985년 2월 12일 국회의원 선거 결과는 여당과 전두환이 국민적 지지를 받지 못하고 있다는 증거였다.[37] 민주화를 열망하는 이들에게 선거 결과는 집권당의 허약의 징표로 받아들여졌고, 그들의 저항을 더 강렬하게 표현하기 시작했다. 대학생들의 시위는 더욱 강렬해 졌으며, 그들은 군의 정치개입을 반대하고 민주개혁, 사상과 언론의 자유 보장을 요구했다. 학생들은 돌과 화염병을 던졌다. 소요는 서울의 몇몇 대학에 국한된 것이 아니라 전국 대다수의 대학에서 벌어졌다. 수백 명의 교수들이 대통령 직선제를 골자로 하는 시국선언을 발표했으며, 개신교와 가톨릭 교회들도 사회정의와 민주주의를 요구했다. 불교 승려들도 반정부 시위에 참여했다. 이제 정부는 소심한 야당이 아니라 공격적인 야당과 상대해야

---

37) 1985년 2월 총선에 참여한 정당은 여당인 민정당과 야당인 민한당, 한민당 외에도 미추협의 주도하에 결성된 신한국민주당(신민당)이었다. 신민당은 일거에 28.6%를 득표해서 276석 중 67석을 차지했다. 민한당은 35석을 얻었고 한민당은 20석을 차지했다. 이 두 정당에서 많은 수의 의원들이 신한국민주당으로 넘어갔기 때문에 신한국민주당은 국회에서 103명의 의원을 확보하게 되었다. 여당인 민정당의 득표율은 34.9%에 지나지 않았지만 교묘한 선거제도에 힘입어 276석 중 148석을 확보했다. 겨우 1/3이 조금 넘는 득표율은 전두환에게는 타격이었다. Bernhard Juergen Kleiner, *op.cit.*, pp.209-210.

했다. 김영삼은 1986년 2월 신민당에 입당하여 당 지도자로 떠올랐다.

　1987년 1월 14일 발생한 박종철 고문치사 사건에 한국 여론은 격분했다.[38] 전두환 정권의 민주화 운동 탄압과 인권 유린이 사실로 입증된 것이다. 박종철의 죽음이 하나의 전환점이 될 것임을 느끼는 사람이 많았고, 여당 국회의원 중에도 있었다. 그럼에도 전두환은 상황의 주도권을 자신이 쥐고 있다고 생각했다. 그는 1987년 4월 개헌 논의는 끝났으며 그의 후계자는 현행 제도에 의해 간접선거로 선출될 것임을 표명했다. 한걸음 더 나아가 1987년 6월 6일 여당의 지도급 인사들에게 노태우를 차기 대통령 후보로 추천한다고 말했다. 6월 10일 민정당 전당대회에서 다수의 지지로 노태우는 대통령 후보로 선출되었다. 모든 일이 전두환의 계획대로 되어가는 듯 했지만, 클라이너는 그것이 전두환의 착오였음을 다음과 같이 서술하고 있다.

　　전두환은 잘못 생각했다. 1987년 6월 10일에서 27일까지는 한국에서 1980년 이래 가장 끈질기고 격렬한 시위가 벌어진 기간이었다. (…) 대학생들은 '군부독재 타도하라'는 구호 속에 그들의 민주화에 대한 생각들을 담았다. (…) 행인들이 경찰과 학생이 대결하고 있을 때 학생들에게 갈채를 보내는 것을 넘어서 대학생들 편에 합세하여 싸우기도 하였다. (…) 그들은 현재의 권력 집단 내부에서의 단순한 정권교체를 원하지 않았다.[39]

　중산층 사람들이 대학생들을 편들자 경찰이 민주화 운동에 계속해서 폭력적으로 대처하기는 힘들어졌다. 노태우는 1987년 6월 29일 정부와 여당의 정책을 근본적으로 수정한 여덟 개 항목을 발표하였다. 그것은

---

38) *Ibid.*, p.219.
39) *Ibid.*, pp.219-220.

대통령 직선제 도입, 선거법 개정, 김대중을 포함한 정치범의 사면과 복권, 기본권 보장의 확대, 언론자유 확대, 지방자치제 도입, 대학 자율의 보장, 자유로운 정당 활동 보장, 철저한 사회개혁 등이었다. 1987년 7월 9일, 시위 중 경찰의 최류탄을 맞아 사망한 연세대 이한열 학생의 장례 행렬은 서울시청 앞까지 이어졌고 수십만 명의 인파가 운집했다. 시민들의 민주화 열망을 정점에 도달한 듯 했다.

이제 모든 일은 대통령 선거에 집중되었다. 1987년 12월 16일 대통령 선거 결과 민정당 후보 노태우가 차기 대통령에 당선되었다.(노태우 36.6%, 김영삼 28%, 김대중 27.1%, 김종필 8.1%) 이러한 선거 결과에 대하여 클라이너는 김영삼과 김대중이 지역주의를 극복하지 못했기 때문이라고 진단한다. 김영삼은 부산과 경남지역에서만, 김대중은 광주와 전라남북도에서만 압도적 우세를 점했기 때문이다. 두 사람은 고른 지지를 얻는 데 실패했다. 반면 노태우는 대구와 경상북도에서 압도적 지지를 얻었고 서울에서도 기대 이상의 선전을 했다. 승리는 노태우에게 돌아갔다. 김영삼과 김대중은 선거가 끝나자 그들이 서로 경쟁하는 바람에 야권의 승리가 무산되었다는 비난을 받았다. 양 김씨가 야권 후보 단일화에 성공했더라면 선거에서 승리할 수 있었을 것이기 때문이다. 그러나 클라이너는 그러한 계산이 확실히 맞아 떨어진다는 보장은 없다고 자신의 견해를 밝힌다. 김영삼만 출마했다고 해도 그는 김대중 표의 일부만 얻게 될 것이고, 반대로 가정해도 마찬가지라는 것이다. 양 김씨의 고향 사이의 지역감정이 너무 크기 때문이다. 그는 아마도 단일 후보가 1/3의 표를 얻어서 노태우를 위협하는 정도의 결과가 나왔을 것이라 추측하고 있다.[40]

---

40) *Ibid.*, p.224.

어쨌든 1988년 2월 25일 국회의사당 앞마당에서 노태우 대통령 취임식이 거행되었고, 이는 제6공화국의 시작을 알리는 신호였다.

5. 한강의 기적

클라이너는 해방 이후 한국의 경제 성장을 한마디로 '한강의 기적', 또는 '폭풍적 성장'이라고 표현하고 있다. 한강의 기적은 원래 제2차 세계대전 이후 서독의 놀라운 경제적 발전을 이르는 말인 '라인 강의 기적'에서 유래한 말이다.[41] 또한 이는 대한민국에서 한국전쟁 이후부터 아시아 금융위기 시기까지 나타난 반세기에 이르는 급격한 경제 성장을 나타내는 상징적인 용어이다.

1945년 해방 당시 45달러에 불과했던 국민소득이 2만 달러에 이르는 경제규모로 성장하기까지 한국인들이 쏟은 근검과 절약의 정신은 "한강의 기적"이라 불리는 재건과 성장의 신화를 만들어냈다. 대한민국은 경제적으로 빠르게 성장하여 아시아의 네 마리 용 중 하나로 꼽히게 되었다. 클라이너는 한강의 기적을 다음과 같이 압축적으로 설명하고 있다.

> 기적이 있다면 한국의 유례없는 경제적 역동성이 틀림없이 기적에 포함될 것이다. 1인당 국민총생산은 1962년에 87달러이던 것이 1989년에는 대략 5천 달러수준에 이르렀다. 한 세대도 안 되는 짧은 기간에 한국전쟁으로 폐허가 된, 가난한 저개발 국가 한국이 세계 주요 무역국 중의 하나이자 현대적 산업국가로 발전한 것이다. 한국인들이 '라인강의 기적'에 빗대어 '한강의 기적'을 말한다면 그것은 옳다.[42]

---

41) 이헌대, 「1950~1960년대 서독 "경제기적"의 원인」, 『경상논총』 21권 1호, 2003, 143-164쪽.

42) Bernhard Juergen Kleiner, *op.cit.*, p.233.

그는 한국 경제의 폭풍 성장을 시기별로 구분하여 분석하고 있다. 먼저 1962년과 1982년 사이의 연평균 실질 성장률은 8.8%였다. 1982년에서 1988년 사이에 실질 국민총생산은 매년 두 자리 수 성장, 즉 평균 10.6%를 기록했다. 1986-1988년은 연간 성장이 12%나 되는 호황기였다. 그는 한국 경제의 이러한 성장의 원동력은 수출 지향적 산업화에서 찾고 있다. 한국은 농경국가에서 산업국가로 변화하면서 이에 비례하여 가공업은 농업을 희생시켜 가면서 실질 국민총생산에서 비중을 높여나갔다. 가공업이 1961년에는 국민총생산의 12%밖에 되지 않았지만 1988년에는 35%로 성장했다. 장기간에 걸친 경제개발 5개년계획이 한국의 경제 성장의 기반이 되었음도 언급하고 있다. 이 계획은 박정희가 쿠데타로 정권을 잡은 후 강력하게 추진되었다. 이 계획의 수립은 군사정권이 설치한 경제기획원이 담당했다.

클라이너는 한국 경제 성장이 성공적이었던 데에는 여러 가지 이유가 있다고 설명한다. 박정희는 수출 지향적 산업화를 추진하면서 강력하게 자신의 경제정책을 관찰해 나갔다. 그는 경제상황에 신속하게 적응하는 유연성도 있었다. 그러나 성공의 이유를 국가의 정책에만 돌려서는 안된다고 클라이너는 지적한다. 국가 정책을 받아들여 주도적 자세로 실패의 위험에 주저하지 않았던 많은 기업가들이 있었으며, 국가의 목표설정과 기업의 활동력은 탁월하게 조직되었다는 것이다. 또한 한국 경제 건설의 가장 중요한 잠재력은 잘 교육된 노동력이었다. 제2차 세계대전 이후 교육시설이 세워지자 한국인들은 학교와 대학으로 쇄도했다. 그들의 교육열은 유교에 기인하지만, 종종 희생을 무릅쓰면서까지 교육을 원했던 학생과 학부모들에게 중요한 것은 보다 구체적인 것들, 예컨대 성공과 사회적 지위의 상승이었다.

크라이너는 수출이 한국 경제 성장의 원동력이었기 때문에 한국의 대외무역 또한 일별하고 있다. 통계를 보면, 1961년 수출은 국민총생산의 3.2%를 담당했다. 1988년 국민총생산에서 수출의 비중은 42.8%였다. 수출의 폭발적 확장을 수치상으로 관찰하면 더욱 인상적이다. 1975년 약 50억 달러를 수출했음에 비해 2년 후인 1977년에는 수출이 2배가 되어 약 100억 달러에 달했고 4년 후인 1981년에는 다시 2배인 200억 달러가 되었다. 다시 7년 후 수출은 3배가 되어 600억 달러에 달했다.

그는 한국의 수출산업이 지난 30년간 경제구조의 변화를 초래했다고 진단한다. 1962년에 시작된 첫 단계는 경공업이 수출산업으로 육성되었다. 방직, 의류, 가발, 목재 등 노동집약적 산업들이 한국 수출을 주도했다. 그 후 1970년대 중반부터는 중공업 제품들, 특히 철강, 시멘트, 화학약품, 선박 등의 제품들이 수출되기 시작했다. 1980년대 중반에는 전기제품과 자동차로 확장되었다. 1980년대 중반 한국 경제 성장은 국제유가 인하와도 어느 정도 관련성이 있다.

그는 한국 무역의 문제점도 지적하고 있는데, 그것은 일본과 미국에의 의존성이 너무 크다는 점이다. 한국은 총 무역액의 절반은 두 나라와 거래하고 있다. 당시까지만 해도 한국은 일본의 가장 큰 수입국가다. 1984년부터 1989년 사이에 총 수입의 1/3이 일본에서 들어왔다. 물론 한국도 일본에 수출을 하지만 일본에 대한 무역 역조를 개선하는 일은 성공하지 못했다. 미국은 한국 상품의 가장 큰 수입국가였다. 1980년대 중반 한국 수출의 약 1/3 정도가 미국으로 들어갔다. 한국산 텔레비전, 비디오, 전자레인지, 자동차 등의 한국 제품을 미국에서 손쉽게 구입할 수 있게 된 것이다.

산업 국가들이 재정정책의 세 가지 목표인 안정된 물가, 완전고용, 국제수지 균형을 동시에 실현시키기가 아주 힘들지만, 한국 정부는 이 세

가지 목표의 실현을 위해 많은 노력을 기울였다고 그는 평가한다. 한국은 1986년 처음으로 무역수지 흑자를 기록하였으며, 1980년대 초기에 물가는 안정궤도에 올려놓았다. 한국 정부는 실업과의 싸움에서도 성공적이었다. 1963년 경제개혁의 초기에 실업률은 8.2%였는데, 이후 실업률은 계속 감소하여 1989년에는 2.5%로 낮아졌다.

클라이너는 1960년대와 1970년대는 통계자료의 부족으로 한국의 소득분배 상황을 파악하기 쉽지 않지만, 1980년대의 경우 소득분배의 불평등은 줄어들고 소득분배 상황이 개선되었다고 진단하고 있다. 그는 소득의 분배가 개선되었지만, 반면 재산분배 특히 토지 재산 분배는 상당히 악화되었음도 지적한다. 이를 개선하기 위해서는 세금인상, 금융실명제 등이 필요하지만, 한국 정부는 자본의 해외 도피를 염려하여 실명제의 법적 도입을 포기했다고 진단한다. 이는 소위 재벌들의 정치적 입김의 세기를 말해 주고 있다는 것이다.

경제 성장에 몰두해 온 한국은 사회문제들에 대해서는 오랫동안 등한시해 왔다. 기업가들은 국제 경쟁에서 비용 대비 이익을 위해서는 저임금을 선호하였으며, 한국 정부는 이 점에 있어서 기업의 입장을 지지했다, 클라이너는 이러한 정책이 경제적으로는 의미가 있지만 정치적으로는 오래 유지되어서는 안된다고 지적한다. 노동자들이 더 이상 낮은 임금에 만족하지 않을 것이기 때문이다.

그는 앞으로의 한국 경제의 지속적인 성장을 위한 조언도 제시하고 있다. 한국 정부는 미국 시장 의존도 때문에 미국의 원화 평가절상 압력을 회피하지는 못할 것이고 한국 시장의 완전 개방 압력도 피하지 못할 것이기 때문에 한국의 산업이 앞으로 자본집약적 산업으로 전환하는 것이 필요하다. 이를 위해서는 지금까지보다 연구와 개발에 힘써야 하고 수출

시장 다변화를 진지하게 고민해야 한다. 특히 기업들이 유럽연합 국가들 내에서의 교역활동을 강화해야 한다.[43] 한국 경제의 미래를 위해서는 결국 균형 잡힌 경제 성장이 중요하다는 지적인 것이다.

6. 일반화의 오류: 반도국가의 타율적 역사 전개

개항에서 일제강점기, 해방과 분단, 한국전쟁, 군사독재 등 한국 근·현대사는 시련과 역경의 연속이었다는 것이 클라이너의 분석이다.

『하멜표류기』를 통해서 조선의 사정이 소개되기는 했지만, 조선은 서양인에게 있어서 미지의 나라였다. 1866년(고종 3) 흥선 대원군의 천주교도 학살·탄압에 대항하여 프랑스 함대가 강화도에 침범한 병인양요, 1871년(고종 8) 미국이 1866년 제너럴셔먼호(號) 사건을 빌미로 조선을 개항시키려고 무력 침략한 신미양요를 통해서 조선은 '폐쇄된 나라'라는 이미지를 서양인들에게 각인시켰다. 1868년 독일인 오페르트(E. J. Oppert)가 흥선 대원군의 아버지인 남연군의 묘를 발굴해 시체와 부장품을 이용하여 대원군과 통상 문제를 흥정하고자 하였던 사건은 대원군의 쇄국정책을 더욱 강화시키는 요인으로 작용했다.

이후 일본과의 강화도조약 체결과 조선의 개항, 열강의 이해관계 속에서 일어난 을미사변과 아관파천은 열강의 조선에 대한 이권침탈로 이어졌다. 청일전쟁과 러일전쟁의 승리로 인한 일본의 조선에 대한 영향력 확대, 1905년 을사늑약과 1910년 한일합방으로 조선은 일본의 식민지로 전락하였다.

일제강점기 안중근 의사의 이토 히로부미(伊藤博文) 암살, 3·1운동, 상

---

43) *Ibid.*, pp.247-248.

해 임시정부 수립, 의열단의 독립투쟁 등 민족의 독립을 위한 노력은 계
속되었지만, 해방은 미국이 태평양전쟁에서 일본에 승리함으로써 찾아
왔다. 그러나 해방과 동시에 3.8선을 경계로 민족은 남북한으로 분단되
었으며, 이데올로기의 대립과 갈등은 동족상잔의 6·25 전쟁으로 이어졌
다. 전쟁으로 인한 혼란과 경제난, 분단의 지속과 반공이데올로기의 지
배, 이승만·박정희·전두환으로 이어지는 독재와 이에 대한 민중의 저항
과 민주화를 위한 열망 등 주한 독일 대사 클라이너의 눈에 비친 구한말
부터 제6공화국에 이르기까지의 험난한 여정은 그의 책 제목이 암시하는
것처럼 '돌투성이 길 위에 있는 한국'이었다.

클라이너는 직업적인 외교관답게 한국과 독일의 관계를 조망하고 있
다. 1883년 11월 26일 민영목 외무독판과 칼 에두아르트 차페 총영사 간
에 조·독 통상우호항해조약 체결에서부터 구한말 고종의 외교고문 묄렌
도르프의 활동[44], 1960-1970년대 한국 광부·간호사의 독일 파견[45], 동백
림 사건[46]으로 인한 외교적 마찰, 오늘날 양국의 신뢰를 바탕으로 긴밀한
협력관계를 유지하고 발전시켜온 과정을 언급하고 있다.[47] 독일은 비록
미국, 일본과는 상당한 격차가 있지만, 한국의 세 번째 규모가 큰 교역국
이며 독일의 입장에서 보면 일본 다음으로 큰 수출시장이다. 그리고 정

---

44) 박재영, 「구한말 독일인 묄렌도르프의 조선인식」, 『동학연구』 21집, 2006, 65-100쪽.

45) 박재영, 「파독 간호사·광부의 독일정착과 삼각이민 연구」, 『다문화콘텐츠연구』 제
15집, 2013, 335-364쪽.

46) 김명섭·양준석, 「1967년 "동백림사건" 이후 한독관계의 긴장과 회복: 비밀 해제된
한국외교문서를 중심으로」, 『한국정치외교사논총』 제35집 제1호, 2013, 5-39쪽; 이
정민, 「동백림사건을 둘러싼 남한정부와 서독정부의 초기 외교갈등」, 『사림』 50호,
2014, 67-93쪽.

47) 노명환, 「냉전 시대 박정희의 한국 산업화 정책과 서독의 의미와 역할 1961-1967」,
『사림』 38호, 2011, 289-343쪽.

치, 경제, 사회, 문화 등 다방면에 걸쳐 활발한 교류가 이루어지고 있다.

그의 저작에서는 한국과 미국, 일본과의 관계에 대한 언급도 살펴볼 수 있다. 그는 역사적으로 중국의 동북쪽에 위치한 한반도의 운명이 강력한 이웃인 중국과 일본 사이에 놓여 있다는 상황에 의해 규정되었다고 서술하고 있다.[48] 그러나 한국의 운명이 지정학적으로 중국과 일본 사이에 놓여 있다는 상황에 의해 규정되었다는 설명은 일반화될 수 없는 논리다. 만약 그러한 논리가 역사적으로 증명되기 위해서는 지구상의 모든 반도국가의 역사가 예외 없이 그 지정학적 상황 때문에 외세의 강력한 영향을 받아 타율적으로 전개되었다는 구체적 사례들을 찾아 일반화시켜야 한다. 그러나 이탈리아반도에 기초한 로마제국의 역사, 이베리아반도에 기초한 스페인의 절대주의 역사만 보더라도 반도국가의 타율적 역사 전개라는 논리는 정당화될 수 없는 것이다. 이는 결국 일본이 지난 제국주의시대 조선의 식민지배를 정당화하기 위해 고안한 논의구조(식민사관)라고 밖에 볼 수 없다. 한반도를 바라보는 일본 제국주의의 그러한 시각은 일제 식민치하에 한국을 방문하고 독일에서 한국학연구에 초석을 닦은 라우텐자흐(H. Lautensach)의 저작에서도 찾아볼 수 있다.[49]

---

48) Bernhard Juergen Kleiner, *op.cit.*, p.253.
49) 라우텐자흐 독일 내에서도 한국학 연구의 금자탑이라고까지 평가받는 그의 저작 『코리아: 영토, 민족, 운명(Korea - Land, Volk, Schicksal)』의 부제에서까지 '운명(Schicksal)'이라는 다분히 비역사적 용어를 사용함으로 타율성에 입각한 한국사의 전개를 은연중에 암시하고 있다. Hermann Lautensach, *Korea - Land. Volk, Schicksal*, Stuttgart 1950; 박재영, 「구한말 독일인 헤르만 산더(Hermann Sander)의 조선 이미지」, 『동학연구』 24집, 2008, 115-144쪽.

제2장
냉전시대 주북한 동독대사 한스 마레츠키(H. Maretzki)의 북한 이미지

1. 북한과 동독: 사회주의 형제국

북한과 동독은 각각 1948년과 1949년에 '조선민주주의인민공화국'과 '독일민주공화국'을 공식 국가명칭으로 정부를 수립했다. 동시에 1989년 11월 9일 동독이 붕괴할 때까지, 양국은 민주주의와 사회주의 진영노선 갈등으로 분단의 비극을 공유했거나 공유한 국가들이었다. 나아가 각각 아시아와 유럽에서 민주주의의 영향력에 대항하는 사회주의 국가들의 전초기지였다.

냉전기 북한과 동독의 외교관계는 소련과 중국을 중심으로 한 국제정세로부터 많은 영향을 받았다.[1] 1970년대 이전까지 북한과 동독의 협력관계 및 갈등관계는 북한의 친(親)중국·반(反)소련 정책에 따라 결정되었다.[2] 소련의 헤게모니 아래서 소련의 사회주의 국가연대 기조에 따라 동

---

1) Horak, Sven, "Phases of the Relationship between East Germany and North Korea after World War Ⅱ", *North Korea Review* Vol.6. No.1, 2010, pp.100-107.

2) Childs, David, "East German Foreign Policy: The Search for Recognition and Sta-

독은 한국전쟁 이후인 1953년부터 1962년 중·소 갈등이 최고조에 이를 때까지 북한의 전후복구 사업을 위해 경제적 원조와 과학기술을 지원했다. 중·소 분쟁 시기에 북한이 친(親)중국·반(反)소련 정책을 펼치면서 동독과의 관계는 급속히 냉각되었지만, 1960년 중반부터 북한이 소련과 중국에 대해 등거리 외교를 펼치면서 대(對)동독관계가 복원·발전했다.[3] 1970년대 이후 북한의 자주노선과 당시 동독 서기장 호네커의 경제중심 외교정책이 맞물리면서 동독이 붕괴하기까지 북한과 동독은 경제·과학 기술 분야를 중심으로 협력을 확대해나갔다.[4] 냉전기 동안 전반적으로 북한-동독 간 외교관계는 경제·과학기술분야에 국한되었고, 북한은 동독의 경제적 원조와 과학기술지원에 크게 의존적이었다.[5] 그럼에도 중소 분쟁 이후 북한이 대(對)동독관계를 복원·발전시켰던 이유는 동독으로부터 경제원조와 과학기술지원이 절실했기 때문이다.[6] 즉 동독은 사회주의

bility", *European Foreign Policies* Vol.32. No.2, 1977, pp.334-351.

3) 이경석·김경미, 「냉전기 북한-동독의 외교관계(1953~1989): 협력과 갈등」, 『유럽연구』 제34권 제3호, 2016, 149-180쪽; Kuark, Y. T., "North Korea's Industrial Development during the Postwar Period", *The China Quarterly* Vol.14, 1963, pp.51-64; Schäer, Bernd, "Weathering the Sino-Soviet Conflict: The GDR and North Korea, 1949- 1989", Cold War International History Project Bulletin. No.14-15, Winter 2003-Spring 2004, pp.25-86; Thomas, Merrilyn, "'Aggression in Feit Slippers': Normalisation and the Ideological Struggle in the Context of Detente and Ostpolitik", Fulbrook, Mary(ed.), *Power and Society in the GDR, 1961-1979: The 'Normalisation of Rule',* New York: Berghahn Books, 2009, pp.33-51.

4) 김연수, 「북한 연구: 김일성의 동독방문과 북한의 대동독관계 35년」, 『북한』 통권 155호, 1984, 11 99-107쪽.

5) 황병덕, 「동독의 대서독 정책과 북한의 대남정책 비교분석」, 『통일연구논총』, 제7권, 제1호, 1998, 163-184쪽; 정용길, 「동독과 북한의 통일정책 비교」, 『安保硏究』, 제17호, 1987, 197-226쪽; 한운석, 「동독과 북한 당 지도부의 민족정책 비교」, 『역사학연구』, 제24권, 2005, 313-347쪽; 우평균, 「동유럽 공산체제 해체와 북한체제 붕괴의 연관성」, 『평화학연구』, 제15권, 제4호, 2014, 35-46쪽.

6) Kuark, Y. T. "North Korea's Industrial Development during the Postwar Period", *The China Quarterly*. Vol. 14 (1963), pp.51-64.

국가들 중에서 가장 괄목할 만한 경제 성장을 이룩한 국가로서 북한으로서는 놓칠 수 없는 파트너로 판단되었던 까닭이었다.[7]

1980년대 북한-동독 간 협력관계는 1984년 5월 31일 김일성의 동독 방문과 1986년 10월 18일 호네커의 북한 방문을 통해서 심화되었다. 1984년에 북한과 동독은 1977년 양국이 합의한 상호우호협력조약의 초안에 서명하면서 7년 전 호네커의 방북 이후 양국 간 협력이 심화되었다. 북한-동독 간 상호우호 협력조약은 군사부문을 제외한 매우 포괄적 조약으로 1989년 동독이 붕괴될 때까지 북한과 동독의 교류에 근간이 되었다.[8]

1990년 독일 통일 이전까지 북한과 동독의 외교관계가 지속되는 동안 북한을 방문한 동독인은 동독 사회주의 통일당 간부, 외교관, 언론인, 기술자, 학생 등 다양하게 나타나고 있으며, 그들이 남긴 북한 관련 기록들 역시 냉전시대 양국관계를 파악하고, 북한의 내부 사정을 엿볼 수 있는 중요한 자료들이다.[9] 이 글에서는 동독의 마지막 북한 대사를 역임했던

---

7) 우평균, 앞의 논문, 35-46쪽.

8) 최수경, 「東獨과 北韓의 外交政策 比較」, 『국제정치논총』 제26권 2호, 1986, 45-59쪽.

9) 동독의 여행기(안내서)들에서 북한은 사회주의 형제국으로 매우 우호적이고 긍정적인 서술을 하고 있을 뿐만 아니라 사회주의 국가로서의 일체감을 여행기 곳곳에서 발견할 수 있다. Max Zimmering, *Land der Morgenfrische*, Berlin/DDR, 1956; Verlag Kultur und Fortschritt(Hrsg.), *Korea(übersetzt von w. Stams u.a.)*, Berlin, 1956; Saitischikow, W. T, *Korea(übersetzt von Wittig, Carmen Renate u. Zimm, Alfred)*, Berlin, 1958; Joho, W., *Korea trocknet die Tränen – Reisebericht*, Aufbau Verlag, Berlin/DDR, 1959; Martin Radmann, *Die Heimat ist im Norden – Die nationale Frage in Korea und das Völkerrecht*, Berlin, 1961; Simon Tykve, *Das geteilte Korea (Bericht und Analyse)*, Köln, 1979; Albrecht Lein & Andreas Lentz, *Menschen in Choson/Nordkorea(Politische Bilderbücher zum fernen Osten)*, München, 1982; Xing-hu Kuo, *Nordkorea – Ein fernöstlicher Gulag*, Stuttgart, 1983; Hans-Ulrich Pews, *Korea – Land der Morgenfrische*, Gotha, 1987; Renee Violet, *Einführung in die Kunst Koreas*, Leipzig, 1987; Wurlitzer Bernd, *In Korea*, Leipzig, 1988.

한스 마레츠키(Hans Maretzki)의 저작인 *Kim-ismus in Nordkorea -Analyse des letzten DDR-Botschafters in Pjoengjang*를 중심으로 동독 외교관으로 눈에 비친 북한의 정치, 경제, 사회, 문화 전반에 대한 이미지를 분석하고자 한다.[10]

마레츠키는 1933년 독일 토룬에서 태어나 포츠담 사범대학에서 역사학을 전공하였으며, 1962년 박사학위를 취득하였다. 그 후 동독 사회주의 통일당(SED)의 당원이 되어 울브리히트, 호네커 정권하에서 외교관으로 근무하였다. 그는 루마니아, 파키스탄에 이어 1987년부터 1990년 3월까지 북한 주재 동독대사를 역임하였다. 마레츠키의 저작은 역사학을 전공한 동독 외교관의 시선에서 북한사회의 생생한 모습을 전하고 있는 동시에 그의 북한에서의 활동과 경험이 북한에 대해 어떠한 고정관념을 형성하였는가를 살펴볼 수 있는 의미 있는 기록이라 하겠다.[11]

2. 북한의 정치체제

1) 지구상 마지막 남은 스탈린 체제

마레츠키는 북한은 현재 유일하게 스탈린식 사회주의가 남아있는 정권이라고 단정한다. 북한이 소련의 영향권에서 벗어난 후에도 김일성은 소련에서 전수받은 스탈린식 통치방법으로 정권을 유지하였을 뿐만 아니라 여러 면에서 전수의 수준을 뛰어넘어 최대의 완성품을 만들어 내었다

---

10) Hans Maretzki, *Kim-ismus in Nordkorea -Analyse des letzten DDR-Botschafters in Pjoengjang*, Anita Tykve Verlag, 1991.

11) 마레츠키의 저작은 1991년 한국어로 번역되었으며, 북한사회의 실상에 대한 호기심과 독일통일 이후 남·북한의 평화적 통일을 염원하는 한국 독자들의 많은 관심을 끌기도 하였다. 한스 마레츠키 저/정경섭 역, 『병영국가 북한 -마지막 평양 주재 동독대사의 증언-』, 동아일보사, 1991.

고 평가한다.[12] 그가 보기에 당과 정부조직은 김일성주의(Kimismus) 아래 인민들에 대한 행정적 규제의 목적을 위해 존재한다. 모든 노동자는 재산소유와 분리되어 있으며 공공 재산의 개념은 순수한 문구다. 왜냐하면 인민들의 업적이 그들 자신에게 아무런 유익을 주지 않기 때문이다. 마레츠키는 북한의 국가 체제를 다음과 같이 묘사한다.

> 국내적으로 가장 순수한 종류의 병영사회가 형성되었으며, 스탈린식 사회체제가 모든 주민생활의 영역을 통제했다. 또한 민간인들의 삶에 있어서 군대는 특별한 역할을 맡게 되었다. 주체사상(Dschutsche-Ideologie)이 일종의 공산주의라면, 북한은 병영식 공산주의다.[13]

그는 북한 권력의 핵심은 당지도자를 중심으로 최고 권력을 가진 당중앙에서 모든 결정이 이루어지는 일당 통치에 있다고 보았다. 그리고 당은 권력의 분리, 민주주의적 대표제도 그리고 인민에 의한 권력통제 등 그 어떤 것도 용납하지 않는다. 민주주의인민공화국이라는 표현은 이런 점에서 살펴 볼 때 대단히 모순적이라는 것이다. 마레츠키의 눈에는 인민은 획일적인 이데올로기와 행사에 동원되는 존재일 뿐이다.

마레츠키는 1991년의 시점에서 북한을 살펴보는 것은 여러 가지 측면에서 많은 시사점을 던져 줄 것이며 이는 매우 흥미있는 일이라고 언급한다. 동유럽에서의 실질적인 사회주의의 종말과 소련에서의 공산당 권

---

12) 마레츠키에 의하면 좁은 의미로 스탈린주의는 독재정치, 전체주의, 보복정치와 개인숭배 그리고 공산주의를 기본원리로 하고 있지만, 근본적으로는 실제적인 사회정치제도로 간주된다. 동구권이나 북한 등 소련 이외의 지역에서 이 개념은 '인민민주주의'로 규정되었으며, 20세기 반민주적 독재정치의 기본형이다. 이것은 단순하게 변질되거나 착오로 생겨난 사회주의가 아니라 의도적으로 만들어진 질서체계이다. Hans Maretzki, *op.cit.*, p.8.

13) *Ibid.*, p.20.

력의 위기 그리고 중국에서의 개혁·개방을 염두에 둘 때 과연 북한의 독재체제에 어떠한 변화가 나타날 것인가 하는 의문이 생기기 때문이다.[14]

그는 북한의 정치 상황을 이해하는데 다음 몇 가지 사항이 도움을 줄 것이라고 말한다. 모든 관찰대상은 그 본질과는 반대되는 모습으로 나타난다. 정상적인 판단기준에 의하면 국민에 대한 국가의 요구가 정당성을 가질 때 국가의 안정이 온다. 즉 국내문제에 대해 개방적으로 대응하고, 국가권력이 민주적인 공감대 위에 기초할 때 경제적·기술적 혁신능력을 소유하고, 국민에게 사회경제적 발전을 느끼게 할 때, 그리고 국민에게 이익이 되는 정책을 추구할 때를 말한다. 그러나 마레츠키는 위의 모든 사항들이 북한에게는 전혀 해당되지 않는다고 진단한다. 북한은 한마디로 말해서 비민주적인 통치자와 당에 의해 지배되는 전제국가이기 때문이다. 북한의 사회경제 수준이 낙후되었고 산업기술력은 발전이 느려 거의 정체상태에 있다. 정치력은 기대할 수 없을 정도로 낡았고 효율적이지 못하여 국내적으로 억압적이고, 대외적으로는 도전적이다. 통치방법은 무분별한 이데올로기화와 잘못된 규범들로 일관된다. 인민은 획일적이고 전체주의적인 통제를 받는다. 근본적으로 북한은 이미 심각한 위기에 이르렀을 만큼의 모순들이 누적되어 있는 상황이라고 진단한다.

마레츠키는 한국전쟁 이후 1990년대 초반까지 계속해서 희생, 강요, 무보수의 노력동원 등이 요구되는 북한에서는 마치 전쟁이 계속되고 있는 듯한 느낌을 받는다고 서술하고 있다. 북한은 끊임없는 정치선전으로 인민들에게 전쟁준비만 시키고 있으며, 북한 인민들이 수십년 간 정치·군사적 사회체제와 전쟁물자 준비에 동원되고 있는가를 이해하기란 쉽지

---

14) 한스 마레츠키 저/정경섭 역, 앞의 책, 11-12쪽.

않다는 것이다.

2) 사회주의를 가장한 전제왕조

마레츠키는 북한에서 김일성주의와 김일성 개인의 권력이 뿌리내리기
시작한 것은 남한에서 의 정부수립에 대응해 1948년 9월 9일 북한 정권
을 수립하기 훨씬 이전의 일이라고 분석한다. 해방 이후 소련 극동군은
일본의 무장해제를 위하여 만주 및 북한 지역에 진주하였다. 점령군은
북한을 통치하기 위하여 협력해 줄 한국인들이 필요하였고, 이에 소련은
하바로브스크에서 훈련을 받은 김일성을 1945년 9월 19일 원산항을 거
쳐 평양으로 데리고 왔다. 소련군은 김일성을 대위에서 소령으로 진급시
켰다.[15] 오늘날 북한주민은 김일성이 위대한 독립군 장군으로 조국을 해
방시켰다고 믿고 있으나 사실은 그렇지 않다는 것이다. 당시 김일성은
33세로 소련군에 의해 주어진 임무를 수행하기에는 너무나 젊었던 것이
다.[16] 이렇게 만들어진 김일성은 약 400명의 한국인, 그리고 소련군과 함
께 북한에 들어왔는데, 마레츠키는 다음과 같이 김성주가 김일성으로 이

---

15) 김일성은 1912년에 평양에서 태어났다. 열네 살이 되던 해인 1926년에 만주로 건너
가 육문중학교에 입학한 뒤 공산청년동맹에 들어가 활동했다. 1931년에는 중국 공
산당에 입당했고, 이후에는 조선인 항일 부대의 대장으로 임명되어 무장 투쟁을 벌
였다. 1936년에는 조국 광복회를 만들었고, 1937년에는 국내의 조직과 손을 잡고
함경남도 갑산군 보천보의 일본 경찰 주재소와 관공서 등을 공격해 피해를 입히고
철수하기도 했다. 이후 김일성은 두만강 근처의 국경 지대에서 유격 활동을 벌이다
일본군의 추격을 피해 소련으로 갔다. 소련군의 지휘관으로 활동하던 그는 8·15 광
복 때 자신의 유격대원들을 이끌고 원산으로 들어왔으며, 소련의 지원을 받아 북한
사회의 중심 세력으로 떠올랐다. 1947년에 김일성은 북한의 단독 정부를 세우기 위
한 조직인 북조선 인민 위원회의 위원장이 되었다. 이듬해에는 조선민주주의인민공
화국이 세워졌고, 그가 내각의 수상으로 선출되었다. 김한종 외 6인, 『한국사 사전
3』, 책과함께, 2015.
16) 한스 마레츠키 저/정경섭 역, 『병영국가 북한 -마지막 평양 주재 동독대사의 증
언-』, 동아일보사, 1991, 15-16쪽.

름을 바꾼 경위를 설명하고 있다.

　　1945년 9월 평양에서 나온 자료에 의하면 김일성 ―실제로는
김성주라는 이름으로 1939년에서 1940년경에 위대한 민족의 지
도자 김일성으로 이름을 바꾼― 이 대중적 지도자로 나타났다. 그
는 조선공산당의 창시자이자 지도자로 북한 주민들에게 소개되
었다. 정치적 · 군사적으로 일본군에 대항하는 김일성이라는 이
름의 진정한 소지자는 1936년 11월에 이미 목숨을 잃었으며, 그
는 상당히 나이가 많은 사람이었다.[17]

〈자료 1〉 1945년 10월 14일 평양에서 열린 김일성 환영대회(왼쪽에서 두 번째)

　　김일성과 함께 북한에 들어 온 한국인들 중에서 일부는 소련에서 출생
하여 한번도 한국 땅을 밟아 본 적이 없는 이들도 있었다. 이러한 빨치산
출신의 김일성 추종자들이 중심이 되어 북조선공산당과 정부조직을 구성
했다. 1945년 이후 북한정권이 수립되기까지 3년간의 과도기에 북한은
엄청난 변화를 거치게 되었다. 북한사회는 전반적으로는 반봉건적 상황
에서 짧은 기간에 사회주의 체제로 변신해야 했다. 이후 북한의 발전을

---

17) Hans Maretzki, *op.cit.*, P.19.

긍정적으로 평가한 소련은 1948년 12월 주둔군을 철수시키고 주둔군 사령관인 스티코프 중장을 1949년 1월 초대 북한 대사로 임명하였다. 마레츠키는 이와 같이 북한의 성립은 북한 자체의 정치활동이나 민족적 토대에 근거한 것이 아니라 외세의 힘에 의존하고 있음을 지적하고 있다.

김일성은 혁명적인 한반도 통일을 완수함에 있어서 군사적인 해결방식을 생각하고 있었다. 마레츠키는 한국전쟁의 원인을 "38도선에서 여러 차례의 군사적 충돌을 빚더니 드디어 일요일인 1950년 6월 25일 북한의 돌발적인 공격"[18]이 시작되었다고, 즉 북한의 남침이라 규정하고 있다.[19] 전쟁은 인민민주주의 체제를 한반도 전역에 확산하려는 김일성의 의도와는 반대로 진행되었다. 마레츠키는 김일성과 그 정권은 소련에 의해서가 아니라 중국에 의해서 살아남게 되었다고 평가하면서, 중국 의용군의 참전으로 전쟁은 원점으로 돌아가 1953년 이전의 3.8선 부근을 경계로 휴전이 되었음을 서술하고 있다.[20] 전쟁은 김일성의 기대와는 달리 목표를 달성하지 못한 실망스러운 것이었다.

1953년부터 1958년까지 북한은 전후복구를 위해 총력을 기울였으며, 이 기간에 주목할 만한 경제 재건과 산업화가 이루어졌는데, 여기에는 동독 및 기타 사회주의 국가들과의 돈독한 관계가 큰 몫을 차지하였다.[21] 그러나 북한에서의 평화는 오래가지 않았다. 1956년 조선노동당 내에

18) *Ibid.*, pp.19-20.

19) 한스 마레츠키 저/정경섭 역, 앞의 책, 21쪽.

20) Cummings, Bruce, *The Origin of the Korean War: Liberation and Emergence of Separate Regimes, 1945-1947*, Princeton: Princeton Uni. Press, 1981.

21) 김 면, 「독일 국립문서보관소 소장 자료를 통해서 본 북한과 구동독간의 경제협력 - 구동독의 함흥시 경제지원을 중심으로-」, 『북한연구학회보』 제7권 제1호, 2003, 83-102쪽; 김 면, 「구동독의 대북한 기밀보고서 분석」, 『평화학연구』 제7권 제1호, 2006, 211-232쪽.

내분이 생겼다. 마레츠키는 그 원인을 스탈린 사후 소련의 서기장에 오른 흐루시쵸프의 스탈린 격하운동 및 서서히 김일성 1인 독재로 변해가는 김일성의 통치스타일에서 찾고 있다. 그러나 김일성은 당의 모든 비판적인 요소들을 제거하였고 당과 국가를 초월한 절대 권력을 부여받아 1인 독재체제를 완성시켰다.[22] 다른 사회주의권에서는 스탈린주의가 대폭 제거된 반면 북한에서는 계속 유지되고 오히려 강화되었다. 이 작업은 김일성이 1958년부터 1960년 사이 다른 사회주의 국가에서 일어나고 있는 변화들이 북한에 일어나지 않도록 막기 시작한 것과 동시에 이루어졌다는 것이 마레츠키의 견해다.

1956년 중소분쟁이 시작되자 김일성은 재치있게 그러나 냉철하게 소련의 수정주의와 중국의 교조주의 사이에서 등거리 외교를 구사하였다. 여기에서 중요한 것은 이러한 분쟁의 와중에서 김일성은 주체사상이라는 고유의 길을 택할 기회를 가지게 되었다는 점이라고 마레츠키는 분석하고 있다.

독재정치를 위하여 끊임없이 권력을 강화하면서도 김일성은 북한 주민들에 대한 인기관리를 잠시도 게을리 하지 않았다. 김일성은 부단히 그리고 직접 주민 앞에 나타나 엄격하면서도 한편으로는 자애로운 아버지처럼 주민들을 대했고 누구와도 대화하였다. 김일성은 경제와 사회분야를 발전시키는 데는 실패하였으나 막강한 권력형성과 이의 관철에 있어서는 능력을 과시하였다는 것이 마레츠키의 평가이다.

북한 헌법을 개정하여 지도체제를 대폭 강화한 후 김일성은 1973년부

---

22) 김일성의 반대파에 대한 숙청은 1950년 소련파, 1953년 국내파(남로당 계열), 1958년 중국 의용군의 철수 이후 연안파에 대한 숙청으로 이어졌다. Hans Maretzki, *op.cit.*, pp.44-46.

터 권력승계 문제에 전력을 쏟았다. 그는 후계자로 그의 전처 소생의 맏
아들 김정일을 지목하였다. 김정일은 '만경대혁명사관학교', 평양제1고
등보통학교'를 거쳐 김일성대학에서 정치학과 경제학을 전공하였다. 그
후 당중앙위원회 조직부장, 문화부장, 선전부장을 역임하였다. 1973년
제7차 당중앙위원회에서 김정일이 공식 후계자로 지명되면서 중앙위원
회 비서에 임명되어 당조직 및 이데올로기 분야를 전담하였다. 1974년
당정치국 위원, 1980년에는 당의 최고 지도부 격인 정치국 상무위원에
임명되어 당과 정부의 공식 행사에서 부친인 김일성 다음인 권력 서열
제2위의 자리에 올라 '친애하는 지도자'로 추앙받게 된다. 이러한 김정일
에 대한 마레츠키의 평가는 다음과 같다.

> 북한 주민의 '친애하는 지도자'에 대한 평가는 단지 선정에 의
> 하여 만들어진다. 왜냐하면 실제생활과 밀접한, 직접 느낄 수 있
> 는 인상을 그는 전혀 보여주고 있지 않기 때문이다. 그를 유능한
> 지도자로 칭송하는 것은 북한에서 제2의 개인숭배 시도를 하기
> 위한 기만해 불과할 뿐이다. (,,,) 김정일의 지도력에 대한 칭송
> 에도 불구하고 그는 북한 주민들의 눈에는 '위대한 수령'의 대리
> 인 정도로 비쳐지고 있다[23]

마레츠키는 김일성의 후계자 계승 문제는 주체사상을 계속 유지시키
기 위하여 독단적으로 결정되었다고 진단한다. 독재자의 사후에도 북한
체제가 계속 유지되도록 하기 위해서이다. 그는 또 사회주의 세습왕국
건설이라는 김일성의 결정은 간결하고 명확한 논리에 근거한다고 보았는
데, 그것은 김일성이 독재 권력의 무한성을 믿으며 북한 주민에게 제시
되고 있는 독재체제의 범위도 더욱 확장될 수 있다는 확신이 그것이다.

---

23) *Ibid.*, pp.62-63.

〈자료 2〉 평양 만수대에 세워진 김일성 · 김정일 부자 동상 앞에 참배하는 북한주민들

3) 김일성 주체사상의 특징

소련 군정청은 조속히 북한 정권수립을 완성시키려는 생각뿐이었고 북한의 새로운 지도자 그룹으로 부상한 항일빨치산 출신들은 그들이 장악한 권력을 민주적 의회제도에 의해 제한받을 생각이 추호도 없었다. 김일성과 그 측근들의 행동반경이 급격히 넓어진 것은 그들이 스탈린식 사회주의를 그대로 모방했고 소련 점령군의 신임을 얻었기 때문이었다. 마레츠키는 그러한 소련 군정하의 북한의 여건이 한반도의 상황에 적합한 독재체제를 구축하는 데에 뒷받침이 되었으며, 이것을 바탕으로 김일성주의가 형성되었다고 진단한다.

그는 김일성의 사상이 훗날 소련으로부터 완전히 이탈했지만, 스탈린주의의 원리와 방법은 그대로 유지하였다고 서술하고 있다. 더구나 김일성주의의 통치스타일 중 일부는 모택동주의에도 그 뿌리를 찾을 수 있다고 주장한다. 이는 김일성이 1930년대 중국공산당 당원이었다는 사실 때문만은 아니고, 1950년대 북한사회에서 모택동주의가 강조된 데서 찾을 수 있다고 보고 있다. 그 후 김일성과 북한이 주체사상이라는 독자적인 길을 걷게 되지만, 주체사상이 김일성 자신만의 사상에서 유래된 유일한 것이 아님을 강조하고 있다.[24]

현실적으로 주체사상은 김일성주의의 독재체제를 합리화시키는 논리이고 북한주민을 이념적으로 통치하려는 사상이다. 북한 정권은 주체사상을 '이 시대의 혁명적 세계관' 또는 '조선혁명과 세계혁명의 총체적 이념'이라고 표현해 왔다. 1970년대 북한은 막대한 비용을 들여가며 전 세계적으로 그들의 총체적 이념을 전파시키려고 애써왔는데, 마레츠키는 이미 헝가리와 폴란드에 자유민주주의 사상이 깊숙이 침투해 있었기 때문에 '위대한 수령'의 사상은 그러한 현상과는 거리가 먼 것이라고 진단한다. 동구권 사회주의가 몰락하는 지경에서도 북한은 주체사상이 변함없음을 강력하게 옹호하는 자세를 취했다.

마레츠키에 의하면 김일성이 북한의 통치를 위해 그 자신을 '위대한 수령'이라고 칭하는 아주 기발하고 주관적인 착상은 주체사상의 기본 틀로 간주되었다.

> 주체사상은 모범적인 혁명사상으로 받아들여지고 있다. 주체사상에 심취하면 위험한 지경에 처해도 의심하지 않게 된다. 혁명이 더 나은 발전을 위한 것이라면 통치자 김일성의 주체사상은 모든 발전이 가능한 개념들의 추한 형상일 뿐만 아니라 극단의 보수주의 개념일 뿐이다.[25]

그는 계속해서 북한이 주체사상을 '전 세계의 혁명적 발전에 대한 위

---

24) *Ibid.*, pp.21-22.
25) *Ibid.*, p.24.

대한 수령 김일성의 공헌' 또는 '현재의 여러 문제점들에 대한 가장 현대적인 답변' 등이라고 아무 거리낌 없이 선전하고 있는데, 이러한 용어들은 북한의 자아의식을 강화시켜 주며 특히 대남정책에 반드시 필요함을 지적한다. 왜냐하면 남한보다 모든 면에서 상위에 놓여 있다는 환상이 없이는 혁명적 방법을 통한 한반도 통일을 실현할 수 없기 때문이다.

마레츠키는 북한의 실질적인 지식인들이 그들의 학문적 연구 활동이 주체사상으로 많은 제약을 받고 있음도 지적하고 있다. 지식인들은 연구, 교육 그리고 실질적인 업무수행에서 이데올로기적 제한을 받기 때문이다. 왜냐하면 조선노동당은 지식인들의 사상적 무장에 대하여 특별한 관심을 갖고 있기 때문이다.[26] 북한의 통치구조는 이들 지식인들이 정신적 규제에 반발하지 못하도록 그들의 행동반경을 철저하게 위축시키고 있으며, 진정한 의미의 국제학술교류도 그들에게 거의 막혀 있다는 것이다.[27]

마레츠키는 주체사상이 지속적인 혁명을 선전하는 목적을 네 가지로 설명하고 있다고 파악한다. 첫째, 대내외적으로 감추어진 적을 겨냥하여 사회적 사고방식을 확인할 수 있도록 공공생활을 군사적·비평화적으로 만드는데 이용된다. 둘째, 군사적·경제적인 사업, 특히 북한의 위신이 걸린 프로젝트를 위하여 주민들이 자청하여 그들의 노력을 제공하도록 만드는데 이용된다. 셋째, 의견을 달리하는 사람들이 정치적 집단을 형성하여 수정을 지향하는, 즉 북한체제에 종속되지 않은 사람들을 경계하기 위함이다. 수정주의자나 파벌주의자들은 예전에 다른 나라에서도 그랬듯이 북한에서도 위험한 존재로 인식되기 때문이다. 넷째, 주체혁명의 목적은 북한의 가정을 파괴하고 말았다는 점이다. 주민은 투쟁적인 집단체제에

---

26) *Ibid.*, p.77.
27) 한스 마레츠키 저/정경섭 역, 앞의 책, 80쪽.

속해 있으며 혁명적 집단생활에 완전히 동화되어야 하기 때문이다.[28]

3. 북한의 주민생활

일반적으로 독재정치의 실현은 국민의 전부 혹은 대다수를 손아귀에 휘어잡을 것을 의미한다. 그러한 목적을 위해 북한의 주체사상은 현존하는 유일한 모범형태를 갖추고 있는데 그것이 바로 집단주의다. 집합적 공동사회 개념은 사회 실체로서의 인간이 개별적으로 행동하거나 심지어 인격의 집단적 공동작용을 전개하는 것까지도 원치 않으며 다만 집단적 기구에 머물기만을 바란다. 마레츠키는 이와 관련된 북한의 주장을 세 가지로 구분하여 설명하고 있다. 첫째, 사회단체의 통합은 개체의 완성보다 값지다(김정일, '주체사상 고양에서 제기되는 몇가지 문제에 대하여', 1986년 7월). 당과 국가의 기구형태란 개인은 무조건 그리고 절대적으로 단결하고 중앙통제식 구조로 수렴되는 것이며 다원화란 있을 수 없다는 점이다. 둘째, 개인활동은 용납될 수 없으며, 누구도 집단 활동에 장애가 되어서는 안된다. 또한 모든 인간은 개인이익을 집단주의에 귀속시켜야 한다는 것이다. 각 개인의 권리, 흥미, 의견은 공동의 이익 또는 수령에게 바쳐져야 한다. 셋째, 평등의 원칙은 개별적인 인생관, 혁명에 대한 충성, 그리고 생에 대한 집단적 견해에 기초한다는 점이다. 마레츠키는 이로써 북한사회에서 민주주의는 완전히 거부되고 무조건적인 추종 또는 전체주의적 대가족의 신화가 그 자리를 차지했다고 진단한다.[29]

아울러 마레츠키는 북한사회를 노동수용소라고 규정한다. 북한의 노

---

28) Hans Maretzki, op.cit., p.80.

29) Ibid., p.113.

동자는 작업장을 스스로 선택할 수 없으며 또한 미달된 생산목표의 달성을 위해 8시간 노동이 10시간으로 늘어나도 이의를 제기할 수 없다. 휴일에도 작업을 해야 할 경우도 있고 아니면 군사훈련을 받기도 한다. 여기에는 남녀 구별이 없다.[30] 보수는 능력에 따라 지불되지 않고 행정적으로 고정되어 있다. 화폐의 효용도 제한되어 있는데 그것은 실제 팔려고 내놓은 상품도 풍부하지 않고 대게는 단순히 싼 것들이다. 노동보너스는 물건으로 직접 주거나 상품권으로 배급한다. 마레츠키가 보기에 화폐가 자기 직업의 질적 향상과 능력을 발휘시키는 자극제로서의 역할을 거의 하지 못해 북한 근로자의 노동의욕은 지극히 낮은 수준에 머물러 있다. 노동수용소에서도 사람들은 작업에 열중할 의욕을 잃는다. 그들은 부과된 시간만 채움으로써 부담을 가능한 줄인다. 작업장의 일반적 현상은 일하는 사람보다 게으름뱅이가 더 많다는 것이다. 북한 체제는 대중동원으로 이런 결함을 메우려한다. 그러나 사람들은 무리를 지어 불가에 앉아 쉬거나 먹을 것을 찾아 헤매고 잡담으로 시간을 보낸다. 작업도구가 충분치 않거나 기술이 부족한 경우도 종종 있다. 농장일이나 부수는 작업에는 만약 작업 감독이 없을 때 3명 중 1명만 작업을 한다. 적은 효율을 내는 데에는 지속적 피로와 영양부족도 적지 않은 영향을 끼친다. 그럼에도 불구하고 마레츠키는 종합해 볼 때, 북한의 비합리적 노동구조에도 불구하고 사람들이 예상했던 것 보다 부지런하고 생산적인 것은 납득이 되지 않는다고 의문을 표시한다.

마레츠키는 북한의 도시와 농촌 거주자는 개인 소유가 거의 없다는 점도 지적한다. 간단한 옷장과 작은 가구 하나가 그들이 가진 가구의 전부

---

30) 한스 마레츠키 저/정경섭 역, 앞의 책, 122쪽.

이다. 평균적으로 있는 20평방미터 크기의 2개의 공간에는 더 넣을 수도 없다. 한 가정에 이불과 요, 곤로 하나, 트렁크 하나, 그리고 25암페어짜리 전등 2개가 있고 전기스텐드나 커튼 또는 소파나 안락의자는 없다. 약 3천 명의 특권층을 빼고는 누구도 자동차나 오토바이를 가지지 못한다. 자전거도 마음대로 소유하지 못하며 재봉틀이나 제대로 된 요리도구는 상상도 못한다. 냉장고는 사치품이고 오락기구는 거의 없다시피 하다.

마레츠키가 볼 때, 북한 주민들은 거의 감옥 같은 막사생활을 하고 있다. 감옥 같은 막사생활이란 사회생활의 구조, 근로 및 공적 생활의 체계가 신념과 물질적 자극 대신에 군사적 방법인 명령과 강제가 판친다는 것을 뜻한다. 약 2천만 명의 주민에 85만 명의 전투병력과 35만 명의 경찰, 보위대, 경호 병력이 유지된다. 이 120만 명의 제복 착용자들에게는 가족이 딸려 있는데 이들은 형식상 수준급의 복지혜택을 받고 안보정책상 군기구에 속해있다.[31] 위에 제시한 병력 외에도 북한에는 170만의 노동적위대와 대학생들도 소속된 청년적위대가 있다. 대략 어림잡아 인민의 반수는 군사기구에 속해있으며, 이 군사 과대화는 북한의 모든 지역에서 볼 수 있다. 이와 같이 많은 제복, 군용차량, 무기소지 그리고 모든 적에 대한 승리에 차있는 호전적인 상황은 세계 다른 어느 나라에서는 찾아볼 수 없다.

마레츠키는 북한정권이 주민 감시를 위해 행정력을 과잉 투입하는 점도 지적한다. 당·보위부·군·행정기관 등 4대 권력기관들이 그것을 관장하고 있다는 것이다. 그리고 권위를 앞세운 모든 부문에 권력의 남용을 유발시킨다. 라디오 수신기를 소유한 가정에서는 식구 중의 누군가가 적

---

31) Hans Maretzki, *op.cit.*, pp.123-124.

의 방송을 수신하지 않을까 근심한다. 낯선 외국인과 거리에서 아주 짧게라도 대화를 나눈다든가 물음에 답하는 것이 눈에 띄게 되면 심각한 문제에 봉착하게 된다. 앞서 열거했던 4대 권력기관의 간부들은 기관 내에서 서로 감시하며 또한 서로 인민을 감시한다. 주택이나 집도 당 간부나 보위부 사람들이 마음대로 출입하여 안전한 곳이 못된다. 누군가 자기가 속한 행정 지역을 벗어나 여행을 하고 싶다면 철도승차 허가증 발급을 신청하고 출발과 도착을 신고해야 한다. 또한 누군가 도시를 떠나 가까운 곳으로, 예를 들어 트럭을 타고 가면 여러 개의 초소들을 통과해야 되고 덧붙여서 군과 경찰의 통제를 받게 된다.[32]

마레츠키는 정보 제한 또한 북한 주민을 효과적으로 통제하기위한 효과적인 방법이라고 주장한다. 북한의 체제가 45년간 지속되어 오늘에 이른 것은 정보통제라는 특별한 조건하에서 가능했다는 지적이다.[33] 즉, 주위 환경과 고립되어 있고 주민이 외부의 영향을 전혀 받지 않도록 차단시켜 외부와의 어떤 비교도 가능하지 못하게 차단한 것이다. 북한은 글자 그대로 모든 해안지역과 국경지대가 철조망과 출입금지구역으로 둘러싸여 있다. 기술적·행정적 통제로 아무도 외국 라디오나 텔레비전을 수신할 수 없고 특별 허가 없이는 아무도 외국 출판물을 읽을 수 없다. 북한 자체의 정보만이 철저한 감시 하에 선별되어진 유일한 것인데, 이는 또한 매우 편파적이다.

북한정권은 주민에게는 그들이 진정한 의미의 '인민의 낙원'에서 살고 있다고 되풀이하여 강조한다. 그들의 인민에 대한 복지는 그 어떤 자본주의 소비사회보다 잘 되어 있다는 것이다. 마레츠키는 세계 그 어느 곳

---

32) *Ibid.*, p.132.
33) *Ibid.*, p.85.

에서도 청소년, 대학생, 그리고 간부급들에게 지도자가 자신의 생일을 기념하여 선물을 나누어주는 나라는 없을 것이라고 단언한다. 가장 중요한 국경일인 김일성의 생일에 지도자의 선물로 각 가정에 옷감 배급표, 2-3㎏의 고기, 과자, 설탕, 주류 등 특별배급을 주는 나라는 전 세계에서 북한 한 곳 뿐이라는 것이다.[34] 경제적으로 부족한 조건에서 이러한 특별배급은 주민들에게 실질적인 기쁨을 가져다주는 요소이기 때문이다.

4. 북한의 경제현실

마레츠키는 북한에 심어진 사회주의가 근본적으로 1930년대 소련의 모델과 같다는 견해를 피력한다. 모든 산업시설은 물론 소규모생산과 상업부문까지도 국유화되었다. 사적인 경제활동은 전혀 허용되지 않는다. 중공업이 우선적으로 육성되었고 경공업은 퇴보하였다. 경제 집행은 중앙 통제식으로 이루어진다.

그는 초기부터 관료적인 계획경제의 전형적 문제점들이 나타났음도 지적한다. 모든 경제 분야에 걸친 김일성의 명령은 경제발전을 저해하고 비능률성을 가중시켰다. 농업분야에서는 소련의 모델을 그대로 모방한 거대한 집단농장이 형성되었다. 1961년 제4차 조선노동당대회에서 김일성은 사회주의 기본강령을 천명하였고 이와 함께 성공적인 국가발전의 초석을 마련하고자 하였다. 제6차 노동당 전당대회에서는 북한이 사회주의를 완성하여 신속한 전진을 하고 있다고 선언되었는데, 이것으로 북한은 상당한 경제발전을 이룩하고 자본주의 국가를 능가하였다고 주장하고 싶었던 것이다.

---

34) *Ibid.*, p.87.

마레츠키는 북한 정권이 지난 45년간 인간의 기본적인 경제적 욕구를 어느 정도 충족시켜 왔음을 인정하고 있다. 즉 모든 인민이 일자리가 있고 보잘 것 없기는 하지만 집을 갖고 있고 기본적인 의료혜택을 보장받는다. 또한 어느 정도 배불리 먹을 수 있고 최소한의 필요한 의복을 지급받는다. 하지만 경제발전이 끊임없이 지속된다는 북한의 주장과 달리 실제는 매우 빈약한 상태에 머물고 있음도 지적한다. 김일성이 호언장담하는 발전상에 비하면 그 결과는 매우 초라하다는 것이다. 산업체의 수는 많지만 현대적이지 못하고 공산품, 에너지, 원료 등은 충분히 생산되지 못하고 있다. 끊임없이 인민생활의 향상을 거론하지만 주민들이 마음대로 살 수 있는 상품은 거의 없다. 마레츠키는 북한의 경제상황을 아래와 같이 단적으로 서술하고 있다.

> 솔직히 평가하건대 북한은 인민의 복지를 생각하는 나라가 아니라 단지 모두에게 보잘 것 없이 똑같고 낮은 생활수준만 제공하는 나라다. 더욱이 군대의 수를 유지하기 위하여 인구증가를 방치함에 따라 제한된 생산품으로 증가하는 인구에 대하여 충분하게 대처하지 못하는 어려움에 직면하고 있다.[35]

그는 북한의 산업과 기술축적 및 학술분야의 발전 정도를 남한과 비교하면서 북한 정권은 근본적으로 인민을 기만하고 몇 십 년 동안 북한주민의 성공적인 발전의 기회를 빼앗아왔다고 언급한다. 북한주민은 정말 힘겹게 일해야 했음에도 북한 정권은 인간의 능력을 잘못 이용하고 낭비하였다는 것이다. 사회주의 이상향, 김일성의 무력선호적인 사고방식, 남한에 대한 선전수단인 계급투쟁 등 그 어느 것으로도 이러한 문제를

---

35) *Ibid.*, p.24.

정당화시킬 수 없다.

그는 사회주의적으로 표현된 개념 뒤에는 북한 정권의 실상이 감추어져 있음을 지적한다. 통치형태는 절대적으로 봉건적이고 사회주의적이다. 당 기구 및 국가는 김일성주의라는 명목하에 인간을 심리적으로 비하시켜 조종하는 역할은 한다. 모든 노동자는 사유재산권이 허용되지 않고 공동소유라는 개념을 갖도록 강요당한다. 왜냐하면 인민 전체의 성과는 각 개인의 이익을 위한 것이 아니기 때문이다.

마레츠키는 북한의 경제가 낙후되고 피폐한 상태에 있다고 진단한다. 이러한 진단은 북한 주민의 생산능력을 과소평가하려는 데 있는 것이 아니다. 북한 주민은 이러한 사실에 책임이 없다. 그는 주체사상이 국민경제적 측면에서 주민에게 얼마나 해를 끼치고 있는가를 강조한다. 그는 북한경제가 모든 부정적인 측면이 가장 극심하게 노출되는 사회주의 경제체제의 전형이라고 강조한다.[36] 이는 단지 북한에서만의 문제는 아니며 자유 시장 경제를 폐지한 후의 대용체제가 그 기능을 못하고 있는 구소련 및 기타 사회주의 국가들의 공통된 문제점이기도 하다. 모든 경제부서는 상부인 당중앙위원회의 지시를 받아야 한다. 또한 지방이나 도시의 지역당조직도 중앙집권적으로 관리되는 산업체들에 관여하고 있다. 북한의 인민경제는 이렇게 여러 중앙행정기관에 의하여 관리되고 있다. 이들 기관은 경제계획 전반에 관여하며, 매우 관료적이면서 실질적인 결정권한은 갖고 있지 않다. 경제 분야에 대한 지시는 국가 지도자에게서 내려지나 당의 지시에 의하여 변경되며, 이렇게 변경된 지시에 대하여 정부 해당 부서나 주무 부서에서 책임을 지게 된다. 시장경제에서의 급

---

36) *Ibid.*, p.148.

박한 소비자의 요구에 응하기 위한 조절을 통한 선별적인 결정이란 존재하지 않는다.

또한 마레츠키는 주체사상 아래에서 경제정책이 실제적으로 필수불가결한 경제정책의 변화를 가져올 수 있는가 하는 의문을 던진다. 그렇지만 그는 유감스럽게도 북한의 체제는 원리상 경제 분야의 근본적인 개혁을 용납하지 않을 것이라 진단한다. 현존하는 혁명적 체제가 스스로 개혁을 항상 수행하고 있다는 주장에 의하여 필요불가결한 개혁의 가능성을 배제시키고 있기 때문이다. 그는 또한 김일성의 지도 아래서는 오판이나 나쁜 결과는 나올 수가 없음도 언급한다. 왜냐하면 그에 의해서 발상된 것은 모두 훌륭하기 때문이다. 이러한 이유로 경제정책의 혁신은 토의대상이 될 수 없다. 마레츠키는 김일성주의식 판단기준은 그것이 사회주의적 혁명적 표현임에도 불구하고 매우 봉건적인 사고방식이라고 비판한다.[37] 이는 정치뿐만 아니라 경제 및 모든 분야에 해당되며, 북한이 만약 기본적인 경제개혁을 실시한다면 독재정권은 붕괴되고 말 것이라고 예측한다.[38]

5. 북한사회의 특징

북한 정치 체제의 또 다른 특징은 아버지 김일성에게서 아들 김정일에게로 권력이 승계되는 체제라는 점이다. 마르크스·레닌주의나 현대 수정주의 이론의 어디에서도 찾아볼 수 없으며, 70년 공산주의 역사에서도 유례가 없는, 말하자면 이론도 선례도 없는 세습의 정치 체제는 분명히

---

37) 한스 마레츠키 저/정경섭 역, 앞의 책, 168-169쪽.
38) Hans Maretzki, *op.cit.*, p.165.

북한 정체 체제의 특징이라 할 수 있다. 그렇다면 마레츠키는 북한사회를 어떻게 특징짓고 있을까? 마레츠키의 북한체제 전반에 대한 인식은 몇 가지로 간추려 볼 수 있는데, 이를 동독과의 유사점 및 차이점을 추가하여 정리하면 다음과 같다.

첫째, 북한은 사회주의로 장식된 절대국가로서 근본적으로 조선노동당과 주체사상을 토대로 절대 명령권을 가진 독재국가이다. 또한 막강한 정보기관과 관료제도에 의해 통치되고 있고 막강한 군사력과 군비로 무장되어 있다. 하지만 동일한 권력구조가 동독에도 존재했다. 독일 사회주의 통일당(SED)은 위에서 설명한 것처럼 동독 내에서 권력을 행사하였다. 동독 정권이 내걸었던 '독일 사회주의 통일당의 영도아래'라는 문구는 이 정당이 국가에서 절대 권력을 행사했다는 의미이다. 또한 동독은 북한과는 달리 소련이 영도하는 정치·경제·군사 체제에 단단히 묶여 있었다.[39] 예를 들어 베를린 장벽 구축과 같은 모든 중요한 정치적 결정은 소련과의 협의를 통해서만 가능했던 것이다. 경제적 결정에서도 마찬가지였으며 동독은 극단적으로 소련에 종속되어 있었다.[40]

둘째, 북한권력의 통치형태는 전제주의적이라는 사실이다. 통치자에게 무한한 권력이 주어지고 봉건왕조처럼 권력이 아버지에서 아들에게 계승된다. 이같은 통치스타일에서는 그에 맞게 한 인간을 인간 이상으로 숭배하며 전체 인민의 인권과 명예를 짓밟는 독특한 개인우상화가 행해지는데 북한이 여기에 해당한다.[41] 그러나 그러한 개인숭배는 동독에서

39) Harrison, Hope M., *Driving the Soviets up the Wall: Soviet-East German Relations, 1953-1961*, Princeton: Princeton University Press, 2005.

40) 안네-카트라인 베커, 「동독과 북한 비교 - 차이점과 유사점」, 『한독사회과학논총』 Vol.7, 1997, 207쪽.

41) Paige, G. D., *The Korean People's Democratic Republic*, Stanford: Hoover Institu-

는 발생하지 않았다.

셋째, 북한에서는 개인의 인권이 박탈되었다는 점이다. 북한주민은 인간의 기본권과 인간의 의지에 대하여 수동적이지도 능동적이지도 않다. 인간의 개성을 말살하고 노예적인 집단제도에 굴복시켜 노동을 강요하며 공공생활에서도 예외 없이 강압적인 훈련이 행해진다. 북한의 전체주의는 특별한 방법으로 완성된 사례다.

넷째, 김일성 주체사상은 스탈린식 사회주의 이념이 김일성주의로 변모한 독단론이다. 이는 전체 인민의 사고와 표현의 동일화를 요구하며 언론의 자유와 민주주의적 공동결정권을 억압하며 기존의 노동조합이나 조직의 역할을 무의미하게 만든다. 또한 민주주의를 억압함과 동시에 개인의 사고를 규제함으로써 광범위하게 전개될 수 있는 학문, 교육 등의 분야를 깊은 수렁에 밀어 넣는다. 반면 동독은 분단 이후 소련식 사회주의 정치체제를 도입하였지만, 동독 서기장을 지낸 울브리히트나 호네커는 김일성처럼 자신의 독자적인 공산주의 사상체제를 구축하지는 않았다.[42]

다섯째, 북한사회는 개인소유권이 박탈된 사회이다. 국가의 자원과 지역 집단생산조합의 생산자간에 내적인 연관이 없다. 인간이 생산결과와 무관함으로 인해 노동의 소외현상을 보이며 이는 필연적으로 경영의 비효율성 및 경제, 기술 분야의 발전을 정체시킨다. 그러나 동독에는 북한과 달리 소규모의 사유 상점, 숙박소, 수공업이 존재했으며 국유화는 북한에서처럼 전면적이지는 않았다.[43] 분단 이후 동독의 농업분야도 완전히 집단화되었는데, 개별 농민은 협동조합에 조직되었으며 공동으로 토

---

tion on War, Revolution and Peace, 1966.
42) 우평균, 앞의 논문, 35-46쪽.
43) 안네-카트라인 베커, 앞의 논문, p.208.

지, 가축, 농기계를 사용하였으며 지역적으로 몇 개의 거대한 국영농장으로 조직되었다.

여섯째, 주체사상은 결국 경제적인 붕괴를 몰고 올 수 밖에 없다. 주체사상은 관념적인 충동에 의해 노동을 하게끔 하는 반면 작업능률 향상을 위한 물질적 재정적인 뒷받침을 해 주지 못하기 때문이다. 북한경제는 기술혁신이나 능률향상을 꾀하기 어렵고 생산성도 매우 낮은 수준이다. 낮은 보수와 생필품의 부족은 노동의 수준을 낮게 만들고 이것은 다시 반대로 작용하여 생필품 보급을 위기상태로 만든다. 북한주민이 생존을 위하여 과도하게 노동을 하면서도 낮은 수준의 급여를 받으면서 정당한 대우를 받지 못하는 상황은 경제발전에 대해 전혀 흥미를 못 느끼고 정치적인 관심도 갖지 못하게 한다. 하지만 동독의 경제는 북한보다 본질적으로 더 경쟁력이 있었다. 동독의 생활수준도 북한보다 훨씬 높았으며, 1989년 독일 통일 이전까지 동독은 사회주의 국가들 중에서 최고의 생활수준을 가진 나라였다.

일곱째, 북한에서는 정신적으로 공공의 의식을 완전히 조작한다. 정치적 발언의 독트린화와 이를 변경시킬 수 없게 형태화하는 것, 고유의 역사 특히 최근세사를 마음대로 변경하는 것, 학문과 학교 교육의 내용을 규제하는 것, 정신적으로 빈곤한 이데올로기적 문화정책, 상대방을 공격적으로 묘사하는 태도, 그리고 전체 인민을 끊임없이 지도하고 훈련시키는 것 등이 전형적인 예이다. 그러나 동독의 사상교육은 북한보다 본질적으로 취약하였다. 북한에서는 모든 성인이 김일성의 저작을 학습할 의무를 지고 있었지만, 동독의 경우 독일 사회주의 통일당 당원들에게 매월 한차례의 교육이 있었는데 대부분의 경우 직장 내의 현안 문제와 연관된 것이었다.

여덟째, 북한주민의 생활은 선전 문구에 나타난 것과 실제와의 사이에 심한 괴리가 존재한다. 직장이나 주거지역 혹은 대중에게 표명되는 것과 실제상황은 전혀 다르다. 대부분의 강압적인 제도는 이 사실을 교묘하게 위장할 수 있도록 만들어져 있다. 북한 전역 특히 수도 평양이 이 이중적인 면으로 싸여있다. 현대식 주거 공간, 스포츠시설, 공공오락기관, 쇼핑센터, 휴식 공간 등 외견상으로는 인민 복지를 위해 모든 것이 마련된 것 같지만, 실제로는 모두 껍데기에 지나지 않는다. 이 시설들은 제 기능을 발휘하게 설비하지 않았기 때문에 아무 것도 제공할 수 없는 것이다.[44]

마지막으로 북한정권은 전체 인민을 외부세계의 정보로부터 차단시킴으로써 심리적으로 완전히 북한정권의 통치이념을 추종하게 만들었고 동시에 국가를 후진국 상태에 머물게 하였다. 외부세계의 정보는 단지 당에 의한 검열과 조작을 통한 것만 허용될 뿐이다. 반면, 동독주민들의 생활은 북한에서처럼 엄격하게 규제된 적이 없었다. 동·서독 양국 간에는 공식적인 조약을 통해 본(Bonn)과 베를린(Berlin)에 설치된 대표부를 통해 친척과 친구들이 서신을 교환할 수 있었다. 소포도 보내졌고 제한된 범위에서 방문도 가능하였으며, 상대방의 라디오나 텔레비전은 어느 때나 대부분의 국민들이 접할 수 있었다. 또한 동독의 경우 주민들은 국내에서 자유롭게 여행할 수 있었으며, 동유럽과 북한을 포함하여 동아시아의 사회주의 국가들 및 쿠바에도 자유롭게 여행할 수 있었다.

위와 같은 상황에서 북한주민들은 지난 수십 년을 지내왔는데, 마레츠키는 이와 같은 상황이 두 가지 이율배반적인 결과를 가져왔다고 언급하고 있다. 즉, 한편으로는 반대파를 용납하지 않으면서 장기간에 걸쳐 정

---

44) 황규성, 「복지와 독재의 교환에 관한 동독과 북한의 비교연구」, 『한국사회정책』 제23권 제2호, 2016, 113-139쪽.

권을 유지해 올 수 있었던 반면, 또 한편으로는 김일성 정권이 고루하다는 사실이 부각되어 개혁의 필요성이 날이 갈수록 뚜렷해진다는 점이다. 그는 이 두 가지 현상이 상호 대립적이기 때문에 북한정권의 위기적 상황을 더욱 심화시키고 있다고 분석하고 있다.

6. 냉전 이데올로기의 극복을 위하여

마레츠키는 자신의 저작에서 북한의 정치체제의 특징은 무엇이며, 북한이 어떻게 통치되고 있는가를 파악하고자 했다. 마레츠키가 북한에 도착했을 때 북한은 사회주의 국가들에서 조차 거부감과 비정상적인 대우를 받고 있다는 사실을 알고 있었다.

사회주의 체제 중에서도 정통 마르크스 이념을 추구한다고 주장했던 동독, 그리고 그 정권을 대변하는 북한 주재 대사를 역임했던 마레츠키가 본 북한의 실상은 진정한 사회주의 국가가 아니라 김일성 개인 우상화와 독재가 지배하고 그 체제에 익숙해진 주민들이 살고 있는 별난 세계였다. 마레츠키는 사회 자체가 거대한 병영이고 신격화된 독재자가 군림하는 북한은 사회주의 국가가 아니며 모든 것을 김일성 주체사상에 귀결시키는 독선적인 지도체제와 통제 속에서 개성이 무시되고 무기력화된 주민만이 사는 사회로 보았다.

마레츠키는 독일의 통일이 두 개의 국가(동독과 서독)가 평등한 관계에 의해 하나로 통합되기 보다는 동독정권의 와해, 동독 영토와 주민의 서독으로의 흡수라는 형태로 이루어졌음을 강조하고 있다.[45] 서독이 동독

---

45) Grabowsky, Volker, *Zwei-Nationen-Lehre oder Wiedervereinigung?: Die Einstellung der Partei der Arbeit Koreas und der Sozialistischen Einheitspartei Deutschlands zur nationalen Frage ihrer Länder seit dem Zweiten Weltkrieg. Ein Vergleich,*

이라는 완전히 다른 사회체제를 흡수 통일하는 과정은 45년간 분단되었던 국가의 통합이었기 때문에 여러 시행착오를 겪기도 하였다.[46]

마레츠키에게 한반도의 통일문제도 예민한 관심사 중의 하나였다.[47] 독일의 예가 한반도에도 자극이 될 수 있는가 자문하면서 현재로서는 동·서독의 경우와 달리 남·북한이 통일을 위해 대결의 장벽을 허무는 노력을 하지 않는 것으로 파악한다. 마레츠키는 1991년 자신의 저작이 출판되던 당시 독일 통일의 경험에 비추어 한국의 통일은 어떠해야 하는지에 대한 나름대로의 견해를 제시하고 있다. 그는 북한의 변화 없이 한반도의 통일 문제는 요원하다는 입장이다. 남북한 간의 대화, 화해, 상호 문호개방은 불가능하다는 입장인데, 그 이유는 북한의 국내 사정과 북한 정권이 지속적으로 주장하고 있는 통일방안인 고려연방제는 결코 포기하지 않을 것이며 따라서 남한 측의 통일방안과 평행선을 그리고 있기 때문이다.

기존의 연구에 의하면 냉전시대 동서독과 남북한의 상호 이미지는 이데올로기라는 프리즘, 즉 공산주의와 자본주의라는 서로 상이한 체제이념을 통하여 상호 부정적이고 왜곡된 이미지를 형성하고 있었다.[48] 그러나 독일 통일 이후 출판된 마레츠키의 저작에서는 그와는 정반대의 시각을 보여주고 있다. 1990년 독일의 통일이후 독일의 북한 이미지는 이데올로기의 프리즘에서 벗어나 객관성을 띠기 시작했다. 이는 동구권과 소

Bochum: Brockmeyer, 1987.

46) 정용길, 앞의 논문, 197-226쪽.

47) 한운석, 앞의 논문, 313-347쪽.

48) Park, Jae-young, *Kommunismus-Kapitalismus als Ursache nationale Teilung: DAs Bild des geteilten Koreas in der deutschen und des geteilten Deutschlands in der koreanischen Literatur, seit den 1950er Jahren,* Carl von Ossietzky Univ. Oldenburg(dlSS.), 2005.07.

련의 붕괴라는 시대적 변화에 영향을 받은 것으로 1980년대 전 동독 북한 대사였던 마레츠키의 북한보고서에 잘 나타나 있다. 독일 통일 이후 출판된 마레츠키의 북한보고서는 독일 통일 이전 동독의 북한관련 문헌들과는 달리 북한의 체제와 사회에 대한 매우 비판적인 시각을 유지하고 있다. 마레츠키의 저서는 공산주의와 자본주의라는 시대적 이데올로기의 대립이 그동안 상호 부정적 이미지의 형성에 지대한 영향을 끼쳤으며 동시에 독일 통일 이후에는 드디어 이데올로기라는 프리즘에서 벗어나 객관적 상호인식을 할 수 있게 되었다는 반증이기도 한 것이다.

◆에필로그◆

인지사학(認知史學)의 가능성과 전망

역사적 스테레오타입 연구에 대한 필자의 관심은 지난 독일 유학시절에서부터 시작되었다. 당시 필자의 올덴부르크대학교(Univ. of Oldenburg) 사학과 박사과정 지도교수였던 한(H. H. Hahn)은 독일의 역사적 스테레오타입연구회를 이끌고 있었던 대표적인 학자였으며, 필자 또한 그의 학문적 영향을 받아 냉전시대 동·서독과 남·북한의 상호 이미지에 대한 비교연구를 수행하여 박사학위를 취득하였다. 귀국 후에도 역사적 스테레오타입 연구의 학문적 특징과 연구방법론을 적용한 연구를 지속적으로 수행하고 있으며, 이는 구체적으로 아래와 같이 두 가지 방향으로 구분할 수 있다.

첫째, 1883년 한독수교 이후 오늘날에 이르기까지 한국을 방문했던 독일인들이 남긴 기록을 토대로 그들은 한국에 대해 어떠한 이미지와 표상, 고정관념을 가지고 있었으며, 그것은 어디에서 영향을 받았고, 이후 한국에 대한 이미지에 어떠한 영향을 끼쳤는가에 대한 사례연구이다. 예를 들면, 남연군의 묘를 도굴하려던 오페르트(E. J. Oppert), 고종의 외교고문이었던 묄렌도르프(P. G. von Moellendorff), 고종의 시의로 복무했던 독일인 의사 분쉬(R. Wunsch), 러일전쟁 보고서를 작성하기 위해 조선을 방문했던 독일군 장교 헤르만 산더(Hermann Sander), 1970,80년대 남북한을 모두 방문했던 루이제 린저(L. Rinser) 등이 여기에 해당한다.

둘째, 역사적 스테레오타입 연구방법론을 역사교육에 적용하여 북한, 중국, 통일 이전 동·서독 역사교과서에 서술된 한국 관련 내용 분석, 중등학생 설문조사를 통한 역사교육과 국가 이미지의 상관관계에 대한 연구, 역사교과서를 매개로 한 역사교육 주체들의 스테레오타입 분석방법론에 대한 연구 등이다.

이 책은 위와 같은 일련의 지속적인 연구의 연장선상에 있으며, 시간적 외연을 확대하여 냉전시대인 1950년대부터 1980년대까지 구 동·서독 외교관들의 북한에 대한 이미지는 어떠하였는가, 또한 분석 대상을 냉전시대 동·서독 역사교과서로 확대시켜 냉전 이데올로기라는 프리즘을 통해 서술된 독일 역사교과서의 한국 이미지를 밝혀내고자 하였다.

역사적 스테레오타입연구의 대상에는 영화와 같은 시각화된 자료도 포함된다. 필자는 이 책에서 두 편의 영화〈300〉, 〈La Haine〉를 선택하여 영상매체에 내재되어 있는 스테레오타입을 비판적으로 분석하였는데 그 대상은 영화라는 작품에 제한되는 것이 아니라 영화를 관람한 관객의 반응도 포함된다. 오늘날 영화는 하나의 예술적 차원을 넘어서 사회 전반에 미치는 영향력은 매우 크다고 할 수 있다. 특히, 영화가 단순히 시대상황을 묘사하고 있다거나 또는 역사를 왜곡하고 있다는 차원을 넘어, 역사적 스테레오타입 분석방법을 적용시켜 영화를 통해서 드러내려는 감독의 의도는 무엇인가, 그리고 그러한 의도에서 만들어진 영화가 관객들에게 심어줄 수 있는 이미지와 스테레오타입은 무엇인가에 대한 연구는 역사적 사건과 인물을 소재로 하는 영화를 이해하는데 있어서 새로운 담론의 장을 열어 줄 수 있을 것이다.

위와 같이 필자의 지속적인 연구 성과를 바탕으로 지난 2016년 한국연구재단 인문저술지원사업에 〈역사와 고정관념(History and Stereotype)〉

이라는 연구과제가 선정되어 3년(2016.05-2019.04) 간 역사적 스테레오타입 연구방법론을 적용한 사례연구(분석 대상: 교과서, 영화, 여행기, 외교관 기록물 등)를 수행할 수 있었으며, 2018년에는 역사교육 분야 연구 성과들을 한권으로 엮어 『역사교육과 국가이미지』라는 제목으로 출간하기도 하였다. 이 책은 2019년 대한민국 학술원 우수학술도서로 선정되기도 하였다. 최근에는 스테레오타입 분석에 집중되어 있는 독일 역사학자들의 연구경향을 비판적으로 분석하면서, 고정관념(Stereotypes) 뿐만 아니라 편견(prejudices), 선입견(preconceptions), 표상(representations), 이미지(images) 등을 분석 대상에 포함시켜 연구의 지평을 확대하고 새롭게 연구방법론을 정립하는 작업에 매진하고 있다.

스테레오타입이 역사학자들의 관심의 대상이 되었다는 것은 현실적으로 세계 자체와 그 세계에 대한 인간의 인식이 일치하지 않는다는 사실에 기인한다. 복잡한 역사적 실재(Realitäten) – 인종·민족·종교·젠더(性) 등 – 를 찾아내고 거기에 영향을 끼친 인지적 요소뿐만 아니라 감정적 요소(Emotionen)까지 포함된 인간의 생각(Ideen)을 역사적으로 재구성하고 분석해야 하기 때문이다. 역사적 스테레오타입은 역사적 사실보다는 역사적 사실에 대하여 사람들이 가지고 있는 편견이나 고정관념을 연구대상으로 한다. 즉, 역사적 스테레오타입연구는 일차적으로 역사적 사실에 대한 연구가 선행되어야 하며, 그러한 토대위에 형성되고, 시간의 흐름에 따라 변화되고, 개인과 집단에 영향을 끼치는 고정관념을 분석하는 작업이다.

필자의 견해로는 역사적 스테레오타입연구가 이제는 진일보하여 새로운 단계로 접어들어야 하는 시점이 아닐까 한다. 위에서 언급한 문제의식을 바탕으로 고정관념, 편견, 선입견, 표상 이미지 등을 역사학의 연구

대상으로 삼아 '인지사학(認知史學, Cognitive History)'이라는 새로운 역사 이론의 정립을 모색하고자 하는 것이다. 필자가 연구주제로 상정한 '인지 사학(認知史學, Cognitive History)'이란 대상을 파악하고 정형화하는 인간 의 인식에 영향을 미치는 작용기제들에 대한 언어학, 기호학, 철학, 문 학, 역사학, 심리학 분야의 연구 성과와 1980년대 후반 이래 독일에서 일단의 역사학자들에 의해 진행되어 온 역사적 스테레오타입 연구(His-torische Stereotypenforschung) 성과를 토대로 구축하고자 하는 새로운 역 사이론 및 역사연구 방법론이라 할 수 있다.

인지사학은 현실세계의 투영이 아니라 개인 및 집단의 의식, 그리고 집단 내, 집단 간에 형성된 정형화된 표상들을 시간의 흐름에 따라 분석 하는 작업이다. 때문에 인지사학 연구는 왜곡되거나 변형되기 이전에 실 재했던 사실에 대한 인식의 작용기제들의 역사적 기원과 배경, 사회적 영향 그리고 변화요인을 파악하는 것을 목적으로 한다. 인지사학은 단순 히 역사적 사실을 과거에 있었던 그대로 재구성하는 작업(근대적 의미의 역 사학)이 아니며, '역사의 객관성'을 회의하고 역사의 '언어로서의 전환'을 지향하고 있는 포스트모던 역사학과도 구별된다. 인지사학은 '기록으로 서의 역사'가 탄생하기까지의 과정(역사적 사실, 역사가, 역사 기록 사이의 인 지적 상관관계)에 개입된 인식의 작용기제들(고정관념, 편견, 선입견, 표상, 이 미지 등)에 역사성을 부여하고 그 의미를 해석한다는 점에서 기존의 역사 이론과 구별된다. 인지사학은 '역사에 대한 해석을 해석'하는 메타역사 (Metahistory)적 성격을 가지면서도, 인지사학 연구는 본질적으로 집단과 집단(민족, 인종, 종교, 젠더 등) 사이에서 발생하는 다양한 대립과 갈등 양 상의 인지적 측면을 해석한다. 그러한 과정에서 산출될 연구 성과들은 역사학의 학문적 효용을 제고하고 역사학의 지평을 확장시키는데 기여할 것이다.

그렇다면 어떠한 절차와 과정을 거쳐서 인지사학의 학문적 토대를 구축할 수 있을까? 첫째, 인지사학 연구는 인문·사회학 분야에서 기존의 선행연구에 대한 면밀한 검토를 바탕으로 하여 연구에 필요한 기본 자료를 확보하고 분석하는 과정에서 인지사학을 어떻게 규정할 것인가, 어떠한 방법론상의 특징이 있는가, 인지사학과 관련된 주요 개념에 대한 언어철학적, 인지심리학적 자료를 수집하고 검토하는 단계가 필요하다. 둘째, 독일의 민족적 편견 연구에 대한 역사적 배경과 연구 성과를 살펴 본 이후, 1980년대 중반부터 본격적으로 진행되기 시작한 독일의 역사적 스테레오타입 연구의 배경과 현황, 학문적 성과, 독일 역사학계에서의 위상, 연구의 한계 등을 분석하고 비판적으로 계승할 필요가 있다. 마지막으로 앞에서 언급한 인문학적 연구 성과와 역사적 스테레오타입 연구를 종합적으로 조직화하고, 독창적으로 재해석하여 인지사학의 이론과 연구방법론을 정립함으로써 학문으로서의 가능성과 전망을 제시할 수 있을 것이다.

인지사학 연구는 '기록으로서의 역사'에 나타나는 역사가의 주관, 그러한 '주관'에 관여하는 고정관념·편견·선입견·이미지 등의 작용기제, 그러한 작용기제가 역사적으로 어떻게 형성되었으며, 사회에 어떠한 영향을 끼쳤으며, 또 어떻게 변화되었는가에 관심이 있는 전문 역사학자들뿐만 아니라 일반인에게도 관심과 흥미를 유발할 수 있는 주제이다. 또한 이는 침체되어 있는 대중과 역사학의 소통을 이전보다 더욱 원활하게 하는데 기여할 것이다. 필자가 정립하고자 하는 인지사학은 민족적·인종적·종교적 편견·선입견·스테레오타입·표상·이미지 등의 형성과 변화, 사회적 영향력 등을 분석함으로써 거기에서 파생하는 개인 및 집단

-민족·국가·인종·젠더·종교 등 - 간의 대립과 갈등, 적대감을 해소하는데 기여함으로 '역사를 왜 공부해야 하는지'에 대한 하나의 해답을 제시할 수 있을 것이다.

<< 참고문헌

<< 부록

<< 찾아보기

참고문헌

1. 국내문헌

1) 단행본

강만길, 『고쳐 쓴 한국현대사』, 창작과 비평사, 1994.

강상중 저/이경덕·임성모 편역, 『오리엔탈리즘을 넘어서: 근대문화비판』, 이산, 1997.

강정인, 『서구중심주의를 넘어서』, 아카넷, 2004.

강준만, 『한국현대사 산책(1950년대편·1권)』, 인물과사상사, 2004.

강재언·이규수 옮김, 『서양과 조선: 그 이문화 격투의 역사』, 학고재, 1998.

강철구, 『역사와 이데올로기: 서양 역사학의 유럽중심주의에 대한 비판적 검토』, 용의 숲, 2004.

국사편찬위원회, 『서구 문화와의 만남』, 경인문화사, 2010.

국립문화재연구소, 『서양인이 쓴 민속문헌 해제』, 국립문화새연구소, 2007.

굽타 K 외 저, 정대화 옮김, 『한국전쟁은 어떻게 시작되었나』, 신학문사, 1988.

규장각한국학연구원 엮음, 『조선 사람의 세계여행』, 글항아리, 2011.

겐테, G. 저/최석희 역, 『겐테의 한국기행』, 대구효성가톨릭대학교출판부, 1999.

겐테, G. 저/권영경 역, 『독일인 겐테가 본 신선한 조선, 1901』, 도서출판 책과함께, 2007.

김기봉, 『역사를 통한 동아시아 공동체 만들기』, 푸른 역사, 2006.

김두정·최용규·남상준, 『공산권의 한국관: 중국, 소련, 동독 교과서 속의 한국 관련 내용 분석(연구보고서 RR89-16)』, 한국교육개발원, 1989.

김상률·오길영 편, 『에드워드 사이드 다시읽기-오리엔탈리즘을 넘어 화해와 공존으로』, 책세상, 2006.

김성남, 『전쟁세계사』, 뜨인돌, 2008.

김승렬·이용재, 『함께 쓰는 역사 -독일과 프랑스의 화해와 역사교과서 개선 활동』, 동북아역사재단, 2008.

김승렬·박용희 외, 『유럽의 영토분쟁과 역사분쟁』, 동북아역사재단, 2008.

김옥희, 『제주도신축년교난사』, 태화출판사, 1980.

김철범 편, 『한국 전쟁을 보는 시각』, 을유문화사, 1990.

김학준, 『서양인들이 관찰한 후기조선』, 서강대학교출판부, 2010.

김한종, 이영효 외, 『역사교육과 역사인식』, 책과 함께, 2009.

권용혁, 『한·중·일 시민사회를 말하다』, 이학사, 2006.

고구려연구재단, 『중국의 역사교육, 그 실상과 의도』, 고구려연구재단, 2006.

나카무라 사토루 편저, 『동아시아 역사교과서는 어떻게 쓰여 있을까』, 에디터, 2005.

다카하라 모토야키, 『한중일 인터넷 세대가 서로 미워하는 진짜 이유』, 삼인, 2007.

단국대학교 동양학연구소, 『개화기 한국과 세계의 상호 교류』, 국학자료원, 2004.

동북아역사재단, 『중국 역사교과서의 민족·국가·영토문제』, 동북아역사재단, 2006.

동북아역사재단, 『21세기 동북아의 공동번영을 위한 역사문제의 극복』, 동북아역사재단, 2008.

동북아역사재단, 『역사대화로 열어가는 동아시아 역사 화해』, 동북아역사재단, 2009.

로라 헤인·마크 셀든, 『역사검열과 역사교육 - 일본·독일·미국에서의 공민권과 전쟁의 기억』, 동북아역사재단, 2009.

로버트 R. 시몬스 저/기광서 옮김, 『한국내전』, 열사람, 1988.

로우워즈 J. A. 저/유네스코 한국위원회 역, 『역사교육과 국제이해』, 유네스코 한국위원회, 1964.

류대영, 『한국근현대사와 기독교』, 푸른역사, 2009.

뤼스 아모시·안 에르슈베르 피에로, 『상투어』, 동문선, 2001.

리차드 도킨스 저/이한음 역, 『만들어진 신』, 김영사, 2007.

마리타 스터르큰·리사 카트라이트 공저/윤태진·허현주·문경원 공역, 『영상문화의 이해』, 커뮤니케이션즈북스, 2006.

마틴 버낼 지음/오흥식 옮김, 『블랙아테나 1』, 소나무, 2006.

민석홍, 『서양사개론』, 삼영사, 1984.

민중서림 편집부 편, 『엣센스 국어사전』, 민중서림, 1991.

박경일, 『동양과 서양의 만남 - 오리엔탈리즘, 모더니즘, 포스트 모더니즘 - 』, 경희대학교 출판부, 2004.

박 단, 『프랑스의 문화전쟁: 공화국과 이슬람』, 책세상, 2005.

박명림, 『한국전쟁의 발발과 기원』, 나남, 1996.

박세길, 『다시 쓰는 한국현대사 1: 해방에서 한국전쟁까지』, 돌베게, 1994.

박지향, 『제국주의』, 서울대출판부, 2000.

볼프강 베홀드 저/안성찬 역, 『승리와 패배: 역사를 바꾼 세기의 전쟁 50』, 해냄, 2003.

브루스 커밍스 저/김자동 옮김, 『한국전쟁의 기원』, 일월서각, 1986.
브루스 커밍스·존 할리데이 저/차성수·양동주 옮김, 『한국전쟁의 전개과정』,
　　태암, 1989.
베른트 슈퇴버 지음/황은미 옮김, 『한국전쟁: 냉전시대 최초의 열전』, 여문책,
　　2016.
베를린 유럽 아카데미 편, 『분단의 역사와 교과서(워크샵 자료집)』, 베를린 유럽
　　아카데미, 2017.
샤를르 달레 저/최석우 역, 『한국천주교회사(상·하)』, 한국교회사연구소, 1980.
서정철, 김인환, 『지도위의 전쟁』, 동아일보사, 2010.
성일권, 『오리엔탈리즘의 새로운 신화들』, 고즈윈, 2006.
신복룡, 『이방인이 본 조선 다시 읽기』, 풀빛, 2002.
신선희·김상엽, 『이야기 그리스 로마사』, 청아출판사, 2006.
아리스토텔레스 저/손명현 역, 『니코마코스윤리학/정치학/시학』, 동서문화사,
　　2007.
아리스토텔레스·크세노폰 외/최자영·최혜영 역, 『고대 그리스정치사 사료』,
　　신서원, 2003.
아시아 평화와 역사교육연대, 『역사대화의 경험공유와 동아시아 협력모델 찾기』,
　　동아시아 역사인식 공유를 위한 국제심포지엄 Ⅲ, 2006.
아시아 평화와 역사연구소, 『역사인식을 둘러싼 자화상, 외부의 시선』, 선인,
　　2008.
아시아 평화와 역사연구소, 『동아시아에서 역사인식의 국경 넘기』, 선인, 2008.
아시아 평화와 역사연구소, 한중일 동아시아사 교육의 현황과 과제, 선인, 2008.
아이스킬로스 저/천병희 역, 『아이스퀼로스 비극전집』, 도서출판 숲, 2008.
앙드레 슈미드 저/정여울 옮김, 『제국 그 사이의 한국 1895-1919』, 휴머니스트,
　　2002.
양호환·이영효 외, 『역사교육의 이론과 방법』, 삼지원, 2009.
에드워드 사이드 저/박홍규 역, 『오리엔탈리즘』, 교보문고, 2000.
연민수·후카야 가쓰미 외, 『동아시아 역사교과서의 주변국 인식』,
　　동북아역사재단, 2008.
오정환, 『한국전쟁』, 동아출판사, 1991.
오토-에른스트 쉬데코프 저/김승렬 역, 『20년간의 서유럽 역사교과서 개선활동:
　　1945-1965』, 한국교육개발원, 2002.
올포트, G. W. 저/이원영 편역, 『편견의 심리』, 성원사, 1993.
우실하, 『오리엔탈리즘의 해체와 우리 문화 바로 읽기』, 소나무, 1997.
우실하, 『동북공정의 선행 작업들과 중국의 국가 전략』, 울력, 2004.

유네스코 한국위원회 편, 『학교에서의 국제이해교육』, 오름, 1996.

유평근·진형준, 『이미지』, 살림, 2005.

윤대원, 『동북아시아의 역사갈등과 미래』, 서해문집, 2009.

위르겐 클라이너 저/김대경 역, 『시련 속의 한국』, 고려원, 1992.

이기라 외 8인, 『공존의 기술: 방리유, 프랑스 공화주의의 이면』, 그린비, 2007.

이기백, 『한국사신론』, 일조각, 1974.

이길상·양영균·정재윤, 『독일 교과서의 한국 관련 내용 분석(연구보고서 KU-CR-06-04)』, 한국학중앙연구원, 2006.

이만열, 『아펜젤러』, 연세대학교출판부, 1985.

이민인종연구소 기획, 박단 엮음, 『현대 서양사회와 이주민: 갈등과 통합 사이에서』, 한성대학교 출판부, 2009.

이민호·김승렬, 『국제이해를 위한 교과서 개선활동에 관한 연구』, 한국교육개발원, 2002.

이영효 외, 『역사교육의 내용과 방법』, 책과함께, 2007.

이옥순 외, 『오류와 편견으로 가득한 세계사 교과서 바로잡기』, 삼인, 2007.

이지은, 『왜곡된 한국 외로운 한국: 300년 동안 유럽이 본 한국』, 책세상, 2006.

이태숙·김종원 엮음, 『서유럽 무슬림과 국가 그리고 급진이슬람주의』, 아모르문디, 2009.

정구도, 『한국전쟁기 인권침해 및 역사인식의 문제: 노근리 사건 등 미군관련 사건을 중심으로』, 두남, 2008.

정진농, 『오리엔탈리즘의 역사』, 살림, 2003.

조용환 외, 『외국 교과서 한국 관련 내용 연구의 종합적 검토』, 한국교육개발원, 1990.

조현범, 『문명과 야만: 타자의 시전으로 본 19세기 조선』, 책세상, 2002.

존 R. 메릭 저, 『침략인가 해방전쟁인가 1948-1950: 한국전쟁의 국제적 배경』, 과학과 사상사, 1988.

제베데이 바르부, 『역사심리학』, 창작과 비평사, 1997.

제임스 모리스 블로트 저/박광식 역, 『역사학의 함정 유럽중심주의를 비판한다』, 푸른숲, 2008.

최종고, 『한독교섭사』, 홍성사, 1983.

최형식, 『독일의 재무장과 한국전쟁』, 혜안, 2002.

프란시스 후지야마 저/이상훈 역, 『역사의 종말』, 한마음사, 1992.

피터 가이스·기욤 르 캉트렉 외 저/김승렬 외 역, 『독일-프랑스 공동 역사교과서 1945년 이후 유럽과 세계』, 휴머니스트, 2008.

하동현·권태억 외, 『근대 한·일간의 상호인식』, 동북아역사재단, 2009.

하영선 편저, 『한국전쟁의 새로운 접근』, 나남, 1990.
한국독일사학회 편, 『비교사적 시각에서 본 독일의 역사교육과 역사교과서(2016
    한국독일사학회·대구대학교 역사교육과 공동 학술대회 발표논문집)』,
    한국독일사학회, 2016.
한국학 중앙연구원 한국문화교류센터 엮음, 『민족주의와 역사교과서』, 에디터,
    2005.
한명희 외, 『국제사회와 국제이해교육』, 정민사, 1996.
한스 마레츠키 저/정경섭 역, 『병영국가 북한 -마지막 평양 주재 동독대사의
    증언』, 동아일보사, 1991.
한운석, 『독일의 역사화해와 역사교육』, 신서원, 2009.
함동주·김광열·임현순, 『근현대 일본의 한국인식』, 동북아역사재단, 2009.
현성용·김교헌 외, 『현대 심리학의 이해』, 학지사, 2008.
E. M. 번즈, R. 러너, S. 미첨, 박상익 역, 「서양문명의 역사1』, 소나무, 1994.

G. W. Allport 저/이원영 편역, 『편견의 심리』, 성원사, 1993.
Peter Burke 저/ 박광식 역, 『이미지의 문화사: 역사는 미술과 어떻게 만나는가』,
    심산, 2005.

2) 논문

강정인, 「서구중심주의의 이해: 용어 및 개념분석을 중심으로」, 『국제정치논총』
    43, 2003.
강정인, 「서구중심주의의 폐해 -학문적 폐해를 중심으로」, 『계간사상』 15, 2003.
강주현, 「한국영화에 나타난 장애인의 스테레오타입에 관한 연구: 1991년-2003년
    한국영화를 중심으로」, 부산대학교 대학원 석사학위논문, 2005.
강철구, 「한국에서 서양사를 어떻게 보아야 하나 -유럽중심주의의 극복을 위한
    제언」, 『서양사론』 제92호, 2007.
강철구, 「서양문명과 인종주의 -이론적 접근」, 『서양사론』, 2001.
고유경, 「한·독관계 초기 독일인의 한국 인식에 나타난 근대의 시선」, 『호서사학』
    40집, 2005.
곽준혁, 「다문화 공존과 사회적 통합」, 『대한정치학회보』 제15집 제2호, 2007.
권영수, 「언어적 관철전략과 성별 스테레오타입」, 『언어과학연구』 제30집, 2004.
권영수, 「프로토타입 의미론의 효용」, 『독일어문학』, 4집, 1996.
권영수, 「프로토타입 의미론과 스테레오타입 의미론」, 『현대문법연구』 20호,
    2000.

김경현, 「300: 테르모필라이 전투의 공적 재현」, 『서양사연구』 36, 2007.

김광옥·하주용, 「지상파 텔레비전 광고에 나타난 여성의 이미지: 고정관념지수(Stereotype Index)를 이용한 성별 스테레오타입 분석」, 『한국언론학보』 제51권 2호, 2007.

김도일·이승희·김성환, 「서비스 제공자의 성에 대한 스테레오타입 및 동성선호가 서비스 품질지각에 미치는 영향: Fischer et al.(1997) 연구의 실증」, 『마케팅관리연구』 제10권 3호, 2005.

김 면, 「독일 국립문서보관소 소장 자료를 통해서 본 북한과 구동독간의 경제협력 -구동독의 함흥시 경제지원을 중심으로-」, 『북한연구학회보』 제7권 제1호, 2003.

김 면, 「구동독의 대북한 기밀보고서 분석」, 『평화학연구』 제7권 제1호, 2006.

김명섭·양준석, 「1967년 "동백림사건" 이후 한독관계의 긴장과 회복: 비밀 해제된 한국외교문서를 중심으로」, 『한국정치외교사논총』 제35집 제1호, 2013.

김봉철, 「고대 그리스 문명은 '유럽적인' 문명인가」, 『유럽중심주의 세계사를 넘어 세계사들로』, 푸른역사, 2009.

김봉철, 「고대 그리스인의 오리엔탈리즘 : 페르시아 인에 대한 그리스인의 인식사례들」, 『경기사학』 1, 1997.

김봉철, 「고전기 (古典期) 그리스인의 민족 정체성의 실제 -페르시아전쟁 이후 그리스인의 이민족에 대한 행동 사례들을 중심으로」, 『서양사론』 55, 1997.

김병규, 「자연법과 메타언어」, 『동아법학』 Vol.25, 1999.

김상규, 「독일의 통일에 비추어 본 한국의 통일이념과 통일외교노선의 성찰」, 『21세기정치학회보』 제15집 제1호, 2006.

김상무, 「통일독일의 분단사 및 분단사교육 논의가 한국의 분단사교육에 주는 시사점」, 『교육과학연구』 42(3), 2011.

김상무, 「내적통일 관점에서의 독일 통일 이후 중등 역사 교과서의 동독사 서술에 대한 평가」, 『통일과 평화』 5(2), 2013.

김상민, 「할리우드영화에 나타난 한국」, 『미국사연구』, 18집, 2003.

김선영, 「고령화 사회의 노인이미지 분석: 4개의 텔레비전 광고 텍스트 분석을 중심으로」, 『가족과 문화』 제19집 2호, 2007.

김성민, 「스테레오타입의 대항 매체로서의 다큐멘터리 사진: 1970년대 이후의 경향을 중심으로」, 『경주대학교 논문집』 13권, 2000.

김세은, 「1880년대 서양인의 조선인식」, 『시대전환과 역사인식 - 윤세철교수 정년기념 역사학논총』, 솔출판사, 2001.

김욱동, 「다문화주의의 도전과 응전」, 『미국학논집』 제30권 제1호.

김양식, 「1901년 제주민란의 재검토」, 『제주도연구』 제6집, 1989.

김연수, 「북한 연구: 김일성의 동독방문과 북한의 대동독관계 35년」, 『북한』 통권 155호, 1984.

김연신, 「구한말 독일인 여행기에 서술된 동북아상 ─"황색의 위험"의 기능변화─」, 『카프카연구』 제36집, 2016.

김연진, 「아시아계 미국인과 대중매체: 스테레오타입과 이미지」, 『사회정책논총』, 14권 1호, 2002.

김용헌, 「체코의 공산화 과정과 공산당의 역할」, 『연수논총』 7, 1989.

김은옥, 「문말에 나타나는 스테레오타입 표현: 문말 언어형식을 중심으로」, 『일본연구』 제27, 2006.

김은옥, 「잡지에 나타나는 젠더 스테레오타입 표현: 논노 잡지 분석을 중심으로」, 『일어일문학연구』 제59집 1권, 2006.

김정현, 「오리엔탈리즘과 동아시아, 근대 동아시아의 "타자화"와 저항의 논리」, 『중국사연구』 39, 2005.

김지석, 「할리우드 영화의 두 얼굴: 지배 이데올로기와 환상주의」, 『영화연구』 8호, 1991.

김춘식, 「독일의 역사적 스테레오타입 연구」, 『서양사론』 제91호, 2006.

김학준, 「6·25연구의 국제적 동향 ─ 6·25연구에 관한 문헌사적 고찰」, 『한국전쟁을 보는 시각』, 을유문화사, 1990.

김현주, 「스테레오타입: 재현된 아시아 여성과 아시아계 미국 여성의 재현」, 『서양미술사학회논문집』 제24집, 2005.

나인호, 「한국적 독일사 연구의 대차대조표」, 『역사학보』 195집, 2007.

나인호, 「미국과 미국적인 것에 대한 독일인들의 인식」, 『미국사연구』, 16집, 2002.

노명환, 「동방정책을 추진하던 독일연방공화국(서독)의 시각에서 본 한국의 남북관계 1969-1972」, 『국제지역연구』 11호, 2008.

노명환, 「냉전 시대 박정희의 한국 산업화 정책과 서독의 의미와 역할 1961-1967」, 『사림』 38호, 2011.

다나카 도시다스, 「일본의 역사교육 사례: 19세기 후반 일본인의 아시아관」, 『역사교과서 속의 한국과 일본』, 혜안, 2000.

마석한, 「독일 역사교과서에 서술된 한국역사 ─ 그 현황을 중심으로─」, 『역사와실학』 5·6합집, 1995.

마석한, 「역사교과서와 교과서분석」, 『실학사상연구』 9, 1997.

마석한, 「동서독 통일과 역사교육학 ─ 역사교육의 흡수통일?─」, 『동국역사교육』 제5집, 1997.

문영숙, 「텔레비전광고의 젠더묘사에 대한 비교문화연구: 한국과 홍콩 광고물 분석」, 『광고학 연구』 제13권 3호, 2002,

민향기, 「Stereotype und Deutschlernen in Korea」, 『독어교육』, 19집, 2000.

민향기, 「Stereotype und Landeskundevermittlung」, 『외국어로서의 독일어』, 6집, 2000.

박광성, 「1901년 제주도 민란의 원인에 대하여 -신축 천주교 박해사건- 」, 『(인천교육대학)논문집』, 제2집, 1967.

박기선, 「여성잡지에 나타난 여성의 이미지에 대한 연구」, 한양대학교 대학원 신문방송학과 석사학위논문, 1990.

박 단, 「2005년 프랑스 '소요사태'와 무슬림 이민자 통합문제」, 『프랑스사 연구』 제14호, 2006.

박 단, 「프랑스 공화국과 무슬림 여학생의 교내 히잡(헤드스카프) 착용 금지 」, 『역사학보』 제185집.

박선미·우선영, 「사회과 교과서에 나타난 국가별 스테레오타입 -제7차 고등학교 사회교과서 중 일반사회 영역을 중심으로-」, 『사회과 교육』 48권 4호, 2009.

박재영, 「한·중·일 3국의 역사교과서 협의의 제문제 -유럽의 교과서 협의와 비교하여」, 『백산학보』 75호, 2006.

박재영, 「구한말 독일인 묄렌도르프의 조선인식」, 『동학연구』, 21집, 2006.

박재영, 「역사적 스테레오타입 사례연구: 서세동점기 독일인 오페르트의 조선이미지」, 『동학연구』, 21집, 2007.

박재영, 「역사적 스테레오타입 사례연구: 구한말 독일인 의사 분쉬(R. Wunsch)의 조선이미지」, 『서양사론』, 93호, 2007.

박재영, 「북한 "조선력사" 교과서에 나타난 서세동점기 서구 제국주의에 대한 이미지 분석」, 『백산학보』, 77호, 2007.

박재영, 「유럽의 교과서 협의와 국제교과서연구소의 활동」, 『세계의 역사교과서 협의 - 유럽과 동아시아를 중심으로』, 백산자료원, 2008.

박재영, 「역사적 스테레오타입 연구의 현황과 전망」, 『역사학보』 198집, 2008.

박재영·홍성욱·최문정·유도근, 「역사교과서·이미지·스테레오타입 -한·중 역사교과서에 나타난 상호 이미지의 비교」, 『경주사학』 30집, 2009.

박재영, 「영화 〈300〉에 나타난 서구중심주의 -왜곡된 역사적 사실의 스테레오타입화(stereotypisierung)-」, 『역사문화연구』 36집, 2010.

박재영, 「전통사회와 외래종교의 문화충돌: '이재수의 난'을 중심으로」, 『경주사학』 36집, 2012.

박재영, 「구한말 독일인 헤르만 산더(Hermann Sander)의 조선이미지」, 『동학연구』

24집, 2008.

박재영, 「파독 간호사·광부의 독일정착과 삼각이민 연구」, 『다문화콘텐츠연구』 제15집, 2013.

박진숙, 「오리엔탈리즘을 넘어: 킹스턴의 여인 무사와 영화 뮬란에 나타난 뮬란의 변이」, 『현대 영어 영문학』 50, 2006.

박찬희·전찬권, 「군대복무 경험과 스테레오타입간의 관계에 관한 연구: 조직유형별 비교분석을 중심으로」, 『경영학논집』 제30권 2호, 2004.

박현우··이태훈, 「고종의 시의 독일의사 분쉬(Richard Wunsch, 1869-1911)」, 『의사학』, 9권, 1호, 2000.

볼프강 휩켄, 「교과서개선 – 경험, 성과, 과제」, 『국가간 상호이해 증진을 위한 교과서 개선』, 한국교육개발원, 2002.

북한민주화포럼 교과서 용역 프로젝트 팀, 『중등교과서의 반대한민국적 내용 실태분석 및 개선 방안 연구보고서』, 2009.

서대원, 「〈300〉 사고치고, 〈쏜다〉 사고 못 치다.」, 『무비스트』, 2007.

서인원, 「스테레오타입 역사 이론과 '민족' 논의 –고등학교 국사 교과서 근현대사 부분을 중심으로-」, 『역사와 교육』 10집, 2010.

서준원, 「서독의 재무장 결정에 관한 연구」, 『국방정책연구』 20호, 1992.

신복룡, 「서세동점기의 서구인과 한국인의 상호인식」, 『한국사연구』, 27집, 2004.

신정현, 「동·서독 통일 접근과 남·북한 관계」, 『성곡논총』 23호, 1992.

신재의, 「한말 분쉬의 의료활동」, 『대한치과의사학회지』, 20권 1호, 2001.

신홍임, 「고정관념의 위협과 인지적 과제의 수행」, 『한국심리학회지: 사회 및 성격』 22권 3호, 2008.

안네-카트라인 베커, 「동독과 북한 비교 –차이점과 유사점」, 『한독사회과학논총』 Vol.7, 1997.

안희경·하영원, 「기업브랜드 스테레오타입에 일치하지 않는 정보가 스테레오타입의 변화에 미치는 영향」, 『마케팅연구』 제16권 1호, 2001.

엄한진, 「프랑스 이민통합 모델의 위기와 이민문제의 정치화 –2005년 '프랑스 도시외곽지역 소요사태'를 중심으로-」, 『한국사회학』 제41집 제3호, 2007.

오영훈, 「문화코드로서 스테레오타입 –스테레오타입의 이론적 고찰과 한국어 동물명칭 사례를 중심으로-」, 『독일어문학』 44집, 2009.

오인영, 「개화기 주한 서양인들의 생활상」, 『동양학』, 35집, 2004.

우평균, 「동유럽 공산체제 해체와 북한체제 붕괴의 연관성」, 『평화학연구』, 제15권 제4호, 2014.

유달승, 「유달승의 중동 이야기-영화 300과 페르시아」, 『한겨레신문』,

한겨례신문사, 2009.

유르겐 클라이너 저/김대경 역, 『시련 속의 한국』, 고려원, 1992.

유재건, 「근대 서구의 타자인식과 서구중심주의」, 『역사와 경계』 46, 2003.

유재춘, 「고정관념의 정체와 창조적 사고를 위한 두뇌활용법 연구」, 『디자인연구』 통권 제34호, 2000.

유홍렬, 「제주도에 있어서의 천주교박해 −1901년의 교난−」, 『이병도박사 화갑기념논총』, 1956.

윤혜진, 「한국 고등학생들의 일본문화 스테레오타입의 실태조사에 관한 연구」, 부산외국어대학교 교육대학원 석사학위논문, 2006.

이경석·김경미, 「냉전기 북한−동독의 외교관계(1953~1989): 협력과 갈등」, 『유럽연구』 제34권 3호, 2016.

이기석, 「1901년 제주민란의 성격과 구조」, 『종교 인간 사회』, 서의필 선생 회갑기념논문집 간행위원회, 1988.

이병련, 「역사교과서의 의미와 서술기준 그리고 분석의 기준에 관하여」, 『사총』 52집, 2000.

이병련, 「구동독에서의 학교와 역사교육 그리고 이데올로기」, 『호서사학』 제30집, 2001.

이병련, 「동서독의 역사교과서에 나타난 동서독의 국가와 체제」, 『독일연구』 제6호, 2003.

이배용, 「서양인이 본 한국 근대사회」, 『이화사학연구』, 28집, 2001.

이영규, 「한국 고교생의 중세 한일관계사 이해」, 『역사교과서 속의 한국과 일본』, 혜안, 2000.

이용일, 「이민과 다문화사회로의 도전 − 독일의 이민자 사회통합과 한국적 함의」, 『서양사론』 제92호, 2007.

이정민, 「동백림사건을 둘러싼 남한정부와 서독정부의 초기 외교갈등」, 『사림』 50호, 2014.

이재정, 「한국에서의 다문화주의의 모색 −재한외국인 정책을 중심으로−」, 『민족연구』 제11호, 2003.

이헌대, 「1950~1960년대 서독 "경제기적"의 원인」, 『경상논총』 21권 1호, 2003.

이현진, 「TV광고에 나타난 여성 스테레오타입 이미지의 변화: '의미화'를 중심으로」, 서강대학교 대학원 석사학위논문, 2007.

이형석, 「이란은 왜 '더 레슬러'에 분노하는가」, 『해럴드경제』, 해럴드미디어, 2009.

이효영, 「글로벌 시대의 역사인식과 세계사」, 『역사교육』 100집, 2006.

이혜자, 「유럽인의 시각에서 본 조선의 근대화 풍경」, 『독어교육』 30집, 2004.

임성택, 「세계시민교육 관점에서의 외국인에 대한 한국 학생들의 고정관념 분석」, 『교육학연구』 41권 3호, 2003.

전상진, 「통합은 사회갈등과 문제의 해결책?」, 『한독사회과학논총』 제16권 제2호, 2006.

정연태, 「19세기 후반 20세기초 서양인의 한국관」, 『역사와 현실』, 34호, 1999.

정영목, 「피카소와 한국전쟁: 〈한국에서의 학살〉을 중심으로」, 『서양미술사학회논문집』 8호, 1996.

정용길, 「동독과 북한의 통일정책 비교」, 『安保研究』, 제17호, 1987.

정재형, 「인종 시각의 미국 영화 분석」, 『映像學報』 3, 1992.

정진농, 「오리엔탈리즘의 두 얼굴」, 『동서비교문학저널』 1, 1998.

정진옥, 「1901년 제주민란에 대한 일고 −소위 신축교난의 발생 원인을 중심으로− 」, 『한국학논집』 제3집, 1983.

조승래, 「서구중심주의 논쟁에 대한 검토: 세계화 시대의 역사인식을 위한 예비 작업」, 『호서사학』 46, 2007.

조영렬, 「서구제국을 통한 서양의학의 수용」, 『국사관논총』, 9집, 1989.

조현범, 「19세기 프랑스 선교사들의 문명관」, 『교회사연구』 15, 2000.

최덕수, 「개항기 서양이 바라본 한국인·한국역사」, 『민족문화연구』 30, 1997.

최석우, 「달레 저 한국천주교사의 형성과정」, 『교회사연구』 3, 1981.

최석희, 「독일인의 한국여행기에 나타난 한국상」, 『독일어문학』 26집, 2004.

최수경, 「東獨과 北韓의 外交政策 比較」, 『국제정치논총』 제26권 2호, 1986.

최영태, 「한국과 독일의 역사교육과정 변천사 비교」, 『비교사적 시각에서 본 독일의 역사교육과 역사교과서(2016 한국독일사학회·대구대학교 역사교육과 공동 학술대회 발표논문집)』, 한국독일사학회, 2016.

최형식, 「한국전쟁이 서독 재무장의 원칙적인 결정에 있어서 서방 강대국들에게 미친 영향」, 『한국정치학회보』 30호, 1997.

톰 홀랜드 저/이순호 역, 『페르시아 전쟁』, 책과 함께, 2007.

하유리, 「독일어 스테레오타입의 다해석성」, 한국외국어대학교 대학원 석사학위논문, 2004.

한국서양사학회 편, 『유럽중심주의 세계사를 넘어 세계사들로』, 푸른역사, 2009.

한운석, 「동서독의 통일정책에서 무엇을 배울 것인가: 서독정부의 대동독 화해정책 1949~1989」, 『역사비평』 1997.

한운석, 「동독과 북한 당 지도부의 민족정책 비교」, 『역사학연구』 제24권, 2005

허승일, 『스파르타 교육과 시민생활』, 삼영사, 1998.

최석희, 「독일인의 한국여행기에 나타난 한국상」, 『독일어문학』 26집, 2004.

한명숙, 「프랑스 국적법 개정과 북아프리카 이민자 문제」, 『서유럽 무글림과 국가 그리고 급진이슬람주의」, 아모르문디, 2009.

한설아·박진숙, 「중세말 근대초 유럽의 마녀사냥에 대한 여성사적 접근」,
『이화여대 대학원 연구논집』 25, 1993.

허영식, 「독일 역사교육의 변천과 동향」, 『사회과교육연구』 제3호, 1996.

홍명순, 「19세기 말 독일인의 조선여행기 -문화간 커뮤니케이션 관점을
중심으로-」, 『외국어로서의 독일어』 제27집, 2010.

황규성, 「복지와 독재의 교환에 관한 동독과 북한의 비교연구」, 『한국사회정책』
제23권 제2호, 2016.

황병덕, 「동독의 대서독 정책과 북한의 대남정책 비교분석」, 『통일연구논총』,
제7권 제1호, 1998.

황주희, 「한국어 학습자의 스테레오타입연구: 중국인 학습자를 대상으로」,
연세대학교 교육대학원 석사학위논문, 2007.

황지숙, 「한국 중·고등학교 역사교사들의 동아시아사 교육인식」, 『한·중·일
동아시아사 교육의 현황과 과제』, 선인, 2008.

Gertrud Claussen-Wunsch 저/김종대 역, 『고종의 독일인 의사 분쉬』, 학고재,
1999.

Homer Hulber 저/ 신복룡 역, 『대한제국멸망사』, 집문당, 1999.

Lillias Underwood 저/신복룡 역, 『상투의 나라』, 집문당, 1999.

Otto-Ernst Schüddekopf 저/김승렬 역, 『20년간의 서유럽 역사교과서 개선활동:
1945-1965』, 한국교육개발원, 2002.

3) 기타

김유경, 「통일전 동독의 역사교육」, 『KBS 통일방송연구』, 2006.03.18.
(http://office.kbs.co.kr/tongil/archives/26007/ 검색일: 2018.02.12.).

송현숙, 「역사전쟁 - 독일의 교훈: 분단 독일, 논쟁·다양성 추구한 역사교육이
'통일의 힘' 됐다」, 『경향신문』, 2015.10.12.
(https://www.minjok.or.kr/archives/80028 / 검색일: 2018.02.12.).

이동기, 「이동기의 현대사 스틸컷: 역사가들은 다시 탐정이 되고 싶다」, 『인터넷
한겨레21』, 2015.10.21.
(http://h21.hani.co.kr/arti/society/society_general/40511.html(검색일:
2018.02.12.).

2. 외국문헌

1) 단행본

Allport, G. W., *The nature of prejudice*, New York, Addison-Wesley, 1954.

Altenburger, Engelbert, *Südkorea mit 14 Illustrationen sowie 10 Karten und Plänen(Polyglott-Reiseführer)*, München 1996.

Banett, A. D., *Communist China and Asia*, Vintage Books, New York, 1961.

Boden, Philip K. (ed.), *Promoting International Understanding through School Textbooks. A Case Study*, Braunschweig, 1977.

Burke, Peter, *Eyewittnessing: The Uses of Images as Historical Evidence*, Cornell University Press, 2001.

Choe, Chung-ho: *Der Ausbruch des Koreakrieges im Spiegel der Ost- und Westberliner Tageszeitungen*, Berlin 1969.

Chon, Tuk-chu, *Die Beziehungen zwischen der DDR und der Koreanischen Demokratischen Volksrepublik(1949-1978)*, München, 1982.

Chung, Hoan-Tschel, *Urteile über Völker in Korea: Zur Erhebung von Stereotypen und Sympathie-Urteilen von Koreanern gegenüber neun bestimmten Völkern*, Univ. of Tübingen, 1970.

Childs, David, *Honecker's Germany*, London: Allen & Unwin, 1985.

Cieslik, Thomas: *Wiedervereinigungen während und nach der Ost-West-Blockkonfrontation – Ursache der Teilung: Grundlagen der (fehlenden) Einheit*, Marburg 2001.

Cummings, Bruce, *The Origin of the Korean War: Liberation and Emergence of Separate Regimes, 1945-1947*, Princeton: Princeton Uni. Press, 1981.

Claussen-Wunsch, Gertruded., *Fremde Heimat Korea*, München, 1983.

Dallet, Claude Charles, *Histoire de l'Eglise de Coree*, Librarie Victor Palme, 1874,

Darby, Philip, *Three Faces of Imperialism: British and American Approaches to Asia and Africa 1870-1970*, New Heaven: Yale Univ. Press, 1987.

Dawkins, Richard, *The God Delusion*, Transworld, 2006.

Dege, Eckart, *Korea – eine landeskundliche Einführung*, Kiel, 1992.

Deutsch-koreanische Gesellschaft e.V. (Hrsg.), *Korea – ein Reiseland*, Bonn, 1983.

Dietsch, klaus A., *Das Korea Handbuch – Ein Reisebegleiter*, München, 1986.

Domschke, Andreas, *Korea Praktisch – Sprachführer und Reiseführer für Reisende*, Moers, 1988.

Dudenverlag ed., *Duden: Deutsches Universalwörterbuch*, Mannheim, Leipzig, Wien, Zürich, 1983.

Edward W. Said, *Orientalism*, Random House, 1979.

Frank, Rüdiger, *Die DDR und Nordkorea –Der Wiederaufbau der Stadt Hamhung von 1954–1962*, Aachen 1996.

Franz, Günther(Hrsg.), *Teilung und Wiedervereinigung – Eine weltgeschichtliche Übersicht*, Göttingen, Berlin, Frankfurt, Zürich 1963.

Fritzsche, K. Peter(Hrsg.), *Schulbücher auf dem Prüfstand, Perspektiven der Schulbuchforschung und Schulbuchbeurteilung in Europa(Studien zur internationalen Schulbuchforschung. Schriftenreihe des Georg–Eckert– Instituts; Bd. 75)*, Frankfurt/Main, 1992.

Fukuyama, Fransis, *The End of History and the last man*, New York, 1992.

Genthe, Siegfried, *Korea–Reiseschilderungen*, Allgemeiner Berein für Deutsche Literatur, 1905.

Göpfert, Hans ed., *Ausländerfeindlichkeit durch Unterricht: Konzeptionen und Alternativen für die Schulpraxis der Fächer Geschichte, Sozialkunde und Religio*, Düsseldorf, Pädagogischer Verlag Schwann–Bagel, 1985.

Grabowsky, Volker, *Zwei–Nationen–Lehre oder Wiedervereinigung?: Die Einstellung der Partei der Arbeit Koreas und der Sozialistischen Einheitspartei Deutschlands zur nationalen Frage ihrer Länder seit dem Zweiten Weltkrieg. Ein Vergleich*, Bochum: Brockmeyer, 1987.

Günther, Wolfgang ed., *Gesellschaftliche Bewegungen in Nordwestdeutschland und Nordpolen: Beiträge zur Geschichte der Arbeiterbewegung*, Oldenburg, 1987.

Harrison, Hope M., *Driving the Soviets up the Wall: Soviet–East German Relations, 1953–1961*, Princeton: Princeton University Press, 2005.

Hesse–Wartegg, Ernst, *Korea, Eine Sommerreise nach dem Lande der Morgenruhe 1894*, Dresden & Leipzig, 1895.

Hinton, Harold, *Communist China in World Politics*, Houghton Mifflin Co., Boston, 1966.

Hoffmann, Johannes ed., *Stereotypen · Vorurteile · Völkerbilder in Ost und West – in Wissenschaft und Unterricht(Eine Bibliographie)*, Otto Harrassowitz · Wiesbaden, 1986.

Hahn, H. H. ed., *Berichte und Forschungen: Jahrbuch des Bundesinstituts für Ostdeutsche Kultur und Geschichte Körperschaft*, (München u.

Oldenburg, 1994.

Hahn, H. H. ed., *Historische Stereotypenforschung, Methodische Überlegungen und empirische Befunde*, Oldenburg, 1995.

Hahn, H. H. ed., *Stereotyp, Identität und Geschichte*, Frankfurt/M u.a., 2002.

Hahn, H. H., Elena Mannová, ed., *Nationale Wahrnehmungen und ihre Stereotypisierung: Beiträge zur Historischen Stereotipenforschung*, Frankfurt am Main, Berlin, Bern, Bruxelles, New York, Oxford und Wien, 2007.

Hahn, H. H. ed., *Berichte und Forschungen: Jahrbuch des Bundesinstituts für Ostdeutsche Kultur und Geschichte Körperschaft*, München and Oldenburg, 1994.

Hann, Ulrich, *Aspekte interkultureller Kommunikation: eine Studie zum Deutschenbild der Koreaner und Koreanerbild der Deutschen in Suedkorea auf der Grundlage phaenomenologischer Alltagsbeobachtungen und empirisch ermittelter national Stereotypen*, München, 1985.

Hoffmann, Johannes ed., *Stereotypen · Vorurteile · Völkerbilder in Ost und West – in Wissenschaft und Unterricht(Eine Bibliographie)*, Otto Harrassowitz · Wiesbaden, 1986.

Hoffmann, Lutz & Even, Herbert, *Soziologie der Ausländerfeindlichkeit, Zwischen Identität und multikultureller Gesellschaft*, Weinheim, Beltz, 1984.

Industriebank(Hrsg.), *Zehn Jahre Industriegeschichte Südkoreas(koreanisch)*, Seoul, 1955.

Joho, W., *Korea trocknet die Tränen – Reisebericht*, Aufbau Verlag, Berlin/DDR, 1959.

Keilhauer, Anneliese und Peter, *Südkorea – Kunst und Kultur im Land der hohen Schönheit*, Köln, 1986.

Kim, Chun-Shik, *Ostasien zwischen Angst und Bewunderung*, Univ. of Hamburg, 2001.

Kim, K., *Developing a Stereotype Index of gender role stereotypes in television advertising(Doctoral Dissertation)*, Southern Illonois University Carbondale, UMI No. 3204658, 2005.

Kindermann, Gottfried-Karl, *Der Aufstieg Koreas in der Weltpolitik*, München 1994.

Kleiner, Bernhard Jürgen, *Korea: Betrachtungen über ein fernliegendes Land,*

Frankfurt am Main 1980.

Kleiner, Bernhard Jürgen, *Korea: Auf steinigem Pfad*, Berlin 1992.

Kleiner, Bernhard Jürgen, *Korea: A Century of Change*, Singapur 2001.

Kleiner, Bernhard Jürgen, *Diplomatic Practice Between Tradition and Innovation*, Singapur, 2010.

Kleiner, Bernhard Jürgen, *The Permanence of Diplomacy. Studies of US Relations with Korea, Pakistan and Afghanistan*, Singapur 2016.

Kolb, Albert, *Ostasien – China, Japan, Korea*, Heidelberg, 1963.

Kuo, Xing-hu, *Nordkorea – Ein fernöstlicher Gulag*, Stuttgart, 1983.

Lautensach, Hermann, *Korea – Land. Volk, Schicksal*, Stuttgart, 1950.

Lee, Dong-Hoo, *East Asian Images in selected American popular films from 1930 to 1993*, New York, Univ. of New York, 1996.

Lee, Won-myoung, *Zur Frage der Nation und der Wiedervereinigung im geteilten Korea – Ein koreanischer Weg oder die Anwendung der Deutschland-Formel als Modus Vivendi?*, Research Center for Peace and Unification of Korea, Seoul, 1989.

Lein, Albrecht & Lentz, Andreas, *Menschen in Choson/Nordkorea(Politische Bilderbücher zum fernen Osten)*, München, 1982.

Lippmann, Walter, *Public Opinion*, New York, 1922.

Lippmann, Walter, *Die öffentliche Meinung*, München, 1964.

Loth, Wilfred, *Die Teilung der Welt 1945–1955*, München, 1980.

Lukas, John, Geschichte des Kalten Krieges, Gütersloh, 1962.

Ma, Seok-han, *Süd-, Ost- und Innerasien in deutschen Schulgeschichtsbüchern – Bestandaufnahme und Verbesserungsvorschläge*, Nürnberg, Univ. Diss., 1997.

Maretzki Hans, *Kim-ismus in Nordkorea –Analyse des letzten DDR-Botschafters in Pjoengjang*, Anita Tykve Verlag, Böblingen, 1991.

Office des migrations internationales, *Les flux dentrée contrôlés par l'O. M. I. en 2004*, 2004.

Paige, G. D., *The Korean People's Democratic Republic*, Stanford: Hoover Institution on War, Revolution and Peace, 1966.

Panikkar, K. M., *In Two Chinas: Memoirs of a Diplomat*, London 1955.

Pleitner, Berit, *Die 'vernünftige' Nation: Zur Funktion von Stereotypen über Polen und Franzosen im deutschen nationalen Diskurs 1850 bis 1871*, Frankfurt am Main, Berlin, Bern, Bruxelles, New York, Oxford und

Wien, 2001.

Park, Jae—Young, *Kommunismus—Kapitalismus als Ursache nationaler Teilung:* *Das Bild des geteilten Koreas in der deutschen und des geteilten Deutschlands in der koreanischen Literatur seit den 50er Jahren*(diss.), Univ. of Oldenburg, 2005.

Pews, Hans—Ulrich, *Korea — Land der Morgenfrische*, Gotha, 1987.

Putnam, H., *Die Bedeutung von Bedeutung, Frankfrut am Main*, Klostermann, 1990.

Quasthoff, U., *Soziales Vorurteil und Kommunikation — Eine sprachwissenschaftliche Analyse des Stereotyps*, Frankfurt a. M., 1973.

Radmann, Martin, *Die Heimat ist im Norden — Die nationale Frage in Korea und das Völkerrecht*, Berlin, 1961.

Rinser, Luise, *Wenn die Wale kämpfen — Porträt eines Landes: Süd—Korea*, Percha, 1976.

Rinser, Luise, *Nord—koreanisches Reisetagebuch*, Frankfurt am Main, 1981.

Sachs—Hombach, Klaus, *Bildwissenschaft. Disziplinen, Themen, Methoden*, Frankfurt a. M., 2005.

Saitischikow, W. T, *Korea(übersetzt von Wittig, Carmen Renate u. Zimm, Alfred)*, Berlin, 1958.

Schaff, Adam, *Stereotypen und das menschliche Handeln*, Wien, 1997.

Schaff, A., *Sprache und Erkenntnis und Essays über die Philosophie der Sprache*, Hamburg, 1974.

Schöflin, George, *The Soviet Union and Eastern Europe*, London: Facts on File, 1986.

Schüddekopf, Otto—Ernst ed., *Zwanzig Jahre Westeuropäischer Schulgeschichtsbuchrevision 1945—1965*, Braunschweig, Albert Limbach Verlag, 1966.

Spurr, David, *The Rhetoric of Empire: Colonial Discourse in Journalism, Travel Writing and Imperial Administration*, Durham: Duke Univ. Press, 1993.

Statistisches Bundesamt(Grsg.), *Länderbericht — Korea, Republik*, Wiesbaden 1995.

Stöyer, Bernd, *Der kalte Krieg*, München 2003.

Strobe W. & Insko, C. A., *Stereotype, prejudice and discrimination: Changing conceptions in theory and research, stereotyping and prejudice*. New York: Spring—Verlag, 1989.

Suh, Dae-suk, *The Korean Communist Movement 1918-1948*, Prinston/N.J., 1967.

Tykve, Simon, *Das geteilte Korea(Bericht und Analyse)*, Köln, 1979.

Uhe, ernst, *Der Nationalismus in deutschen Schulbüchern. Eine vergleichende Inhaltsanalyse von deutschen Schulbüchern aus der Bundesrepublik Deutschland und der Deutschen Demokratischen Republik*, Bern et al. 1972.

UNESCO, *A Model Plan for the Analysis and Improvement of Textbooks and Teaching Materials as Aids to International Understanding*, UNESCO, Paris, 1949.

UNESCO, *A Handbook for the improvement of textbook and teaching matetials. As aids to international understanding*, UNESCO, Paris, 1949.

U.S. Department of State(Hrsg.), *The Korean Problem at the Geneva Conference(April 26 - June 25, 1954)*, International Organization and Conference Series 2(Far Easten), 4,(Department of State Publication 5609), October 1954.

U.S. Department of State(Hrsg.), *U.S. Police in the Korean Crisis*, Washington 1950.

Verlag Kultur und Fortschritt(Hrsg.), *Korea(übersetzt von w. Stams u.a.)*, Berlin, 1956.

Violet, Renee, *Einführung in die Kunst Koreas*, Leipzig, 1987.

Weil, Patrick, *La République et sa diversité*, Seuil, 2005.

Werning, Rainer(Hrsg.), *Südkorea - Politik und Geschichte im Land der Morgenstille*, Köln, 1988.

Werning, Rainer(Hrsg.), *Nordkorea - Annäherungen an einen Außenseiter (Analysen - Berichte)*, Frankfurt/M,. 1988.

Wurlitzer, Bernd, *In Korea*, Leipzig, 1988.

Yang, Hyun-mo, *Deutsche Einheit und die Wiedervereinigung Koreas*, Bonn, Univ. Diss., 1994.

Ziegler, Bok-suk, *Die Wiedervereinigungspolitik der beiden koreanischen Staaten*, Regensburg, Univ. Diss., 1998.

Zimmering, Max, *Land der Morgenfrische*, Berlin/DDR, 1956.

2) 논문

Ashmore, R. D. & Del Boca, F. K., "Gender stereotype", R. D. Ashmore & F. K. Del Boca ed., *The social psychology of female-male relations: A critical analysis of central concepts*, Orlando: Academic Press, 1986.

Brockhaus, "Feststehend, ständig, abgedroschen, langweilig" Brockhaus ed., *Brockhaus - Enzyklopädie*, Bd. 18, Wiesbaden, Brockhaus, 1973.

Bruhn, Matthas, "Historiografie der Bilder. Eine Einführung", *Sichtbarkeit der Geschichte. Beiträge zu einer historiografie der Bilder*, Historisches Forum 5, 2005.

Childs, David, "East German Foreign Policy: The Search for Recognition and Stability", *European Foreign Policies* Vol.32. No.2, 1977.

Clabaugh A. & Morling, B., "Stereotype accuracy of ballet and modern dancer", *The Journal of Social Psychology*, Vol. 144, 2004.

Devine, P. G., "Stereotypes and prejucie: Their automatic and controled components", *Journal of Personality and Social Psychology*, Vol. 56, 1989.

Enderlein, Eveline, "Wie Fremdbilder sich verändern: Überlegungen am Beispiel von Rußland und Deutschland," Erwin Ambos, ed., *Interkulturelle Dimension der Fremdsprachenkompetenz*, Bochum, 1996.

Fazio, R. H., Jackson, J. R. Dunton, B. C. & Williams, C. J., "Variability in automatic activation as unobtrusive measure of racial attitudes: A bona fide pipeline?", *Journal of Personality and Social Psychology*, Vol. 69, 1995.

George, Alexander L., "Quantitative and Qualitative Approaches to Content Analysis", Thiel de Sola Pool(ed.), *Trends in Content Analysis*, Habana, 1959.

Gipper, H., "Der Inhalt des Wortes und die Gliederung des Wortschatzes", *Duden: Grammatik der deutschen Sprache*, Bd. 4, Mannheim/Wien/ Zürich, 1984.

Greemwald, A. G. , McGhee, D. E. & Schwarts, J. L. K., "Measuring individual difference in implit cognition: The Implicit Association Test", *Journal of Social Psychology*, Vol. 74, 1998.

Gruchmann, Lothar, "Das Korea-Problem. Seine Bedeutung für das geteilte Deutschland", *Teilung und Wiedervereinigung*, Göttingen, 1963.

Hahn,, H. H., "Stereotypen in der Geschichte und Geschichte in Stereotyp", H. H.

Hahn, ed., *Historische Stereotypenforschung. Methodische Überlegungen und empirische Befunde* , Oldenburg, 1995.

Hahn, H. H. & Hahn, Eva, "Nationale Stereotypen," Hahn, ed., *Stereotyp, Idendität und Geschichte*, Frankfurt/M u.a., 2002.

Hahn, H. H., "Einführung. Zum 80. Geburtstag des Begriffs Stereotyp", Hahn, ed., *Stereotyp, Identität und Geschichte*, Frankfurt/M u.a., 2002.

Hahn, H. H., "12 Thesen zur historischen Stereotypenforschung", Hans Henning Hahn, Elena Mannová, ed., *Nationale Wahrnehmungen und ihre Stereotypisierung: Beiträge zur Historischen Stereotipenforschung*, Frankfurt am Main, Berlin, Bern, Bruxelles, New York, Oxford und Wien, 2007.

Harrison, Jr. L., "Understanding the influence of stereotypes: Implications for the African American in sport and physical activity", *Quest*, Vol. 53, 2001.

Hilton, J. L., W. von Hippel, "Stereotypes", *Annual Review of Psychology*, Vol. 47, 1996.

Hinrichs, Ernst, "Zur wissenschaftlichen Angemessenheit von Schulbuchtexten. Beispiel: Geschichtsbücher", *Schulbücher auf dem Prüfstand. Perspektiven der Schulbuchforschung und Schulbuchbeurteilung in Europa(Studien zur internationalen Schulbuchforschung. Schriftenreihe des Georg-Eckert-Instituts* Bd. 75, Frankfurt/Main, 1992.

Horak, Sven, "Phases of the Relationship between East Germany and North Korea after World War II", *North Korea Review* Vol.6. No.1, 2010.

Jaworski, Rudolf, "Osteuropa als Gegenstand historischer Stereotypenforschung", *Geschichte und Gesellschaft*, no. 13, 1987.

Kao, G., "Group images and possible selves among adolescents: Linking stereotypes to expectations by race and ethnicity", *Sociological Forum* Vol. 15, 2000.

Kleiner, Bernhard Juergen, "Paul Georg von Möllendorff: Ein Preuße in koreanischen Diensten", *Zeitschrift der Deutschen Morgenländischen Gesellschaft*, Band 133 Heft 2, 1983.

Kracauer, Siegfried, "The Challenge of Qualitative Content Analysis", *Public Opinion Quarterly*, Vol.16, Nr.4, 1959.

Kuark, Y. T., "North Korea's Industrial Development during the Postwar Period", *The China Quarterly* Vol.14, 1963.

Kuss, H., "Historisches Lernen im Wandel. Geschichtsdidaktik und Geschichtsunterricht in der alten und neuen Bundesrepublik", *Aus*

Politik und Zeitgeschichte, B.41, 1994.

McArthur L. Z.& Resco, B. G., "The portrayals of men and women in American television advertisement", *Journal of Social Psychology*, 97, 1975.

McGarty, C. & Yzerbyt, V. Y. & Spears, R., "Social, cultural and cognitive factors in stereotype formation", C. McGarty, ed., *Stereotypes as explanations: The formating of meaningful beliefs about social groups*, London, Cambridge, 2002.

Meyer, Enno, "Die deutsch-polnischen Schulbuchgespräche von 1987/8", *Internationale Schulbuchforschung*, Vol. 10, Braunschweig, 1988.

Meyers, Peter, "Zur Problematik der Analyse Shulgeschichtsbüern von Didaktische orientierte Analyse", *Geschichte in Wissenschaft und Unterricht(GWU)*, 24, 1973.

Northrup, David , "Globalization and the Great Convergence: Rethinking World History in the Long Term", *Journal of World History*, Vol.16, No.3, 2005.

Nosek B. A. & Banaji, M. R., "Privatley expressed attitudes mediate the relationship between public and impricit attitudes", *Poster for the Society of Personality and Social Psychology*, 2001.

Pitchford, S. R., "Image-making movements: Welsh nationalism and stereotype transformation", *Sociological Perspectives*, 44, 2001.

Protzer, W. u.a., "Der Geschichtwunterricht in der DDR als Instrument der SED-Politik", *Aus Politik und Zeitgeschichte*, B.29-30, 1993.

Putnam, H., "Meaning, Reference and Stereotypes", *Meaning and Translatio*, 1978.

Riemenschneider, Rainer, "Verständigung und Verstehen; Ein halbes Jahrhundert deutsch-französischer Schulbuchgespräche", Hans-Jürgen Pandel(ed.), *Verständigung und Verstehen. Jahrbuch für Geschichtsdidaktik*, Pfaffenweller, 1990.

Roh, Klaus, "Bilder in den Köpfen-Stereotypen, Mythen, Identitäten aus ethnologischer Sicht," Valeria Heuberger, ed., *Das Bild vom Anderen: Identitäten, Mentalitäten, Mythen und Stereotypen in multiethnischen europäischen Regionen*, Frankfurt a.M., 1998.

Rosch, E., "Human Categorization", Studies in Cross-Cultural Psychology, 1977.

Schäer, Bernd, "Weathering the Sino-Soviet Conflict: The GDR and North Korea, 1949- 1989", *Cold War International History Project Bulletin*. No.14-15, Winter 2003-Spring 2004.

Schumugge, L., "Nationale Vorurteilr im Mittelalter", *Deutsches Archiv für*

Erforschung des Mittelalters, Vol. 38, 1982.

Schwarze, Ch., "Stereotyp und lexikalische Bedeutung", *Studium Linguistik*, Vol. 13, 1982.

Stone, I. F., "The Hidden History of the Korean War", *Monthly Review press*, New York, 1952.

Stüben, Jens, "Deutscher Polen–Bilder: Aspekte ethnischer Imagotyp und Stereotyp in der Literatur", pp.41–74, Hans Henning Hahn, ed., *Historische Stereotypenforschung. – Methodische Überlegungen und empirische Befunde*, Oldenburg, 1995.

Süssmuth, H., "Kooperation von Geschichte und Politik", *Handbuch zur politischen Bildung*, Bonn, 1988.

Szalai, W., "Die DDR–Geschichtsmethodik im Spannungsfeld zwischen äußerer und innerer Disziplinierung", *Aus Politik und Zeitgeschichte*, B.41, 1994.

Szalai, W., "Überlegungen zur Geschichte von Geschichtsunterricht und Geschichtsmethodik in der DDR", *Historisches Lernen im vereinten Deutschland*, Weinheim 1994.

Telus, Magda, "Gruppenspezifisches Stereotyp: Ein Textlinguistisches Modell", pp.87–124, Hans Henning Hahn, ed., *Stereotyp, Identität und Geschichte*, Frankfurt am Main, Berlin, Bern, Bruxelles, New York, Oxford und Wien, 2002.

Thomas, Merrilyn, "'Aggression in Feit Slippers': Normalisation and the Ideological Struggle in the Context of Detente and Ostpolitik", Fulbrook, Mary(ed.), *Power and Society in the GDR, 1961–1979: The 'Normalisation of Rule'*, New York: Berghahn Books, 2009.

Wadja, Kazimierz, "Die Zusammenarbeit der Thorner und Oldenburger Historiker," Stanislaw Chwirot and Hans Henning Hahn, ed., *Stellung und Verantwortung der Hochschulen in einem politisch offenen Europa: Beiträge des Symposiums anläßlich der 15jährigen Kooperation zwischen der Nikolaus Kopernikus Universität Thorn/Torun und der Carl von Ossietzky Universität Oldenburg*, Oldenburg, 1997.

Wajda,, Kazimierz, "Die Deutschen im Spiegel der polnischen Publizistik 1871–1914", pp.130–138, Hans H. H., ed., *Historische Stereotypenforschung*, Oldenburg. 1995.

부록

동·서독 역사교과서

1. 서독 역사교과서(출판연도 순: 1951-2002)

Grundzüge der Geschichte Ⅶ − Von der Französischen Revolution 1789 bis zur Gegenwart, Moritz Diesterweg Verlag, Frankfurt am Main und Bonn, 1951.

Lehrbuch der Geschichte für die Oberstufe höherer Schulen, Johannes Borgmeyer Verlag, Bonn am Rhein, 1951.

Weltstaatensystem und Massendemokratie, Lehrmittel−Verlag G.M.B.H., Offenburg, 1951.

Welt und Leben − Eine Sachkunde für Schule und Haus, Hermann Schroedel Verlag K.C., Hannover und W. Crüwell Verlagsbuchhandlung, Dortmund, 1951.

Geschichtliches Unterrichtswerk − Europa weitet sich zur Welt Europa in der Krise, Ausgabe B, Ferdinand Schönigh Verlag, Paderborn, 1952.

Lehrbuch der Geschichte für die Oberstufe höherer Schulen(Geschichte der neuesten Zeit von 1852 bis 1952), Band 4, Johannes Borgmeyer Verlag, Bonn am Rhein, 1952.

Unterrichtswerk für Geschichte(Oberstufe höherer Lehranstalten und verwandter Schultypen − Neueste Zeit Ⅳ), Band, 2. Halbband(1848-1945) von Studienrat Dr. Benno Graf, M. Lurz Verlag, München, 1952.

Vom Wiener Kongress bis zur Gegenwart, Ausgabe D, Berthold Schulz Verlag, Berlin, Hannover, Frankfurt/Main, 1952.

Geschichte für Jedermann in Karte, Wort und Zahl, Georg Westermann Verlag, Braunschweig, Berlin, Hamburg, München, Kiel, Darmstadt, 1953.

Erbe des Abendlandes Lehrbuch der Geschichte für höhere Schulen, Oberstufe, Teil Ⅳ(Die Neuzeit, 2), Schwann Verlag, Düsseldorf, 1953.

Grundzüge der Geschichte, Band 4(Von Wiener Kongress bis zur Gegenwart), 6. verbesserte Auflage, Moritz Diesterweg Verlag, Frankfurt am Main, Berlin, Bonn, 1955.

Am Fliessband der Zeit, Girardet Verlag, Essen, 1956.

Kletts Geschichtliches Unterrichtswerk für die Mittelklassen, Ausgabe B(Um Volksstaat und Völkergemeinschaft), Ernst Klett Verlag, Stuttgart, 1956.

Völker, Staaten und Kulturen(Ein Kartenwerk zur Geschichte), W. Georg Westermann Verlag, Braunschweig, Berlin, Hamburg, München, Kiel, Darmstadt, 1956.

Werden und Wirken: Geschichtswerk in 3 Bänden für die Oberstufe der höheren Schulen, Band Ⅲ(neueste Zeit 1815–1956), G. Braun Verlag, Karlsruhe, 1957.

Erbe des Abendlandes Lehrbuch der Geschichte für höhere Schulen, Oberstufe, Teil Ⅲ(Europa in der Welt), Ausgabe B, Schwann Verlag, Düsseldorf, 1958.

Erbe des Abendlandes Lehrbuch der Geschichte für höhere Schulen, Mittelstufe, Teil Ⅳ(Die Neuzeit, 2 vom Wiener Kongress bis zur Bundesrepublik), Schwann Verlag, Düsseldorf, 1959.

Geschichtliches Werden(Mittelstufe), Ⅳ. Band(Geschichte der neusten Zeit 1815–1950), 3. Auflage, C.C. Buchners Verlag, Bamberg, 1959.

Spiegel der Zeiten(Geschichtsbuch für deutsche Schulen), Band Ⅴ(Die neuste Zeit), Moritz Diesterweg Verlag, Frankfurt am Mein, Berlin, Bonn, 959.

Die Sachkunde(Brücken zur Welt), Gesamtband in vier Einzelteilen, Hermann Schroedel Verlag KG/Hannover, W. Crüwell Verlagsbuchhandlung/ Dortmund, 1960.

Der Mensch im Wandel der Zeiten(Geschichtsbuch für die deutsche Schule), neubearbeitet unter Mitwirkung von Erich Brill und Günter Buse, Ausgabe B vom 7, Schuljahr an, Georg Westermann Verlag, Braunschweig, Berlin, Hamburg, München, Kiel, Darmstadt, 1961.

Die Reise in die Vergangenheit(Ein geschichtliches Arbeitsbuch von Hans Ebeling), Band Ⅳ(Unser Zeitalter der Revolution und Weltkriege), Georg Westermann Verlag, Braunschweig, Berlin, Hamburg, München, Kiel, Darmstadt, 1961.

Einst und Jetzt – Geschichtsdarstellung vom Altertum bis Gegenwart, Verlag Moritz Diesterweg, Frankfurt am Main, Berlin, Bonn, 1961.

Grundriss der Geschichte für die Oberstufe der Höheren Schulen, Ausgabe B, Band Ⅲ(Von 1859 bis zur Gegenwart), Ernst Klett Verlag, Stuttgart, 1961.

Auszug aus der Geschichte, Schul- und Volksausgabe, A.G. Ploetz Verlag, Würzburg, 1962.

Geschichte der neuesten Zeit für Mittelschulen und Realschulen(Ein Lehr-, Lern- und Arbeitsbuch von Eduard Steinbügl), Bayerischer Schulbuch-Verlag, München, 1962.

Geschichte unserer Welt, Band Ⅲ, Georg Westermann Verlag, Berlin, Hamburg, München, Kiel, Darmstadt, 1962.

Geschichte unserer Zeit, August Bagel Verlag, Düsseldorf, 1962.

Zeitgeschichte(Sachkunde für Abschlussklassen), Hermann Schroedel Verlag , Berlin, Hannover, Darmstadt, 1962.

Geschichte(Ein Lese- und Arbeitsbuch), Band 3(Das Zeitalter der Weltmächte und Weltkriege), Julius Beltz Verlag, Weinheim, 1963.

Grundzüge der Geschichte von der Urzeit bis zur Gegenwart, 10. Auflage, Moritz Diesterweg Verlag, Frankfurt am Main, Berlin, Bonn, 1963.

Der Geschichtsunterricht, Teil Ⅴ(Zeitgeschichte vom Zusammenbruch Deutschlands 1945 bis zur Weltlage der Gegenwart), Michael Prögel Verlag, Ansbach, 1965.

Die Reise in die Vergangenheit(Ein geschichtliches Arbeitsbuch), Band Ⅳ(Unser Zeitalter der Revolutionen und Weltkriege), Georg Westermann Verlag, 1965.

Grundzüge der Geschichte(Mittelstufe), Ausgabe A, Band Ⅳ(Vom Wiener Kongress bis zur Gegenwart), Moritz Diesterweg Verlag, Frankfurt am Main, Berlin, Bonn, 1965.

Werden und Wirken(Geschichtsmerk für die Mittelstufe der höheren Schulen), Band 4(Die Neueste Zeit, 1815-1962), G. Braun Verlag, Karlsruhe, 1965.

Die Reise in die Vergangenheit, Band Ⅳ(Unser Zeitalter der Revolutionen und Weltkriege), Georg Westermann Verlag, Braunschweig, Berlin, Hamburg, München, Kiel, Darmstadt, 1966.

Grundzüge der Geschichte(Oberstufe), Ausgabe B, Textband Ⅱ(Vom Zeitalter der Aufklärung bis zur Gegenwart): Moritz Diesterweg Verlag, Frankfurt a. M., Berlin, Bonn, München, 1966.

Menschen in ihrer Zeit(Geschichtswerk für Realschulen), Band 6(In unserer Zeit), Ernst Klett Verlag, Stuttgart, 1966.

Zeiten und Menschen(geschichtliches Unterrichtswerk), Ausgabe B, Band

4(Europa und die Welt – Das 20. Jahrhundert), Ferdinand Schöningh ,
Schroedel Verlag, Paderborn, 1966.

Einst und Jetzt(Geschichtsdarstellung vom Altertum bis zur Gegenwart), Moritz
Diesterweg Verlag, Frankfurt am Main, Berlin, Bonn, München, 1967.

Grundriss der Geschichte für die Oberstufe der höheren Schulen, Gekürzte,
zweibändige Ausgabe B, Band Ⅱ(Die moderne Welt von den
bürgerlichen Revolutionen bis zur Gegenwart), Ernst Klett Verlag,
Stuttgart, 1967.

Deutsche Geschichte im europäischen Zusammenhang, Vierte Auflage,
Hirschgraben–Verlag, Frankfurt am Main, 1968.

Geschichte für Realschulen(vom Spätmittelalter bis zur Gegenwart), Bd. ¾,
Moritz Diesterweg Verlag, Frankfurt am Main, Berlin, Bonn, München,
1968.

Menschen in ihrer Zeit(Geschichtswerk für Realschulen), Band 6(In unserer Zeit),
Ernst Klett Verlag, Stuttgart, 1968.

Menschen in ihrer Zeit, Band 4(In unserer Zeit), Ernst Klett Verlag, Stuttgart,
1969.

Unsere Geschichte, Unsere Welt, Band 3(Von Napoleon Ⅲ. Bis zur Gegenwart),
Bayerischer Schulbuch–Verlag, München, 1969.

Westermanns großer Atlas zur Weltgeschichte, Georg Westermann Verlag,
Braunschweig, Berlin, Hamburg, München, Düsseldorf, Darmstadt,
1969.

Die neueste Zeit von 1815 bis zur Gegenwart, bearbeitet von Max Lachner,
Blutenburg– Verlag(München), Ferdinand Schöningh Verlag, Paderborn,
1970.

Grundzüge der Geschichte(Mittelstufe), Band 3. (Von den bürgerlichen
Revolutionen bis zur Gegenwart), Moritz Diesterweg Verlag, Frankfurt
am Main, Berlin, München, 1970.

Grundzüge der Geschichte(Oberstufe), Einbändige Ausgabe, 16. durchgesehene
Auflage(Von der Urzeit bis zur Gegenwart)：Moritz Diesterweg Verlag,
Frankfurt am Main, Berlin, München, 1970.

Neueste Zeit, Band 4, Bluten–Verlag, Ferdinand Schöningh Verlag, München,
Paderborn, 1970.

Spiegel der Zeiten(Lehr– und Arbeitsbuch für den Geschichtsunterricht), Ausgabe
B, Band 3 (Vom Absolutismus bis zum Imperialismus), Moritz

Diesterweg Verlag, Frankfurt am Main, Berlin, München, 1970.

Die neueste Zeit(Das 20. Jahrhundert), Schöningh, Schroedel Verlag, Paderborn, 1971.

Geschichte für Realschulen, Band Ⅳ(neueste Zeit), Kösel−Verlag, München, 1971.

Geschichtliches Werden(Oberstufe), Band Ⅳ(Vom Zeitalter des Imperialismus bis zur Gegenwart), 2. Auflage, C.C. Buchner Verlag, Bamberg, 1971.

Spiegel der Zeiten, Ausgabe A, Band Ⅴ(Die neueste Zeit), Moritz Diesterweg Verlag, Frankfurt am Main, Berlin, München, 1971.

Spiegel der Zeiten(Lehr− und Arbeitsbuch für den Geschichtsunterricht), Ausgabe B, Band 4(Von der Russischen Revolution bis zur Gegenwart), Moritz Diesterweg Verlag, Frankfurt am Main, Berlin, München, 1971.

Westermann Geschichtsatlas(Politik, Wirtschaft, Kultur), Georg Westermann Verlag, Braunschweig, 1971.

Geschichte für Realschulen, Band 4(Neueste Zeit), C.C. Buchners Verlag, Bamberg, 1972.

Lehrbuch der Geschichte für berufsbildende Schulen, 8. Auflage, Handwerk und Technik Verlag, Hamburg, 1972.

Spiegel der Zeiten(Lehr− und Arbeitsbuch für den Geschichtsunterricht), Ausgabe C, Band 4(Von Imperialismus bis zur Gegenwart), Moritz Diesterweg Verlag, Frankfurt am Main, Berlin, München, 1972.

Die Reise in die Vergangenheit(Ein geschichtliches Arbeitsbuch), Band 4(Geschichte und Politik in unserer Zeit), Georg Westermann Verlag, 1973.

Geschichte, Band Ⅳ(Neueste Zeit), R. Oldenbourg Verlag, München, 1973.

Geschichte(9. Jahrgangsstufe), R. Oldenbourg Verlag, München, 1973.

Damals und heute, vom Ersten Weltkrieg bis heute, Ausgabe D, Band 5 (Geschichte für Hauptschule), Ernst Klett Verlag, Stuttgart, 1973.

Grundzüge der Geschichte(von der Frühgeschichte Europas bis zur Weltpolitik de Gegenwart), einbändige Ausgabe Mittelstufe, Moritz Diesterweg Verlag, Frankfurt am Main, Berlin, München, 1973.

Unser Weg durch die Geschichte(9. und 10. Schuljahr), Ausgabe für Berlin(Die Welt gestern und heute), Hirschgraben−Verlag, Frankfurt am Main, 1973.

Geschichtliche Quellenhefte mit Überblick("Die Welt im Wandel" von Walter

Wulf), Heft IIC(Weltgeschichte 1946-1973 - vom Beginn des Ost-West-Konfliktes bis zum Ende des Vietnamkrieges): Moritz Diesterweg Verlag, Frankfurt am Main, Berlin, München, 1974.

Kletts Geschichtliches Unterrichtswerk für die Mittelklassen, Ausgabe C, Band 4 (Staatensystem und Weltpolitik), Ernst Klett Verlag, Stuttgart, 1974.

Unser Weg durch die Geschichte, Band 3(Die Welt gestern und heute), 2. Auflage, Hirschgraben-Verlag, Frankfurt am Main, 1974.

Wir erleben die Geschichte(ein Arbeitsbuch für den Geschichtsunterricht), Ausgabe A, Band 3, Bayerischer Schulbuch-Verlag, München, 1974.

Wir erleben die Geschichte(ein Arbeitsbuch für den Geschichtsunterricht), Ausgabe A, Band 3, Bayerischer Schulbuch-Verlag, München, 1974.

Wir erleben die Geschichte(ein Arbeitsbuch für den Geschichtsunterricht für 9. Schuljahr), Bayerischer Schulbuch-Verlag, München, 1974.

Die Reise in die Vergangenheit(ein geschichtliches Arbeitsbuch), Band 4(Geschichte und Politik in unserer Zeit), Neubearbeitung von Wolfgang Birkenfeld, Westermann, Braunschweig, 1975.

Geschichtliche Weltkunde(vom Zeitalter der Entdeckungen bis zum Ende des 19. Jahrhunderts), Band 2, Moritz Diesterweg Verlag, Frankfurt am Main, Berlin, München, 1975.

Menschen in ihrer Zeit, Band 4(In unserer Zeit), Ernst Klett Verlag, Stuttgart, 1975.

Menschen in ihrer Zeit: Band 6(In unserer Zeit), Ernst Klett Verlag, Stuttgart, 1975.

Geschichtliche Weltkunde(von der Zeit des Imperialismus bis zur Gegenwart), Band 3, Moritz Diesterweg Verlag, Frankfurt am Main, Berlin, München, 1976.

Der Mensch und seine Welt(Geschichte - Politik für die Sekundarstufe), Band 4(Von der Industriellen Revolution bis zum Ende des Ersten Weltkrieg, Ferd. Dümmler Verlag, Bonn, 1979.

Europa und die Welt(von 1890 bis zur Gegenwart), Blutenburg- Verlag, München, 1979.

Putzger Historischer Weltatlas, Cornelsen-Vehhagen & Klasing Verlag, Berlin, 1979.

Spiegel der Zeiten(Lehr- und Arbeitsbuch für den Geschichtsunterricht), Ausgabe B, Heft 4(Von der Russischen Revolution bis zur Gegenwart), Moritz

Diesterweg Verlag, Frankfurt am Main, Berlin, München, 1979.

Geschichte für morgen(Arbeitsbuch für den Geschichtsunterricht in der Sekundarstufe I), Band 4(Zeitgeschichte), Hirschgraben−Verlag, Frankfurt am Main, 1980.

Schüler−Duden(Die Geschichte), Duden−Verlag, Bibliographisches Institut Mannheim/Wien/Zürich, 1981.

Zeit Aufnahme(Geschichte für die Sekundarstufe I), Band 3(Vom Ersten zum Zweiten Weltkrieg), Westermann Verlag, Braunschweig, 1981.

Erinnern und Urteilen IV(Unterrichtseinheiten Geschichte, Fassung Rheinland− Pfalz), Ernst Klett Verlag, Stuttgart, 1982.

Geschichte für die Hauptschule(Schülerarbeitsbuch für die 9. Jahrgangstufe), 1. Auflage, Ludwig Auer Verlag, Donauwörth, 1982.

Geschichte 4, Paul List Verlag, R. Oldenbourg Verlag, München, 1982.

Geschichtliche Weltkunde, Vierbändige Fassung, Band 4(Von der Oktoberrevolution in Russland bis zur Gegenwart), Moritz Diesterweg Verlag, Frankfurt am Main, Berlin, München, 1982.

Problemorientierter Geschichtsunterricht(Ziele − Methoden − Modelle), Band 4(Die Welt seit 1945), Hirschgraben−Verlag, Frankfurt am Main, 1982.

Zeit Aufnahme(Geschichte für die Sekundarstufe I), Band 4 (Von der Nachkriegszeit zur Gegenwart), Georg Westermann Verlag, Braunschweig, 1982.

Die Reise in die Vergangenheit(Ein geschichtliches Arbeitsbuch), Ausgabe N, Band 3(Geschichte und Politik in unserer Zeit), Westermann Verlag, Braunschweig, 1983.

Die Reise in die Vergangenheit(Ein geschichtliches Arbeitsbuch), Ausgabe N, Band 3, Allgemeine Ausgabe, Band 4(Geschichte und Politik in unserer Zeit), Lehrerband, Westermann Verlag, Braunschweig, 1983.

Geschichtliche Weltkunde(Ausgabe für Gymnasien in Bayern), Band 4(Von der Zeit des Imperialismus bis zur Gegenwart), Moritz Diesterweg Verlag, Frankfurt am Main, Berlin, München, 1983.

Handbuch des Geschichtsunterrichts, Band VI(Die Welt seit 1945), Teil 1(Materialien für den Geschichtsunterricht), Moritz Diesterweg Verlag, Frankfurt am Main, Berlin, München, 1983.

Zeiten und Menschen(Geschichtliches Unterrichtswerk), Ausgabe G, Band 2(Die geschichtlichen Grundlagen der Gegenwart 1776 bis heute), Ferdinand

Schöningh Verlag, Schroedel Schulbuchverlag, Paderborn, 1983.

Erinnern und Urteilen IV(Unterrichtseinheiten Geschichte), Ernst Klett Verlag, Stuttgart, 1984.

Erinnern und Urteilen 10(Unterrichtseinheiten Geschichte für Bayern), Klett–Verlag, Stuttgart, 1984.

Frage an die Geschichte(Geschichtliches Arbeitsbuch für Sekundarstufe I), Band 4. die Welt im 20. Jahrhundert, Hirschgraben–Verlag, Frankfurt am Main, 1984.

Geschichte, Band 4(Neueste Zeit), C.C. Buchners Verlag, Bamberg, 1984.

Geschichte und Gegenwart(Arbeitsbuch Geschichte), Ausgabe für Realschulen in Baden– Württemberg, Band 4(Die Welt nach 1945), Verlag Ferdinand Schöningh, Schroedel Schulbuchverlag, Paderborn, 1984.

Grundzüge der Geschichte – Historisch–politisches Arbeitsbuch(Sekundarstufe II), Textband II (Vom Zeitalter der Aufklärung bis zur Gegenwart), Moritz Diesterweg Verlag, Frankfurt am Main, Berlin, München, 1984.

Zeiten und Menschen, Neue Ausgabe B, Band 4(Zeitgeschichte vom Ersten Weltkrieg bis zur Gegenwart), Ferdinand Schöningh Verlag, Schroedel Schulbuchverlag, Paderborn, 1984.

Deutschland in der Welt nach 1945(Neubearbeitung für den historisch – gesellschaftlichen Lernbereich der Sekundarstufe II), Moritz Diesterweg Verlag, Frankfurt am Main, Berlin, München, 1985.

Die Reise in die Vergangenheit – Geschichtsatlas, Bd. 3, Westermann Verlag Braunschweig, 1985.

Die Reise in die Vergangenheit – Ein geschichtliches Arbeitsbuch, Bd. 4, Westermann Verlag, Baden–Württemberg, 1985.

Erinnern und urteilen III – Unterrichtseinheiten Geschichte, Ernst Klett Verlag, Stuttgart, 1985.

In Freiheit leben – Geschichte und Politik von der Aufklärung bis zur Gegenwart, Lehr– und Arbeitsbuch für den Unterricht in Geschichte mit Gemeinschaftskunde, 2. Aufl., Dr. Max Gehlen Verlag, Bad Homburg vor der Höhe, 1985.

Westermann Großer Atlas zur Weltgeschichte, Westermann Verlag, Braunschweig, 1985.

Fragen an die Geschichte – Geschichtliches Arbeitsbuch für Sekundarstufe I, Bd. 4., Die Welt im 20. Jahrhundert, Hirschgraben Verlag, Frankfurt am

Main, 1986.

Geschichte 4N – Das 20. Jahrhundert, Bayerischer Schulbuch–Verlag, München, 1986.

Zeiten und Menschen, Ausgabe K, Bd. 4/II, Schöningh·Schroedel Verlag, Paderborn, 1986.

Geschichte und Geschehen IV – Geschichtliches Unterrichtswerk für die Sekundarstufe I, Ernst Klett–Verlag, Stuttgart, 1987.

Geschichte heute – für Hauptschulen in Nordrhein–Westfalen(9./10. Schuljahr), Schroedel Schulbuchverlag, Hannover, 1988.

Geschichte und Gegenwart(Arbeitsbuch Geschichte), Ausgabe A, Bd. 5., Vom Ende des Zweiten Weltkrieges bis zur Gegenwart, Ferdinand Schöningh Verlag, Paderborn, 1988.

Geschichtsbuch 4 – Die Menschen und ihre Geschichte in Darstellungen und Dokumenten, Bd. 4., Cornelsen Verlag, Berlin, 1988.

Konfrontation und Kooperation – Ein geteiltes Land in einer geteilten Welt Deutschland nach 1945(Materialien für den Sekundarbereich Geschichte), Schroedel Schulbuchverlag, Hannover, 1988.

Lebendige Vergangenheit – Geschichtliches Unterrichtswerk für die Sekundarstufe I, Bd. 4., Ernst Klett Verlag, Stuttgart, 1988.

Unsere Geschichte – Ausgabe für die Realschulen in Baden–Württemberg, Bd. 4., Die Welt nach 1945, Moritz Diesterweg Verlag, Frankfurt am Main, 1988.

Zeiten und Menschen – Grundlagen und Entwicklungen der Gegenwart(Der Aufstieg der Supermächte und die Welt nach 1945), Neue Ausgabe G, Bd. 3., Ferdinand Schöningh Verlag, Paderborn, 1988.

Geschichte und Gegenwart – Arbeitsbuch Geschichte, Ausgabe N, 10. Schuljahr. Von der Weimarer Republik bis zur Gegenwart, Ferdinand Schöningh Verlag, Paderborn, 1989.

Lebendige Vergangenheit – Geschichte für Hauptschulen in Niedersachsen Klasse 9, Ernst Klett Verlag, Stuttgart, 1989.

Grundriss der Geschichte Dokumente(Neuzeit seit 1789), Band 2., Ernst Klett Schulbuchverlag, Stuttgart, 1990.

Lebendige Vergangenheit, Schleswig–Hostein, Band 4., Ernst Klett Schulbuchverlag, Stuttgart, 1990.

Lebendige Vergangenheit(Geschichtliches Unterrichtswerk für die Klasse 10),

Ernst Klett Schulbuchverlag, 1. Auflage, 1990.

Von...Bis(Geschichtsbuch für Realschulen in Baden-Württemberg), 10. Schuljahr(Von 1945 bis heute), Ferninand Schöningh Verlag, Schroedel Schulbuchverlag, Paderborn, 1990.

Entdecken und Verstehen(Geschichtsbuch für Realschulen und Gesamtschulen), Band 4., Cornelsen Verlag, Frankfurt am Main, 1991.

Geschichte und Gegenwart(Von 1850 bis zum ende des Zweiten Weltkrieges – Arbeitsbuch Geschichte), Ausgabe A., Band 4., Ferninand Schöningh Verlag, Schroedel Schulbuchverlag, Paderborn, 1991.

Geschichte und Geschehen 10, Ausgabe N Gymnasium: Ernst Klett-Verlag, Stuttgart, 1991.

Unser Weg in die Gegenwart(für das 10. Schuljahr der Gymnasium), 4 Neueste Zeit, C. C. Buchners Verlag, Bamberg, 1991.

Erinnern und Urteilen 10(Geschichte für Bayern), Ernst Klett Schulbuchverlag, Stuttgart, 1992.

Geschichte und Vergangenheit(Vom Ende des Zweiten Weltkrieges bis zur Gegenwart), Ausgabe A: Band 5., Ferdinand Schöningh Verlag, Schroedel Schulbuch Verlag, Paderborn, 1992.

Geschichtliche Weltkunde(von der Oktoberrevolution in Russland bis zur Gegenwart), Band 4., Moritz Diesterweg Verlag, Frankfurt am Main, 1992.

Grundriss der Geschichte(Neuzeit seit 1789), Band 2., Ernst Klett Schulbuchverlag, Stuttgart, Düsseldorf, Berlin, Leipzig, 1992.

Wege durch die Geschichte(Geschichtsbuch Gymnasium Bayern), Band 5. Cornelsen Verlag, Berlin, 1992.

Geschichtsbuch 4(Von 1917 bis 1992), Neue Ausgaben, Cornelsen Verlag, Berlin, 1993.

Geschichts-Kurse für die Sekundarstufe 2, Bd. 5(Deutschland nach 1945), Ferdinand Schöningh Paderborn, 1993.

Spurensuche Geschichte(Anregungen für einen kreativen Geschichts-unterricht), Ernst Klett Schulbuchverlag, Stuttgart, Düsseldorf, Berlin, Leipzig, 1993.

Weltgeschichte im Aufriß(Deutschland in der Welt nach 1945), Band 3, Moritz Diesterweg Verlag, Frankfurt am Main, 1993.

Geschichtslexikon(Kompaktwissen für Schüler und junge Erwachsene), Cornelsen Verlag, Frankfurt am Main, 1994.

Geschichtsstunden 9(Entdeckungsreisen in die Vergangenheit), Ernst Klett Schulbuchverlag, Stuttgart, Düsseldorf, Berlin, Leipzig, 1994.

Grundkurse Geschichte, Winklers Verlag, Darmstadt, 1994.

Oldenbourg Geschichte für Gymnasien 13, R. Oldenbourg Verlag, München, 1994.

Geschichte und Geschehen II(Oberstufe), Ausgabe A/B: Ernst klett Schulbuchverlag, Stuttgart, 1995.

Vom Zweiten Weltkrieg bis zur Gegenwart, Ausgabe B, C.C. Buchners Verlag, Bamberg, 1995.

Zeiten und Menschen(Politik, Gesellschaft, Wirtschaft von 1945 bis zur Gegenwart), Ausgabe K, Band 4/II, Ferdinand Schöningh Verlag, Paderborn, 1995.

Epochen und Strukturen(Vom Absolutismus bis zur Gegenwart − Grundzüge einer Universalgeschichte für die Oberstufe), Band II, Moritz Diesterweg Verlag, Frankfurt am Main, 1996.

Geschichtsbuch 4(Die Menschen und ihre Geschichte in Darstellungen und Dokumenten − Von 1918 bis 1995), Neue Ausgaben, Cornelsen Verlag, Berlin, 1996.

Geschichtsbuch Oberstufe(Das 20. Jahrhundert), Band 2., Cornelsen Verlag, Berlin, 1996.

Rückspiegel(Woher wir kommen − wer wird sind: Vom Ersten Weltkrieg bis zur Gegenwart), Band 4., Ferdinand Schöningh Verlag, Paderborn, 1996.

Treffpunkt Geschichte 4(für die 10. Jahrgangstufe der Realschulen), Band 4, Bamberg, 1996.

Zeit und Menschen(Von der Oktoberrevolution bis zur Gegenwart), Neue Ausgabe B, Band 4., Ferdinand Schöningh Verlag, Schroedel Schulbuchverlag, Paderborn, 1996.

Anno(Von der Französischen Revolution bis zum Ersten Weltkrieg), Westermann Schulbuchverlag, Braunschweig, 1997.

Die Reise in die Vergangenheit(Weltgeschichte seit 1945: Ein geschichtliches Arbeitsbuch), Band 6., Westermann Verlag, Braunschweig, 1997.

Geschichte 4BW(Das 20. Jahrhundert), Bayerischer Schulbuch Verlag, München, 1997.

Geschichtsbuch 4(Von 1918 bis heute: Die Menschen und ihre Geschichte in Darstellungen und Dokumenten), Neue Ausgabe, Cornelsen Verlag,

Berlin, 1997.

Geschichte kennen und verstehen B10, R. Oldenbourg Verlag, München, 1997.

Geschichte und Geschehen A4, Ernst Klett Verlag, Stuttgart, München, Düsseldorf, Leipzig, 1997.

Geschichte und Geschehen II(Oberstufe), Ausgabe A/B, Ernst Klett Verlag, Stuttgart, Düsseldorf, Leipzig, 1997.

Geschichte SII(Strukturen der Weltpolitik im 20. Jahrhundert: Herausforderung zum Frieden), Schroedel Verlag, Hannover, 1997.

Oldenbourg Geschichte für Gymnasium 10, R. Oldenbourg Verlag, München, 1997.

Anno 5/6(Ausgabe Sachsen, Doppelband 5/6- Das 20. Jahrhundert), Westermann Verlag, Braunschweig, 1998-2002.

Geschichte Konkret 3(Ein Lern- und Arbeitsbuch), Band 3., Schroedel Verlag, Hannover, 1998.

Geschichte und Geschehen C4(Geschichtliches Unterrichtswerk für die Sekundarstufe I - Rheinland-Pfalz, Saarland), Ernst Klett Verlag, Stuttgart, Düsseldorf, Leipzig, 1998.

Geschichte und Geschehen E6(Sachsen-Anhalt Klasse 10: Geschichtliches Unterrichtswerk für die Sekundarstufe I), Ernst Klett Schulbuchverlag, Leipzig, Stuttgart, Düsseldorf, 1998.

Geschichtsbuch Oberstufe(Das 20. Jahrhundert), Band 2., Cornelsen Verlag, Berlin, 1998.

Historisch-politische Weltkunde(Die USA im 20. Jahrhundert/Herausforderungen des American Dream: Kursmaterialien Geschichte, Sekundarstufe II/ Kollegstufe), Ernst Klett Verlag, Stuttgart, Düsseldorf, Leipzig, 1998.

Von...bis(von 1933 bis heute: Geschichtsbuch für Realschulen), Band 3., Ferdinand Schöningh Verlag, Paderborn, 1998.

Wir machen Geschichte(Vom Ende des Ersten Weltkriegs bis zur Gegenwart), Band 4., Moritz Diesterweg Verlag, Frankfurt am Main, 1998.

Anno(Das 20. Jahrhundert), Band 4., Westermann Schulbuchverlag, Braunschweig, 1999.

Ansichten 3(Arbeitsbuch für Geschichte-Politik an Hauptschulen in Nordrhein-Westfalen), Band 3., Cornelsen Verlag, Berlin, 1999.

Das waren Zeiten 4(Unterrichtswerk für Geschichte an Gymnasien und Gesamtschulen Sekundarstufe I), Band 4 für die 10. Jahrgangsstufe, C. C.

Buchner Verlag, Bamberg, 1999.

Entdecken und Verstehen 9/10(Geschichtsbuch für Brandenburg— Vom Ersten Weltkrieg bis zum vereinten Deutschland), Cornelsen Verlag, Berlin, 1999.

Entdecken und Verstehen 9/10(Geschichtsbuch für Thüringen — Vom Ersten Weltkrieg bis zum vereinten Deutschland), Cornelsen Verlag, Berlin, 1999.

Fragen an die Geschichte(Das 20. Jahrhundert: Geschichtliches Arbeitsbuch), Cornelsen Verlag, Berlin, 1999.

Geschichte(Von 1789 bis heute), Cornelsen Verlag, Berlin, 1999.

Geschichte 12(für Fachoberschulen und Berufsoberschulen in Bayern), Cornelsen Verlag, Berlin, 1999.

Geschichte Konkret 3(Ein Lehr— und Arbeitsbuch), Band 3., Schroedel Verlag, Hannover, 1999.

Historisch—Politische Weltkunde(Kursmaterialien Geschichte Sekundarstufe II / Kollegstufe — Von den Kolonien zur „Dritten Welt"; Wege und Probleme der Entkolonisierung), Ernst Klett Verlag, Stuttgart, Düsseldorf, Leipzig, Stuttgart, 1999.

Taschenhandbuch zur Geschichte(Teil 1 — Geschichte im Überblick), Ferdinand Schöningh Verlag, Paderborn, 1999.

Zeitreise(Rheinland — Pfalz), 10: Ernst Klett Schulbuchverlag, Leipzig, Stuttgart, Düsseldorf, 1999.

Expedition Geschichte 5(Von der Zeit des Ersten Weltkriegs bis zur Gegenwart: Mittelschule Sachsen Klasse 9/10), Moritz Diesterweg Verlag, Frankfurt am Main, 2000.

Geschichte der USA, C. C. Buchners Verlag, Bamberg, 2000.

Geschichte und Geschehen(Thüringen Regelschule Klasse 10: Geschichtliches Unterrichtswerk für die Regelschule), Ernst Klett Schulbuchverlag, Leipzig Stuttgart Düsseldorf, 2000.

Geschichte und Geschehen(Oberstufe II — Geschichte für Gymnasium), Ausgabe A/B, Ernst Klett Verlag, Stuttgart, 2000.

Geschichte und Geschehen 12/13 (Berufliche Gymnasium), Ernst Klett Verlag, Stuttgart, Düsseldorf, Leipzig, 2000.

Geschichte und Geschen A4(Geschichtliches Unterrichtswerk für die Sekundarstufe I), Ernst Klett Schulbuchverlag, Leipzig, 2000.

Geschichtsbuch – Neue Ausgabe(Die Menschen und ihre Geschichte in Darstellungen und Dokumenten), Cornelsen Verlag, Berlin, 2000.

Geschichte Plus(Geschichte Klasse 9 – Ausgabe Sachsen Gymnasium), Volk und Wissen Verlag, Berlin, 2001.

Geschichte und Geschehen C4(Geschichtliches Unterrichtswerk für die Sekundarstufe 1 – Lehrband), Ernst Klett Schulbuchverlag, Leipzig, Stuttgart, Düsseldorf, 2001.

Zeitreise(Geschichtliches Unterrichtswerk für die Sekundarstufe I, Rheinland–Pfalz 10), Ernst Klett Schulbuchverlag, Leipzig, Stuttgart, Düsseldorf, 2001.

Zeitreise 9/10(Geschichtliches Unterrichtswerk für die Realschule), Ernst Klett Schulbuchverlag, Leipzig, Stuttgart, Düsseldorf, 2001.

Zeitreise 9/10(Geschichtliches Unterrichtswerk für die Realschule), Ernst Klett Schulbuchverlag, Leipzig, Stuttgart, Düsseldorf, 2001.

Expedition Geschichte 2(Nordrhein–Westfalen), Band 2., Moritz Diesterweg Verlag, Frankfurt am Main, 2002.

Expedition Geschichte 3(Von der Weimarer Republik bis zur Gegenwart – Realschule Baden–Württemberg Klasse 9/10), Band 3., Moritz Diesterweg Verlag, Frankfurt am Main, 2002.

Geschichte Plus(Ausgabe Berlin), Volk und Wissen Verlag, Berlin, 2002.

Zeit und Menschen, Band 4., Ferdinand Schöningh Verlag, Paderborn, 2002.

Kursbuch Geschichte(Oberstufe Baden–Württemberg), Cornelsen Verlag, Berlin, 2002.

Zeiten und Menschen, Band 4., Ferdinand Schöningh Verlag, Paderborn, 2002.

2. 동독 역사교과서(출판연도순: 1952–1989)

Lehrbuch für den Geschichtsunterricht(8.Schuljahr), Volk und Wissen Volks–Eigener Verlag, Berlin 1952.

Lehrbuch für den Geschichtsunterricht(8. Schuljahr), Volk und Wissen Volkseigener Verlag, Berlin 1955.

Geschichte und Gegenwartskunde 1945–1956, Volk und Wissen Volkseigener Verlag, Berlin 1956.

Materialien zur Geschichte der Neuesten Zeit, Volk und Wissen Volkseigener Verlag, Berlin 1959.

Lehrbuch für Geschichte(10. Klasse der Oberschule), Volk und Wissen Volkseigener Verlag, Berlin 1960.

Lehrmaterialien für den Geschichtsunterricht(10. Schuljahr der Zehnklassigen allgemeinbildenden Polytechnischen Oberschule), Teil 3, Volk und Wissen Volkseigener Verlag, Berlin 1960.

Neueste Zeit(1945−1960) − Ergänzung zum Lehrbuch für den Geschichtsunterricht der erweiterten Oberschule, 12. Klasse, Volk und Wissen Volkseigener Verlag, Berlin 1961.

Lehrbuch für Geschichte(10. Klasse), Teil 1, Volk und Wissen Volkseigener Verlag, Berlin 1967.

Unterrichtshilfen Geschichte(10. Klasse), Volk und Wissen Volkseigener Verlag, Berlin 1968.

Geschichte − Zeittafel(11. Klasse), Volk und Wissen Volkseigener Verlag, Berlin 1969.

Geschichte(Lehrbuch für Klasse 9), Volk und Wissen Volkseigener Verlag, Berlin 1972.

Geschichte(Lehrbuch für Klasse 10), Volk und Wissen Volkseigener Verlag, Berlin 1977.

Unterrichtshilfen Geschichte(10. Klasse), Volk und Wissen Volkseigener Verlag, Berlin 1977.

Geschichte − Materialien für den Lehrer(10. Klasse), Volk und Wissen Volkseigener Verlag, Berlin 1979.

Geschichte in Übersichten(Wissensspeicher für den Unterricht), Volk und Wissen Volkseigener Verlag, Berlin 1980.

Unterrichtshilfen Geschichte(11. Klasse), Volk und Wissen Volkseigener Verlag, Berlin 1980.

Geschichte(Lehrbuch für Klasse 9), Volk und Wissen Volkseigener Verlag, Berlin 1988.

Geschichte(Lehrbuch für Klasse 10), Volk und Wissen Volkseigener Verlag, Berlin 1989.

찾아보기

【ㅂ】

【ㅊ】

【ㅋ】

【ㅌ】

박재영

▶ 연구분야: 독일현대사, 한독관계사, 역사교육

:: 학력

동국대학교 사범대학 역사교육과(문학사)
동국대학교 일반대학원 사학과(문학석사)
독일 Oldenburg 대학 사학과(철학박사)

:: 약력

중앙대학교 문화콘텐츠기술연구원 연구전담교수 역임
한국독일사학회 편집이사, 총무이사 역임
대구사학회 편집이사 역임
역사와교육학회 편집위원장
대구대학교 성산교양대학 자유전공학부 교수

:: 대표 저서

『세계의 역사교과서 협의(공저)』, 백산자료원, 2008.
『타자 인식과 상호 소통의 역사(공저)』, 신서원, 2011.
『서양 사람들은 어떻게 살았을까: 생활문화로 보는 서양사(공저)』, 푸른역사, 2012.
『동서양 역사 속의 다문화적 전개양상 1, 2(공저)』, 경진출판, 2012.
『한국 역사 속의 문화적 다양성(공저)』, 경진출판, 2016.
『한국사 속의 다문화(공저)』, 도서출판 선인, 2016.
『역사교육과 국가이미지(공저)』, 도서출판 선인, 2018 외 다수.

:: 대표 논문

「역사적 스테레오타입 사례연구: 구한말 독일인 의사 분쉬(R. Wunsch)의 조선이미지」, 『서양사론』 제93호, 2007.
「Das Bild Nordkoreas in den ostdeutschen Reiseberichten waehrend des Kalten Krieges」, 『독일언어문학』 37집 2호, 2007.
「역사적 스테레오타입연구의 현황과 전망」, 『역사학보』 198집, 2008.
「韓末 西歐文物의 受容과 獨逸人 - P. G. von Moellendorff · Antoinette Sontag · Emma Kroebel -」, 『독일연구-역사 · 사회 · 문화』 제23집, 2012.
「오데르-나이세 국경문제와 독일 역사교과서」, 『중앙사론』 제40집, 2014 외 다수.